Kunst-Reiseführer in der Reihe DuMont Dokumente

Zur schnellen Orientierung – die wichtigsten Städte und Orte Schottlands auf einen Blick:

(Auszug aus dem ausführlichen Ortsregister S. 431)

In der vorderen Umschlagklappe: Karte von Schottland, südlicher Teil

In der hinteren Umschlagklappe: Karte von Schottland, nördlicher Teil

D.ʳ JOHNSON *in his Travelling Dress as described in* BOSWELLS TOUR.

Peter Sager

Schottland

Geschichte und Literatur
Architektur und Landschaft

DuMont Buchverlag Köln

Auf der Umschlagvorderseite: Loch Laich: Castle Stalker (Foto: Spectrum Colour Library, London)

Auf der Innenklappe: Bonnie Prince Charlie im Stewart-Tartan, mit Hosenbandorden und auf seinem Bonnet die weiße Kokarde, das Symbol des Hauses Stuart, 1739/45 (Foto: Tom Scott, Edinburgh)

Auf der Umschlagrückseite: Bauernfamilie auf North Uist, Äußere Hebriden (Foto: Peter Sager)

Gegenüber der Titelseite: Samuel Johnson auf seiner Hebridenreise, 1773, links im Hintergrund sein Begleiter und Biograf James Boswell (Stich von Thomas Trotter, 1786)

Die vom Verfasser stammenden Fotos wurden mit AGFAPAN 400 und AGFACOLOR CT 18 aufgenommen.

CIP-Kurztitelaufnahme der Deutschen Bibliothek

Sager, Peter:
Schottland : Geschichte u. Literatur, Architektur
u. Landschaft / Peter Sager. – Köln : DuMont,
1980.
(DuMont-Dokumente : DuMont-Kunst-Reiseführer)
ISBN 3-7701-1051-X

© 1980 DuMont Buchverlag, Köln
Alle Rechte vorbehalten
Druck: Rasch, Bramsche
Farb- und Schwarzweiß-Reproduktion: Litho Köcher, Köln
Buchbinderische Verarbeitung: Kleins-Druck, Lengerich

Printed in Germany   ISBN 3–7701–1051–x

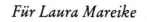

Für Laura Mareike

Danksagung

Danken möchte ich zunächst all denen, über die in diesem Buch berichtet wird, den Schotten und ihrer Gastfreundschaft: den Herzögen, die mir ihre Landsitze zeigten, und der wildfremden Glasgower Hausfrau, die mir beim Fotografieren nicht nur ihre Leiter anbot, sondern auch eine Tasse Tee.

Für ihre Unterstützung danke ich dem Scottish Tourist Board in Edinburgh, Robert König von der Britischen Zentrale für Fremdenverkehr in Frankfurt und Herrn Landsjöaasen (Agfa Gevaert, Leverkusen).

Für vielfältige Anregung und Kritik danke ich vor allem wieder meiner Frau Else Maria. Unserer Tochter Laura Mareike widme ich dieses Buch, in der Hoffnung, sie möge einiges so wiederfinden, wie es hier beschrieben ist, und anderes ganz anders.

Inhalt

Das Tiefland

Otterburn, Catcleugh: War das schon Schottland? Oder noch England? Fahren wir noch über die kahlen Höhen Northumberlands oder schon durch die kargen *Cheviot Hills*? Eine weite, einsame Landschaft. Die A 68 folgt der Dere Street, der alten Römerstraße nach Norden. Zwischen England und Schottland hat es nie eine so deutliche Grenze gegeben wie Hadrian's Wall, jene römische Mauer von Newcastle bis Carlisle, die Kaiser Hadrian zwischen 122 und 138 n. Chr. bauen ließ, um seine britische Provinz gegen die 'barbarischen' Stämme aus dem Norden zu schützen. Nach dem Abzug der Römer (368 n. Chr.), die in Schottland nie richtig Fuß fassen konnten, war wieder alles offen. Von Yorkshire bis Lothian bildete sich ein eigenes Königreich Northumbria. Als Malcolm II. im Jahre 1018 Lothian eroberte, zeichnete sich erstmals Schottland in seinen heutigen Grenzen ab: vom Pentland Firth bis zum River Tweed. Es war eine fließende Grenze. Sie hatte in Berwick, an der Mündung des Tweed, ein schwankendes Bollwerk und verlor sich in den Hügeln der Cheviots.

Grenzland, leer wie Niemandsland. Einzelne Bauernhöfe, Schafe mit schwarzen Köpfen, Cheviot Sheep. Auf der Paßhöhe von *Carter Bar* steht der rote Löwe der Stuarts neben der Straße und gibt ein Hoheitszeichen. »Scotland« lesen wir auf der einen Seite, »England« auf der anderen ; nach allen Seiten eine schöne Aussicht. Ein lapidarer Übergang wie von Suffolk nach Norfolk, von einer englischen Grafschaft in eine andere. Hatten wir ein souveräneres Zeichen erwartet? Ein spektakuläres »Home Rule«-Signal der SNP, der Schottischen Nationalpartei? Oder doch wenigstens einen elementaren Hinweis der Natur, die den Reisenden Daniel Defoe bei seinem Grenzübergang in *Berwick-upon-Tweed* so stürmisch empfing, daß er es als schottisch empfand? »With such a Scots gale of wind« hatte er zu kämpfen, daß er vom Pferd steigen mußte, um nicht fortgeweht zu werden, berichtet Defoe. Hinter der Grenze höre schlagartig alles Englische auf, alles sei nun schottisch: das Aussehen von Land und Leuten, ihre Lebensweise, Essen und Trinken. Fern und fremd wie Grönland, so erschien dem Engländer Defoe und seinen Zeitgenossen das benachbarte Schottland noch kurz vor 1707, dem Jahr der Vereinigung der beiden Parlamente.

Auch Matthew Bramble, der englische Romanheld des schottischen Schriftstellers Tobias Smollett (›Humphry Clinker‹, 1771), passiert Berwick-upon-Tweed in der Kutsche nach Edinburgh mit historisch und metereologisch gemischten Gefühlen: »Der Teil von Schott-

There was an Old Man on the Border,
Who lived in the utmost disorder;
He danced with the Cat,
And made Tea in his Hat,
Which vexed all the folks on the Border.

Border-Limerick von Edward Lear

land um Berwick herum scheint von der Natur bestimmt zu sein, zwei feindliche Nationen voneinander abzuhalten. Es ist eine traurige Wüste von ziemlichem Umfange, die nichts hervorbringt als Heide und Farnkraut, und was sie noch grauenvoller machte, als wir durchreisten, war ein dicker Nebel, von dem wir nicht über zwanzig Ellen vom Wagen wegsehen konnten.« Unter solchen Umständen, im Schnellzug ›Flying Scotsman‹ von London nach Edinburgh, verflüchtigt sich uns die schottische Grenze auf der Höhe von Berwick-upon-Tweed zu einer bloßen Linie auf der Landkarte. Anno 1482 fiel die alte Grenzstadt endgültig an England, aber ihr Fußballverein, Berwick Rangers F. C., spielt noch heute in Schottlands zweiter Division.

Gretna Green und Flodden Field: Liebe und Tod in den Borders

Mehr als alle anderen markieren zwei Namen die historische, romantische Grenze Schottlands, ein Schlachtfeld und ein Heiratsparadies: Flodden Field und Gretna Green. »Join in the fun of a Mock Marriage over the Famous Anvil«: Mit dem Vergnügen, sich zum Schein über dem berühmten Amboß trauen zu lassen, beginnen in jeder Saison ganze Busladungen von Junggesellen, Witwen und Ehepaaren ihre Schottlandreise. Bevor *Gretna Green* zur Touristenfalle wurde, war es ein notorisches Liebesnest. Nirgendwo in Europa wurde ohne Einwilligung der Eltern, ohne Priester und ohne Standesamt so frech und frei drauflosgeheiratet wie in diesem Grenzort nördlich von Carlisle. Denn auch nach der Union mit England hatten die Schotten ihre eigene, alte Rechtsprechung behalten, und die lautete in diesem Fall: Verheiratet ist, wer sich vor zwei Zeugen das Ja-Wort gibt. Zeugen fanden sich in Gretna Green für eine Flasche Whisky jederzeit (später stiegen die Tarife), ein Gasthaus war auch am Platz, und so wurde dieser verkehrsgünstige Ort schon im 18. Jahrhundert zum Begriff. Wenn Söhne ausgeflippt waren oder Töchter entführt, nahmen gut informierte Eltern die schnellste Kutsche nach Gretna Green. Aber da war es meist schon zu spät. John Linton, Gastwirt des Gretna Hall Inn und einer der vielen »Priester im Kilt«, hatte der »Runaway Marriage« soeben seinen unheiligen Segen erteilt, und weil er die Zeremonie nicht nur in gebotener Eile, sondern auch in angemessener Würde auszuführen pflegte, nannte man ihn »The Bishop«.

So, mit Law and Love, machte Gretna Green gute Geschäfte, demonstrierte aller Welt in der Verbindung von Romantik und Kommerz eine schottische Tugend und strafte, ganz nebenbei, den eingeborenen Puritanismus Lügen. Gretna Green wurde Mode, nicht nur unter englischen Aristokratensöhnen. Im Jahre 1846 heiratete hier der Bourbonen-Prinz Karl Ferdinand, Bruder des Königs von Neapel, die schöne, reiche Irin Penelope Caroline Smythe. Zehn Jahre später trat ein Gesetz in Kraft, wonach einer der Partner mindestens 21 Tage in Schottland leben mußte, bevor die Heirat möglich war. Diese englische Klausel schränkte den romantischen Grenzverkehr kaum ein, sondern förderte nur das schottische Hotelgewerbe. Erst das Gesetz von 1940 machte den wilden Eheschließungen von Gretna Green ein Ende, und der Hochzeitstourismus begann. Ein Mythos wurde inszeniert, mit Amboß und Fotograf im Schottenrock, triviale Kulissen für die eigenen, unerfüllten Wünsche. »Mock Marriage«, jeder kann heute jeden heiraten in Gretna Green, für 75 Pence.

Eine Grenze von Liebe und Tod, Gretna Green und *Flodden Field*. Ein Stoppelfeld beim Dorfe Branxton südwestlich von Berwick, noch auf englischer Seite. Auf einem Hügel ein Gedenkkreuz aus Granit: »To the Brave of Both Nations«. Hier schlugen sich »die Tapferen beider Nationen« in einem unseligen Bruderkrieg, den Heinrich VIII. provoziert und sein schottischer Schwager James IV. mit dem Einmarsch in England begonnen hatte, in alter Bündnistreue zu Frankreich. Flodden Field, 9. September 1513: Der König fiel und mit ihm der Adel seines Landes und viele hundert Schotten – zehntausend, behaupteten die siegreichen Engländer. ›The Flowers of the Forest« heißt das Volkslied, das die Erinnerung an die Schlacht von Flodden lebendig hielt, vor allem zur Zeit der Jakobiteraufstände im 18. Jahrhundert. Theodor Fontane hat diese schottische Totenklage übersetzt:

Ich hörte sie singen, wenn morgens sie gingen,
Die Herde zu melken, die draußen steht;
Nun hör ich ihr Wehe, wo immer ich gehe –
Die Blumen des Waldes sind abgemäht.
. . .
Dahin unsre Kränze! Wir zogen zur Grenze,
Wo Englands Banner im Winde gewebt,
Unsere Blumen vom Walde, sie ruhn auf der Halde,
Die Blüte des Landes ist abgemäht.

Man hat diese Ballade auch das »Sterbelied Schottlands« genannt. Denn die Schlacht von Flodden Field kündigte schon das Ende der nationalen Unabhängigkeit an, das mit der Personalunion der schottischen und der englischen Krone (1603) eingeleitet und mit der

Vereinigung der beiden Parlamente (1707) besiegelt wurde. Hier liegen die Wurzeln der schottischen Empfindlichkeit und eines Nationalismus, der sich nicht nur bei Fußball-Länderspielen äußert. Im gemeinsamen Parlament fühlten sich die Schotten nie angemessen vertreten. Anfangs hatten sie 45 Sitze gegenüber 558 englischen; nach der Parlamentsreform von 1885 durften sie 72 Abgeordnete nach London schicken, und dabei blieb es. Die Schotten, sagt der Publizist Alastair M. Dunnett, waren nach 1707 durchaus willens, für die britische Idee zu arbeiten, während die Engländer nun das ganze Land »England« nannten statt »Britain«: »Sie haben vergessen, was und wo England wirklich ist.« Unzufriedenheit und Anspruch der Schotten zeigten sich besonders deutlich in der Frage des britischen Nordseeöls. Es werde, reklamierten sie, zu 95 Prozent vor der schottischen Küste gefunden, aber nur 10 Prozent des Gewinns fließe zurück nach Schottland. Das neue ökonomische Selbstbewußtsein gab auch der 1928 gegründeten Schottischen Nationalpartei neuen Auftrieb. Bei den Unterhauswahlen von 1974 gewann die SNP 30 Prozent aller schottischen Wählerstimmen. Diese elf SNP-Abgeordneten stützten die Labour-Minderheitsregierung Callaghans. Sie stürzten sie paradoxerweise in dem Moment, als sich in einer Volksabstimmung über die ›Devolution‹ im Frühjahr 1979 nur 32,9% der wahlberechtigten Schotten und nicht die erforderlichen 40 Prozent für die Teilautonomie Schottlands aussprachen.

Vielleicht, orakeln rückwärtsgewandte Propheten, wäre es nie zum Sturz der Regierung Callaghan gekommen, hätte nicht der plötzliche Tod der schottischen Prinzessin Margaret im Jahr 1290 ihre Heirat mit dem Sohn des englischen Königs Edwards I. verhindert. Diese frühe, friedliche Vereinigung der Kronen hätte Schottland die Schlacht von Flodden Field und der Labour-Regierung eine Abstimmungsniederlage erspart.

Klöster im Grenzland: »Graf Douglas, presse den Helm ins Haar!«

Grenzland, Ruinenland. Vier Abteien bilden das Zentrum der Borders: Jedburgh, Kelso, Melrose und Dryburgh Abbey. Sie alle wurden nicht einmal, sondern mehrere Male zerstört, eine steinerne Chronik der Grenzüberfälle und Kriege zwischen England und Schottland. Melrose Abbey zum Beispiel: 1322 von Edward II. zerstört, vier Jahre später von Robert Bruce wiederaufgebaut, 1385 von Richard II. erneut zerstört, 1545 noch einmal vom Earl of Hertford auf Befehl Heinrichs VIII. Die Plünderung der Abteien galt nicht so sehr ihren Schätzen, sie war Teil einer Politik der verbrannten Erde. Wer Hunger und Elend ins Land bringen wollte, mußte seinen wirtschaftlichen und kulturellen Nerv treffen, und das waren im Mittelalter die Klöster. Mit ihrer Gründung im Grenzland, zumal in so massiver Anzahl, diente König David I. ja nicht nur Gott, sondern auch sich selbst und seinem Land. Es war ein Stück Wirtschaftshilfe und Machtpolitik. Denn als die Klöster gegründet wurden, in der ersten Hälfte des 12. Jahrhunderts, waren die Grenzen zwischen Schottland und England noch fließend. Gemessen an den großen kontinentalen Klostergründungen kamen die Abteien der Borders spät, zu spät auch verglichen mit Canterbury oder St. Albans, den Zentren der englischen Mönchskultur. Der Franziskaner Duns Scotus, wenn er denn aus *Duns* am Rande der Borders stammte[1], war der prominenteste Theologe seiner Zeit, der seine Heimat verließ und im Ausland lehrte, in Oxford, Cambridge, Paris und zuletzt in Köln.

Die Abtei von *Jedburgh,* rund zwanzig Kilometer hinter der Grenze (Abb. 7), war gewöhnlich das erste Opfer beim Einmarsch englischer Truppen. Das Kloster ist bis auf die Grundmauern zerstört, seine Kirche noch als Ruine ein eindrucksvolles Entrée am Rand der Stadt. Aus rotem Sandstein, in drei Geschossen stehen die Arkaden des Hauptschiffs übereinander, ohne Seitenschiff, ohne Fenster, reiner Rhythmus der Bögen. Der Wechsel runder und spitzer Bögen, romanischer und frühgotischer Elemente macht die Abteikirche von Jedburgh, zumal ihre Westfront, zu einem guten Beispiel des Übergangsstils (12./ 13. Jh.). Augustiner von Beauvais lebten hier, ein Orden, dessen Einfluß in Schottland an der Abtei von Holyrood in Edinburgh abzulesen ist. Jedburgh war der alte Gerichtsort im Grenzland, dessen rüde Justiz sprichwörtlich wurde: »Erst aufhängen, dann verhandeln!« Einen anderen Brauch pflegt die Stadt bis heute: das Handballspiel in den Straßen zwischen ›Uppies‹ und ›Doonies‹, bei dem der strohgefüllte Lederball den Kopf eines Engländers symbolisiert. Eine gemütliche Kleinstadt. Maria Stuart wäre hier fast gestorben, nach dem Gewaltritt zu ihrem Geliebten Bothwell in Hermitage Castle. Nun wird die Erinnerung an sie in Queen Mary's House mit zweifelhaften Reliquien zu Tode geritten.

Mit Mönchen aus der Picardie gründete David I. im Jahre 1126 am Tweed das Kloster von *Kelso.* Wenig genug ist übriggeblieben von dieser ältesten, reichsten Abtei der Borders: ein Teil des Westwerks, das wie eine normannische Burg neben den Häusern der Kleinstadt aufragt. Kelso Abbey, ungewöhnlich für schottische Kirchen, hatte Querschiffe an beiden Enden, wie wir es von romanischen Kirchen des Rheinlands her kennen. König James III. wurde hier 1460 gekrönt; hundert Jahre später, von englischen Soldaten und schottischen Reformatoren geplündert, sank die Abtei endgültig in Trümmer. Es war wohl nicht so sehr die Stadt selbst als ihre Verbindung mit der Abteiruine und ihre Lage am Tweed, die Sir Walter Scott schwärmen ließ, Kelso sei »das schönste, wenn nicht das romantischste Dorf in Schottland«. Die fünfbogige klassizistische Brücke (1803) stammt von dem schottischen Ingenieur John Rennie, der auch die berühmte London Bridge entwarf. Unvergleichlich der Blick von Rennies Brücke in Kelso flußaufwärts zum Schloß der Herzöge von Roxburghe. Gelassen strömt der Tweed durchs Tal, in sanftem Schwung rollen die Uferwiesen ihren Teppich aus, oben am Waldrand blitzen die bleigedeckten Türme von Floors Castle wie Helme eines Ritterheeres in der Sonne. Dem Schloß gegenüber, am anderen Ufer des Tweed, lag rund um *Roxburghe Castle* eine blühende mittelalterliche Stadt. Jahrzehntelang in der Hand der Engländer, wurde sie nach ihrer Eroberung durch die Schotten 1460 dem Erdboden gleichgemacht. Grasbewachsene Hügel sind alles, was übrigblieb.

---

1 Anspruch als Geburtsort von Duns Scotus erheben auch Down in Ulster und Dunstane in Northumberland. Populärer als der Scholastiker ist in Duns allemal der Rennfahrer Jim Clark und seine Grand-Prix-Trophäensammlung.

Floors Castle wirkt wie ein englisches Herrenhaus in einem Landschaftsgemälde von Constable, wie ja überhaupt die Borders landschaftlich und kulturell der englischste Teil von Schottland sind. Die Familiengeschichte derer von Floors bezeugt diese Verbindung auch politisch. John Ker, 5. Earl of Roxburghe, wurde für seine Unterstützung der Union mit England 1707 von Queen Anne zum Herzog ernannt. Das noble Haus zum neuen Titel entwarf ihm 1721 William Adam. Diesen frühgeorgianisch schlichten Landsitz erweiterte der viktorianische Baumeister William Henry Playfair nach 1837 so effektvoll, daß die strenge Architektur in einer Serie von Zinnen, Zwiebeltürmen und Kaminen geradezu explodiert. Vorbild für Playfairs Tudor-Gotik, bis in die Details der Wasserspeier-Kanonen, war Heriot's Hospital (1616) in Edinburgh. Wer nach diesem architektonischen Staatstheater ähnlich spektakuläre Innenräume in Floors Castle erwartet, wird enttäuscht. Außen fix, innen nix, müßte man auf gut Kölsch sagen, hätte der 8. Duke nicht eine reiche Amerikanerin geheiratet, deren Sammlung flämischer Gobelins und französischer Möbel einigen Räumen von Floors Castle ein Glanzlicht gibt. »I'm very privileged«, sagt der sechsundzwanzigjährige Hausherr Guy David, 10. Duke of Roxburghe, verheiratet mit einer Tochter des Herzogs von Westminster (Abb. 82). Die Verwaltung des Familiensitzes

William Turner: Melrose Abbey, 1831

mit seinen 320000 Hektar Wald und Weideland betreibt er wie ein Manager eine große Firma. Kürzlich hat er »das viel zu große Schloß« zur Besichtigung geöffnet, um einen Teil der Erhaltungskosten zu decken. Absolvent der Eliteschule von Eton und der Militärakademie von Sandhurst, teilt auch der 10. Duke die englandfreundliche Politik seiner Vorfahren: »Die Unabhängigkeit Schottlands wäre, vor allem ökonomisch, unsinnig. Die Schotten sollten regional mehr Einfluß haben, aber nicht national!«

Wenige Meilen den Tweed flußabwärts liegt *Melrose*, eine Kleinstadt am Fuß der Eildon Hills. Von allen Abteien der Borders ist Melrose Abbey (Abb. 8) die bekannteste, beschrieben von Walter Scott, gezeichnet von William Turner, Inbegriff der Ruinenromantik des schottischen Grenzlands.

Und willst Du des Zaubers sicher sein,
So besuche Melros' bei Mondenschein;
Die goldne Sonne, des Tages Licht,
Sie passen zu seinen Trümmern nicht.

So übersetzte Theodor Fontane die Versromanze aus Scotts ›Lay of the Last Minstrel‹ (1805). Dieses ›Lied des letzten Spielmanns‹ machte Melrose Abbey zu einer Wallfahrtsstätte melancholischer Seelen:»... bei Mondenschein / Besuche Melros', und – tu es allein.« Unter der poetischen Chiffre ›Kennaquhair‹ ist die Abtei zum Schauplatz eines Romans von Scott geworden (›Das Kloster‹, 1820). Fontane nannte Melrose Abbey »nicht nur unter den schottischen, sondern überhaupt unter allen Ruinen, die ich kennengelernt habe, durchaus die schönste und fesselndste«. Das hatte architektonische, mehr noch historische Gründe. Es liegt ein Herz in der Abtei begraben, das wir seit Schulzeiten kennen, fälschlich unter dem Titel ›Das Herz von Douglas‹:

Graf Douglas, presse den Helm ins Haar,
Gürt um dein lichtblau Schwert,
Schnall an dein schärfstes Sporenpaar
Und sattle dein schnellstes Pferd!

Mit diesen Worten des Königs Robert Bruce auf dem Sterbebett beginnt Moritz Graf von Strachwitz seine historische Ballade, in deren Verlauf klar wird, daß es um das Herz von Bruce und nicht von Douglas geht. Der schottische König hatte vor der Schlacht von Bannockburn (1314) geschworen, im Falle eines Sieges über Edward II. ins Heilige Land zu pilgern. Bruce schlägt die Engländer; fortan schlagen ihn die Regierungsgeschäfte:

Der Schwur wird falsch, mein Herz steht still,
Es brach in Müh und Streit,
Es hat, wer Schottland bändigen will,
Zum Pilgern wenig Zeit.

Der treue Douglas aber erfüllt posthum das Gelübde von Robert Bruce und bringt das Herz seines Königs in einer silbernen Kapsel ins Heilige Land. Graf Douglas fällt auf diesem Kreuzzug, das Herz von Bruce kehrt zurück in seine Heimat, der Überlieferung nach in den Chor von Melrose Abbey. Tatsächlich fand man unter den Fliesen des Kapitelhauses 1920 ein mumifiziertes Herz in einer Bleikassette – vielleicht »das Herz von Douglas«.[1] Im Wappen des Clan Douglas und in ihrem Stammschloß Drumlanrig Castle ist es als geflügeltes Herz zu sehen.

Geschichte, Ritterballaden, Ruinenromantik: Wer Melrose nicht im Mondschein sieht, hat den Vorteil, Details der Architektur zu erkennen (14./15. Jh.). Die hohe Kunst der Steinmetze, wahrscheinlich aus der Bauhütte von York und aus Frankreich, zeigt sich in der Eleganz des gotischen Maßwerks, vor allem aber in den fein ziselierten Kapitellen, wo rötliche Sandstein sich in Lilien, Disteln und krausen schottischen Grünkohl verwandelt. Ein Schwein spielt Dudelsack vom Dach der Abteikirche: Noch dieser groteske Wasserspeier bezeugt die plastische Phantasie der Steinmetze von Melrose. Ihre Lust am Ornament ist überraschend, bauten sie doch für den strengen Reformorden der Zisterzier, die

---

1 Auf einem Grabstein von 1761 auf dem Friedhof von Melrose Abbey findet sich, in Kurzform, das englische Vanitas-Gedicht ›Erde aus Erde‹: »Erde gleißt auf Erden / In Gold und in Pracht; / Erde wird Erde, / Bevor es gedacht; / Erde türmt auf Erden / Schloß, Burg, Stein; / Erde spricht zu Erde: / Alles wird mein.« (Übersetzt von Fontane).

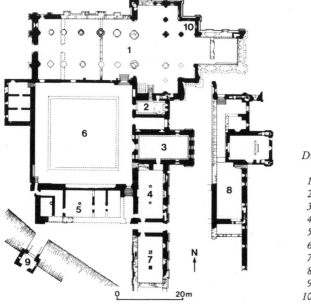

Dryburgh Abbey

1 *Klosterkirche*
2 *Bibliothek*
3 *Kapitelsaal*
4 *Wärmeraum*
5 *Refektorium*
6 *Kreuzgang*
7 *Tagesraum*
8 *Dormitorium*
9 *Torhaus*
10 *Scotts Grab*

Thomas Girtin: Die Eildon Hills, 1800

David I. im Jahre 1136 von Rievaulx in Yorkshire nach Melrose geholt hatte. »Kostspieliger Verfeinerung und seltsamen Formen, welche das Auge des Betenden anziehen und derweil die Andacht der Seele hindern«, jedem Luxus beim Kirchenbau hatte der heilige Bernhard von Clairvaux, der Patron der Zisterzienser, eine Absage erteilt. Insofern ist Melrose Abbey eine Ausnahme und Daniel Defoes Puritanismus fast schon wieder zisterziensisch:»Die Reformation hat über all diese Dinge triumphiert, Pomp und Herrlichkeit der Papisterei sind nun zurückgesunken in die ursprüngliche Schlichtheit des wahren christlichen Glaubens.« Kein Protestant, eiferte Defoe angesichts der Ruinen von Melrose Abbey, könne den Verlust dieser »Seminare des Aberglaubens« bedauern: »So I leave Mailross with a singular satisfaction...«

Höchst befriedigend im Sinne Defoes ist auch der Anblick des letzten der vier Grenzklöster: *Dryburgh Abbey*, 1140 von Prämonstratensern aus Alnwick in Northumberland gegründet, wenige Meilen von Melrose flußabwärts. So romantisch liegt diese Ruine auf einer Halbinsel am Tweed, daß Schottlands romantischster Dichter zwischen ihren verfallenen Mauern begraben sein wollte. »Sir Walter Scott 1771-1832« lautet die lapidare Inschrift

19

auf dem Granit-Sarkophag, den Chantrey entwarf. Neben dem Dichter des schottischen Heldenlebens ruht Earl Haig, der Feldmarschall des Ersten Weltkriegs. Sein Sohn, der Maler Lord Haig, hat auf dem benachbarten Landsitz *Bemersyde* (privat) eine bemerkenswerte Sammlung englischer und schottischer Kunst des 20. Jahrhunderts eingerichtet.

›Scott's View‹ heißt der klassische Aussichtspunkt auf der Höhe von Bemersyde, Sir Walters Bellevue. Im Tal macht der Tweed eine Ehrenrunde, vor uns die Panorama-Ansichtskarte der Borders, im Mittelpunkt die *Eildon Hills*. Drei kahle Hügel, wie geschaffen für Mythen und Märchen. Tom der Reimer, ein Dichter des 13. Jahrhunderts, soll im Innern der Berge bei der Elfenkönigin gelebt haben, wovon noch Carl Loewe uns singt:»Nun bist du mein, nun geh mit mir,/Nun bist du mein auf sieben Jahr«; danach war ›True Thomas‹ keiner Lüge mehr fähig. Eine schöne Geschichte; düsterer ist eine andere. Wie Kaiser Barbarossa im Kyffhäuser, so soll in den Eildon Hills King Arthur begraben liegen, umgeben von einer Armee schlafender Krieger. Artus, Urbild des Ritters, gefallen in einer Schlacht am Tweed, dem blutigen Grenzfluß, der so friedlich fließt und so freundlich klingt wie der Reim auf ›sweet‹. Ist diese Landschaft selbst nicht viel lieblicher, viel langweiliger als ihre Geschichten? Als Walter Scott 1817 dem Schriftsteller Washington Irving [1] seine Lieblingsaussicht zeigte, »my own honest grey hills«, meinte sein Gast aus Amerika enttäuscht, die Borders seien »monoton und so baumlos, daß man fast eine große Fliege den Bergkamm entlanglaufen sehen könnte«. Hätte Walter Scott die Gegend nicht so erfolgreich romantisiert und buchstäblich zum Schauplatz gemacht, ›Scott's View‹ und all die anderen Orte wären wohl kaum so populär geworden wie sie heute sind. Nicht umsonst schrieb schon 1812 eine begeisterte Scott-Touristin:»It was not so much the scenery, it was the 'classic ground' of all the Border country.«

Scott in Abbotsford: Sir Walters Romanfabrik

Der Mann, der die Borders über die Grenze Schottlands hinaus zum Begriff machte, zum ›Scott Country‹, der Schriftsteller, dessen historische Romane im 19. Jahrhundert zu einem neuen schottischen Nationalbewußtsein führten, Sir Walter Scott (Abb. 21) ist heute nicht mehr in seinen Büchern am lebendigsten, sondern dort, wo er sie schrieb, in seinem Haus am Tweed. Er nannte es *Abbotsford* (Abb. 13), weil Land und Furt einst den Äbten von Melrose gehörten, und er pries es als eine »Romanze in Stein und Mörtel«. Es war der pittoreske Lohn seiner poetischen Mühe, das Honorar des ersten Ruhms und zugleich eine Hypothek, die ihn an den Rand des Ruins brachte.

»Wenn der Bau nicht just so sein sollte, wie er ist«, mokierte sich Fontane, »so würde man sofort ausrufen müssen: 'Wie verbaut!'« Mit seinen Erkern, Zinnen, Ecktürmen und Stufengiebeln wurde Abbotsford (1816-23) zum Vorläufer des viktorianischen Baronialstils.

---

1 Irving wurde 1783 auf einem Segelschiff geboren, auf dem seine Eltern von Schottland nach Amerika emigrierten.

Scott-Silhouette von Auguste Edouart

Dieses so 'typisch schottische' Landhaus hat indes ein englischer Architekt entworfen, William Atkinson. Als sich Mitte des 19. Jahrhunderts auch Queen Victoria ihre Sommerresidenz in den Highlands, Balmoral Castle, im altschottischen Burgenstil bauen ließ, dekorierten bald Heerscharen baronialer Türmchen die Villen des britischen Bürgertums. »My home is my castle« und »My heart's in the Highlands«, englisches Wohngefühl und schottische Feriensehnsucht: Nach der Vereinigung der Kronen und der Parlamente war dies die letzte, dauerhafteste Union. Unter ›Abbotsford-Stil‹ versteht man heute geschnitzte viktorianische Eichenmöbel, eine Mode des frühen 19. Jahrhunderts, populär geworden durch das Mobiliar der Bibliothek von Abbotsford. Ein Begriff ist auch der ›Abbotsford-Stuhl‹: Er hat eine hohe, geflochtene Rückenlehne, flankiert von gedrehten Säulen, und unverhältnismäßig kurze Beine.

Scott baute sein Haus nach Art seiner historischen Romane, eine romantische Fiktion aus realistischen Details. Das macht Abbotsford so authentisch wie phantastisch. In die Mauern sind Teile abgerissener historischer Gebäude eingelassen, unter anderem ein Türflügel des alten Tolbooth-Gefängnisses in Edinburgh. Der Haupteingang ist einem Portal von Linlithgow Palace nachgebildet, die östliche Hofmauer dem Kreuzgang von Melrose Abbey. Die reichverzierte Balkendecke der Bibliothek ist eine Kopie von Roslin Chapel, die Eichentäfelung der Eingangshalle hat Scott sich im Original aus der alten Abteikirche von Dunfermline besorgt, teils auch aus dem Palast von Holyrood. Ein Haus aus lauter Fundsachen, ein historisches Puzzle, das Museum seines Lebens. Scott sammelte, wenn er über Land ritt, offenbar nicht nur alte Balladen.

Unter Sir Walters Vorfahren gab es notorische Raubritter, und weil sie meist nachts auf Beutezug gingen, führen die Scotts in ihrem Wappen einen blauen Querstreifen mit einem Stern und zwei Halbmonden. Scotts Urgroßvater hatte den Spitznamen ›Beardie‹, weil er sich weigerte, seinen Bart zu stutzen, bevor die gestürzten Stuarts wieder auf den Thron kämen. Und der Enkel des streitbaren Jakobiten? Sir Walter hofiert dem englischen George, versöhnt die Highländer mit den lange verhaßten Hannoveranern und beschwört, im fortgeschrittenen Stadium der Resignation, Schottlands große Vergangenheit. Die Geburt des Historienromans aus dem Geist der Romantik, poetischer Ausdruck politischer

Ohnmacht. Royalist und zutiefst konservativ, lehnte Sir Walter die Französische Revolution entschieden ab. Er wollte das patriarchalische Schottland, das Clan-System wiedererwecken. Im Alter verstand Scott die Reformpolitik der Regierung nicht mehr, wurde als Reaktionär verhöhnt und mußte es sogar erleben, daß man in Jedburgh mit Steinen nach ihm warf. Jemand, der so viele Romane schrieb wie Scott, bemerkte sein Schwiegersohn und Biograf Lockhart, mußte zumindest die Hälfte seiner Tage in einer Traumwelt leben.

Eisern bewachen zwei Ritter den Eingang zu Sir Walters Arbeitszimmer in Abbotsford. Die Rüstung des rechten stammt aus Augsburg (um 1580), auf der Schwertklinge eingraviert ein kompletter Heiligenkalender. Ein Entrée voller Helme und Harnische – »Dein Schwert, wie ist's von Blut so rot? Edward, Edward!« – Waffen von Culloden und Waterloo, auf dem Kaminsims königlicher Nippes, eine Kopie des Totenkopfes von Robert Bruce – Dein Werk, wie ist's von alledem so tot? Walter, Walter! In Scotts Waffenkammer könnte sich eine schottische Meininger-Truppe originalgetreu rüsten zur Aufführung sämtlicher Schlachtszenen aus seinen Romanen. Sie fände hier so prominentes Zubehör wie das Pulverhorn von König James VI., Dolch und Schwert des Freibeuters Rob Roy und Bonnie Dundees Pistole. »A wild world, my masters, this Scotland of ours must have been«, schrieb er einmal schaudernd in sein Tagebuch. Scotts Bibliothek beherbergt den zivileren Teil seiner Reliquiensammlung: Locken von Nelson und Charles I., Maria Stuarts Perlmutterkreuz, das sie bei ihrer Hinrichtung getragen haben soll, und Bonnie Prince Charlies hölzernen Whiskybecher mit einem Boden aus Glas, damit ihn keiner beim Trinken überraschen konnte – ein ingeniöses, schottisches Patent: viel Feind, viel Whisky.

Das also ist das Zeughaus seiner Dichtung, hier führte Scott sein bürgerliches Heldenleben. In den historischen Kulissen von Abbotsford spielten auch Sir Walters Haustiere eine angemessene Rolle. Zwei seiner Greyhounds hießen ›Douglas‹ und ›Percy‹ wie die Protagonisten der Schlacht von Otterburn, seinen schwarzen Windhund nannte er ›Hamlet‹, seine Katze ›Hinse von Hinsefeldt‹. Wenn Sir Walter nach ›Pfeffer‹ und ›Salz‹ rief, kamen zwei struppige Border-Terrier; der dritte mit dem würzigen Namen ›Ginger‹ wurde von dem viktorianischen Tier- und Historienmaler Sir Edwin Landseer porträtiert – der Hund allein, als sei's der Herr. Auch der schneidige ›Percy‹ ging in die Kunstgeschichte ein und hängt nun, auf Henry Raeburns Scott-Porträt, über dem Kamin im Wohnzimmer von Abbotsford. Wenn er ausritt (sonntags nie, jedes Haustier habe das Recht auf Sabbatruhe), dann am liebsten auf ›Captain‹ oder ›Covenanter‹. Abbotsford: Man könnte meinen, ein Antiquar oder Professor für mittelalterliche Geschichte habe hier ein beschauliches Leben geführt, lesend und jagend. Aber Scotts Tusculum am Tweed war eine Romanfabrik, der Landlord ein Sklave seines Schreibtischs.

Auf seinen Tageslauf konnten die Verleger sich verlassen. Scott stand um fünf Uhr auf, schrieb bis zum Frühstück um neun, danach weiter bis Mittag. Die Nachmittage widmete er seinem Beruf, denn Sir Walter war Jurist: erst Advokat in seiner Geburtsstadt Edinburgh, seit 1799 Stellvertreter des höchsten Richters in der Grafschaft Selkirk. Bei dieser Arbeit in den Borders sammelte er das Material für seine ›Schottischen Grenzland-Balladen‹ (1802/03), die ihn zusammen mit Versromanzen wie ›The Lady of the Lake‹ (1810) zum populärsten

Autor seiner Zeit machten. Scott hatte eine fünfköpfige Familie zu ernähren (er selbst stammte aus einer Familie mit dreizehn Kindern), und er führte ein aufwendiges Haus. So wurde der literarische Erfolg zum ökonomischen Druck. Im Jahre 1814 veröffentlichte Scott, anonym, seinen ersten historischen Roman, ›Waverley‹, Vorbild einer neuen literarischen Gattung, ein Bestseller in Großbritannien, von dem in Deutschland und Frankreich sofort Übersetzungen und in Amerika Raubdrucke erschienen. In seinen ›Briefen aus Berlin‹ beschreibt Heinrich Heine das ›Waverley‹-Fieber: »Von der Gräfin bis zum Nähmädchen, vom Grafen bis zum Laufjungen liest alles die Romane des großen Schotten; besonders unsere gefühlvollen Damen. Diese legen sich nieder mit ›Waverley‹, stehen auf mit ›Robin dem Roten‹, und haben den ganzen Tag den ›Zwerg‹ in den Fingern...« ›Waverley‹ oder der Fortsetzungszwang: Weihnachten 1814 verbringt Scott in Abbotsford, um sich vom literarischen und gesellschaftlichen Leben Edinburghs zu erholen. In der sechswöchigen Pause schreibt er den Roman ›Guy Mannering‹. So ging es immer weiter und immer schneller, manchmal vier Romane in einem Jahr, allein rund sechsundzwanzig ›Waverley‹-Romane. »I have been perhaps the most voluminous author of the day«, sagt er am Ende seines Lebens.

Im Jahre 1820 wird Scott von König George IV. in den Adelsstand erhoben, er sitzt dem Prominentenmaler Lawrence für ein Porträt und Chantrey für eine Büste, Sir Walter ist auf der Höhe seines Ruhms. Fünf Jahre später steht er vor dem Ruin. Der Bankrott seines Verlegers James Ballantyne, dessen Partner Scott war, hinterläßt ihm Schulden von über einer Million Mark. Sir Walter lehnt alle Hilfsangebote von Freunden und Lesern ab und schreibt fortan noch mehr, um seine Schulden abzuzahlen. »I should be happy to die a free man«, sagt er, »ich beabsichtige, nicht eine Minute früher zu sterben«. 1827 erscheint seine Biografie Napoleons, 1828, am 29. April, beendet er vor dem Frühstück den Roman ›Anna von Geierstein‹ und beginnt unmittelbar nach dem Frühstück einen Band über schottische Geschichte. Sein Leben sei »a writing automaton« geworden, notiert er, eine Schreibmaschinerie.

Nebenher präsidiert Scott allen möglichen Gesellschaften, hat ein offenes Ohr für jeden und ein Haus voller Gäste. »Never to be doing nothing«, ist seine Maxime, niemals nichts zu tun. So hat er immer Zeit für alles (außer für Zeitungslektüre). Washington Irving aus Amerika, Prinz Leopold, der spätere belgische König: Wer Schottland besuchte, besuchte Scott. »Die gnadenlose Neugier der Touristen« beklagte schon sein Schwiegersohn Lockhart. Im Juli 1829 besichtigt ein junger deutscher Komponist auf seiner Reise zu den Hebriden, Felix Mendelssohn-Bartholdy, das literarische Denkmal am Tweed: »Wir fanden Sir Walter Scott im Begriffe, Abbotsford zu verlassen, sahen ihn an wie ein neues Tor, fuhren achtzig Meilen und verloren einen Tag um eine halbe Stunde unbedeutender Konversation, Melrose tröstete wenig, wir ärgerten uns über große Männer, über uns, über die Welt, über alles. Der Tag war schlecht.«

Jahrelange Überarbeitung hat Scotts Gesundheit ruiniert. Im Winter 1831 macht er seine letzte Reise, nach Italien. Aber außer Pompeji, der Stadt der Toten, interessiert ihn schon nichts mehr. Auf der Rückreise will er Goethe in Weimar besuchen; die Nachricht von seinem Tod am 22. März 1832 erreicht ihn noch in Neapel. »Alas for Goethe!« ruft Scott aus, »aber er starb wenigstens zu Hause – auf nach Abbotsford!« Bei einem Zwischenaufenthalt in Frankfurt, in einer Buchhandlung, hält der Verkäufer ihn für einen englischen Touristen und zeigt ihm als erstes einen Stich von Abbotsford. »I know that already, Sir«, sagt Scott und verläßt fluchtartig den Laden. Rheinabwärts, auf einem Dampfer, trifft ihn ein Schlaganfall. Trotz teilweiser Lähmung, vor sich hindämmernd, reist er weiter. Erst beim Anblick der Eildon Hills erkennt Scott wieder, wo er ist: zu Hause. Sein Bett wird im Speisezimmer von Abbotsford aufgestellt, mit dem Blick auf den Tweed. Noch ein paarmal läßt er sich im Rollstuhl ums Haus fahren: »I have seen much, but nothing like my ain house – give me one turn more!« Am 21. September 1832 stirbt Sir Walter Scott in Gegenwart seiner Kinder. Lockhart hat die Sterbeszene beschrieben, wie ein Genregemälde von Landseer: »It was a beautiful day – so warm, that every window was wide open – and so perfectly still, that the sound of all others most delicious to his ear, the gentle ripple of the Tweed over its pebbles, was distinctly audible as we knelt around the bed, and his eldest son kissed and closed his eyes.« Der Trauerzug, über eine Meile lang, mit Kutschen und Reitern, führt von Abbotsford nach Dryburgh Abbey, noch einmal durch seine Landschaft. Ein Zwischenfall – er selbst hätte ihn nicht authentischer erfinden können – läßt den Leichenwagen für einige Minuten halten, weil das Pferd nicht weiter will, bei Bemersyde auf der Höhe des Hügels, wo der Blick über die Borders am weitesten ist und wo Scott sein Pferd immer anhalten ließ: ›Scott's View‹.

Schon 1833, ein Jahr nach seinem Tod, wurde Abbotsford dem Publikum zur Besichtigung geöffnet. »Wir atmeten auf in der frischen Luft und fühlten uns wie von einem leisen Drucke befreit«, erinnerte sich Fontane an seinen Besuch im Sommer 1858, als sei er im Innern eines Reliquienschreins gewesen. Den ›Waverley‹-Autor aber pries er als den »Shakespeare der Erzählung«. Queen Victoria, in deren Puppensammlung viele Romanfigu-

Walter Scott: ›Die Braut von Lammermoor‹, Illustration der Edinburgher Ausgabe von 1860

ren Scotts vertreten waren, bewunderte vor allem Sir Walters saubere Handschrift und nahm, 1867, ihren Tee in seinem Sterbezimmer. »Inzwischen haben wir pro Jahr rund 70 000. Besucher«, sagt Patricia Maxwell-Scott, die Ur-Ur-Urenkelin des Dichters, die im Familienmuseum wohnt. Deutschen Besuchern zeigt sie stolz die beiden Goethe-Medaillen, die der eine Klassiker dem anderen schickte, nicht zuletzt als Dank für Sir Walters Übersetzung des ›Götz von Berlichingen‹. Scotts Romane erlebten immer wieder Neuauflagen, bis heute. Aber gelesen werden weit mehr seine Nachfolger, Coopers ›Letzter Mohikaner‹, Dumas' ›Drei Musketiere‹, Tolstois ›Krieg und Frieden‹ – historische Romane, die Scotts Einfluß viel verdanken. Kein Autor der Weltliteratur, außer Shakespeare, ist so oft auf der Opernbühne gesungen worden wie Scott. Seit Donizettis ›Lucia di Lammermoor‹ (1835) schöpften Komponisten bis hin nach Polen und Argentinien aus der schottischen Quelle. Mit ihren lyrischen Partien und dramatischen Szenen, ihren großen Gefühlen und nationalen Leidenschaften erwiesen sich Scotts Romane als ideale Opern-Libretti. Noch populärer wurden sie, auszugsweise, als Werbetexte des Fremdenverkehrs.

Innerleithen zum Beispiel, ein kleiner Ort am Tweed westlich von Abbotsford. Als Scotts Schlüsselroman ›St. Ronan's Well‹ 1824 erschien, erkannten die Einwohner die Gelegenheit, ihr aus der Mode gekommenes Bad wieder fashionable zu machen. Häuser und Straßen wurden à la Scott benannt: Abbotsford Place, Waverley Row, The Marmion Hotel. Und die Leser strömten an den Schauplatz. Mit Loch Katrine und ›The Lady of the Lake‹ ging es nicht anders (siehe Seite 142). Scotts Bücher waren Heimatkunde im besten Sinn. Sie weckten das Interesse an der eigenen, schottischen Geschichte, und das hieß immer auch: Enthusiasmus für die schottische Landschaft. Sir Walter Scott in den Lowlands, Queen Victoria in den Highlands, beide waren sie Pioniere des Tourismus.

»Arbeiten und nicht verzweifeln«: Das Denkmal des unbekannten Schafs

Bei *Selkirk*, wo Scotts Statue auf dem Marktplatz steht, fließen zwei Flüsse zusammen, die das poetische Kernland der Borders bilden, *Yarrow* und *Ettrick*. Einst dicht bewaldet, boten die Täler des Ettrick Forest ideale Verstecke für die ›Mosstroopers‹. Diese Freibeuter machten nach den Grenzlandkriegen mit England noch bis ins 16. Jahrhundert die Gegend unsicher. Burgruinen und Balladen erinnern an die ›killing times‹, die Fehden der Feudalherren und die Bandenkriege räuberischer Clans. Die ›Border Widow‹ an den klagenden Wassern des Yarrow, in diesem romantischen Topos prägte sich den Viktorianern die Landschaft ein:

> *She's taen him in her armis twa*
> *And gien him kisses thorough;*
> *And wi her tears she has washed his wounds,*
> *On the dowie howms on Yarrow.*

Joseph Noel Paton: ›The Bluidie Tryste‹, 1855

Diese Strophe aus Scotts Ballade ›Die traurigen Höhlen des Yarrow‹ inspirierte den schottischen Präraffaeliten Joseph Noel Paton zu einem populären Gemälde, das nicht das einzige blieb. So kam es, nach William Turners Illustrationen der Scott-Ausgabe von 1834, zu einer zweiten, pittoresken Welle der Border-Romantik. »That feeling of pleasing melancholy which belongs to the region«, diese Melancholie, die Lord Cockburn auf seiner Fahrt durchs Yarrow-Tal spürte, ist das Leitmotiv der schottischen Landschaft. An kahlen Hängen, zwischen Stechginster und Heidekraut, weiden die schwarzköpfigen Schafe. Pastorale mit heroischer Vergangenheit.

Anfang des 19. Jahrhunderts lebte im Ettrick Forest ein Schäfer, der sich literarisch einen Namen machte: ›The Ettrick Shepherd‹. James Hogg hatte sich selbst Lesen und Schreiben beigebracht, während er die Schafe hütete, und schrieb Gedichte, deren einfache Reime die Bauern der Umgebung rührten. Sein Talent sprach sich herum, Scott lud ihn nach Edinburgh ein. Als James Hogg Mrs. Scott auf ihrer Recamiere begrüßt hatte, legte sich der Schäfer gegenüber auf ein anderes Sofa, zum Amüsement der Gesellschaft (»Ich dachte, ich könnte nichts falsch machen, wenn ich der Dame des Hauses folgte«). Der poetische Wilde aus den Borders wurde in den Salons der Hauptstadt herumgereicht wie heute Autoren aus dem Knast in Intellektuellenzirkeln. Ein Denkmal von James Hogg, der sich später großspurig »König der Berg- und Feendichtung« nannte, steht am Ettrick, wo er geboren wurde, ein anderes am Ende des Yarrow-Tals, am *St. Mary's Loch*. Der visionäre Naturlyriker mit Hirtenhund und Plaid, so sehen wir ihn, so sah er sich selbst:

At evening fall, in lonesome dale,
He kept strange converse with the gale,
Held worldly pomp in high derision
And wandered in a world of vision.

Dem Denkmal gegenüber trank der ›Ettrick Shepherd‹ seinen Whisky, in *Tibbie Shiel's Inn*. Tibbie Shiel hieß eigentlich Isabella Richardson, und als sie 1878 im Alter von 95 Jahren starb, konnte sie sagen, an ihrem Kamin habe Literaturgeschichte stattgefunden. Das einsame, schiefergedeckte Haus, in dem sich heute Angler, Wanderer und abends die Schäfer der Umgebung treffen, war ein beliebtes Ausflugsziel Edinburgher Literaten, von Scott bis Stevenson. Wer zurück zur Natur wollte, landete bei Tibbie Shiel's. Auch ein Bauernsohn aus Annandale kehrte bei ihr ein, auf seiner Hundert-Meilen-Wanderung von seinem Heimatdorf *Ecclefechan* zur Universität nach Edinburgh: Thomas Carlyle (Abb. 27).

Wie viele seiner Landsleute aus armen Verhältnissen, hatte er ein unbändiges Bedürfnis zu lernen, und wie James Hogg hatte auch Carlyle etwas von einem Geisterseher, aber in einem weit rigoroseren, missionarischen Sinn. Mit seinem vielbändigen historischen und sozialpolitischen Werk, heute zu einem einzigen geflügelten Wort geschrumpft, war er im viktorianischen England eine moralische Instanz wie kein anderer. »Arbeiten und nicht verzweifeln«, diese Maxime aus seiner Edinburgher Rektoratsantrittsrede von 1866 meinte ein religiös fundiertes Arbeitsethos und soziale Gerechtigkeit (»a fair day's wages for a fair day's work«) im Konkurrenzkampf des Maschinenzeitalters, das Carlyle von Anfang an haßte. »Work, and despair not«: Es war eine schottische Botschaft, geprägt vom Puritanismus seines Elternhauses und der Poverty seines Landes, das Ethos der unermüdlichen Arbeit und des einfachen Lebens, wie Carlyle es von den Bauern und Handwerkern seines Heimatdorfes her kannte. Es war derselbe Impuls, der seinen Landsmann Andrew Carnegie vom armen Weberssohn aus Fife zum amerikanischen Stahlmillionär und Philanthropen werden ließ – Prototyp jenes »edlen Arbeitgebers«, den der Moralist Carlyle in ›Past and Present‹ beschwor und der Marxist Ernst Bloch als »industriellen Neufeudalismus« und »eine der reaktionärsten Spätutopien« kritisierte.[1] »Arbeiten und nicht verzweifeln«: Als Schüler hielt ich das immer für eine deutsche Maxime, ein schikanöses Wort des Alten Fritz an seine Untertanen. Ein Mißverständnis oder eine schottisch-preußische Wahlverwandtschaft? Carlyle, der eine Biografie Friedrichs des Großen schreibt und Goethes ›Wilhelm Meister‹ übersetzt; Goethe, der Carlyle »eine moralische Macht von großer Bedeutung« nennt; Carlyle, der anläßlich des Deutsch-Französischen Krieges von 1870/71 erklärt: »Germany ought to be President of Europe«; Kaiser Wilhelm II., der 1895 zur Hundertjahrfeier von Carlyles Geburtstag einen Kranz von Immortellen nach Ecclefechan in sein Geburtshaus schickt: »Wasn't it a nice gesture«, sagt die Hausmeisterin und zeigt mir das preußische Angebinde, im Flur unter Glas. Carlyle starb 1881 hochberühmt in London. Aber er wollte nicht, wie vorgesehen, in Westminster Abbey beigesetzt werden, sondern auf dem Friedhof seines Heimatdorfs. ›Humilitate‹, steht auf seinem Grabstein, ›In Demut‹, sonst nichts.

Auf seiner Wanderung von Ecclefechan nach Edinburgh kam Carlyle auch durch die Kleinstadt *Moffat*. Daß die Straßen inzwischen besser sind als zu Carlyles Zeiten, verdanken

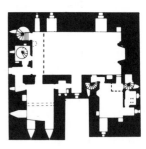

Borthwick Castle, um 1430: Querschnitt und Grundriß

1 »Seine (Carlyles) puritanische Predigt des Arbeitens und Nichtverzweifelns verband sich genau mit der imperialistischen, welche keinesfalls die Fabriken, aber den Klassenkampf stillegen will... Der Appell an die Philanthropie der Ausbeuter, dieser allen vormarxistischen Weltverbesserungsplänen gemeinsame, hat auch die Weltverbesserung ruiniert; aus Schlaraffenland wurde nicht nur keines, sondern Hölle. Soviel über Carlyle...« (Ernst Bloch: Das Prinzip Hoffnung)

wir einem Ingenieur, der 1836 in Moffat starb: John MacAdam, Erfinder der asphaltierten Schotterdecke. Indes hat nicht der Mann, mit dessen namentlicher Hilfe wir heute unsere Straßen makadamisieren, in Moffat ein Denkmal bekommen, sondern jemand, der für die Gegend offenbar noch mehr getan hat: der Schafbock. ›The Ram‹, das Denkmal des unbekannten Schafs, erinnert an den ältesten schottischen Exportartikel, die Wolle. Die Lowlands waren schon im Mittelalter Schottlands ›Sheep country‹, lange vor den Highlands, und nicht als Grenzfluß wurde der Tweed ein Begriff, sondern als Wollstoff: handgewebt, handfest, dem rauhen Klima angemessen. Der schottische Tweed hat ein lebhafteres, rauheres Gewebe als die leichteren englischen Kammgarnstoffe, dessen Fasern geglättet werden und parallel laufen. Auf dem Viehmarkt von *Hawick* im Teviot-Tal finden die großen Schaf-Auktionen der Borders statt (Abb. 11). Die Männer mit Schirmmützen und abgewetzten Tweedjacketts, ihre Hirtenstäbe mit dem bizarr gewachsenen Schafhorngriff, die Rudel der Schafe, die fatalistisch um den Mann in der Mitte kreisen, lautlos, bis sie versteigert sind: Schaftheater in der Arena von Hawick. In *Galashiels*, dem anderen Textilzentrum der Borders, produziert ein englischer Designer jugoslawischer Herkunft schottischen Tweed in modischer Vollendung. Bernat Klein hat den Stoff der Hirten und Jäger zu großstädtischer Eleganz verfeinert, bis hin zu exklusiven ›Vogue‹-Modellen. Trendsetter auch auf modischem, nicht nur touristischem Gebiet war wiederum Sir Walter Scott. Um 1826 bestellte der Dichter eine Hose im ›Shepherd check‹, dem traditionellen

William Turner: Borthwick Castle, Kupferstich aus ›Provincial Antiquities and Picturesque Scenery of Scotland‹ von Sir Walter Scott, London 1826

29

schwarzweiß-karierten Muster des Schafhirten-Umhangs, und leitete damit eine Mode ein, die ihren Höhepunkt mit der ›Tartanitis‹ Queen Victorias erreichte.

Scott country, Sheep country: Die Borders wären auch als Land der Burgen ein Begriff, lägen nicht die meisten in Ruinen. Bevor sie zum pittoresken Element der Landschaft wurden, bildeten sie eine elementare Befestigungskette gegen England. In den Grenzkriegen des 13. und 14. Jahrhunderts entwickelte sich aus einer weit älteren Burgform der Standardtyp des schottischen Castle, das Tower-house. Dieser Wohnturm, in zwei oder mehr Geschosse unterteilt, hat einen einfachen Grundriß, rechteckig oder L-förmig, eine massive Konstruktion und wenige, schießschartenartige Fenster. Es war eine bis zur Kahlheit schlichte, primär auf Sicherheit bedachte Wohnform. Sie entsprach den ökonomischen und politischen Bedingungen eines verhältnismäßig armen und unverhältnismäßig unruhigen Landes. Als Elementarform eines befestigten Hauses keine schottische Erfindung, war das Tower-house in Schottland doch weiter verbreitet und länger in Gebrauch als irgendwo sonst in Europa, von Irland abgesehen. Der klassischen Grundform des Tower-house in den Borders folgte im 17. Jahrhundert seine manieristische Spätblüte in den Highlands, die ornamentale Kür nach der martialischen Pflicht. *Hermitage Castle* im wilden Liddisdale, südlich von Hawick, war eine dieser massiven Grenzfestungen des 13. Jahrhunderts, heute als Ruine eine beliebte Drehbuch-Burg für Maria Stuart- und Macbeth-Filme (Abb. 6). Gut restauriert, ein mächtiges Bollwerk in den Moorfoot Hills, ist der fast dreißig Meter hohe Doppelturm von *Borthwick Castle* südlich von Edinburgh (um 1430). In den bis zu vier Meter dicken Mauern haben Kammern und Treppen Platz.

Wie man in den Burgen der Borders lebte und noch heute lebt, zeigt am besten *Traquair House* zwischen Galashiels und Peebles. »Das älteste bewohnte Herrenhaus in Schottland«, so annonciert Peter Maxwell Stuart, der 20. Laird of Traquair, seinen Familiensitz dem Publikum. Im 12. Jahrhundert als königliches Jagdhaus erbaut, bildet das ursprüngliche Tower-house heute den nördlichen Teil des hohen, rechteckigen Hauptblocks (15. Jh.), der noch einmal im 17. Jahrhundert durch zwei Seitenflügel erweitert wurde. Seitdem steht Traquair unverändert bis heute. So festungsartig verschlossen das Haus mit seinen wenigen, schmalen Fenstern wirkt, so wohnlich ist es im Innern: kleine, intime Räume, die allerdings noch bis in die sechziger Jahre ohne elektrisches Licht und ohne Zentralheizung waren. Am Fuß der steinernen Wendeltreppe, auf einer Eichentür von 1601, kämpfen zwei Wappentiere um die Vorherrschaft: Das schottische Einhorn durchbohrt den aufgerissenen Rachen des englischen Löwen, beide aneinandergekettet im Kampf – ein düsteres Symbol der Union der Kronen, die zwei Jahre später stattfand.

Familiengeschichte, Staatsaffären: Traquair House war im 17. und 18. Jahrhundert Zentrum der katholischen, jakobitischen Partei im Süden Schottlands. Zur politischen Reliquiensammlung gehören Kruzifix und Rosenkranz Maria Stuarts und eine Sammlung von Gläsern mit eingravierten Trinksprüchen für den exilierten Stuart-König und gegen den englischen George (»Send him soon over / And kick out Hanover«). Nach dem wild wuchernden Bart von Scotts Großvater lernen wir hier eine weitere jakobitische Protestgeste kennen: das legendäre Bärentor, das der 5. Earl of Traquair 1745 beim Abschied von Bonnie

Prince Charlie schloß mit dem Schwur, es erst wieder zu öffnen, wenn die Stuarts auf den Thron zurückgekehrt seien. Da der letzte Stuart 1807 starb, könnte der 20. Laird of Traquair sein Tor eigentlich wieder öffnen. Aber Peter Maxwell Stuart ist ein Königstreuer, und so setzt er auch in der Burgbrauerei des 18. Jahrhunderts die Tradition aufs stärkste fort: Traquair House Ale, »brewed by the Laird«. Trinken wir, Gentlemen, mit dem Bier der lebenden auf das Gedächtnis der toten Stuarts: »God bless the Prince of Wales, / The true-born Prince of Wales!«

Die Herzöge von Buccleuch: Wem gehört Schottland?

Darf man Traquair House mit englischen Landsitzen und ihrem Reichtum an Möbeln und Gemälden vergleichen? Muß man nicht ebenso enttäuscht sein wie bei einem Vergleich schottischer und englischer Antiquitätengeschäfte? Auch Wilhelm von Oranien hatte diesen Unterschied bei seinen Steuereinnahmen feststellen können: »Die größte Summe, die er aus Schottland in einem Jahr zu erhalten hoffen konnte, betrug weniger, als was er aus England alle vierzehn Tage erhielt«, schreibt der Historiker Macaulay. Schottland war immer, klimatisch und ökonomisch, ein Land des Mangels. Die Distel ist sein Symbol, nicht die Rose. Immer lag Schottland, historisch und kulturell, am Rand Europas und im Schatten Englands. Indes waren die Schotten keineswegs nur die armen Vettern im Norden. Die Vereinigung der Kronen bedeutete zwar noch einmal einen Aderlaß, da sich dem Umzug des königlichen Hofs von Edinburgh nach London auch viele Adelige anschlossen. Aber die Union von 1603 brachte auf längere Sicht doch auch Gewinn, kulturell vielleicht mehr als wirtschaftlich. Bowhill und Drumlanrig Castle, die Landschlösser der Familie Montagu-Douglas-Scott, dokumentieren diese Entwicklung. Es ist die Geschichte einer der reichsten privaten Kunstsammlungen Schottlands.

Im waldigen Hügelland zwischen Yarrow und Ettrick, kurz bevor sie bei Selkirk zusammenfließen, liegt *Bowhill*. Als »sweet Bowhill« besang es Walter Scotts ›letzter Spielmann‹ in der benachbarten Ruine von *Newark Castle*, einer alten Burg der Scotts of Buccleuch. Sie zählten schon früh zu den mächtigsten Familien des Landes. Einer von ihnen, ›Bold Buccleuch‹, galt der englischen Königin Elizabeth I. als exemplarischer Draufgänger: »Mit zehntausend solcher Männer könnten unsere schottischen Brüder den stärksten Thron in Europa ins Wanken bringen.« Sir Walter Scott war sehr stolz auf diese Clan-Verwandtschaft und widmete sein ›Lied des letzten Spielmanns‹ der Frau des 4. Duke of Buccleuch, der Herzogin Harriet (»my lovely chieftainess«). Es war Scotts Architekt von Abbotsford, William Atkinson, der dem 4. Duke einen Landsitz im Ettrick Forest baute – »sweet Bowhill«. Dies Prädikat mochte auf die kleine georgianische Villa von 1812 zutreffen. Der viktorianische Erweiterungsbau, den wir heute sehen, tarnt mit grauer Belanglosigkeit die prächtigste Kunstsammlung der Borders: Mortlake-Gobelins und Boulle-Möbel, Meißen-Porzellan und handgemalte chinesische Tapeten des 17. Jahrhunderts, Gemälde von Leonardo da Vinci, Claude Lorrain, Guardi, Gainsborough und Reynolds.

Der Speisesaal von Bowhill verbindet aufs schönste Kunst- und Familiengeschichte. Gainsborough porträtierte den 3. Duke of Buccleuch und seine englischen Schwiegereltern, den Herzog und die Herzogin von Montagu; Canaletto malte um 1751 den Blick auf ihre Londoner Residenz, Montagu House, als Teil seiner großen Vedute von Whitehall; Reynolds schließlich porträtierte Elizabeth Duchess of Montagu, die Frau des 3. Duke of Buccleuch, und ihre beiden Kinder, Caroline und Charles. Diese Gemälde gehen weit über die übliche Ahnengalerie hinaus, ein Glücksfall der Kunstgeschichte und zugleich das schöne Dokument einer schottisch-englischen Familienverbindung des 18. Jahrhunderts. Wie frisch, wie spontan und natürlich bei aller Eleganz sind Reynolds' Kinderporträts von 1777: Charles, ›The Pink Boy‹, an eine Mauer gelehnt, mit Spaniel und Eule, den Zeichen der Jagd und der Gelehrsamkeit, Gentleman-Ideale seiner Zeit. Als Charles, der spätere 4. Duke of Buccleuch, dem Maler gerade Modell stand, sei seine Schwester Caroline ins Zimmer gestürmt, heißt es, und Reynolds sei so entzückt gewesen vom Anblick des winterlich vermummten Mädchens, daß er sie genauso auch porträtierte, in einem für ihn ungewöhnlichen Naturalismus: Lady Caroline, ein zartes Kind mit roten Wangen und rotem Muff, zu ihren Füßen ein Rotkehlchen und ein rauhhaariger Border Terrier. Auch Carolines Vater, der 3. Duke, hält auf Gainsboroughs Bild diesen charakteristischen Hund des Grenzlands im Arm, eine zähe, freundliche Rasse schottischer Draufgänger, Jagdhunde, wie Scott schrieb, »die nichts fürchteten, was immer auch gerade ankam und eine behaarte Haut hatte«.[1]

Der 3. Duke of Buccleuch war ein vielseitig gebildeter Mann, ein Mäzen und Sammler, den der Nationalökonom Adam Smith als Lehrer auf seiner Grand Tour begleitet hatte. Durch seine Heirat mit Lady Elizabeth fiel 1790 das Montagu-Erbe, unter anderem auch Boughton House in Northhamptonshire, an die Sotts of Buccleuch. Das ist die eine Quelle der Kunstsammlungen von Bowhill. Auch die andere geht auf eine große Heirat zurück, auf die Verbindung der zwölfjährigen Lady Anne mit dem Duke of Monmouth, dem illegitimen Sohn von König Charles II. Als Monmouth 1685 nach seinem mißglückten Putsch gegen James II. hingerichtet wurde, blieb seiner Frau der Titel einer Herzogin und ihre Residenz bei Edinburgh, *Dalkeith House*. Das frühklassizistische Landschloß von James Smith (1702–11), heute an eine Computerfirma vermietet, war bis zum ersten Weltkrieg Hauptsitz der Scotts of Buccleuch. Ein Großteil der reichen Innenausstattung von Dalkeith schmückt nun die Säle von Bowhill, darunter auch die Wiege des rebellischen Monmouth, sein Sattel und sein letztes Hemd. Fontane hat ihm ein Grablied gesungen: »Das Leben geliebt und die Krone geküßt / Und den Frauen das Herz gegeben / Und den letzten Kuß auf das schwarze Gerüst / Das ist ein Stuart-Leben.«

Was das für ein Leben sei, beklagte sich Herzogin Charlotte Anne 1850 in einem Brief an ihren Mann, den 5. Duke of Buccleuch, einen offenbar notorischen Jäger: »It is a sad life to rise up early and to go to bed late for nothing but hunting. How can we expect the children to

---

1 Eine Spezialmischung des schottischen Terriers, der kleine Dandie-Dinmont-Terrier, verdankt seinen Namen einer Romanfigur Walter Scotts, dem Farmer Dandie Dinmont in ›Guy Mannering‹.

think of other matters, when sport is the chief subject of conversation.« Indes galt die Jagdleidenschaft des gescholtenen Herzogs nicht nur Füchsen und Hirschen. Die Miniaturen von Hans Holbein d. J., Nicholas Hilliard, Isaac Oliver, Samuel Cooper, um nur einige zu nennen, diese exzellente Sammlung von rund achthundert Miniaturen vorwiegend des 16. und 17. Jahrhunderts geht auf den 5. Duke of Buccleuch zurück. Nur noch die Queen und das Victoria & Albert Museum haben in Großbritannien eine Sammlung dieser Qualität und dieses Umfangs. Herzog Walter Francis war im viktorianischen Schottland wohl selbst eine Art König en miniature. Auf seinem Landsitz Dalkeith Palace übernachteten George IV. und Queen Victoria bei ihren Staatsbesuchen – nicht in Holyroodhouse, dem offiziellen Königsschloß in Edinburgh.

Als der 5. Duke of Buccleuch 1884 starb, war er nächst dem Herzog von Sutherland der größte Großgrundbesitzer in Schottland. Der jetzige, 9. Duke ist um die Hälfte ärmer. Er besitzt »obszöne 277000 Acres«, wie der Labour-Politiker John McEwen es formulierte. Mit diesen rund 1 108000 Hektar Land liegt der Herzog von Buccleuch heute an der Spitze der schottischen ›Acreocracy‹. Ich konnte mir unter dieser Zahl erst etwas vorstellen, als Sir Richard, der älteste Sohn des Herzogs, mir von einem Hügel aus *Drumlanrig Castle* zeigte, den Hauptsitz der Familie in Dumfriesshire (Farbt. 5). »Und bis wohin gehört Ihnen das Land?« Richard Earl of Dalkeith macht eine unbegrenzte Handbewegung. Sie verliert sich

Drumlanrig Castle 1679–91, Hauptfassade

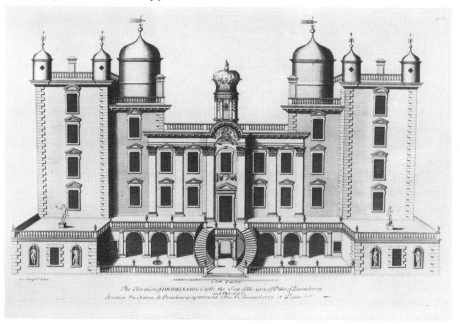

am Horizont, jenseits der Wälder, irgendwo hinter den Bergen von Nithsdale. Der Herzog von Buccleuch, der sich gern »a kind of a trustee« nennt, eine Art Treuhänder seiner eigenen Güter, besitzt außer Drumlanrig und Bowhill noch zehn weitere Schlösser und Burgen. »It's a family company«, sagt der Duke, »aber in einem Zeitalter der Steuerstrafe wären die historischen Herrenhäuser in zwanzig Jahren verfallen, wenn der Staat nicht wenigstens die dazugehörige Landwirtschaft subventionieren würde.« Mit seinen ausgedehnten Wald- und Weideflächen ist Drumlanrig heute das größte landwirtschaftliche Gut Großbritanniens und gilt als Musterbeispiel modernen Agrarmanagements. Der Herzog, nach einem Reitunfall querschnittgelähmt, verwaltet seine Güter vom motorisierten Rollstuhl aus. »Um Bäume zu pflanzen, müssen Sie an die Zukunft glauben. Wir denken in Generationen.« Die Wälder rings um Drumlanrig Castle zeugen von ungebrochenem Stammbaumbewußtsein.

»In our hearts we are all Scottish nationalists«, sagt der Duke, »in our heads we are British nationalists«. Schottisch fühlen, britisch denken: Was viele seiner Landsleute für ein Dr. Jekyll & Mr. Hyde-Syndrom halten, für politische Schizophrenie, erschien seinen Vorfahren als einzig pragmatische Politik. James, 2. Duke of Queensberry, genannt ›The Union Duke‹, vertrat entschieden die Partei der Oranier und Unionisten von 1707. Daß der Sohn des jetzigen Duke wie seine Vorväter Eton besuchte, ist selbstverständlicher Bestandteil dieser Tradition.

Drumlanrig Castle, Stammsitz des Clan Douglas, der späteren Herzöge von Queensberry, fiel 1810 als letzte große Erbschaft an die Scotts of Buccleuch. »Ein so großartiges Schloß, so schöne Gärten, alles so wahrhaft prächtig, wie wir es zuvor nirgendwo sahen«: Daniel Defoe besuchte Drumlanrig Castle, als es eben vollendet war, und genauso sehen wir es heute, unverändert seit rund dreihundert Jahren. Durch das Spalier der alten Buchen, über den balustradenumsäumten Vorhof, die Freitreppen hinauf, die sich wie Hummerscheren öffnen (Abb. 16): das war der Weg zum Landesfürsten, Teil der klassischen Inszenierung dieses Schloßtheaters. Es beginnt im gemessenen Stil der Renaissance, mit Arkaden im Unterbau, korinthischen Pilastern, giebelbekrönten Fensterreihen; alles atmet Ruhe und Symmetrie. Es endet in einem barocken Aufstand der Türme, das Dach tanzt seinem Haus auf dem Kopf herum, ein auf- und abschwellender Rhythmus, High life im Oberhaus. Wie Pfefferstreuer sitzen die Rundtürmchen zu dritt auf den vier mächtigen Ecktürmen, neugierig steigen aus dem Innenhof vier runde Treppenhaustürme mit ihren Bleikuppeln nach oben, und den Uhrenturm im Zentrum der Fassade, auf dem Mittelrisalit des Eingangsportals, krönt eine riesige Herzogskrone. Die dramatische Schaufront von Drumlanrig Castle spiegelt in ihrer Mischung von strengen und spielerischen Elementen den Übergang von der befestigten Burg zum Palast. Die klassische Fassade verdeckt einen stilistischen Rückgriff, den Innenhof-Grundriß älterer, barionaler Architektur. Drumlanrig Castle (1679–91) ist ein genialer Zwitter, dessen Vorbilder in Edinburgh zu suchen sind: die kurz zuvor von William Bruce neugestaltete Westfassade von Holyroodhouse (1671–79) und Heriot's Hospital (1628–93), dessen Grundriß fast identisch ist mit dem von Drumlanrig. Ob der königliche Steinmetzmeister Robert Mylne, sein Schwiegersohn James Smith oder beide die Architekten waren, ist bis heute nicht restlos geklärt. Die Fruchtgirlanden um den Eingang und die heraldischen Ornamente der Giebelfelder stammen von zwei holländischen Steinmetzen. Der Auftraggeber dieses virtuosen Beispiels schottischer Architektur war unter den Stuarts einer der mächtigsten Männer des Landes: Sir William Douglas, 1. Duke of Queensberry. Zu seinen Vorfahren zählte jener Balladen-Graf Douglas, der das Herz seines toten Königs Robert Bruce mitten ins Kampfgetümmel warf und mit dem Schlachtruf »Forward, brave heart« dem Clan Douglas zu seinem Motto und zu seinem Wappen verhalf. Wir sehen das geflügelte Herz mit der Königskrone überall in Drumlanrig Castle, in Stein und Eisen, Holz und Leder.

Auch im Innern entfaltet dieses Schloß von Raum zu Raum den Glanz seiner Besitzer und ihrer Geschichte: im Treppenhaus mit den gedrehten Eichensäulen, im Salon mit den Holzschnitzornamenten von Grinling Gibbons. Wieder, wie in Bowhill, haben sich die Protagonisten des Hauses der ersten Porträtisten des Landes versichert. Van Dyck, Kneller, Ramsay, Gainsborough und Reynolds: Kunstgeschichte als Familienalbum. Daß die Herzöge auch ihre Diener porträtieren ließen, nicht als Statisten, sondern als Menschen mit gleichem Recht auf ein Bild und einen Platz in der Erinnerung, diese Geste zeugt von gegenseitiger Achtung und vom familiären Charakter des feudalen Haushalts. Wie John Ainslie 1817 den Koch des Herzogs porträtiert, Joseph Florence mit Fisch und Fleisch, das hat seine eigene Größe und ist weit mehr als eine genrehafte Fußnote zur aristokratischen Selbstdarstellung. Zu den Kostbarkeiten von Drumlanrig gehört Hans Holbeins Porträt von Sir Nicholas Carew, dem Oberstallmeister Heinrichs VIII. (um 1528), und Rembrandts ›Lesende alte Frau‹ (1655). Übersehen wir auch nicht, im Schlafgemach neben einem Gainsborough, »Kitty, jung und schön, wild wie ein ungezähmtes Fohlen«: das Porträt von Katherine Hyde, die den Sekretär ihres Mannes, John Gay, und seine ›Bettleroper‹, so kräftig förderte wie er ihre Schönheit pries. Erst wer die Gemälde und Möbel von Drumlanrig zusammen mit denen in Bowhill gesehen hat, kann den Umfang dieser fürstlichen Sammlung ermessen.

Im benachbarten Woodlea Hotel bei Moniave gab es nicht nur selbstgeräucherte Forellen, sondern auch eine exquisite Kunstempfehlung: »Go to the Moores in the moor!« Einige Meilen weiter südlich, am *Glenkiln Reservoir*, fanden wir sie: Skulpturen von Henry Moore zwischen Farn und Schafen. Stehende, liegende Figuren, seltsam und selbstverständlich wie bizarre Kunstgriffe der Natur. Auf halber Höhe am Berghang thronen ›König und Königin‹ (1952), als blickten sie auf eine unsichtbare Prozession, lebensgroße monumentale Bronzeskulpturen, archaische Figuren der Majestät und der Einsamkeit (Farbt. 2). »Bildhauerei ist eine Kunst, die ins Freie gehört«, hat Henry Moore einmal gesagt, und sein Sammler hat sich daran gehalten. Sir William Keswick, ein Kaufmann aus Essex, hat aus seinem schottischen Landsitz einen kleinen Skulpturenpark gemacht. Willkommen ist jeder, der von Weide zu Weide die Viehgatter wieder hinter sich schließt. Mit erhobenem Predigerarm weist Rodins ›Johannes der Täufer‹ über den See, und in einem Kreis aus Kiefern und Steinen steht Epsteins Figur der ›Heimsuchung‹. Renoirs Plastik der ›Madame Renoir‹ aber hat Sir William, Liebhaber des Schönen, im entlegensten Teil seines Hügellandes versteckt.

Robert Burns: Die literarische Wallfahrtsroute der Nation

Durch den Südwesten Schottlands führt eine Straße mit einem blauweißen Verkehrszeichen, das einen Dichter im Schilde führt, den Kopf von Robert Burns. Er, nicht Walter Scott, ist der Nationaldichter der Schotten. Seine Verse werden heute noch gelesen, seine Lieder gesungen, nicht nur das eine, das in Freiligraths Übersetzung auch in Deutschland populär wurde: »My heart's in the Highlands, my heart is not here.« Kein Volkslied ist in aller Welt so bekannt geworden wie dieses, das Abschiedslied eines Auswanderers, der Refrain der schottischen Sehnsucht:

> *Mein Norden, mein Hochland, lebt wohl, ich muß ziehn!*
> *Du Wiege von allem, was stark und was kühn!*
> *Doch wo ich auch wandre und wo ich auch bin,*
> *Nach den Hügeln des Hochlands steht allzeit mein Sinn!*

Der ›Burns Heritage Trail‹ beginnt im grünen Hügelland von Ayrshire, fünf Meilen südlich vom Flughafen Prestwick. Das Dorf *Alloway* hat tausend Einwohner und über 130000 Besucher jährlich. Der eine, um den sich hier alles dreht, war der Sohn eines Kleinbauern und wurde »the great poet of the common man«, der große Volksdichter Robert Burns (Abb. 22). Sein Geburtshaus, »the auld clay biggin«, ist das einzige noch strohgedeckte Haus im Dorf. Hinter den Königsburgen von Edinburgh und Stirling hält die Bauernkate des Poeten Platz drei der Hit-Liste des Scottish Tourist Board. Durch den Stall in die gute Stube. »What a wonderful place! James McDonald, Ohio.« Das Besucherbuch des Burns Cottage ist allein für den Monat August so dick wie das Telefonbuch von London. In einer Wand der niedrigen Stube die Bettnische, wo Burns 1759 geboren wurde, im selben Jahr wie Schiller. Kein Stuhl, kein Teller ist mehr original, nur die karge, einfache Atmosphäre ist geblieben. Und das graffitiübersäte Burns-Porträt auf einem Wirtshausschild. Denn jahrzehntelang war das Geburtshaus des Dichters ein Pub. »Here's a bottle and an honest friend / What wad ye wish for mair, man?« Burns, wie so viele berühmte Schotten, stammte aus armen ländlichen Verhältnissen: wie der Bauernsohn Carlyle, der Hirtenjunge und spätere Brückenbauer Telford, der Weberssohn James Barrie, der als Autor des ›Peter Pan‹ weltbekannt wurde. Burns blieb zeitlebens stolz auf diese Herkunft. Mit seinem trotzigen Bekenntnis zur Armut und zur Würde der einfachen Arbeit gab er seinen Landsleuten ein neues Selbstbewußtsein:

> *Und sitzt ihr auch beim kargen Mahl*
> *In Zwilch und Lein und alledem;*
> *Gönnt Schurken Samt und Goldpokal –*
> *Ein Mann ist Mann trotz alledem!*
>
> *Trotz alledem und alledem,*
> *Trotz Prunk und Pracht und alledem!*
> *Der brave Mann, wie dürftig auch,*
> *Ist König doch trotz alledem!*

»A man's a man for a'that«: Hoch klang das Lied vom braven Mann, bis hinauf zu Königin Victoria, die in diesen Versen von Burns (ihren liebsten) nur noch den moralischen Appell

David Wilkie: ›The Cotter's Saturday Night‹, 1832, Illustration zu Robert Burns

hörte und nicht mehr die Stimme des Dritten Standes. Burns, »a ploughman poet«, schrieb über das Leben seiner bäuerlichen Landsleute, über die kleinen Dinge des Alltags, die große Liebe und die große Freiheit, die Befreiung von englischer Vormundschaft: »Scots, wha hae wi' Wallace bled ... « Burns schrieb so, daß ihn jedermann verstand, im schottischen Dialekt der Lowlands. Vor ihm hatten schon Allan Ramsay (›The Gentle Shepherd‹) und Robert Fergusson die schottische Mundart literaturfähig gemacht. Diese Heimatdichtung, ein Stück nationaler Identität nach der ungeliebten Union mit England, erreichte mit Robert Burns ihren Höhepunkt. »Charlie, he's my darling«, sang er in unverhüllter Stuart-Sympathie, und mit anarchischer Lust zog er gegen die presbyterianischen Gesetzeshüter vom Leder: »Was frag ich nach dem Schutz des Rechts! / Freiheit ist ein tolles Fest!« Am leidenschaftlichsten, zärtlichsten aber waren seine Liebeslieder. »O, my luve's like a red, red rose«:

Mein Lieb' ist eine rote Ros',
Die frisch am Stocke blüht,
Eine rote, rote Ros'! Mein Lieb'
Ist wie ein süßes Lied!

Mit solchen Volksliedern wurde Burns zu einem Vorläufer der Romantik in einer Zeit, die alles andere als romantisch war, vor dem Beginn der Bodenreform und der Industriellen Revolution. »Wir lebten sehr spärlich«, schrieb sein Bruder Gilbert, »etliche Jahre war Fleisch ein Fremdwort in unserm Haus, während alle Mitglieder der Familie ihre Kräfte bei der Landarbeit aufs äußerste beanspruchten.« Neben der Feldarbeit las und lernte Burns unermüdlich, und als er später in den Edinburgher Salons als »ploughman poet« bewundert wurde, war er das gerade nicht: ein naives, ungebildetes Naturgenie. In seinen Versen erkannte Schottland sich wieder, der Bauer und der Aristokrat. So populär war Burns, notierte Carlyle, daß »die Kellner und Knechte in den Kneipen aus ihren Betten kamen und sich versammelten, um diesen Mann reden zu hören«. So populär ist Burns, daß 1977 neben seinem Museum in Alloway für über zwei Millionen Mark ein literarischer Supermarkt eröffnet wurde. In einer furiosen Diaschau erleben wir Burns audiovisuell, und bei den Souvenirs haben wir die Wahl zwischen Burns-Aschenbecher, Burns-T-Shirt und Burns-Rasierwasser, Marke ›Auld Acquaintance‹ (Alte Bekanntschaft). Mr. Raffel, Leiter des ›Land o'Burns Centre‹, zeigt uns die Burns-Schallplatte aus der Reihe ›English Poets‹: »Ein Skandal! Als ob Burns ein englischer Dichter war!«

Wer nun glaubt, dies sei schon alles, was in Alloway an Burns erinnert und verdient, der kennt William H. Dunlop of Doonside noch nicht, »Treasurer and Trustee of The Trustees of Burns Monument«, kurz: den wahren Hüter des Hortes. Ihm, dessen Urgroßvater 1881 das Burns-Geburtshaus für sich und die Nation erwarb, untersteht auch das hochragende Burns-Denkmal von 1820, der klassizistische Dichter-Tempel über dem River Doon. Mr. Dunlop, wiewohl auf dem Sprung zum Pferderennen in Ayr, läßt es sich nicht nehmen, uns drei Dinge persönlich zu zeigen: die Bibel von ›Highland Mary‹, die Burns seiner Verlobten Mary Campbell zum Abschied schenkte; zwei Gläser, die Burns seiner Geliebten ›Clarinda‹ schenkte; sowie den Ehering seiner nicht weniger geliebten Frau Jean Armour. »O, my luve's like a red, red rose.«

William H. Dunlop, immer um Vermehrung der 623 ausgestellten Burnsiana bemüht, Mr. Dunlop, wiewohl auf dem Sprung zum Pferderennen in Ayr, erwähnt rasch noch die Auktion in Johannesburg in Afrika am nächsten Freitag: »Da werden die Duell-Pistolen von Burns versteigert. Aber die sind wohl nicht echt.« Und mit einem beziehungsvollen Blick auf die Liebesgaben in der Vitrine: »Burns hatte zwar einige Affären mit verheirateten Frauen, aber von einem Duell mit ihren Männern ist mir nichts bekannt.« Was den Burns-Nachruhmverwalter mehr stört als die audiovisuelle Konkurrenz von Mr. Raffel, ist das benachbarte ›Burns Monument Hotel‹: »Die profitieren nur von uns, ganz zu schweigen vom Qualm aus dem Kamin, der mir die Eibenhecken im Burns-Garten ruiniert«, sagt Mr. Dunlop, nun aber wirklich auf dem Sprung zum Pferderennen in Ayr.

Wir trinken einen Glenmorange im ›Burns Monument Hotel‹. Der Wirt John Maxwell zeigt uns ›The Poet's Room‹, besonders beliebt bei Hochzeitsfeiern, und die Burns-Briefmarken, die im Jubiläumsjahr 1959 erschienen – »in der Sowjetunion«, betont er, »erst mit siebenjähriger Verspätung auch in Großbritannien«. Burns ist wohl der einzige Dichter, dessen Geburtstag am 25. Januar alljährlich weltweit gefeiert wird, wo immer zwei Schotten in seinem Namen versammelt sind, zumal in den 931 Burns Societies zwischen Edinburgh und Auckland. »Ein echtes Burns Supper«, erläutert John Maxwell, »beginnt mit Cock-o-leekie, einer Hühner-Lauch-Suppe. Dann folgt der Haggis: Schafsmagen, gefüllt mit Fleisch, Hafermehl und diversem Gemüse, als Beilagen Stampfkartoffeln und weiße Rüben.« Dazu bläst ein Dudelsackpfeifer, der Whisky fließt, und zum Abschied singen alle das herzerweichende ›Auld Lang Syne‹. Letztlich, darin sind sich die Beteiligten einig, ist das Burns Supper nur ein besonders triftiger Anlaß, mehr Whisky als gewöhnlich zu trinken. Die Marke ›Robbie Burns‹ indes wählen nur Leute, die von Whisky noch weniger verstehen als von Burns.

In Alloway, an der schönen steinernen ›Auld Brig o'Doon‹ (14. Jh.), spielt Burns' Verserzählung vom tollen ›Tam o'Shanter‹. Der reitet nach durchzechter Nacht in wüstem Wetter an der Kirchenruine von Alloway vorüber. Da ist der Teufel los, eine schottische Walpurgisnacht:

Auf dem Gesims am Fenster saß
In Tiergestalt der Satanas:
Als schwarzer, zotteliger Pudel
Gab er zum Tanze das Gedudel;
Sackpfeife blies er, daß sie stöhnte,
Und dumpf der alte Bau erdröhnte.
Und ringsum standen offne Schragen,
Drin Tote starr im Leilach lagen (...)
Hei, grell und greller wird geblasen,
Der Tanz wird toller, wird zum Rasen,
Das schleift und hopst, das springt und läuft,
Bis jede Hexe dampft und träuft.

Da wäre es um Tam o'Shanter fast geschehen, hätte ihn nicht seine wackere Mähre Meggie im Galopp über die Brücke gerettet:

Da ist ihr Herr aus allen Nöten,
Doch ach, ihr grauer Schwanz ging flöten,
Die Hexe riß ihn dicht vom Rumpf,
Kaum blieb dem armen Tier ein Stumpf.

Der nächtliche Reiter in Goethes ›Erlkönig‹ verliert bei einer ähnlichen Gelegenheit seinen Sohn, Burns löst den Hexenspuk in Gelächter auf. So populär wurde diese romantische Ballade, daß Delacroix 1825 ein ›Tam o'Shanter‹-Bild malte. Burns' Held wurde sogar als Kopfbedeckung zum Begriff: ›tammy‹ oder ›tam-o'-shanter‹ heißt die runde schottische Wollmütze mit dem Bommel.

Populäre Illustration zu Burn's ›Tam o' Shanter‹, 19. Jh.

Ausgangspunkt des wilden Balladenritts war das zwei Meilen von Alloway entfernte ›Tam o'Shanter Inn‹ in *Ayr,* heute ein Burns-Museum (Abb. 4), wo unter anderem der Unterrock seiner Schwester ausgestellt ist. Was haben die Literatur- und Heimatforscher im Burns Country nicht alles zutage gefördert, und womit würzen sie unsere Route! Fast hätten sie auch Tam o'Shanter noch ausgegraben, denn er hat wirklich gelebt und liegt beerdigt neben der efeuüberwachsenen Ruine der Kirche von *Kirkoswald.* ›Douglas Graham‹ steht auf dem Grabstein, Besitzer der Shanter-Farm und des Bootes ›The Tam‹. Gut ausgeschildert auch das Grab seines Freundes, des Dorfschusters John Davidson, den Burns als Souter Johnnie verewigte, »the ancient, trusty, drouthy crony«. Als seien sie schon auferstanden von den Toten oder besser gar nicht erst gestorben, sitzen Tam o'Shanter und Souter Johnnie zechend mit zwei drallen Mädchen, Kate und Kirkton Jean, im Garten hinter Souter Johnnies Cottage (Abb. 14). Anno 1802 hat sie der einheimische Künstler James Thom lebensgroß in Stein gehauen und so lebensecht, daß man die Runde nach der Uhrzeit fragen möchte. So oder ähnlich hat Burns sie hier erlebt, als er 1775 in Kirkoswald in Hugh Rodgers Schule ging. An derselben Stelle trinken wir heute im ›Shanter Hotel‹ auf »the Immortal Memory«.

So können wir, von Burns-Museum zu Burns-Kneipe, weiterziehen auf der literarischen Wallfahrtsroute der Nation: Vom ›Bachelors' Club‹ in *Tarbolton,* wo der Dichter Freimaurer wurde, nach ›Poosie Nansie's Tavern‹ in *Mauchline,* wo er seine Frau Jean Armour kennenlernte, bis hin zum letzten Pub des Poeten, dem ›Globe Inn‹ in *Dumfries,* »my favourite howff«. Letzte Liebe, letzte Lieder: Neben ›Anna of the Gowden Locks‹, der blondgelockten Kellnerin Helen Ann Park, schwärmte Burns von Polly und ritzte seine Liebe ins Fensterglas im ersten Stock: »O lovely Polly Stewart / O charming Polly Stewart / There's not a flower that blooms in May / That's half so fair as thou art.« In Dumfries verbrachte Burns die letzten fünf Jahre seines Lebens als Steuereinnehmer. Zuvor hatte er versucht, auf der Farm *Ellisland* nördlich der Stadt als Bauer zu leben. Aber auch am River Nith gediehen ihm die Verse besser als der Weizen. Die Anstrengungen dieser Jahre, die Entbehrungen seiner Jugend, dazu nun in Dumfries ein Beruf, der ihn verpflichtete, bei jedem Wetter zu Pferd auf Schmugglerjagd zu gehen:»Wenn ich nicht vor Krankheit sterbe, muß ich vor Hunger umkommen.« Der Krieg mit Frankreich bedrückte ihn zusätzlich. Im Juli 1796, zwei Wochen vor seinem Tod, schrieb der Siebenunddreißigjährige an einen Freund: »Wie soll ich, mit 50 Pfund Jahresgehalt, eine Frau und fünf Kinder ernähren?« Am Tag seiner Beerdigung gebar ihm Jean Armour das sechste Kind.

Fortuna! Gib zu jeder Zeit
Mir eine ganze Hose,
Gib Kuchen und Whisky, mich zu erwärmen,
Eine Fülle von Reimen, nach Lust zu schwärmen.
Dann nimm den ganzen Rest!

Auf dem Friedhof von St. Michael's in Dumfries liegt Robert Burns begraben. Das Marmorrelief in dem tempelartigen Mausoleum zeigt den Dichter am Pflug: Unten raschelt die Maus, auf die er eine Ode schrieb, und oben rauscht die Muse. Das Blumengeschäft dem Friedhof gegenüber heißt ›Tam o'Shanter Florist‹. Thomas Carlyle, der ein Jahr vor dem Tod des Dichters im benachbarten Ecclefechan geboren wurde, schrieb anläßlich der ersten deutschen Burns-Übersetzung (1839) an die Gesellschaft für ausländische Literatur in Berlin: »In diesen schottischen Waldklängen, könnten sie in einer fremden Sprache hervorgerufen werden, liegen Töne der ewigen Melodien, die um so rührender sind wegen ihrer Natürlichkeit.«

»Some hae meat and canna eat, / And some wad eat that want it; / But we hae meat and we can eat, / Sae let the Lord be thank it.« Diesen Vierzeiler schrieb Burns im Selkirk Arms Hotel in *Kirkcudbright.* Ein kleiner Fischerhafen, Häuser in Pastellfarben, ein Ort, der als Künstlerkolonie doppelt malerisch wirkt, fast ein schottisches St. Ives. »Wer in Galloway wohnt, der fischt oder malt.« Wer nach diesem ersten Satz des Romans ›The Five Red Herrings‹ (1931) eine Idylle erwartet, kennt Dorothy L. Sayers schlecht. Es geht um Mord, das Opfer ist ein Landschaftsmaler namens Campbell, der Schauplatz Kirkcudbright und Umgebung. Dorothy L. Sayers verbrachte hier oft ihre Ferien. So topografisch exakt hat sie die ›Fünf falschen Fährten‹ beschrieben, daß wir Lord Peter Wimseys Wege bei der Aufklärung des Falles bis ins Detail verfolgen können. Nehmen wir nur seinen Ausflug zum

Tatort: »Es war ein herrlicher Augusttag, und Wimseys Seele schnurrte vor Vergnügen, als er seinen Wagen durch die Gegend kutschierte. Die Strecke zwischen Kirkcudbright und Newton-Stewart ist von einer abwechslungsreichen, schwer zu übersehenden Schönheit, und mit einem Himmel voll strahlendem Sonnenschein und aufgetürmten Wolkenbänken, den blühenden Hecken, einer gut ausgebauten Straße, einem temperamentvollen Motor und der Aussicht auf eine schöne Leiche am Ende der Reise fehlte Lord Peter nichts zu seinem Glück. Er war ein Mensch, der sich an kleinen Dingen freuen konnte.« Die Gegend hat, auch ohne Leiche, ihre Reize.

Robert Adam: Das Ornament der Elite

Burns Country ist nicht nur eine literarische Landschaft. In der Marsch südlich von Dumfries liegt die Ruine von *Caerlaverock Castle,* ein brillantes Beispiel mittelalterlicher Festungsarchitektur. Ihr ungewöhnlicher dreieckiger Grundriß, zugleich Schutzschild und Stoßkeil, zeigt die doppelte Funktion dieser Wasserburg, die mehrmals den Besitzer wechselte: als englischer Brückenkopf für eine Invasion Schottlands zur Zeit Edwards I. gebaut (ca. 1290-1300), diente sie nach ihrer Eroberung den Schotten als Grenzfestung gegen England. Ein doppeltürmiges Torhaus (15. Jh.), Rundtürme an den beiden anderen Ecken: Im Innern dieses kriegerischen Dreiecks eine Renaissancefassade zu finden (1634), dieser überraschende Kontrast steigert noch die Symmetrie von Krieg und Frieden, die ruinöse Schönheit von Caerlaverock.

Daß ein Baumeister gerne Ruinen malte, daß ihm sein Vater eine Burgruine schenkte, daß er einen Torbogen als künstliche Ruine baute: das alles galt im 18. Jahrhundert nicht als

Caerlaverock Castle, Grundriß von Erdgeschoß und erstem Stock

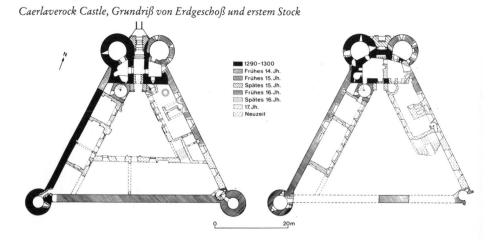

1290-1300
Frühes 14. Jh.
Frühes 15. Jh.
Spätes 15. Jh.
Frühes 16. Jh.
Spätes 16. Jh.
17. Jh.
Neuzeit

0   20m

perverse Neigung, sondern als pittoreske Mode. Von Robert Adam ist die Rede, Schottlands berühmtestem Architekten, und von *Culzean Castle* (1777-92). Spektakulär wie nur je eine Felsenburg liegt der einstige Landsitz des Earl of Cassilis an der Steilküste südlich von Ayr, auf der einen Seite das Meer, auf der anderen ein Terrassengarten mit Palmen und Agaven (Abb. 15). Das Schloß wirkt wie ausgeschnitten aus einem Musterbogen für Kastellarchitektur: der mächtige Rundturm, die zinnenbewehrten Eck- und Seitentürme, die kreuzförmigen Schießschartenfenster, die Brustwehr als Dachabschluß – Elemente des sogenannten Burgenstils, in dem Robert Adam über vierzig Entwürfe hinterließ. Aber im Grunde ist Culzean Castle ein georgianisches Landhaus im mittelalterlichen Kostüm. Die Zeitgenossen liebten solche Kontraste: hier die symmetrische, disziplinierte Architektur, dort die dramatische, zerklüftete Klippenszenerie, außen eine kastellartige Schlichtheit, im Innern Salons voller Eleganz und Raffinesse. Das ovale Treppenhaus mit seiner doppelgeschossigen Säulengalerie, der Runde Salon mit seinem vollendeten Dekor, diese beiden Räume von Culzean Castle genügten schon, um Robert Adam als einen der großen Architekten des europäischen Klassizismus auszuweisen. Die harmonische Proportion, der graziöse Rhythmus der Räume reicht vom Gesamtentwurf bis ins kleinste Detail. Wir spüren die Einheit und genießen die Variationen, der Körper atmet, der Geist schweift aus. Wir fühlen uns historisch fehl am Platze und trotzdem wohl. Wir sehen das Ornament der Elite. Aber nicht der faule Zauber des Feudalismus blendet uns. Was hier wirkt, ist etwas anderes: eine Kultur des Innenraums, wie sie zuletzt im Jugendstil verwirklicht, noch einmal vom Bauhaus versucht und seitdem nicht mehr erreicht wurde.

Der Runde Salon von Culzean bietet einen nahezu kompletten Katalog des ›Adam style‹. Dominierend die Decke mit ihren flachen, zarten Stukkaturen und pastellfarbenen Feldern. Wie sich aus den Kreisen Halbkreise und Segmente entwickeln, aus dem geometrischen Grundmuster die ornamentale Phantasie, wie das Ornament von der Decke ausstrahlt auf den ganzen Raum und auf jedes Ding, dies ästhetische Gesamtkonzept zeigt die Meisterschaft Robert Adams. Geflügelte Sphingen und Ochsenschädel, Urnen und Palmetten, Fächer und Girlanden gehören zum dekorativen Repertoire, Lindgrün, Zartrosa und Hellblau zu den bevorzugten Farben. Arabesken der Eleganz: Sie umschmeicheln uns beim Blick in den Spiegel, sie umkreisen den Raum als Wandfries, wiederholen sich im Türgebälk und umrahmen den Kamin. Der runde Teppich ist ein Echo der Decke und gibt dem Raum eine fast spiegelbildliche Einheit. Wie im Treppenhaus frei eingestellte Säulen das feste Raumgefüge auflockern (Abb. 17), so öffnet sich auch der Runde Salon in apsidenartigen Nischen. Die vergoldeten Stehlampen mit ihren Widderköpfen und Klauenfüßen hat Robert Adam ebenso entworfen wie die Wandleuchter, den Teppich und den Girlandenspiegel. Das alles stammt aus einer Zeit, die das Ornament noch nicht als Verbrechen betrachtete, sondern mit dem ungetrübten Vergnügen einer in jeder Hinsicht vermögenden Phantasie. Culzean Castle gehörte bis 1945 dem Clan Kennedy. Er überließ seinen Familiensitz dem National Trust unter der Bedingung, daß die oberste Etage für prominente Gäste reserviert blieb. Der erste, dem diese Ehre auf Lebenszeit zuteil wurde, war General Eisenhower. Er wohnte hier 1946 zehn Tage lang und kam später wiederholt zu Besuch. Seitdem ist Culzean

George Willison: Robert Adam, um 1773

Castle Schottlands ›National Guest House‹ und ziert die Fünf-Pfund-Note der Bank of Scotland.

Wie kam Robert Adam zu diesem Stil, dessen späte Blüte wir in Culzean Castle sehen und der als Adam-Stil Epoche machte? Bei seinem Vater William Adam, dem führenden schottischen Architekten seiner Zeit, lernte er das Handwerk und die ersten Elemente eines klassischen Stils. Seine große Offenbarung aber wurde Italien. Mit einem Bruder des Earl of Hopetoun, der seinen Vater und später ihn selbst beim Bau seines Landschlosses engagierte, war Robert Adam 1754 zur Grand Tour nach Italien aufgebrochen. Er blieb vier Jahre. »Dies ist das berauschendste Land der Welt für einen pittoresken Helden«, schrieb er nach Hause. Robert Adam war befreundet mit Piranesi, kopierte Raffaels Grotesken in der Villa Madama in Rom, zeichnete die Ruinen des Diokletian-Palastes in Spoleto und studierte die Antike. So eignete sich ›Bob the Roman‹ jenes Repertoire von Ornamenten an, die er später so virtuos kombinierte: Akanthus, Palmblatt und Akelei, Fruchtschalen und Blumengehänge, Urne und Sphinx. Aus diesen geschickt adaptierten Elementen entwickelte Robert Adam einen gänzlich eigenen Stil, ein spätes schottisches Rokoko, einen frühen britischen Klassizismus. Seinem ästhetischen Programm lagen durchaus auch geschäftliche Überlegungen zugrunde: Würden sich mögliche Auftraggeber angesichts seiner römischen Variationen nicht an ihre eigene Grand Tour erinnert fühlen? Würden sie nicht, in einer Epoche der Antikenbegeisterung, selber antik wohnen wollen, klassisch von der Säule bis zum Giebel, etruskisch von der Vase bis zur bemalten Wand? Wo aber würde er die Mäzene finden, die sich den Adam-Dekor leisten konnten? »Schottland ist nur ein enger Platz«, schrieb er nach Hause, er brauche »a greater, a more extensive, and more honourable scene, I mean an English Life«. So ließ sich Robert Adam nach seiner Rückkehr aus Rom 1758 in London nieder, wie vor ihm der schottische Architekt Colen Campbell und später, enttäuscht von seinen Landsleuten, der Glasgower Jugendstilarchitekt Mackintosh. In London wurde Robert Adam binnen kurzem erfolgreicher als sein erfolgreicher Vater in Edinburgh. Italienische Reise, Arbeit in England – es war die typische Karriere eines schottischen Künstlers im 18. Jahrhundert.

Schon 1761 wurde Robert Adam von George III. zum ›Königlichen Architekten‹ ernannt. Im selben Jahr entwarf er für den Earl of Bute, den späteren Premierminister, Syon House bei London mit einigen seiner schönsten Innendekorationen. »Was für ein Aufwand! Was für ein Geschmack! Was für ein Luxus!« staunte Horace Walpole angesichts von Osterley Park und seinem Portikus: »the palace of palaces!« Kenwood und Kedleston Hall, Saltram und Harewood House, die englischen Schloßinteriurs des schottischen Architekten waren, wie Robert Adam selbst schrieb, »a kind of revolution«: »Wir haben eine große Vielfalt von Decken, Friesen und dekorativen Pilastern eingeführt und dem Ganzen, durch eine Mischung von Stuck-Grotesken und gemalten Ornamenten, Anmut und Schönheit gegeben.« Grace and beauty, das sollten seine Häuser außen wie innen verbreiten, die Räume ebenso wie die Möbel, vom Teppich bis zur Decke, von den Lampen bis zu den Türen; noch die Fenstergriffe und Schlüssellochbeschläge sind Entwürfe von Robert Adam. Um all dies handwerklich perfekt auszuführen, gründete er mit seinen Brüdern 1764 eine eigene Firma,

Alexander Nasmyth (1758–1840): ›Culzean Castle from the Sea‹

William Adam & Company. William wurde Firmenmanager, James Kontaktmann zu den Auftraggebern, John Filialenchef in Edinburgh, und Robert wurde berühmt. Diese Familienfirma war ein Großunternehmen mit über zweitausend Mitarbeitern. Dazu gehörten technische Zeichner, Bildhauer, Stukkateure, Kupferschmiede, Kunsttischler und Polsterer. Unter den Dekorationsmalern, die für Robert Adam arbeiteten, waren italienische, französische, flämische, auch deutsche (Angelika Kauffmann) und sogar ein russischer Kunsthandwerker.

Wie virtuos die Spezialisten des Robert-Adam-Teams zusammenarbeiteten, zeigt außer Culzean Castle noch ein zweites Landschloß, *Mellerstain* in den Borders. »Es steht da, angetreten in der blockartigen Gefechtsordnung einer Puritaner-Armee«: Dieser Vergleich eines Zeitgenossen ist sehr viel schöner als die Architektur selber. Ein langweiliger Kasten mit Zinnenkranz, 1725 von William Adam begonnen, 1770-78 von seinem Sohn Robert vollendet – unauffälliger kann ein Architekt sein Talent, ein Bauherr seinen Reichtum nicht verstecken. Die Bibliothek von Mellerstain (Farbt. 6) ist das Juwel im Schuhkarton. Hellgrün und rosa die Decke, luftige Farben, schwebende Arabesken, im zentralen Medaillon ein Bild Minervas. An den Wänden vier Stuckreliefs mit Szenen aus der Antike, Schattenbeschwörung auf blauem Grund, Figuren wie aus Wedgwoods keramischer Traumfabrik ›Etruria‹. Über den Mahagonitüren in runden Nischen Porträtbüsten aus Marmor von Roubiliac und Scheemakers. Ein Raum von latinischer Strenge und bukolischer Heiterkeit, weniger eine Bibliothek als eine Delikatesse mit Bücherfüllung. Die braunen Lederrücken zwischen den weißen Pilastern der von Robert Adam entworfenen Bücherregale wirken wie Blindbände, Elemente reiner Dekoration. Aus den Fenstern der Bibliothek sieht man, wie in einem aufgeschlagenen Landschaftsbuch, den Terrassengarten, den Rasen, den See und in der Ferne die Cheviot Hills. Robert Adam, der Innenarchitekt der Empfindsamkeit, hat in Mellerstain auch die Decke des Drawing Room, des Musiksalons und anderer Räume entworfen, den großen Rahmen für die Gemälde von Gainsborough, Constable, Ramsay und Van Dyck.

Architektonisch weit effektvoller als Mellerstain sind zwei Herrenhäuser, die Robert Adam in der Umgebung von Edinburgh baute: *Oxenfoord Castle* (1780-82), heute ein Mädchengymnasium, und *Seton House* (1789-91), das letzte, vollkommenste Beispiel seines Burgenstils. So wie er durch Farben die Räume belebte, so schuf er bewegte Fassaden durch den Wechsel runder und eckiger Türme, durch symmetrisch gestaffelte Volumen. Selten konnte Robert Adam seine Geometrie der Eleganz in öffentlichen Aufträgen entfalten. Charlotte Square in Edinburgh ist eines der wenigen Beispiele, zugleich ein Höhepunkt georgianischer Stadtarchitektur (siehe Seite 113). Schottlands bedeutendster Architekt, 1792 in London gestorben, liegt in der Poets' Corner in Westminster Abbey begraben, neben seinem Nachahmer James Wyatt und seinem Rivalen William Chambers (der geringschätzig von »Adam's affectations« sprach). Der Adam-Stil verbreitete sich bis Amerika, durch den schottischen Architekten Charles Cameron sogar bis Rußland. Robert Adams Türeinfassungen und Kaminummantelungen wurden, als Entwürfe, exportiert und imitiert, ebenso seine typischen Deckenmedaillons. Die Konfektionierung seines Stils im 19. Jahrhundert bezeugt nicht nur Robert Adams Popularität, sondern auch eine gewisse Schwäche seines Werks: ein manchmal überladener ›katholischer‹ Geschmack, ein Ornamentalismus, der Decke und Teppich, Tür- und Kamineinfassungen demselben Muster unterwarf. Damit hängt zusammen, daß seine bemalten oder intarsierten Möbel seinen Stuckdecken und Wandmalereien gleichen, ein für heutige Begriffe nicht immer materialgerechtes Verfahren. Das ist die Kehrseite einer gleichwohl grandiosen Stilsynthese, wie sie in bescheidenerem, bürgerlichem Rahmen in Großbritannien nach der Arts-and-Crafts-Bewegung noch einmal um 1900 verwirklicht wurde, und wieder von einem Schotten: von Charles Rennie Mackintosh.

Zur 250. Wiederkehr seines Geburtstags, 1978, etikettierte ein Edinburgher Weinimporteur seinen besten Bordeaux mit einem Robert-Adam-Porträt, und im ganzen Land gab es große Jubiläumsveranstaltungen. Das Haus aber, in dem Robert Adam aufwuchs, wohin er oft zurückkehrte und wo seine Nachkommen noch heute als Farmer leben, *Blair Adam House* verfällt. Angesichts der prunkvollen Schlösser, die sie für andere entwarfen, war es ein erstaunlich bescheidenes Landhaus, das William Adam um 1740 in Fife für seine eigene Familie baute. Der heutige erbärmliche Zustand des Hauses ist beklagenswert. Mit öffentlicher Unterstützung restauriert, könnte Blair Adam House, in einer weiten Parklandschaft gelegen, ein Studienzentrum für Robert Adams Architekturzeichnungen und Aquarelle werden, die im Besitz der Familie sind. Es wäre, im Geburtsland des Architekten, eine ideale Ergänzung der Robert-Adam-Sammlung im Soane Museum in London.

New Lanark: Robert Owens industrielle Mustersiedlung

Als das Zeitalter der Eleganz auf seinem Höhepunkt war, hatte die Industrielle Revolution schon begonnen. Während Robert Adam seine letzten luxuriösen Landschlösser für die Upper class entwarf, entstanden im Clyde-Tal die Baumwollfabriken und Arbeiterwohnhäuser von *New Lanark*, die Modellsiedlung des utopischen Sozialisten Robert Owen. Diese Anlage des späten 18. Jahrhunderts, bis heute fast unverändert erhalten, ist eines der bedeutendsten Denkmäler der Industriellen Revolution in Großbritannien.

Bis zur Einführung der ›Baumwoll-Jenny‹, der ersten brauchbaren Spinnmaschine von James Hargreaves (1764), waren die Weber Hand- und Heimarbeiter. Schon drei Jahrzehnte später gab es in Schottland vierzig Baumwollfabriken. Am berühmtesten wurden die New Lanark Mills. Sie waren das Ergebnis eines Ausflugs zu den Wasserfällen des Clyde, rund dreißig Meilen südöstlich von Glasgow. Richard Arkwright, der eine mit Wasserkraft betriebene Spinnmaschine entwickelt hatte, besuchte 1783 Schottland, um die Vorteile der neuen Massenfabrikation zu propagieren und sein Patent zu nutzen. Als ihm der Glasgower Tuchhändler und Bankier David Dale die Wasserfälle des Clyde zeigte, einen Beauty spot jener Zeit, meinte Arkwright überwältigt, hier könne einmal »das schottische Manchester« entstehen. Dale und Arkwright wurden Partner, und schon 1785 stand die erste Fabrik am rauschenden Bach.

Ende des 18. Jahrhunderts hatte New Lanark im wesentlichen seine heutige Gestalt angenommen. Es war, mit vier Spinnereien, die größte Baumwollfabrik in Schottland, eine Meile südlich der Stadt Lanark. Über zweitausend Menschen lebten hier, in schiefergedeckten Häusern aus Sandstein, eine schlichte, funktionale Architektur, Wohnviertel und Arbeitsplatz in harmonischer Verbindung. Die hohen Fabrikgebäude, die langen Reihenhaussiedlungen liegen heute wie damals versteckt in Schlucht und Wald, so vollendet ihrer Umgebung angepaßt und zugleich pittoresk in ihrem Kontrast, daß Industrie und Romantik hier eine erstaunlich frühe Einheit bildeten, lange vor der nostalgischen Industrieromantik unserer Tage. Wie anders hätte Dorothy Wordsworth am 19. August 1803 im Tagebuch ihrer ersten Schottlandreise notieren können: »Ich machte eine herrliche Wanderung alleine durch den Wald; der Klang des Wassers war sehr feierlich, und sogar die Baumwollspinnereien im schwindenden Abendlicht hatten etwas von der Majestät und Stille der Gegenstände der Natur.« Auf William Turners Aquarell von 1801 spielen die Najaden unbekümmert am Wasserfall von *Corra Linn,* als stünden nicht hinter der Flußbiegung schon die Fabriken von New Lanark.

Was Dale und Arkwright bauten, machte Robert Owen zum sozialen Modell. Ein Selfmademan aus Wales: Mit neunzehn Jahren leitete er eine eigene Baumwollspinnerei, mit neunundzwanzig heiratete er die Tochter von David Dale und wurde 1799 sein Partner in New Lanark. Robert Owen fand eine heruntergekommene Siedlung vor, schlechte sanitäre Verhältnisse, Trunksucht und Diebstahl unter der Bevölkerung. Zunächst vergrößerte er die Wohnungen der Arbeiter, so daß jede Familie wenigstens zwei Räume für sich hatte. Er richtete eine unentgeltliche ärztliche Versorgung ein, eine Pensionskasse und einen genossenschaftlichen Laden, in dem die Arbeiter zu Niedrigpreisen einkaufen konnten. Owens Motive waren durchaus nicht philanthropisch. Soziale Verbesserungen und Umsatzsteigerung gingen Hand in Hand. Die verbilligte Einkaufsmöglichkeit half zum Beispiel auch, die Forderung nach Lohnerhöhungen zu dämpfen, und die Einrichtung eines Kindergartens bewirkte nicht zuletzt, daß die Mütter früher wieder in die Fabrik gehen konnten als sonst. Owen handelte als Unternehmer, ohne die Arbeiter auszubeuten. Denn New Lanark sollte kein schottisches Manchester werden, sondern das Modell einer neuen Gesellschaft. Darum baute er 1816 mitten in der Industriesiedlung ein zweistöckiges Haus mit einem klassischen Portikus und dem bizarren Namen ›Institute of the Formation of Character‹.

Dieses ›Institut zur Bildung des Charakters‹ war ein pädagogisches Mehrzweckgebäude, zugleich Schule, Kirche, Bücherei und Gemeindehaus, Kindertagesstätte und Abendschule für Arbeiter. Jungen und Mädchen wurden gemeinsam und ohne Prügelstrafe in einem großen Saal unterrichtet, wo rund dreihundert Kinder an einzelnen Schreibpulten saßen. Diese Grundschule war obligatorisch bis zum Alter von zehn Jahren, bis die Kinder in die Spinnerei eintreten konnten und für weitere zwei Jahre die Abendschule besuchten. Das alles war keineswegs selbstverständlich. Denn erst 1833 wurde die Fabrikarbeit von Kindern unter neun Jahren gesetzlich verboten[1], und eigene Schulen für Arbeiterkinder gab es in ganz

---

1 Diese ›Factory Act‹ legte die Arbeitszeit für 9–13jährige auf 48 Wochenstunden fest, für 14–18jährige auf 68.

1 KINROSS HOUSE Fishgate, 1685–93 ▷

2 EDINBURGH Deacon Brodie's Tavern

3 GULLANE Golfer-Wirtshauszeichen

4 AYR Robert-Burns-Souvenirs

5　BANNOCKBURN　Reiterstatue des Königs Robert Bruce, der in der Schlacht von 1314 Schottlands Unabhängigkeit erkämpfte

6　HERMITAGE CASTLE　Wehrburg im Grenzland, 13./14.Jh.　▷

7 JEDBURGH Abteiruine, 12./13.Jh.

9 DUNMORE PARK The Pineapple, 18. Jh.

8 MELROSE ABBEY Zisterzienserabtei, 14./15.Jh.

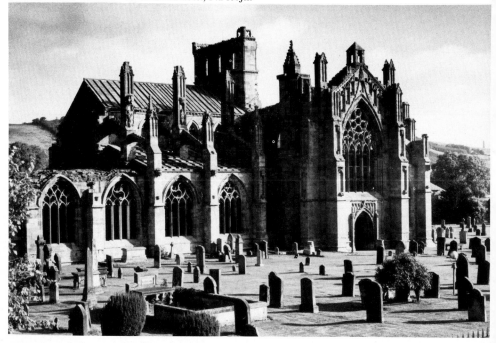

10 LAKE OF MENTEITH Ausfahrt des Anglerclubs

11 HAWICK Schaf-Auktion in den Borders

12 ABERFOYLE   Scotts Romanheld Nicol Jarvie als Wirtshauswerbung
14   KIRKOSWALD   Figuren aus Robert Burns' Gedicht »Tam o' Shanter« ▷
13 ABBOTSFORD   Mrs. Scott vor dem Landsitz ihres Ur-Ur-Urgroßvaters Sir Walter Scott

15 CULZEAN CASTLE   von Robert Adam, 1777–92

17 CULZEAN CASTLE   Das ovale Treppenhaus

16 DRUMLANRIG CASTLE   Freitreppe, 1679–91

18 Robert Adamson

19 David Octavius Hill

20 Charles Rennie Mackin-
tosh

21 Sir Walter Scott

22 Robert Burns

23 Henry Raeburn

24 Dr. Samuel Johnson

25 James Boswell

26 David Hume

7 Whistler: Thomas Carlyle, 1872/73

28   FIRTH OF FORTH   Eisenbahnbrücke bei Edinburgh, 1882–90

29   Chick Chalmers: Festival-Schotten, 1978

New Lanark, Stich von John Clark, 1825

Alexander Nasmyth: ›Bonnigton Lynn‹, Clyde-Wasserfall bei New Lanark, um 1791

W.H. Brooke: Robert Owen, 1834

Großbritannien nicht. Robert Owen rekrutierte die Lehrer aus den Einwohnern der Siedlung und übernahm selbst die Lehrerausbildung. 1817 eröffnete er noch eine zweite Schule im Ort. Beide Gebäude hatten eigene Besuchergalerien – New Lanark galt als industrielle Mustersiedlung, die man besichtigte wie die Wasserfälle des Clyde.[1] Auf ihrer zweiten Schottlandreise, im September 1822, schrieb Dorothy Wordsworth nach einem Besuch der Schule in ihr Tagebuch: »Alle hatten saubere Hände und Gesichter – einige Schuhe und Strümpfe – viele keines von beiden – etliche in Mr. Owens Römer-Tracht aus Tartan.« Auch in der Fabrik »wirkten die Kinder fröhlich und gesund«, bemerkte Dorothy Wordsworth: »Ihre Kleidung und ihr Aussehen hielt ich für weit besser als das jener Kinder, die ich vorher in Baumwollfabriken arbeiten sah.«

Owens soziales Modell ruhte auf einem pädagogischen Traum: Die Verhältnisse prägen den Charakter; der Mensch wird gut, wenn man seine Lebensumstände verbessert. Dies sollte in kleinen Gemeinschaften geschehen, in denen die Arbeitsteilung aufgehoben, das Privateigentum abgeschafft und durch genossenschaftliche Strukturen ersetzt wäre. Owens philanthropischer Kommunismus wollte die Verhältnisse durch Reformen ändern, nicht durch eine Revolution. Im wilden Kapitalismus der industriellen Gründerjahre glaubte Robert Owen an soziale Harmonie und ökonomische Stabilität und täuschte sich in beidem. »Ein Mann von bis zur Erhabenheit kindlicher Einfachheit des Charakters und zugleich ein geborener Lenker von Menschen«: So nannte ihn Friedrich Engels, der die Lage der arbeitenden Klasse in den Baumwollfabriken von Manchester studierte und zu anderen, radikaleren Ergebnissen kam. New Lanark war der Versuch, die Trennung von Arbeit und

---

1 Zwischen 1815 und 1825 verzeichnete New Lanark bereits 20000 Besucher, u.a. Zar Nikolaus. Auch Karl Friedrich Schinkel besichtigte Owens Mustersiedlung auf seiner Englandreise 1826.

Freizeit, Produktion und Konsum, Stadt- und Landwirtschaft zu überwinden. Als Owen die englische Regierung von seinem frühsozialistischen Experiment nicht überzeugen konnte, gründete er 1825 ›New Harmony‹, eine Mustersiedlung in Nordamerika. Das Projekt verschlang fast sein gesamtes Vermögen und scheiterte. Owen kehrte zurück nach England, verkaufte 1828 New Lanark an seinen Partner und wurde zu einem Vorkämpfer der Gewerkschafts- und Genossenschaftsbewegung.

Robert Owen, Unternehmer und Sozialist; New Lanark, Fabrik und Utopie – der Mann und sein Werk sind gleichermaßen Produkt wie Kontrapunkt der Industriellen Revolution. Robert Owen starb 1848. Erst 1968 schloß die Fabrik in New Lanark. Die Siedlung verfiel immer mehr; heute ist nur noch ein Drittel der Häuser bewohnt. Ein umfangreiches Restaurierungsprogramm schleppt sich seit Jahren dahin, mit viel Idealismus freiwilliger Helfer und unzureichenden öffentlichen Mitteln. Wohnungen, Werkstätten für Kunsthandwerker, ein Industriemuseum, eine Jugendherberge, ein Touristenzentrum am Clyde-Wanderweg: Sinnvolle, aussichtsreiche Pläne für eine neue Nutzung von New Lanark gibt es genug. Um so unverständlicher, daß bisher weder staatliche Institutionen noch der National Trust hier ihre Aufgabe wahrgenommen haben. New Lanark, das ist die Chance, in Schottland ein ähnlich exemplarisches Denkmal der Industrie- und Sozialgeschichte des Landes zu erhalten, wie es etwa das Ironbridge Gorge Museum in England ist.

Sonnenuhren und Flugzeugträger: Ian Hamilton Finlays Künstlergarten

›Stonypath‹, steht auf einem Schild am Anfang der Schlaglöcher, die zu dem Haus in den Hügeln führen, und darunter: »The way up and the way down is one and the same.« Das stammt von Heraklit und gibt zu denken. Ein anderes Schild heißt den Besucher auf deutsch willkommen: »Achtung, Minen!« Wir bewegen uns auf dem doppelten Boden des schottischen Dichters und Konzeptkünstlers Ian Hamilton Finlay. Mit seiner Frau Sue hat er sich 1967 in die Einsamkeit der Pentland Hills zurückgezogen, rund fünfzig Kilometer südlich von Edinburgh. Seitdem hat er seinen kleinen Bauernhof bei *Dunsyre* so gut wie nie verlassen. Finlay reist nicht gern. Wenn er weit weg will, geht er hinters Haus. Dort wächst sein Hauptwerk, der Garten von Stonypath.

Ian Hamilton Finlay stellt in seinem Garten Zeichen und Gedichte auf, in Stein graviert, in Holz geschnitten, dem Regen und der Sonne ausgesetzt, der Stille und dem Sturm. »Song Wind Wood / Wind Song Wood / Wood Wind-Song.« Einfache, elementare Wörter, auf eine Schiefer-Stele geschrieben, konkreter als konkrete Poesie, sichtbare, spürbare Bestandteile dessen, was sie benennen. Im Gras liegt ein Stein mit der Aufschrift: »*See* Poussin / *Hear* Lorrain«. Eine Aufforderung zur Synästhesie, zum Gebrauch der Sinne und der imaginären Bilder. Ein Stück Garten in Lanarkshire verwandelt sich in eine klassische Landschaft mit elegischer Atmosphäre. Kunst im Kopf und ganz vor Augen: Auf einer winzigen Insel in einem Teich hat Finlay Albrecht Dürers Aquarell ›Das Große Rasenstück‹ live zitiert, mit

Gräsern und Wasserpflanzen und auf einem kleinen Stein das gemeißelte Monogramm A D –
poetische Hommage auf einen Alten Meister, ironischer Hinweis auf die Dialektik von
Kunst und Natur. »Aither – Ore« steht in blauer und goldener Schrift auf einer Fliese:
»Äther – Gold«, ein Wort-Bild mit dem Unterton von »Entweder – Oder« (either – or).

Ian Hamilton Finlays Garten ist ein Wortspielplatz, wo alles auf Schritt und Tritt seine
Bedeutung ändert, neue Beziehungen eingeht und auf mehreren Ebenen funktioniert. Ein
Ort der kombinatorischen Phantasie und alexandrinischen Belesenheit, Concetti eines
Zeitgenossen, enigmatisch und dennoch klar und einfach in der Form. Gartenfliesen als
Denksteine, eine Steinbank als Sonnenuhr mit Inschrift, ein Holzpfahl für Wörter und
Kletterpflanzen. Zwischen Immergrünsträuchern steht das Atom-U-Boot ›Nautilus‹ stei-
nern auf einem Sockel, im Teich ein Miniaturflugzeugträger, auf dem die Vögel landen.
Kriegsschiffe im Garten statt klassischer Tempel und Statuen, martialische Idylle, Signale
aus dem verlorenen Paradies. »Et in Arcadia Ego« heißt ein anderes, vielfältig variiertes
Motiv: ein Panzer mit grüner Laubtarnung, pervertierte Natur, »Auch ich war in Arkadien
geboren«. In Ian Hamilton Finlays elegischer, ironischer Gartenwelt läuft auch eine
Schildkröte herum, auf deren Rückenpanzer die Worte »Panzer Leader« zu lesen sind, ein
lebendes Denkmal für den gefallenen Generalfeldmarschall von Manstein.

Zu den eindrucksvollsten Werken dieses Künstlergartens zählt das ›Nuklear-Segel‹, eine
Stele aus poliertem Schiefer, die wie der Kommandoturm eines getauchten Atom-U-Boots
hinter Grasbüscheln am Ufer eines kleinen Sees emporragt. Angesichts des Menetekels
segelt Ian Hamilton Finlay zuweilen mit einer Jolle auf seinem Gartensee, als sei es der
Ozean. In solchen Wechselspielen zwischen Maßstab, Form und Bedeutung entfaltet sich
seine paradoxe, metaphorische Kunst. Segelschiffe und Sonnenuhren, archetypische Bilder
des Reisens und der Zeit, liebt Finlay besonders. In seinem Garten liegen poetische Fliesen
mit authentischen Namen und Nummern von Fischerbooten: ›Shepherd Lad KY 216‹,
›Amaryllis BCK 55‹. Vielleicht fahren sie noch, vielleicht sind sie längst gesunken. »Stay –
Sail« steht auf einer Sonnenuhr, und auf einer anderen, die aus Holz ist und die Form eines
Grabsteins hat: »Evening will come / They will sew the blue sail«.

Erinnerungen an englische, römische Gärten in einer schottischen Landschaft, Avantgar-
dekunst aus der Tradition der Antike und des Manierismus. Den Schafstall neben seinem
Haus hat Finlay zum Ausstellungsraum umgebaut. Über die Wild Hawthorn Press
verbreitet er seine Gedichte und Multiples im Selbstverlag. Es reicht zum Leben. Selten
kommt jemand nach Stonypath. Einige Sammler fördern ihn, das Stuttgarter Max-Planck-
Institut hat etliche seiner Arbeiten im Park aufgestellt. Von den Kunstinstitutionen im
eigenen Land fühlt Finlay sich verkannt. »Gesellschaft zur Verteidigung der Kunst gegen
den Arts Council«, hat er in roten Lettern auf seinen Briefkopf gedruckt. »Schottland ist ein
barbarisches Land«, sagt der Eremit im Künstlergarten. »Wenn Sie unterwegs einen netten
Schotten treffen sollten, geben Sie mir Bescheid!«

An der Straße von Stonypath nach Edinburgh liegt das brillanteste Beispiel mittelalterlicher Steinmetzkunst in diesem »barbarischen Land«: *Roslin Chapel*. Die Pracht der Kapelle
spiegelt die Stellung ihres Stifters William Sinclair, des dritten und letzten der mächtigen

Grafen von Orkney. Was er 1450 als Kollegiatskirche St. Matthew gründete, blieb nach seinem Tod im Jahre 1484 unvollendet: ein Chor mit fünf Jochen, Chorumgang und Retrochor. Diese nur 21 Meter lange Kapelle entfaltet auf engstem Raum einen so überwältigenden Reichtum des Dekors wie keine schottische Kathedrale und kaum eine europäische Kirche ihrer Zeit. Kapitelle und Konsolen, Architrav und Gewölbe, selbst die Maßwerkstäbe sind über und über dekoriert. Man muß bis Belém und Batalha gehen, um eine ähnlich blühende, fast orientalische Kunst des Ornaments zu finden. Tatsächlich haben auch portugiesische und spanische Steinmetze an diesem schottischen Kleinod mitgearbeitet. Wie der sogenannte Platereskenstil des 16. Jahrhunderts in Spanien Kirchen und Klöster mit einem filigranartigen Dekor überwucherte, der zur Struktur des Gebäudes kaum noch in Beziehung stand, so triumphiert auch in Roslin Chapel das Ornament über die Architektur und überspielt ihre Anachronismen (rechteckiger Chorabschluß, antigotisches Tonnenge-

Roslin Chapel, Stich von E. Blore, 1826

wölbe). Neben den reichverzierten Querbalken im Seitenschiff und dem unendlichen Relief der Sterne, Rosen und Vierecke im Chorgewölbe ist es vor allem eine Säule, in der sich der Ornamentalismus von Roslin vollendet: »Prentice Pillar«, die Säule des Lehrlings (Farbt. 17). Um die Basis winden sich geflügelte Drachen, aus deren Rachen jene vielfache Laubspirale wächst, die sich um die Säule rankt wie die Legende ihrer Entstehung. Dieses virtuosen Gesellenstücks wegen soll der eifersüchtige Meister seinen Lehrling erschlagen haben. Roslin Chapel, zu einer Zeit entstanden, als es in Schottland noch keine gedruckten Bücher gab, erzählt biblische Geschichten in Stein. Wir sehen allegorische Skulpturen der Tugenden und Laster, musizierende Engel (einer bläst den Dudelsack), Dämonen und groteske Figuren. Der Totentanz von Roslin, in den Gewölberippen des Retrochors zu finden, ist eines der frühesten plastischen Beispiele dieses Motivs, das im Mittelalter meist als Fresko und Holzschnitt verbreitet war.

There are twenty of Roslin's barons bold
Lie buried within that proud chapelle;
Each one the holy vault doth hold –
But the sea holds lovely Rosabelle!

Es war Sir Walter Scott, der mit seinem ›Lied des letzten Spielmanns‹ Roslin und das romantische Flußtal des North Esk populär machte. Eine tägliche Kutschenverbindung von Edinburgh brachte die Touristen schon kurz nach 1800 an die historischen Schauplätze der Balladen. Man besichtigte die Burgruinen von Roslin und Hawthornden, so berühmte Landschlösser wie Penicuik House, Melville Castle und Dalkeith Palace. Scott selbst hatte eine Zeitlang ein Cottage in Lasswade am North Esk, wo ihn die Geschwister Wordsworth besuchten. Bereits im frühen 17. Jahrhundert hatte der Gentleman und Dichter Sir William Drummond of Hawthornden auf seiner Felsenburg über dem North Esk ein ›Loblied auf das einsame Leben‹ geschrieben – wenige Meilen vor den Toren von Edinburgh.

Edinburgh

Nach den fünf schönsten Gegenden Schottlands befragt, nannte der englische Romantiker Samuel Coleridge keine Landschaft, sondern eine Stadt an erster Stelle: Edinburgh. Und Charlotte Brontë, nur kurz zu Besuch im Juli 1850, schrieb enthusiastisch: »Edinburgh, verglichen mit London, ist wie eine lebendige Seite der Geschichte, verglichen mit einem riesigen, trockenen Traktat über politische Ökonomie.« So kamen sie alle ins nördliche Athen, sahen und schwärmten. Nüchtern blieben nur die Einheimischen: Auld Reekie, »Alte Verräucherte«, nannten sie ihre Stadt, als die Kamine noch qualmten und Smog und Nebel sich mischten zum Edinburgher ›mist‹. Allein die Glasgower kratzten am Ruhm ihres alten Rivalen: »East-windy, West-Endy«, windig und versnobt erscheint ihnen die Stadt am Firth of Forth.

Es gibt nur eine Stadt und eine Straße, wo ich gerne wieder in der Rush Hour steckenbliebe, um die Meile im Millimetertempo zu fahren: die *Princes Street* in Edinburgh (Abb. 31). Es ist keine Straße, sondern ein Schauplatz, eine einzige lange Freilichtbühne für eine Aufführung, die Stadttheater und Staatstheater in einem ist, mit einem Festival als Zugabe: Edinburgh. Diese Stadt hat eine Naturbegabung fürs Dramatische. Von der Princes Street aus sehen wir, wie über einen grünen Orchestergraben hinweg, jenseits des Tals die grandiosen Kulissen einer grandiosen Vergangenheit: auf einem Felsen die Burg, hoch und mächtig über allem; am Bergkamm eine lange graue Phalanx, die Häuser der Altstadt, dicht neben- und übereinander, die Dächer gereckt wie tausend Köpfe, als seien sie und nicht wir die Zuschauer ihrer Geschichte.

Das ist nur die eine Seite der Stadt und der Straße: das heroische, dunkle, mittelalterliche Edinburgh. Der Altstadt gegenüber, auf der anderen Seite der Princes Street, die New Town: das helle, georgianische, das neue Edinburgh, inzwischen auch schon wieder fast zweihundert Jahre alt. Hier die Squares und dort die Closes, die engen Hinterhöfe der Altstadt und die eleganten Plätze der Neustadt. Drüben die Mietshäuser der Middle class, hier die Salons der Aristokraten. Drüben die Royal Mile, die Straße der Könige, hier die Princes Street, der Boulevard der Bürger. Edinburgh, das ist eine Geschichte aus zwei Städten. Es ist die Stadt der katholischen Maria Stuart und des Calvinisten John Knox. Die Festspielstadt, deren Hedonismus noch immer getrübt wird vom Puritanismus derer, die lieber so nützliche Dinge wie ein neues Hotel bauen als endlich ein eigenes Opernhaus. Die

71

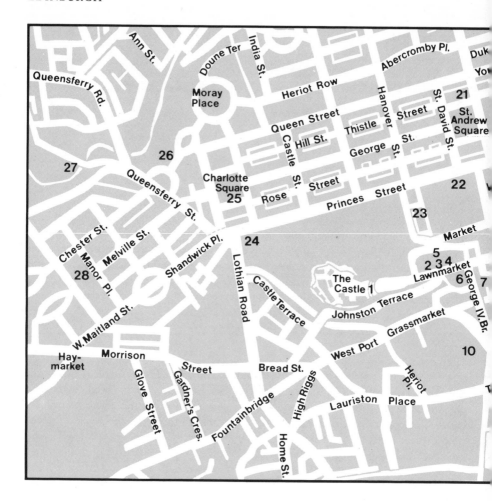

Geburtsstadt John Napiers und John Laws, schottische Zahlenkünstler sie beide: Der eine, John Napier, erfand die Logarithmen; der andere, John Law, spekulierte mit Papiergeld und Aktien, wurde französischer Finanzminister und ruinierte den Staat. Daß beide dasselbe Haus bewohnten, Lauriston Castle, ist ein weiteres Zeichen des zwitterhaften Genius loci.

Edinburgh ist die Stadt, wo David Hume (Abb. 26) geboren wurde und Thomas De Quincey starb: Philosoph des Rationalismus der eine, der andere Dichter des Opiumrauschs. In derselben Stadt arbeitete ein berüchtigtes Team der Kriminalgeschichte und ein berühmtes Team der Kunstgeschichte: Die einen, Burke und Hare, betrieben ein Gasthaus für Durchreisende, die sie mit Kissen erstickten und an die Anatomie verkauften; die anderen, Hill und Adamson, betrieben ein Atelier für Porträtaufnahmen und arbeiteten

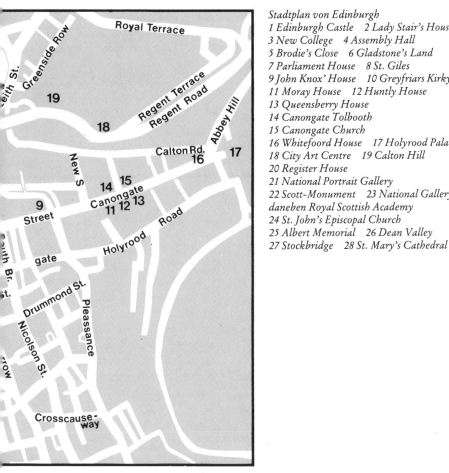

Stadtplan von Edinburgh
1 Edinburgh Castle 2 Lady Stair's House
3 New College 4 Assembly Hall
5 Brodie's Close 6 Gladstone's Land
7 Parliament House 8 St. Giles
9 John Knox' House 10 Greyfriars Kirkyard
11 Moray House 12 Huntly House
13 Queensberry House
14 Canongate Tolbooth
15 Canongate Church
16 Whitefoord House 17 Holyrood Palace
18 City Art Centre 19 Calton Hill
20 Register House
21 National Portrait Gallery
22 Scott-Monument 23 National Gallery,
daneben Royal Scottish Academy
24 St. John's Episcopal Church
25 Albert Memorial 26 Dean Valley
27 Stockbridge 28 St. Mary's Cathedral

zusammen, Maler und Fotograf, als seien sie eine Person. Und dann gab es noch, in dieser Stadt der Doppelnaturen, zwei Männer, die waren wirklich eins: Deacon Brodie, bei Tage Ratsherr, Räuber in der Nacht. Dies ist die Stadt von Dr. Jekyll und Mr. Hyde.

»Halb Kapitale, halb Provinz, die ganze Stadt führt ein Doppelleben«, schrieb Robert Louis Stevenson über seine Heimatstadt und die seines unheimlichen Helden. Die gespenstische Geschichte vom gespaltenen Ich verlegte er indes – ein poetisches Spaltungsmanöver – vom historischen Schauplatz Edinburgh nach London. Edinburghs Wetter hat Stevenson beschrieben wie einer, der genug davon hatte und doch nicht genug bekommen konnte von diesem eigentümlichen Klima, das seine Phantasie so nachhaltig beförderte wie seine Tuberkulose: »Der Wind pfeift durch die Stadt, als wäre sie ein offenes Feld; und wenn du

73

die ganze Nacht wachliegst, hörst du ihn über dir heulen und toben mit dem Getöse von Schiffbrüchen und einstürzenden Häusern.« Und so faßte Stevenson das Edinburgher Klima zusammen: »Das Wetter ist naßkalt und stürmisch im Winter, unbeständig und rauh im Sommer und geradezu ein meteorologisches Fegefeuer im Frühling. Die Schwachen sterben früh, und ich, Überlebender zwischen kalten Winden und klatschendem Regen, bin manchmal versucht, sie um ihr Schicksal zu beneiden.« Dazu hatte er wenig Grund. Stevenson starb, vierundvierzig Jahre alt, fern von Edinburgh auf einer Südseeinsel.

Die Burg oder Boswell zeigt Johnson eine schöne Aussicht

Edinburgh suchte nicht in einem Flußtal oder an einer Meeresbucht eine gefällige, geschützte Lage, sondern setzte sich – exzentrisch im elementarsten Sinne – auf einem Bergrücken Wind und Wetter aus. Auf der Spitze des alten Vulkanfelsens war schon in der Steinzeit eine Hügelfestung. Hier errichtete Edwin, König von Northumbria, im 7. Jahrhundert eine Burg (Farbt. 26; Abb. 30). Das kam der Volksetymologie sehr gelegen: Edinburgh war ›Edwin's Burgh‹, die Stadt Edwins. Wahrscheinlich aber heißt sie einfach nur »die Stadt am Hang«, abgeleitet von der gälischen Vorsilbe edin- (= Hang).

Die Burg ist am schönsten, wenn man sie von ferne sieht oder von ihren Mauern in die Ferne blickt. Ihre Lage ist spektakulär, ihre Geschichte spannend, aber die Burg selbst, als Festungsarchitektur, kaum von Interesse. Königspalast und Kastell, Schatzhaus, Garnison und Gefängnis, letzter Zufluchtsort der Stuarts, Edinburgh Castle ist vor allem ein Symbol: oft zerstört, unzerstörbar wie das schottische Nationalbewußtsein. Erobert von den Engländern, zurückerobert von den Schotten, so ging das hin und her, jahrhundertelang. Wieviele Belagerungen, wieviele Zerstörungen: Vom Überraschungscoup des Earl of Moray, der die Burg 1313 mit dreißig Mann im Handstreich nahm, bis zur längsten Belagerung, als Kirkcaldy of Grange, Maria Stuarts einstiger Gegner, Edinburgh Castle drei Jahre lang für seine gefangene Königin verteidigte.

Die Burg wird heute von Wärtern in grünkariertem Hunting Stewart Tartan gehalten und von so vielen Touristen gestürmt, daß sie in der Hochsaison im Einbahnstraßensystem durch die Räume geschleust werden müssen. Mit jährlich fast einer Million Besuchern steht Edinburgh Castle an zweiter Stelle hinter dem Londoner Tower. Durch das doppeltorige Portcullis Gate von 1574, wie so vieles eine Rekonstruktion des 19. Jahrhunderts, vorbei am Regimentsmuseum der Royal Scots, des ältesten britischen Infanterieregiments, kommen wir zur Spitze des Hügels. Hier steht, als einziges unzerstört erhalten, das älteste Gebäude der Burg und Edinburghs, St. Margaret's Chapel.

Eine Königin, die heiliggesprochen wurde, hat die unscheinbare Kapelle um 1090 errichtet: Margaret, »Pearl of Scotland«. Malcolm III. hatte sie, nach der Ermordung seines Vaters Duncan durch Macbeth, am englischen Hof kennengelernt und geheiratet. Sie regierten noch in Dunfermline in Fife; erst Mitte des 15. Jahrhunderts wurde Edinburgh zur

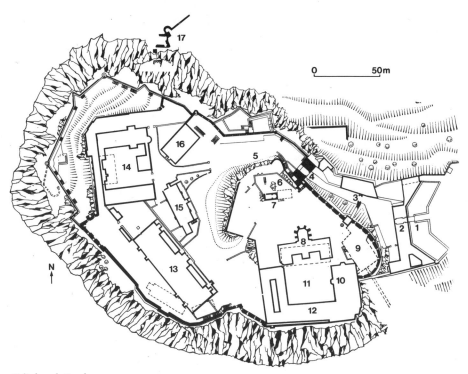

Edinburgh Castle
1 Brücke über den trockenen Graben   2 Wachhaus   3 innere Schranke   4 Portcullis Gate   5 'The long stairs'   6 Kanone Mons Meg   7 'St. Magaret's Chapel'   8 Kriegerdenkmal   9 Halbmondbastion   10 Palast   11 Palasthof   12 großer Saal   13 neue Kasernen   14 Lazarettgebäude   15 Haus des Kommandanten   16 Mill's Mount-Kasernen   17 Brunnenhaus-Turm

Hauptstadt. Margarets Freund und Ratgeber war der Scholastiker Lanfranc. Erzbischof Lanfranc reformierte die englische, Queen Margaret anglikanisierte die schottische Kirche und führte Englisch statt Gälisch als Hofsprache ein. Lanfranc baute die Kathedrale von Canterbury, Margaret die Kapelle von Edinburgh. Es ist eines der ältesten Beispiele normannischer Architektur in Schottland: einfach, einschiffig, klein und asymmetrisch wie die frühen keltischen Kapellen, mit dem charakteristischen Zickzackfries in der doppelten Rundung des Chorbogens. Nach der Reformation diente die Burgkapelle als Waffenmagazin, bis 1845. Heute ist St. Margaret's Chapel auf andere Weise verschandelt, nämlich gänzlich weiß gekalkt von innen, ohne Rücksicht auf Naturstein und architektonische Gliederung.

Vor der Kapelle die Kanone, und nicht irgendeine: *Mons Meg*, Schottlands Dicke Berta. Mitte des 15. Jahrhunderts gegossen, wahrscheinlich in Flandern, ist sie ein ähnliches Monstrum wie Mad Marjory in Gent. Selbst Cromwell, nach seiner Eroberung der Burg 1650, registrierte voll Respekt »the great iron murderer called Muckle Meg«. In ihrem gewaltigen Rohr, heißt es, wurden schon Kinder gezeugt; aber das ist wohl eine Übertreibung oder ein Präpositionsfehler. Ihren letzten Schuß feuerte Mons Meg 1681 ab, einen Salut auf den Duke of York, dabei platzte sie. Nun schießt man mit Kameras auf die Kanone und ins Tal.

Als Samuel Johnson (Abb. 24), der Doyen der englischen Literatur des 18. Jahrhunderts, im August 1773 Edinburgh besuchte, wollte ihm sein schottischer Freund und Biograf James Boswell (Abb. 25) bei seiner Führung etwas Besonderes bieten. Nicht Mons Meg, denn die hatten die Engländer nach dem letzten Jakobiteraufstand sicherheitshalber in den Tower verfrachtet. Boswell wollte Johnson eine schöne Aussicht zeigen, »die schönste in Europa nächst Konstantinopel und Neapel«: den Blick von Edinburgh Castle auf den Firth of Forth. »Ach«, sagte Dr. Johnson, »Wasser sieht überall gleich aus.«[1]

Sicher hätte Boswell seinem Freund aus London mit den ›Honours of Scotland‹ noch weit weniger imponieren können. Die schottischen Throninsignien waren zwar noch auf der Burg, aber politisch tabu und faktisch verschwunden. Nach der Vereinigung des englischen und schottischen Parlaments war im Act of Union eigens verfügt worden, daß die Schotten Krone, Zepter und Reichsschwert »nie mehr benutzen, aber für immer in Edinburgh Castle aufbewahren dürfen«. Am 21. März 1707, nach der letzten Sitzung des schottischen Parlaments, wurden die Regalien in einer Art Staatsbegräbnis zurück zur Burg gebracht, in einer Eichentruhe verschlossen, im Crown Room versiegelt und mit der Zeit vergessen – »the end of an auld sang«. Die Krone James' V., aus schottischem Gold, mit über hundert Perlen und Edelsteinen besetzt; das Zepter, das Papst Alexander VI. 1494 James IV. schenkte; das Schwert, das ihm 1507 Papst Julius II. überreichte: Wenn wir Schottlands Throninsignien und Kronjuwelen heute am alten Ort, in der Schatzkammer der Burg besichtigen können, so haben wir das Sir Walter Scott zu verdanken. Er gab den Anstoß zu einer nationalen Suchaktion und Selbstbesinnung. Jahrhundertelang hatten die Schotten ihre Regalien so eifersüchtig gehütet, daß sie nicht einmal Cromwell in die Hände fielen; derlei kann nicht spurlos verschwinden, es sei denn, heimlich nach London. Mit Erlaubnis Georges IV. ließ Scott die ominöse Truhe im Crown Room öffnen, und siehe: Alles war noch drin, ein Stück nationaler Identität wiedergefunden. Aber was sie da 1818 in der Kiste entdeckten, half den Schotten so wenig wie das, was sie über hundertfünfzig Jahre später vor ihrer Küste fanden. Die Krone blieb hinter Glas, und auch das Öl krönte nicht die alte Hoffnung.

Edinburgh Castle hat manches Festbankett gesehen. Nicht jeder Gast kam so heil davon wie Charles I. in der Nacht vor seiner Krönung. Als Black Dinner ist ein Essen in die Geschichte eingegangen, das der schottische Lordkanzler Sir William Crichton im November 1440 einem möglichen Rivalen gab, dem 6. Earl of Douglas und seinem Bruder. Er ließ den Kopf eines schwarzen Bullen auftischen, und als seine Gäste königlich gespeist hatten, ließ er sie von der Tafel weg ermorden. James II., zehn Jahre alt, konnte nur zusehen; zwölf Jahre später ermordete er selbst, im Beisein Crichtons, den 8. Earl of Douglas in Stirling Castle.

---

1 Zum geflügelten Wort wurde eine andere Sottise Johnsons: »Sir, the noblest prospect that a Scotchman ever sees, is the high road that leads him to London.«

In der Südostecke des Burgpalastes gibt es einen winzigen Raum. Hier wurde Maria Stuarts Sohn James VI. geboren, am St. Margarets-Tag 1566. Mons Meg feuerte Salut, und die Edinburgher entzündeten fünfhundert Freudenfeuer. Der Raum ist in seiner Enge und Leere seltsam anrührend wie alles, was mit dieser Königin zusammenhängt. An der Decke die königlichen Monogramme, an den Wänden die ihrer Verehrer von heute. Als Elizabeth I. starb, wurde James VI. von Schottland nun auch König von England und verlegte, als James I., seinen Hof nach London. Edinburgh Castle blieb, bis auf einen einzigen Stuhl, leer zurück. Von diesem Umzug haben indes die verschiedenen Militärmuseen profitiert, die heute die Burg mit Ruhm und Reliquien füllen. Gerahmt und verglast wie Alte Meister, hängen die zerfetzten Fahnen von Culloden an der Wand. So viele Waffen, Fahnen und Heldenröcke, so stolz zur Schau gestellt: Was andernorts unweigerlich militaristisch erschiene, wirkt bei den Schotten eher folkloristisch, balladesk und sogar ballettös. Das Military Tattoo, der große Zapfenstreich, ist nicht umsonst populärster Bestandteil der Edinburgher Festspiele. Das Tattoo findet, unter Flutlicht, auf der Esplanade vor der Burg statt – dort, wo einst die Hexen verbrannt wurden, die letzte 1722.

Wenn dann, abends, die Besucher Edinburgh Castle verlassen haben, ist die Burg wieder so, wie die englische Prinzessin Margaret sie vor siebenhundert Jahren erlebte, verheiratet mit dem zehnjährigen schottischen König Alexander III.: »a sad and solitary place«.

Royal Mile: Straße der Könige und des Volkes

Einen stolzeren Namen hat keine Straße: *Royal Mile* (Farbt. 27; Abb. 35). Königliche Meile: von Edinburgh Castle hinab zum Palast von Holyrood, von Holyrood Abbey hinauf zur Burg. »The great street«, die große Straße, nannte sie Daniel Defoe bei seinem Besuch 1706 und fügte hinzu: »vielleicht die größte, längste und schönste Straße, was Gebäude und Einwohnerzahl angeht, nicht nur in Großbritannien, sondern in der Welt.« Der Superlativ eines Engländers, eines weitgereisten, dazu noch über eine Sache in Schottland, soviel Enthusiasmus hat seine Gründe.

Die Royal Mile verbindet die beiden Pole des alten Edinburgh: die Burg am westlichen Ende mit Palast und Abtei am östlichen, kirchliche und königliche Gewalt, die Zentren mittelalterlichen Lebens. Es sind nicht nur diese beiden Pole, die der Straße Macht und Richtung gaben. Die Straße selbst war eine Macht. Hier wohnten die Lords und Gesandten, die Kaufleute und Handwerker. Die Straße der Könige war auch die Straße des Volkes. Royal Mile: Hier rollten die Staatskarossen und die Henkerskarren, erst jubelten, dann johlten sie Maria Stuart zu, hier in St. Giles gewann John Knox die Puritaner, und nebenan im Tolbooth verlor der Marquis von Montrose seinen Kopf.

Wer diese Straße entlang geht – und gehen muß man, nicht fahren –, spürt ihren Rhythmus, ihre natürliche Spannung vor aller Geschichte. In leichten Biegungen führt sie bergab, weder steil noch schnurgerade; sie nimmt sich Zeit, und sie hat Platz für Abweichungen. Die Royal Mile ist den Bergkamm entlang gewachsen, nicht am Reißbrett geplant wie ihr georgianisches Gegenstück, die Princes Street. Diese folgt dem Gedanken, jene dem Gelände, prächtig sind sie beide. Jede Biegung der Royal Mile steigert die Erwartung, und wo wir gar nichts mehr erwarten, schon außerhalb der Altstadt, stehen wir auf einmal vor den Toren von Holyrood. Unten der Palast und die Abtei, oben die Burg: Was für eine Möglichkeit, in einer einzigen gradlinigen Achse absolutistische Machtentfaltung zu demonstrieren! Doch das war nie schottische Art. Königlich, das ja, aber nach menschlichem Maß.

Die Royal Mile ist eine Straße mit vier Namen: Castle Hill, Lawnmarket, High Street und Canongate. Am eindrucksvollsten, ursprünglichsten hat sich der Charakter der Altstadt um den Lawnmarket erhalten, den ›landmarket‹, wo die Leute vom Land am Markttag ihre Stände aufschlugen. Eng neben- und hintereinander gestaffelt, hoch aufgetürmt die Häuser, höher als in irgendeiner anderen europäischen Stadt dieser Zeit. Im Jahre 1558 hatte Edinburgh knapp 8000 Einwohner, 1636 schon rund 60000, alle in der Royal Mile und ihrer unmittelbaren Nachbarschaft, immer noch in den Grenzen der alten Stadtmauern. »Ich glaube«, schrieb Defoe, »in keiner anderen Stadt der Welt leben so viele Menschen auf so engem Raum wie in Edinburgh.« Mit der Bevölkerungszahl stieg auch die Zahl der Stockwerke. Sieben bis acht waren in Edinburgh im 17.Jahrhundert üblich, zehn oder elf keine Ausnahme; das höchste, das Haus des Magistratsherrn Thomas Robertson, erreichte fünfzehn Etagen.

»Babylonische Türme« nannten die staunenden Zeitgenossen diese ersten Hochhäuser Europas. Die Edinburgher nannten sie schlicht »lands«, weil sie so noch in luftiger Höhe Grund unter die Füße bekamen, wo es zu ebener Erde an Bauland fehlte. ›Gladstone's Land‹ am Lawnmarket ist das bedeutendste erhaltene Beispiel eines alten Edinburgher Stadthauses, kurz vor dem drohenden Abbruch 1934 vom schottischen National Trust übernommen. Thomas Gledstanes, ein Kaufmann, hatte es 1617 erworben und so eindrucksvoll umgebaut, daß es bis heute seinen Namen trägt. Die schmale, hohe Fassade, Arkaden, Treppenaufgang, Stufengiebel und langer Schornstein: Das sind typische Merkmale des Stadthauses dieser Zeit, ein urbanes Pendant zum befestigten Wohnturm des Landadels. In den ersten drei Etagen ließ Gledstanes die Holzbalkendecken mit Blumen und Vögeln, Früchten und Arabesken bunt bemalen – schottische Renaissance-Dekorationen im Stil von Crathes Castle oder Falkland Palace.

Anders als in den mittelalterlichen Geschlechtertürmen Italiens, wohnten in den Edinburgher ›lands‹ Adelige und Arbeiter unter einem Dach. Die Demokratie begann im Treppenhaus, mochte sie auch oft draußen schon wieder aufhören. Es war eine gemischte Gesellschaft, und mancher Fremde ging hier nur mit gemischten Gefühlen spazieren. So Dr. Johnson am 14. August 1773, einem Samstag. »Ich konnte nicht verhindern «, notiert sein Eckermann James Boswell, »daß Mr. Johnson von den abendlichen Ausdünstungen Edinburghs attackiert wurde.« Zwar durfte man keine Abwässer mehr aus dem Fenster schütten, aber die Abwässerkanäle flossen immer noch unbedeckt dahin, und Dr. Johnson sagte zu seinem peinlich berührten Gastgeber: »Ich rieche Sie im Dunkeln!« Als ob es damals in London wesentlich besser gerochen hätte.

Nerli: R. L. Stevenson, 1892

Die Wohnung von
Dr. Jekyll und Mr. Hyde

Boswell lebte als Advokat in James' Court, wo zuvor auch der Philosoph und Historiker David Hume gewohnt hatte.[1] Ein paar Häuser weiter, in *Brodie's Close*, lebte Dr. Jekyll und Mr. Hyde. Robert Louis Stevensons Romanheld ist Edinburgher; kein Produkt der Phantasie, sondern eine leibhaftige Ausgeburt dieser phantastischen Stadt. William Brodie, so hieß der ehrenwerte Halunke, machte bei Tage als Stadtrat gute Figur und bei Nacht als Einbrecher gute Geschäfte. Nach einem Bandenüberfall auf die Steuerkasse am Ende der Royal Mile (heute Chessel's Court) wurde Deacon Brodie geschnappt. In seiner Zelle im Tolbooth sang er Lieder aus John Gays populärer ›Bettleroper‹: Peachum und Macheath, die Verbrecher als Bürger, die Bürger als Verbrecher – das mußte einem Mann wie William Brodie gefallen. Den Galgen, dessen Konstruktion er als Stadtrat verbessert hatte, versuchte er nun als Todeskandidat mit einem versteckten eisernen Kragen zu überlisten. Es half ihm alles nichts: Deacon Brodie starb, 1788, und wurde unsterblich in Stevensons ›Dr. Jekyll and Mr. Hyde‹, 1886. Heute führt er wieder ein höchst ansehnliches, einträgliches Doppelleben als Fassadenfigur von ›Deacon Brodie's Tavern‹ (Abb. 32), und auch da muß Brodie hängen, allen sichtbar in der High Street am Galgen des Wirtshausschildes (Abb. 2).

Fiktion und Fakten treiben in Edinburgh so doppelgängerisch ihr Wesen, daß es mich beinahe nicht mehr überraschte, einen Schrank von Deacon Brodies eigener Hand zu finden. Dies solide Zeugnis eines unsoliden Handwerkers steht seiner Wohnung gegenüber in *Lady Stair's House*, einem restaurierten ›close‹ des 17. Jahrhunderts. ›Close‹ heißen diese Hinter-

---

1 Hume ist auf dem alten Friedhof unterhalb Calton Hill beerdigt. Das klassizistische Mausoleum (1778), dem der Caecilia Metella an der Via Appia nachempfunden, stammt von Humes Freund Robert Adam.

höfe – Durchhäuser, sagt man in Wien –, weil sie nur durch Passagen erreichbar sind, die früher durch Tore nachts geschlossen wurden (Abb. 38). In Lady Stair's House, heute ein Literaturmuseum, wohnen drei große schottische Dichter in postumer Hausgemeinschaft. Neben Manuskripten, Büchern und zeitgenössischen Bildern sehen wir Walter Scotts Schaukelpferd und Meerschaumpfeife, Briefe und Porträts von Robert Burns und eine Locke der geliebten Highland Mary; vor allem aber ist hier das Leben Robert Louis Stevensons dokumentiert.

Was für ein Leben: In Edinburgh geboren (8 Howard Place), in der Südsee gestorben; kein Abenteuer, eine Krankheit, versteckt hinter Reisen und Romanen. Nach einem Jurastudium war Stevenson kurzfristig Advokat in Edinburgh, bis er 1883 seinen ersten großen Erfolg mit der ›Schatzinsel‹ hatte, diesem klassischen Abenteuerroman, den wir alle einmal verschlungen haben. Von ›Dr. Jekyll and Mr. Hyde‹ verkaufte er schon in den ersten sechs Monaten rund 40 000 Exemplare – ein Bestseller, über den auf der Kanzel gepredigt und in Leitartikeln geschrieben wurde, beunruhigte er doch tief die zwei Seelen in der Brust der Viktorianer, die puritanische und die anarchische. Stevenson veröffentlichte in rascher Folge Romane, Kurzgeschichten und Essays; er reiste nach Barbizon, Davos, an die Riviera, zuletzt in die Südsee: ein einziger Kampf gegen die Tuberkulose. Schottland sei für seine Gesundheit »the mouth of the pit«, sagte er, der Rand des Grabes. Aber in der Südsee hatte er Heimweh nach Schottland:

Ich sah den Regen fallen, sah den Bogen
weit über Lammermuir sich farbig spannen,
und in der hochgetürmten Stadt der Väter
klang hell der Glocken Läuten und des Seewinds
Brausen mir ins Ohr, und in der Ferne
gedacht ich meines Stammes und der Heimat, / und ich schrieb.

Auf den Fotos in Lady Stair's House wirkt Stevenson wie ein vorzeitig pensionierter Kolonialoffizier: ein hochgewachsener, hagerer Mann in Reitstiefeln vor seinem Haus auf der Samoa-Insel Upolu, umgeben von einer Schar farbiger Diener. Die Eingeborenen nannten ihren Dichter ›Tusitala‹, Geschichtenerzähler, und sie begruben ihn 1894 an seinem Lieblingsplatz, auf dem Gipfel des Mount Vaea. Ein bitteres, ein schottisches Ende im Exil. »Under the wide and starry Sky / Dig the Grave and let me lie«: Verse von Stevensons Grab, zehn Jahre vor seinem Tod geschrieben, zitiert auf der Gedenktafel in St. Giles mit dem Bronzerelief des Dichters in der Matratzengruft. In *Swanston*, einem malerischen Dorf südlich von Edinburgh am Rande der Pentland Hills, hatte Stevenson oft im Sommer gelebt:

Be it granted to me to behold you again in dying,
Hills of home! and to hear again the call;
Hear about the graves of the martyrs the peewees crying,
And hear no more at all.

Ragende Häuser und Hinterhäuser, enge Durchgänge, hallende Höfe: Das ist noch die Stadt Stevensons, und es ist sie schon nicht mehr. Die Häuser der Royal Mile sind restauriert, die rußgeschwärzten Steine gereinigt; Asphalt und Betonplatten haben weithin das Kopfsteinpflaster ersetzt. In den Höfen wird keine Wäsche mehr aufgehängt, sondern Kunst ausgestellt. Mit der Sanierung der Royal Mile stieg ihre Attraktivität als historisches Wohnviertel in der Innenstadt, es stiegen auch die Mieten, und wo noch vor dem Krieg überwiegend Arbeiter gelebt hatten, sind Juristen, Professoren und Pensionäre eingezogen, Boutiquen und Antiquitätengeschäfte kamen dazu. Die Royal Mile wurde, wenngleich maßvoll, auch zur touristischen Meile.

»Was für schaurige Gassen auf beiden Seiten der High Street, besonders nach unten wie Stollen in Steinbrüchen dunkelfarbiger Felsen«, notierte Dorothy Wordsworth, die Schwester des englischen Romantikers, am 16. September 1822 im Tagebuch ihrer zweiten Schottlandreise. Als Kulisse vergangener Schauerromantik ist Edinburgh noch immer unübertroffen. Nur hier geht nachts ein pochender Spazierstock um und vor ihm eine flackernde Laterne, der Geist von Major Thomas Weir. Und wenn Ihnen in der West Bow, zwischen Royal Mile und Grassmarket, ein kopfloses schwarzes Pferd begegnet, das sich in Flammen auflöst, verlieren Sie nicht auch den Kopf: Auch das ist Major Weir, genannt Thomas der Engelsgleiche, ein hochangesehener Prediger bis zu dem Tag, da er sich der Unzucht mit seiner Schwester und des Umgangs mit dem Teufel bezichtigte. Anno 1670 wurde er öffentlich verbrannt, mitsamt seinem Stock, aber ohne seine Schwester (sie wurde gnädigerweise nur gehängt). Kein Wunder, schrieb Stevenson, »daß aus dieser abergläubischen Stadt noch mehr solcher Exemplare hervortreten sollten: Resultat und schöne Blüte dunkler, leidenschaftlicher Religion...«

›Kill joy‹, der Freudentöter: John Kox und die Reformation

Edinburgh ist die Hauptstadt der schottischen Reformation, die Royal Mile ihre Hauptstraße, und ihre Hauptfigur John Knox. Er steht heute, in Bronze, erstaunlich abseits: nicht an der High Street, auf der er so oft die Massen in Bewegung brachte, nicht in der Kirche, von deren Kanzel er zwölf Jahre lang wider die Papisten predigte – John Knox, Organisator der schottischen Kirk, steht heute auf seinem Sockel hinter der Kirche von St. Giles, wie abgestellt, mit dem Blick zum alten Parlamentsgebäude, mit der Rechten auf die Bibel pochend, wie einst und immer, mit wallendem Bart, ein schottischer Jehova.

John Knox wohnte bis zu seinem Tod 1572 in einem Haus an der Royal Mile. Ob es dasselbe war, das als ›John Knox's House‹ den Reformator namentlich für sich reklamiert, ist umstritten. Das Gebäude mit seinen überhängenden Stockwerken wäre auch ohne John Knox bemerkenswert als eines der wenigen trotz Restaurierung kaum veränderten Häuser Edinburghs aus der Zeit Maria Stuarts. Es steht da, wo die High Street endet und Canongate beginnt, und es steht so weit vor, daß sich dort die Straße verengt – ein symbolischer Fingerzeig, kein Beweis. Sicher ist, daß der Besitzer des Hauses James Mosman hieß und

John Knox, 1602

Goldschmied Maria Stuarts war, Katholik wie diese. Möglich ist, daß John Knox bei ihm seit 1560 zur Miete wohnte, mit seiner Frau und drei Töchtern.

Hier also hätte der Mann gelebt, der die schottische Kirche von Rom und allen Regenten befreien und Edinburgh zum Neuen Jerusalem machen wollte? Der Mann, der zum Inbegriff des Puritanismus wurde, finster und trocken wie ein Gewitter ohne Regen. Der die Reformation so fanatisch betrieb, daß Savonarola gegen ihn sanft erscheint und Luther wie ein Lebemann. Aus dem winzigen Fenster seines Arbeitszimmers im zweiten Stock, unverbaut bis heute, hätte Knox auch damals St. Giles vor Augen gehabt und das Volk auf der Straße. Ich sehe aus dem Fenster, es ist Ende August, in der High Street bummeln die Festival-Besucher. »Bräuche, mehr einem Bordell ähnlich als dem Anstand ehrbarer Frauen«, hatte der Griesgram gewettert, als Maria Stuart in Holyrood Palace noch ihre Feste feierte, mit ihrem Sekretär Riccio tanzte und am schottischen Hof mit allerlei Spielen französische Kultur pflegte. Viermal war John Knox die Royal Mile von seinem Haus hinunter zum Palast gegangen und hatte mit der Königin, auf ihre Bitte, disputiert, in fließendem Französisch und sehr erregt. So kam es, schreibt Stefan Zweig, zu Szenen »wie im Alten Testament, wo Königsstolz und Priesterhochmut Stirn gegen Stirn aneinanderstoßen«. Einmal, heißt es, habe Maria Stuart danach geweint, und von John Knox wird der unerhörte Satz überliefert, lieber sehe er zehntausend Feinde Schottlands in Waffen landen als eine einzige (katholische) Messe gelesen.

Wie konnte ein Schotte mit solchen Worten vor Schotten treten, wie ein Volksprediger so das Volk gewinnen? Nicht alle folgten ihm, und nicht umsonst nannten sie ihn ›Kill joy‹, den Freudentöter. John Wesley, der Mann von der methodistischen Konkurrenz, notierte in seinem Tagebuch am 23. Juni 1766 über John Knox: »The work of God does not, cannot need the work of the Devil to forward it.« Noch Jahrhunderte nach seinem Tod löst der Name John Knox Fallbeile der Verachtung aus. »Der eisenköpfigste, zelotischste, unbarmherzigste aller Kirchengründer«, schreibt Stefan Zweig und bescheinigt ihm »die Leidenschaft des bornierten Ekstatikers und den stinkenden Stolz des Selbstgerechten«. Als Biograf Maria Stuarts liebt Stefan Zweig die Königin und haßt John Knox. Das ist billig, aber nicht recht. Auch dem schottischen Historiker George Scott-Moncrieff geht beim Stichwort Knox der Hut hoch: »Ein selbstgerechter Verräter, ein Demagoge und Lügner«. Was hat John Knox eigentlich getan, daß die Leute so schäumen? Er hat eine Reformation gemacht, und Reformationen sind nicht lustig.

Im John-Knox-Haus, heute im Besitz der Church of Scotland, wird die Geschichte der schottischen Reformation und die ihres negativen Helden dokumentiert. Eine Hausbroschüre bestreitet, daß er »den Ruf des Bilderstürmers und Unruhestifters verdient«, und preist seine »überraschende Milde«, und das ist nun wirklich überraschend. John Knox, ein Schaf im Wolfspelz? Wie doch das heimliche Bedürfnis nach Heiligen im Protestantismus zuweilen seltsame Heilige zeugt. Man kann Knox viel nachsagen, aber nicht, daß er keine Unruhe gestiftet und keine Bilderstürme ausgelöst hätte. In Edinburgh, und nicht nur dort, sind seine Spuren noch zu sehen. Die Ruine der Abtei von Holyrood ist ein Reformwerk seiner Anhänger, befohlen von der Generalversammlung der neuen Kirk. »Scotland is a country ruined by religion«, schrieb T. S. Eliot, betroffen von den verheerenden Folgen der ›reinen‹, puritanischen Lehre.

Die schottische Reformation hatte einen politischen und einen ökonomischen Hintergrund. Die Kirche, auch in Schottland, war unverhältnismäßig reich. Ihr standen, am Vorabend der Reformation, jährlich wenigstens 300000 Pfund zur Verfügung; die Krone, die weit mehr für die Staatsgeschäfte brauchte, schöpfte demgegenüber lumpige 17500 Pfund aus ihrem eigenen Kapital. Der Episkopat, aus guten Gründen auf seiten der Krone, hatte einen großen Magen, aber seine Priester hungerten. Die, schlecht bezahlt, warteten auf eine gründliche Reform. Bundesgenossen fand der Protestantismus auch beim Adel, der wie immer, wenn es gegen den König ging, auch jetzt eine Möglichkeit witterte, eigene ständisch-feudale Rechte durchzusetzen. Dazu kamen, außenpolitisch, die rivalisierenden Interessen Englands und Frankreichs an Schottland. Sie waren durch die Heirat Maria Stuarts mit dem Dauphin, 1558, in eine entscheidende Phase getreten. Die protestantische Revolution war reif. John Knox stand bereit.

Seine Feuertaufe hatte er bereits 1547 in St. Andrews erhalten. Dort war ein Jahr zuvor sein Lehrer George Wishart, der auch in Deutschland studiert hatte, als Ketzer verbrannt und dessen Ankläger Kardinal Beaton, Verfechter der schottisch-französischen Allianz, von aufgebrachten Protestanten ermordet worden. Die Rebellen machten John Knox zu ihrem Prediger und verschanzten sich in der Burg von St. Andrews. Nach ihrer Niederlage verbrachte Knox neunzehn Monate als Sträfling auf französischen Galeeren. Im England des jungen Edward VI. fand er Zuflucht und Unterstützung. Als ›Bloody Mary‹, Maria die Katholische, 1553 auf den Thron kam, floh John Knox; zunächst nach Frankfurt, dann nach

Genf, wo sich Gläubige aus ganz Europa um die Kanzel Calvins scharten. Hier bestehe, schrieb Knox nach Hause, »die vollkommenste Schule Christi, die es auf Erden seit der Apostel Zeit gegeben hat«.

John Knox, fast fünfzigjährig, wurde Calvins Musterschüler. Rigoroser noch als der rigorose Meister, veröffentlichte er 1558 in der Hochburg der neuen Lehre seinen ›Ersten Trompetenstoß gegen das monströse Regiment der Weiber‹. Mit dieser Streitschrift und ihrer monströsen Behauptung, Frauen seien als Regenten von der Heiligen Schrift nicht vorgesehen, zog Knox gegen die dreifache Marienplage zu Felde: gegen Maria die Katholische von England, gegen die schottische Maria von Guise und gleich auch gegen deren Tochter, die künftige Königin Maria Stuart – ein Pamphlet, das seinen Lehrer Calvin bei Elizabeth I. arg in Verlegenheit brachte. Endlich, nachdem eine schottische Armee unter James Stewart, dem späteren Regenten Moray, Mary of Guise und ihre französischen Verbündeten geschlagen hatte, 1559 endlich kehrte John Knox aus seinem Genfer Exil zurück. Er predigte in Perth, er predigte in St. Andrews, ein Bildersturm ging übers Land. Mit dem militanten Fanatismus, den er entfachte, und seinem moralischen Rigorismus, der sich grau über alles legte, hat John Knox die schottische Reformation weniger vollendet als pervertiert.

Selbst- und sendungsbewußt wie nur je ein Reformator, rief Knox zum Religionskrieg gegen das papistische, gottlose Königtum auf. Die Covenanter marschierten in Edinburgh ein und erklärten 1559 im Tolbooth, dem alten Rathaus, die Königin-Witwe Mary of Guise für abgesetzt. Im Covenant, dem ›Bund‹, hatte sich der überwiegend protestantische Adel Schottlands zu einer politisch-religiösen Widerstandsbewegung zusammengeschlossen, erstmals 1557, heimlich unterstützt von Elizabeth I. Ziel der ›Gemeinde Christi‹ war die Entmachtung der ›Gemeinde Satans‹, das heißt der katholischen Regierung. Da starb, sehr gelegen, Mary of Guise. Die Opposition nutzte die Stunde. Noch bevor ihre Tochter Maria Stuart aus Frankreich als neue katholische Königin in Edinburgh eintraf, erklärte ein ›Reformparlament‹ den Calvinismus zur Staatsreligion und stellte die Feier der katholischen Messe unter schwere Strafe. Mit seinem ›Book of Discipline‹ (1560) gab Knox der Kirk eine Ordnung und lehrte die Nation Mores. Die schottischen Protestanten organisierten sich nach dem Vorbild der calvinistischen Gemeinden in Frankreich und den Niederlanden, erst unter der Leitung einer Generalversammlung, dann unter der des Presbyteriums, der Ältestenversammlung. Schottland übernahm Calvins Lehre ganz, England nur halbherzig, oder besser: gemäßigt. Der entscheidende Unterschied beider Kirchen und ihrer Entwicklung, der anglikanischen und der presbyterianischen, lag »nicht in der Doktrin, sondern in der Disziplin« (J. D. Mackie), weniger in der Lehre selbst als in ihrer Organisation. In England entriß der König dem Papst alle Macht, um sie als Oberhaupt der Kirche selbst auszuüben. In Schottland entwickelte sich die Kirche als eigene Autorität gegen die Krone. Streng calvinistisch, machte sie es sich zur Pflicht, weltliche Regierung nur dann anzuerkennen, wenn sie in Übereinstimmung mit dem Wort Gottes handelte. Das aber war eine Sache der Auslegung und der Moral. Die Spannungen, die daraus folgten, im privaten wie im öffentlichen Leben, konnte nur ein unerschütterliches Selbst- und Gottvertrauen bewältigen.

Erst die ›Glorious Revolution‹ von 1688, die Absetzung des katholischen James II. und die Machtübernahme des protestantischen William III., führte in Schottland zur formellen Gründung der presbyterianischen Staatskirche. Die Geschichte des schottischen Protestantismus ist wie die keiner anderen Kirche eine Geschichte fortgesetzter Sezessionen und Unionen, bis hin zu ihrem vorläufig letzten Stadium, der United Established Church of Scotland (1929). Durch all diese Auseinandersetzungen hindurch blieb das ›Book of Discipline‹ von Knox wirksam, besonders eine Idee: sein Entwurf eines nationalen Erziehungssystems. John Knox wollte, daß jedermann die Grundlage des ›gereinigten‹, puritanischen Gottesdienstes verstehen, die Bibel lesen konnte. Jede Gemeinde sollte eine Schule, jede Stadt eine Universität bekommen. Jeder, arm oder reich, hatte das Recht auf die beste Bildung. Knox begründete die Erziehung auf Religion, und so wurde sie eine Religion. Dieser in Schottland beinahe sprichwörtliche Satz faßt die große Leistung des John Knox zusammen. Daß seine Bildungsreform unter propagandistischen Vorzeichen stand, daß seine ehrgeizigen Pläne nur zum Teil verwirklicht wurden, beides ist natürlich und schmälert nicht ihre Bedeutung.

Der Impuls blieb, und da dem Calvinismus zufolge jeder Einzelne für sich selbst und sein Heil verantwortlich ist, blieb er auch weitgehend frei von klerikaler Bevormundung. Schottische Erziehung galt drei Jahrhunderte lang als führend in Europa. Schottland war eine pädagogische Provinz mit globaler Ausstrahlung. Mochte die Vielzahl schottischer Pioniere in der Neuen Welt ökonomisch begründet sein, ihr Pioniergeist war calvinistisch geprägt. Daß von den Millionen Schotten in aller Welt so viele Millionäre wurden, auch dazu hat der Puritaner John Knox sein Scherflein beigetragen. Bis heute haben die Schotten nicht aufgehört, querköpfig, aufmüpfig zu denken. Ihr Bedürfnis nach Büchern wird nur noch übertroffen von dem nach Whisky, dessen erheblicher Genuß einen natürlichen Ausgleich bedeutet zu erheblichem Puritanismus. Wie stark das puritanische Erbe noch heute in Schottland empfunden wird, zeigt das Schauspiel ›Knox‹ (1979) von W. Gordon Smith, in dem sich der Reformator gegen die Anklage verteidigen muß, er habe »einer Nation von Sängern und Tänzern die Lieder erstickt und die Füße gebunden«. Aber das hat, gottlob, selbst John Knox nicht geschafft.

War er ein glücklicher Mensch? Auf seinem Grab stand geschrieben: »Here lies one who neither feared nor flattered any flesh.« John Knox hat gewiß keinen Menschen gefürchtet und keinem geschmeichelt. Aber hat er auch geliebt und nicht nur gehaßt? Hat er gelacht, auch über eigene Schwächen? Hat er Whisky getrunken und nicht nur Wasser? Darüber schweigen die Dokumente im Haus des John Knox. Neben der Kirche von St. Giles, der Stätte seines größten Triumphs, liegt er begraben. Nicht unter dem Stein mit der lapidaren Inschrift »J. K. 1572«, sondern wahrscheinlich unter dem barocken Reiterdenkmal für Charles II. So triumphiert über den toten Reformator ausgerechnet der König, nach dessen Konvertierung zum Katholizismus die Covenanter noch einmal und blutiger denn je verfolgt wurden.

Die Kathedrale, die keine ist: St. Giles

Es ist die Krone von St. Giles, die der Royal Mile zwischen Edinburgh Castle und Holyrood Palace ihren krönenden Blickpunkt gibt und der Altstadt ihr Wahrzeichen. Über einem gedrungenen, viereckigen Mittelturm erhebt sich eine Laterne aus acht Strebebögen, die eine schlanke Fiale tragen – eine schwebende, spielerische Konstruktion, schwereloses Gegengewicht zu dem massiven Mauerwerk darunter. Diese Krone aus Stein ist charakteristisch für schottische Kirchtürme in den sogenannten Königlichen Burgflecken. Englische Kirchen haben solche Turmkronen nicht; die von Newcastle ist eine Ausnahme.

Wäre diese steinerne Krone nicht, schön und ungewöhnlich, vielleicht fiele uns St. Giles nicht weiter auf. Daß dies die Hauptkirche der schottischen Hauptstadt ist, The High Kirk of Edinburgh, wir würden es kaum vermuten. Der west-östlichen Richtung der Royal Mile folgend, liegt St. Giles an der Straße wie ein Haus, ein Gotteshaus unter Bürgerhäusern. Auch der umgebende Platz hebt die Kirche nur bescheiden, nicht hoheitsvoll heraus, ihren Proportionen entsprechend. Die Kathedrale von Glasgow, sogar die von Kirkwall auf den Orkney-Inseln, beide sind bei weitem imposanter als die von Edinburgh. Selbst das auf gleicher Höhe mit St. Giles an der Princes Street liegende Scott Monument, noch dieser säkularisierte neugotische Dichterkult-Turm ist um etliches höher als der gotische Kirchturm der Kathedrale von Edinburgh; ganz zu schweigen von St. Mary's Cathedral (1874–1917) in der benachbarten Neustadt, Sir George Gilbert Scotts monumentale dreitürmige Kathedrale der schottischen Episkopalkirche.

Jeder Vergleich von St. Giles mit anderen Kathedralen, gar erst mit englischen oder französischen, muß enttäuschen. Er ist unangemessen, denn erst Charles I. machte 1633 die Stadtkirche zur Kathedrale und Edinburgh zum Bischofssitz. Das anglikanische Zwischenspiel dauerte nur wenige Jahre, dann herrschte wieder der presbyterianische Ritus, und bald teilten und verbauten mehrere, zeitweise vier Konfessionen die eine Kirche. Dies hat ihr nicht weniger geschadet als vorher die Knoxschen Bilderstürmer und nachher die Restauratoren des 19. Jahrhunderts. Die einen warfen über vierzig Altäre aus dem Tempel, die anderen wollten aus der Kirche ein schottisches Westminster Abbey machen. Immerhin hat St. Giles mit den Denkmälern des Marquis of Montrose, des Marquis of Argyll und des Regenten Moray eine erlesene Galerie hingerichteter Prominenz, und an den Pfeilern wehen die Fahnen der schottischen Regimenter wie einst auf dem Schlachtfeld von Flodden.

Ein Maßwerkfenster im Flamboyant der Spätgotik, darunter ein steifes Säulenportal der Neugotik: Schon an der Westfassade ist der Bruch erkennbar. Klar ablesbar auch die Gliederung: ein Hauptschiff, flankiert von je zwei Seitenschiffen. Hauptschiff und Chor sind gleich lang, nur je fünf Joche, unterbrochen von einem kurzarmigen Querschiff. An deren Schnittpunkt, über der Vierung, erhebt sich der Zentralturm. Nur die vier massiven achteckigen Mittelpfeiler sind übriggeblieben von der normannischen Vorgängerkirche, die der englische König Richard II. 1385 brandschatzte. Sein Einfall in die Borders war eine Art Präventivschlag angesichts der Landung französischer Truppen in Schottland. Auf die ›Auld Alliance‹ der beiden Nationen weist auch der Name von St. Giles: Saint Gilles, der heilige

Ägidius, ist ein populärer französischer Heiliger, einer der vierzehn Nothelfer und Patron der stillenden Mütter. Ende des 14. Jahrhunderts begann der Neubau von St. Giles; erst 1495 war auch der Turm vollendet. ›Flammende‹ Maßwerkfenster und Fächergewölbe im Chor bezeugen den spätgotischen Stil, aber kaum in seiner reichsten Entfaltung. Selten, daß einmal eine Säule mit Diensten, ein Kapitell oder ein Kämpfer mit Ornamenten spielt wie im Albany Aisle (ca. 1409).[1]

Dies ist eine schlichte, strenge Gotik, von deren Mauern, waren sie erst einmal gehörig kahl, der Prediger John Knox die rechte Resonanz erwarten durfte. Als Greuel, gewiß, und Kapelle der Eitelkeit wäre ihm das Prunkstück von St. Giles erschienen: die Thistle Chapel, mit geschnitztem Eichengestühl, Netzgewölbe und bunten Bossen so üppig geschmückt wie keine andere schottische Kapelle seit dem Mittelalter – edwardianisches Kunsthandwerk auf dem Höhepunkt spätgotischer Stilimitation. Der schottische Architekt Sir Robert Lorimer hat diese Kapelle 1909 für den exklusivsten Klub Schottlands entworfen, für den Most Ancient and Most Noble Order of the Thistle. Dieser älteste und höchste schottische Ritterorden, dessen Mitglieder sich ursprünglich in der Königlichen Kapelle von Holyrood trafen, wurde 1470 von James III. gegründet, mit dem Emblem Schottlands, der Distel, als

Signet und dem stacheligen Motto: »Nemo me impune lacessit« (Niemand reize mich ungestraft). Dem stolzen Distelorden gehören, mit Ausnahme der Queen als Vorsitzender, nur Herren an, versteht sich, und nur sechzehn. Wer dazugehört, darf auf seiner Brust eine Distel und hinter seinem Namen zwei Buchstaben tragen: K. T., Knight of the Thistle. Ritter der Distel sind gegenwärtig, außer der Königin, unter anderem Prinz Charles und der ehemalige Premierminister Sir Douglas Home. »Alles aus schottischem Material und von schottischen Handwerkern gemacht«, betont der schottische Führer in der Distel-Kapelle und zeigt mir beim Hinausgehen über dem Portal einen schottischen Engel: Der trägt tatsächlich Kilt und Dudelsack.

Das steinerne Herz auf dem Platz vor St. Giles markiert einen historischen und literarischen Schauplatz. Hier stand von 1466 bis 1817 das alte Edinburgher Rathaus, Gericht und Gefängnis, der *Tolbooth*, genannt das ›Herz von Midlothian‹. Walter Scott, als

---

1 Das benachbarte Westfenster des nördlichen Seitenschiffs ist ein präraffaelitisches Meisterwerk von William Morris nach einem Entwurf von Edward Burne-Jones.

Anwalt jahrelang hier tätig, übernahm den poetisch-populären Titel für seinen Roman ›The Heart of Midlothian‹ (1818), dessen Eingangsszene hier spielt: Der Mob schleift den verhaßten Edinburgher Polizeihauptmann Porteous aus dem Tolbooth und lyncht ihn. Von der historischen Porteous-Affäre von 1736 ausgehend, erzählt Scott die romantische Geschichte der angeblichen Kindesmörderin Effie Deans und ihrer Schwester Jeanie.

Bis 1639 versammelte sich das schottische Parlament im Tolbooth, dann zog es nach nebenan in das neue *Parliament House* (begonnen 1632, Südfassade 1808–14). Nach der Union mit England wurde der Parlamentssaal mit seiner neugotischen Stichbalkendecke und Glasfenstern des bayrischen Hofmalers Wilhelm von Kaulbach zur Markthalle, dann Sitz des Obersten Gerichtshofs. Auch nach 1707 behielt das schottische Recht autonome Geltung, und seit dem Auszug der Regierung hält es in den Augen vieler Schotten stellvertretend auch die Unabhängigkeit ihres Landes aufrecht, zumindest den Rechtsanspruch. Von tiefer Symbolik scheint manchen Patrioten indes der Umstand, daß ihr Parlamentsgebäude auf dem einstigen Friedhof von St. Giles steht, ein Mausoleum der verlorenen schottischen Souveränität.

Wo die Royal Mile nicht mehr High Street, sondern Canongate heißt, macht ein Haus mit einer vorspringenden Uhr auf sich aufmerksam: Canongate Tolbooth (1592). Dies war das Rathaus und Gefängnis von *Canongate*, einer bis 1856 selbständigen Gemeinde vor den Toren von Edinburgh. Ihren Namen hat sie von der Straße der Canons, der Augustinerchorherren von Holyrood Abbey. An diesem Weg entlang errichteten schon im Mittelalter die Reichen und Vornehmen ihre Häuser, angezogen von der Abtei und ihrer schönen Lage, damals noch in einem Forst am Fuß von Arthur's Seat. Canongate ist eine Parade prominenter Häuser: dem Tolbooth[1] gegenüber *Huntly House* (1570), beide heute Stadtmuseum; *Acheson House* (1633), einst Bordell, heute Zentrum des schottischen Kunsthandwerks; *Moray House* (1628), Schauplatz der Unterzeichnung der Union von 1707 – »the end of an auld sang«, sagte der Kanzler, Graf Seafield, während in der Royal Mile der Mob tobte. Schließlich *Queensberry House* (ca. 1680), zuletzt Wohnung des Earl of March, genannt ›Old Queensberry‹, der in vorgerücktem Alter seine Gäste dadurch unterhielt, daß er ihnen nackt das Urteil des Paris mimte. Hier wohnte 1729, als Sekretär der exzentrischen Herzogin von Queensberry, der Komponist John Gay; ein paar Häuser weiter traf er sich mit dem Verleger und Schriftsteller Allan Ramsay[2] im Literaten-Pub *Jenny Ha's* (als Bar wiederaufgebaut). Nebenan in *Clarinda's Tearoom* trinken wir auf die Geliebte von Robert Burns, im Pub *The Waverley* auf Walter Scott: So kommen wir, am *White Horse Close* (17.Jh.) vorbei, ans Ende der Royal Mile. Selbst die letzten Häuser kurz vor dem

---

1 *Canongate Church* (1688), neben dem Tolbooth, stammt von James Smith, Architekt und Vater von 32 Kindern. Auf dem Friedhof sind u. a. die Gräber des Ökonomen Adam Smith und des Dichters Robert Fergusson, die beide in der Royal Mile wohnten.

2 Sein Haus, *Ramsay Lodge* (1740), steht am Rand der Castle Esplanade. Von seinem Sohn, dem Porträtmaler Allan Ramsay umgebaut, hatte es seiner achteckigen Form wegen den Spitznamen ›Goose Pie‹, Gänsepastete.

schmiedeeisernen Tor des Palastes haben noch literarische Assoziationen. In diesen ›houses of refuge‹, dem traditionellen Schutzbezirk von Holyrood, entzog sich der opiumsüchtige Schriftsteller Thomas De Quincey gelegentlich seinen Gläubigern. Der Autor der ›Confessions of an English Opium Eater‹ (1821/56) und Lessing-Übersetzer liegt auf dem Friedhof St. Cuthbert begraben.

Holyrood: Mord im Palast

Im Sommer 1829 fährt ein eben zwanzigjähriger deutscher Künstler nach Schottland, mit Jean Pauls ›Flegeljahren‹ als Reiselektüre. Aus Edinburgh schreibt er am 30. Juli nach Hause: »In der tiefen Dämmerung gingen wir heut nach dem Palaste, wo Königin Maria gelebt und geliebet hat; es ist da ein kleines Zimmer zu sehen, mit einer Wendeltreppe an der Tür; da stiegen sie hinauf und fanden den Rizzio im kleinen Zimmer, zogen ihn heraus, und drei Stuben davon in eine finstere Ecke, wo sie ihn ermordet haben. Der Kapelle daneben fehlt nun das Dach, Gras und Efeu wachsen viel darin, und am zerbrochenen Altar wurde Maria zur Königin von Schottland gekrönt. Es ist da alles zerbrochen, morsch, und der heitere Himmel scheint hinein. Ich glaube, ich habe heut da den Anfang meiner Schottischen Symphonie gefunden ...«

Es ist eine dunkle Oboenmelodie, mit der das Stück beginnt: die 3. Sinfonie a-moll, die ›Schottische‹, von Felix Mendelssohn-Bartholdy. Nicht zuletzt diese Sinfonie, 1842 im Leipziger Gewandhaus uraufgeführt, hat Mendelssohn in England so beliebt gemacht, daß man ihn dort den »zweiten Händel« nannte. Gras und Efeu sind inzwischen aus der Ruine von *Holyrood Abbey* verschwunden, aber die Geschichten wuchern romantisch weiter.

Legendär schon der Anfang, die Gründung der Abtei Anno 1128 als Folge eines Jagdunfalls. An dieser Stelle entging David I., Sohn Queen Margarets der Heiligen, bei sündiger Sonntagsjagd dem Tod durch ein Hirschgeweih nur dank der wunderbaren Intervention eines Heiligen Kreuzes; daher der Name Holyrood. Es war eine Augustinerabtei, ebenso wie Jedburgh Abbey. Nur das Hauptschiff hat, als Ruine, die Reformation überlebt. Alles andere wurde geplündert und abgerissen. Noch das Fragment der ursprünglich doppeltürmigen Westfassade läßt die einstige Pracht der »fair Abbey of Holyrood« ahnen: ein reichgeschmücktes Skulpturenportal, darüber eine offene Galerie, das Ganze flankiert von den beiden Ecktürmen mit ihrer Doppelreihe spitzbogiger Blendarkaden. Diesem Meisterwerk der Gotik des frühen 13. Jahrhunderts antwortet, als spätes Echo des 17. Jahrhunderts, das große Maßwerkfenster der Ostwand. Von dem normannischen Vorgängerbau ist nur das Prozessionsportal zwischen der Kirche und dem einstigen Kreuzgang erhalten. Dorthin, ans Ostende des südlichen Seitenschiffs, wurde später die Königsgruft verlegt, mit den Gebeinen von David II., James II., James V. und Darnley. Dies war die Hochzeitkirche des zweiten, dritten, vierten und fünften James. Als Krönungskirche von Charles I. hatte sie 1633 ihren letzten Höhepunkt.

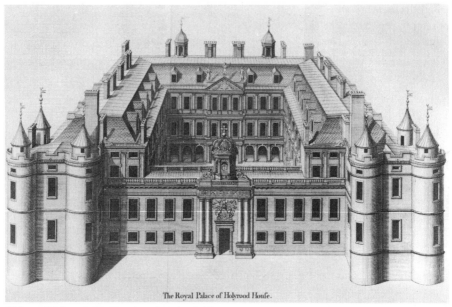

The Royal Palace of Holyrood Houfe.

Holyrood Palace, 1671–79, zeitgenössischer Stich

Im Schatten der Abtei wuchs der Palast, in dessen Schatten heute die Abteiruine liegt. *Holyrood Palace* (Abb. 36, 37) ging hervor aus dem Gästehaus des Klosters, wo die frühen schottischen Könige logierten. Erst James V., Maria Stuarts Vater, erbaute 1528–32 als Tower-house den Nordwestturm von Holyrood, mit Zinnen und Rundtürmen an allen vier Ecken, ähnlich dem etwa gleichzeitigen Falkland Palace in Fife. Eine lange Westfassade schloß sich an, dahinter lag ein großer und ein kleiner Innenhof. Was wir heute sehen, ist weniger und mehr zugleich. Nach zwei Bränden und dem Besuch Cromwells wurde Holyrood Palace unter Charles II. wiederaufgebaut (1671–79), nach Plänen von Sir William Bruce, ausgeführt vom Königlichen Meistersteinmetz Robert Mylne. Bei seinem ersten großen Staatsauftrag orientierte sich der schottische Architekt Bruce an der Arbeit seines englischen Kollegen Inigo Jones, der 1619 für Charles I. das Banqueting House in Whitehall im palladianischen Stil entworfen hatte. Mit der klassischen Dreigliederung der Innenhoffassaden – Pilaster in dorischer, ionischer und korinthischer Ordnung – schuf William Bruce das erste große Beispiel des Palladianismus in Schottland. Aus Gründen der Sparsamkeit, nicht des Denkmalschutzes, bezog Bruce Teile des alten Palastes in seinen Neubau mit ein. Er übernahm den Nordwestturm James' V. und verwirklichte dessen ursprünglichen Plan, einen entsprechenden Turm am Südende. Ein flacher Trakt mit Balustrade verbindet die wuchtigen Ecktürme. Das Portal mit dem schottischen Wappen wird gerahmt von dorischen

Zwillingssäulen. Darüber erhebt sich – charakteristisch für Bruce – eine zierliche Kuppel mit einer Königskrone und dem Datum 1680.

Mag diese Fassade auch nicht einheitlich sein, eindrucksvoll ist sie. Sie verbindet die Massivität schottischer Wehrtürme mit der Eleganz französischer Schlösser, die Bruce aus eigener Anschauung kannte: architektonischer Ausdruck der ›Auld Alliance‹. Das Innere der Staatsgemächer, die Charles II. nie bewohnte, folgt dem neuesten anglo-flämischen Stil der Zeit. Holländische Künstler wurden als Innenarchitekten engagiert: der Maler Jacob de Wet für Wappen und Deckengemälde, der Holzschnitzer Jan Vansantvoort für die reichverzierten Türrahmen und Kamineinfassungen. Die Gobelins des 16. und 17. Jahrhunderts stammen aus Flandern, Brüssel und Paris. In der Gemäldegalerie im ersten Stock hat sich Jacob de Wet einer wahrhaft königlichen Fron unterzogen: Im Auftrag Charles' II. malte er, zwei Jahre lang, die Porträts aller schottischen Monarchen, von König Fergus bis zu James VII./II., dem letzten Hausherrn von Holyrood, dessen Hofmaler er wurde; insgesamt 111 gekrönte und geschönte Häupter, ein Bild pro Woche, bei einem Jahreshonorar von (damals noch soliden) 120 Pfund. »Das sind elend geschmierte Dinger«, heißt es in Smollets ›Humphrey Clinker‹, »entweder aus dem Kopfe gemacht, oder man muß Karrenschieber zum Modellsitzen gemietet haben.« Angeblich nahm sich der Maler, da er kaum Vorlagen hatte, zwei Modelle von der Straße; weshalb die 111 Könige sich so ähnlich sehen wie 111 Geschwister. In dieser seltsamen Ahnengalerie ging es noch einmal hoch her, als Bonnie Prince Charlie hier seine Bälle und Bankette gab, im Spätsommer 1745, und einige Wochen lang, sehr galant, eine gestürzte Dynastie repräsentierte.

Warum sollten es düstere Gemächer sein, in denen sich die düsteren Szenen von Holyrood abspielten? ›Lord Darnley's Rooms‹, ›Queen Mary's Bedroom‹: Tatorte wie diese sehen aus wie gute Stuben. Kein Blut mehr am Fußboden, nur eine blankpolierte Messingplatte für David Riccio. »Hier war es«, sagt die Führerin und betont die Zahl der Messerstiche, über fünfzig. Da ließ sich nichts mehr revidieren, wohl aber renovieren. Das hat William Bruce bei seinem Umbau hundert Jahre später gründlich besorgt. Der Stuck, die Holztäfelungen, die Kamine aus Marmor und holländischen Kacheln: Darnleys Räume im alten Turm sind im Stil Charles' II. ausgestattet. Auch Maria Stuart würde ihre Zimmer, eine Etage höher, kaum wiedererkennen. Geblieben, wenngleich niedriger als zu ihrer Zeit, sind nur die kassettierten Eichendecken mit den königlichen Initialen: J. R. und M. R., für James V. und Mary of Guise, die Eltern Maria Stuarts. Das sind nicht ihre Möbel und nicht ihre Gobelins; die hat ihr Sohn James VI. beim Umzug seines Hofs nach London mitgenommen. Aber die Kreuzstichstickereien an der Wand, die sie während ihrer langen Gefangenschaft in Fotheringhay angefertigt hat, die würde sie wiedererkennen. Und die Wendeltreppe, einst hinter der Täfelung verborgen, über die Riccios Mörder in ihre Gemächer eindrangen.

Die schönen Tage von Holyrood waren kurz, und sie endeten grausam. Im August 1561 war die achtzehnjährige Maria Stuart aus Frankreich zurückgekehrt, als Witwe Franz' II., als katholische Königin in ein eben protestantisch gewordenes Land, vom Glanz des französischen Hofs ins ärmere Schottland, ins puristische Edinburgh, in einen leeren Palast. Mary heiratet 1565 ihren Vetter Henry Stewart, Lord Darnley, einen Urenkel Heinrichs

*Maria Stuart mit
Darnley, kurz nach
ihrer Hochzeit 1565.
Stich nach einem Ge-
mälde von Elstraak*

VII. Er war jung und schön, das zeigt das Porträt in seinem Zimmer; er handelte dumm und
schäbig, das zeigen die Ereignisse. Queen Mary hat einen Sekretär, David Riccio, mit dem
sie Madrigale singen, Ariost und Ronsard lesen kann – ein weites Feld für einen engen Geist
wie Darnley. Seine Eifersucht trifft sich mit dem Haß protestantischer Adeliger, die sich
nicht weniger zurückgesetzt fühlen und den musischen Hofmann aus Piemont als päpstlichen Agenten verdächtigen. Am 9. März 1566, einem Samstagabend, sitzt Mary mit Riccio
in ihrem Turmzimmer zu Tisch. Da dringen die Verschwörer, an ihrer Spitze Lord Ruthven
und der Earl of Morton, von Darnleys Räumen über die Geheimtreppe in der Mauer ins
Gemach der Königin ein, schleifen Riccio hinaus, erstechen ihn bestialisch und werfen seine
Leiche in den Hof.

Kurz darauf wird Maria Stuarts und Darnleys Sohn geboren, James VI. Erst dann hat Mary ihre Rache. Am Morgen des 10. Februar 1567 fliegt ein Haus in Kirk o' Field am Stadtrand in die Luft, und im benachbarten Garten findet man Lord Darnley unter einem Birnbaum, erwürgt. Ein Attentat, das nie geklärt wird, ein Königsmord, der Entsetzen auslöst an den europäischen Höfen. Maria Stuart, statt ihre Unschuld zu beweisen, heiratet noch in der Trauerzeit Lord Bothwell, ihren engsten Berater: ein schottischer Skandal. Die Witwe führt den Mörder ihres Mannes zum Altar, heißt es nun, ein neues Verbrechen aus Leidenschaft. Dies geschah am 15. Mai 1567 in der Schloßkapelle von Holyrood. Nun war Maria Stuarts Sturz nicht mehr aufzuhalten (siehe Seite 220).

Als Schottlands Königin in England hingerichtet und ihr Sohn König von Schottland und England wurde, verwaiste Holyrood. Zwar versprach James VI./I. (s. Fig. S. 136) bei seiner Abreise nach London 1603, seine Landsleute »wenigstens alle drei Jahre« zu besuchen; aber in den 22 Jahren seiner Regentschaft reiste der König nur ein einziges Mal nach Schottland. Ebenso Charles I., nach dessen Besuch erst wieder 1822 ein britischer Monarch nach Edinburgh kam, Georg IV. In Holyrood Palace lebte jahrelang, vertrieben von der Französischen Revolution und gestürzt von der Julirevolution 1830, Karl X. im Exil. Queen Victoria machte oft auf ihrem Weg nach und von Balmoral in Holyrood Station. So hält es auch Elizabeth II., und einmal jährlich, im Sommer, gibt die Queen hier ihre schottische Garten-Party.

Grassmarket, Greyfriars: Plätze der Lebenden, Plätze der Toten

Der Panoramablick auf Burg und Altstadt von der Princes Street aus: Das ist die große, geläufige Ansicht von Edinburgh. Es ist der souveräne Blick des georgianischen Bürgers, die fotografische Totale des Touristen. Der Blick des Mittelalters und sein pittoreskes Echo im 19. Jahrhundert kam von der anderen Seite, vom *Grassmarket* (Abb. 30, 33). Aus den Gassen, nicht vom Boulevard, von unten kam dieser Blick, vom Marktplatz hinauf zur Burg, von den Korn- und Viehhändlern zum König und den Kaufleuten der Royal Mile. Es war die proletarische Perspektive, nicht die noble Distanz, und es war der letzte Blick derer, die hier am Galgen hingen. Der Grassmarket war Markt und Hinrichtungsstätte (bis 1784). Mit seinen Antiquitätengeschäften und dem Pennerasyl, dem Polizeihäuschen und dem Pissoir hat dieser Platz seinen Charakter auf eine denkwürdige Weise behalten. Er wird von Bäumen gesäumt und von Kneipen, die so treffende Namen haben wie ›The Last Drop Tavern‹ und ›The Luckpenny‹ oder so malerische Wirtshauszeichen wie einen Bienenkorb und einen weißen Hirsch.

Vom Grassmarket führt die Candlemaker Row, die Gasse der Kerzenzieher, zum *Greyfriars Kirkyard*, dem alten Friedhof mitten in der Stadt. Sind die Grabmonumente an die Wände der Häuser gebaut oder diese an jene? Die Toten wohnen Rücken an Rücken mit den Lebenden. Die Häuser sind aus demselben Stein wie die Mausoleen. Hier ist zusammengewachsen, was zusammengehört. Eine schöne, große Nachbarschaft, ein Friedhof im wörtlichen Sinne. Eine Kultur des Todes, noch nicht verdrängt aus Stadt und Bewußtsein. Die Empfindungen, die solche Plätze in uns auslösen, verstärken nur das Gefühl des Verlustes, indem sie es romantisch verbrämen. Der Friedhof von Greyfriars, Ende des 16. Jahrhunderts auf dem Gelände eines abgerissenen Franziskanerklosters angelegt, war schon früh ein Glanzstück der Stadt. »Ich bin sicher«, äußerte 1679 ein Besucher, »daß der Stolz dieser Leute sie nie verläßt, sondern ihnen folgt in ihre ewigen Häuser.« Die haben sie gemeißelt mit dem ganzen Bürgerstolz und barocken Todesgepränge der Zeit, eine einzigartige Sammlung der Grabkunst des 17. und 18. Jahrhunderts.[1] Von den Denkmälern Roubiliacs abgesehen, schrieb R.L. Stevenson nach einem Besuch von Greyfriars, »stehen wir Schotten zu meinem Erstaunen an der Spitze aller Nationen in der Kunst grimmiger Darstellungen des Todes. Seine Embleme scheinen wir um ihrer selbst willen zu lieben«.

So sehr haben die Gräber von Greyfriars die Zeitgenossen bewegt, daß sie sich vor den Denkmälern der Toten fotografieren ließen. Diese Porträts von D.O. Hill zählen zu den frühesten Aufnahmen in der Geschichte der Fotografie. Auch der Edinburgher Arzt Thomas Keith fotografierte den Friedhof von Greyfriars.[2] Dieser bedeutende Amateurfotograf und Freund von Hill und Adamson machte zwischen 1852 und 1857 über zweihundert Kalotypien von Edinburgh und Umgebung, eine Bilddokumentation ersten Ranges. Die Faszination des Friedhofs für die Fotografen hatte, abgesehen von antiquarischem Interesse, vor allem praktische Gründe. Anders als bei Porträtsitzungen im Atelier waren im Freien kürzere Belichtungszeiten möglich. Auch ließ sich an diesem Ort eine ganz andere Konzentration des Ausdrucks erreichen. Es ist aber in den frühen Friedhofsfotos, über das technische Motiv und die zeittypische Kulisse hinaus, noch ein stärkeres Element wirksam. Nicht von ungefähr wird die Fotografie bei ihren ersten Versuchen, die Flüchtigkeit der Erscheinungen zu fixieren, von einem Ort angezogen, der eben dies in seiner endgültigen Form dokumentiert. Der alten Denkmalkunst begegnet die Fotografie als modernes Memento mori, als Erinnerung an Augenblick und Ende. Schon früh zeigen Fotografie und Tod ihre wesensmäßige Verwandtschaft, und die sich vor den Gräbern von Greyfriars dem neuen Medium stellten, haben es begriffen als ein Medium der Melancholie. Daß später Porträtfotos auf Grabsteinen gebräuchlich werden, zum Beispiel in Italien, ist eine konsequente Entwicklung.

Der Friedhof von Greyfriars ist ein Who is Who berühmter Edinburgher. Hier liegt George Buchanan begraben, der schottische Humanist und Tutor Maria Stuarts; der Architekt William Adam, Vater von Robert Adam; James Craig, der Stadtplaner der New Town; der Volksdichter Allan Ramsay, der als Perückenmacher nach Edinburgh kam, mit seinem Schäferspiel ›The Gentle Shepherd‹ populär wurde und 1728 die erste Leihbücherei

---

1 *Warriston Cemetery*, im Norden Edinburghs, ist ein hervorragendes, vom Verfall bedrohtes Beispiel eines Friedhofs des 19. Jahrhunderts: ein viktorianischer Skulpturengarten, Stadtgeschichte und Park in eins.

2 Ebenso, 1905, der amerikanische Fotograf Alvin Langdon Coburn.

Schottlands eröffnete. Das Denkmal des berühmten schottischen Terriers, ›Greyfriars Bobby‹, steht außerhalb des Friedhofs vor einer Kneipe, die seinen Namen trägt. Der treue Bobby wachte vierzehn Jahre lang am Grabe seines Herrn.

Greyfriars ist in die schottische Kirchengeschichte eingegangen als der Ort, wo sich 1638 der National Covenant konstituierte: ein erneutes presbyterianisches Bündnis, diesmal gegen den Versuch Charles' I. und seines Erzbischofs Laud, Schottland die anglikanische Liturgie und die Hierarchie der englischen Staatskirche aufzuzwingen. Dieser in eine Loyalitätsadresse an Charles I. gekleidete Protest aller Stände wurde nicht, wie heroische Legenden überliefern, auf den Grabsteintischen des Friedhofs unterzeichnet, sondern in der Kirche. Auf dem Friedhof indes wurden 1679 über tausend Covenanter monatelang gefangengehalten. Das Martyrs' Monument erinnert an den Höhepunkt ihrer Verfolgung, die ›killing times‹ nach 1685. Nicht weit von den Opfern liegt auch ihr Henker, Generalstaatsanwalt Sir George Mackenzie, genannt ›Bluidy Mackenzie‹.[1] Er war freilich nicht blutiger als die Gesetze, aber die waren blutig genug: Covenanter galten als Hochverräter. Ihr letzter Märtyrer, der sechsundzwanzigjährige James Renwick, wurde 1688 auf dem Grassmarket hingerichtet. Der Covenant, insgesamt viermal erneuert, spielte eine große Rolle in der Geschichte der Schotten: als Garant ihrer religiösen Freiheit und als Instrument des politischen Widerstands.

Ein schmiedeeisernes Tor verbindet den Friedhof von Greyfriars mit *Heriot's Hospital,* dem traditionsreichen Privatgymnasium Edinburghs. George Heriot, Goldschmied und Bankier James' VI., hat diese pädagogische Festung im Angesicht der Burg als Erziehungsheim für Waisen gestiftet. Von den rund 1400 Schülern ist immer noch jeder fünfte vom Schulgeld befreit. Heriot's School (1628–59), damals außerhalb der Stadtmauern gelegen, ist eine vierflügelige quadratische Anlage mit mächtigen quadratischen Ecktürmen und kleineren achteckigen Treppentürmen im Innenhof – eine imposante Verbindung von italienischer Renaissance-Symmetrie, schottischem Baronialstil und anglo-flämischem Dekor. Denselben Grundriß hatte zehn Jahre zuvor vielleicht derselbe Architekt, der Königliche Meistersteinmetz William Wallace, für den Neubau von Drumlanrig Castle vorgeschlagen. Beide Gebäude inspirierten den pittoresken Neo-Baronialstil des 19. Jahrhunderts, zum Beispiel gleich gegenüber Heriot's School das vieltürmige Städtische Krankenhaus (*Royal Infirmary,* 1879) und die viktorianischen Landschlösser von David Bryce. Von Bryce stammt *Fettes College* (1864–70), eine prominente Public School, dessen neugotische Silhouette Edinburghs nördlichen Stadtrand beherrscht. Ein nicht weniger monumentales Pendant im neo-elisabethanischen Stil und eine Schulstiftung im Geist George Heriots ist *Donaldson's Hospital* (1842–51) von W. H. Playfair, dem Edinburgh mehr Gebäude verdankt als jedem anderen Architekten. Um diesen – unerschöpflichen – Exkurs ins Viktorianische zu beenden: Hinter der Neo-Renaissancefassade des *Royal Scottish Museum* (1861–88) verbirgt

---

1 Mackenzie gründete 1682 die Advocate's Library, aus der die *National Library of Scotland* hervorging (George IV. Bridge), eine der größten britischen Bibliotheken.

sich die eleganteste Gusseisenkonstruktion des 19. Jahrhunderts in Schottland, als Haupt-halle mit Oberlicht und umlaufenden Galerien von Francis Fowke[1] entworfen und nicht ohne Paxtons Londoner Kristallpalast denkbar.

Satellitenstadt um 1800: Die georgianische New Town

Sich Edinburghs Hauptbahnhof, *Waverley Station,* als Tauchstation vorzustellen, ist weniger abwegig, als hier den Schauplatz von Sir Walters Waverley-Romanen zu vermuten. Wer hier ankommt, hätte im 18. Jahrhundert bis über beide Ohren im Wasser gestanden: nicht im Regen, sondern in einem See, dem Nor Loch. Auch hätte, wer von der Altstadt ans andere Ufer gerudert wäre, dort nicht die Neustadt angetroffen, sondern nur Felder und ein paar Hütten. Erst 1759 begann man, den See am Fuß des Burgbergs trockenzulegen. Nicht um Grünanlagen zu gewinnen oder Platz für die Eisenbahn; die kam erst 1846. Nein, man wollte mehr: jenseits des Tals eine neue Stadt, denn die alte war zu klein geworden. Eine Satellitenstadt, würden wir heute sagen, und was müßten wir darum geben, eine wie diese zu haben!

Um die Mitte des 18. Jahrhunderts war die Überbevölkerung der Altstadt unerträglich geworden. 1766 schrieb der Magistrat einen städtebaulichen Wettbewerb aus, und ein bis dahin völlig unbekannter sechsundzwanzigjähriger Architekt gewann ihn: James Craig. Das Risiko lag weniger in Craigs Entwurf als in dem Umstand, daß die Edinburgher sich zunächst weigerten, von der Altstadt ›aufs Land‹ zu ziehen. Der Magistrat setzte eine Prämie von 20 Pfund aus für die ersten, die hier ein Haus bauen würden. Heute sind dies die gesuchtesten (und teuersten) Wohnungen. Was ursprünglich für alle Schichten und Berufe geplant war, ist nur noch für wenige erschwinglich. Die einstige Vorstadt ist zum Stadtzentrum geworden, das einstige Wohngebiet weitgehend zum Büro- und Geschäfts-viertel.

Im selben Jahr, als James Craig Edinburghs New Town entwarf, 1767, begann im südenglischen Bath die letzte Phase der georgianischen Neustadt, der Royal Crescent. Mit dem Konzept der Woods in Bath, der dramatischen Folge von Straßen und Plätzen, hat Craigs einfaches Schachbrettmuster auf den ersten Blick nichts gemein. In seinem Entwurf, George III. gewidmet, war als Hauptstraße auf der Höhe eines Hügelkamms George Street vorgesehen (das auch die prächtigeren Häuser hat) – nicht Princes Street. Diese sollte, genau wie Queen Street, die Parallelstraße bilden, beide nur auf einer Seite bebaut: Die Häuser sollten den Hügel hinunter jeweils nach außen blicken, die der Princes Street nach Süden auf Burg und Altstadt, die der Queen Street nach Norden über das (damals noch unbebaute) Land Richtung Firth of Forth. So tritt Landschaft in die Stadt ein, rus in urbe, Stadt und Land durchdringen sich. Die Breite der Straßen und der immer wieder durch Seitenstraßen

---

1   Der schottische Architekt und Ausstellungstechniker Fowke entwarf u. a. die Nationalgalerie in Dublin und die Sheepshanks Gallery des Victoria and Albert Museum.

35   Royal Mile
34   Charlotte Square, von Robert Adam, 1791

36   Holyrood Palace, 16./17. Jh.   ▷

IN MEMORY OF
"TOMMY"
SON OF THOMAS MORRIS
WHO DIED 25TH DECEMBER 1875 AGED 24 YEARS

DEEPLY REGRETTED BY NUMEROUS FRIENDS AND ALL GOLFERS
HE THRICE IN SUCCESSION WON THE CHAMPION'S BELT
AND HELD IT WITHOUT RIVALRY AND YET WITHOUT ENVY
HIS MANY AMIABLE QUALITIES
BEING NO LESS ACKNOWLEDGED THAN HIS GOLFING ACHIEVEMENTS

THIS MONUMENT HAS BEEN ERECTED
BY CONTRIBUTIONS FROM SIXTY GOLFING SOCIETIES

43 ST. MONANCE Fischerhafen in Fife

44 ANSTRUTHER Haus mit Muschelornament

45 CULROSS Marktplatz, 17. Jh.

46 DUNDEE Eisenbahnbrücke über den Tay, 1881–88

47   KINROSS   Alter Friedhof am Loch Leven

48   ABERDEEN   Union Street

erweiterte Ausblick schaffen ein Gefühl der Weiträumigkeit und Offenheit, die unvergleichliche Atmosphäre der Edinburgher Neustadt. George Street als Zentralachse sollte nach Craigs Plan von zwei Plätzen mit zwei Kirchen begrenzt sein, auf der einen Seite St. Andrew, auf der anderen St. George: die symbolischen Pole einer gleichwertigen Partnerschaft von Schottland und England. Diese architektonische Symmetrie mit politischer Bedeutung setzt sich bis in die Seitenstraßen fort, die nach Distel und Rose heißen, den schottischen und englischen Emblemen.

Können wir uns noch vorstellen, in einer Epoche der Bauverordnungen und Bauspekulationen, wieviel Spielraum Craigs Entwurf den Architekten ließ? Es genügte im wesentlichen, daß er alle Häuser auf drei Etagen beziehungsweise eine Höhe von fünfzehn Metern begrenzte. Gebaut wurde um 1800 nach den Regeln des Geschmacks und der Proportionen. Über beides herrschte weitgehend Einvernehmen. Es gab einen im ganzen noch unangefochtenen Kanon architektonischer Werte, trotz stilistischer Differenzen im Detail. So entstand eine Stadt, die uns nicht strapaziert und nie langweilt; Häuser, die uns umfangen und nicht überfallen; Straßen, in denen gut gehen ist und viel zu sehen.

Edinburgh, du Schöne unter den verbauten Städten! Hier spüren wir, was urbane Architektur einmal war und wieder sein könnte: wohnlich, menschenfreundlich. Um so erstaunlicher, daß der Kunstkritiker John Ruskin, in London geborener Sohn eines Edinburgher Kaufmanns, in seinen Vorträgen 1854 den Stolz der Stadt, die New Town, blind ablehnte: »nothing but square cut stone, square cut stone – a wilderness of square cut stone for ever and ever!« Abreißen und nie wieder aufbauen: Das war Ruskins radikale Empfehlung.

Warum ist Edinburghs georgianische New Town so einzigartig? Sie entstand gleichzeitig mit klassizistischen Städten wie Kopenhagen und Petersburg, München und Berlin. Aber sie ist vollständiger erhalten als jede von ihnen. Altstädte wie die Edinburgher gibt es viele, einzigartig ist wiederum nur das Nebeneinander beider, einer mittelalterlichen und einer georgianischen Stadt. Wenn wir sie bewundern, so bewundern wir zugleich mit der Leistung ihrer Architekten auch die ihrer Restauratoren. Seit 1970 wird die Erhaltung des georgianischen Edinburgh systematisch betrieben, mit erheblichem persönlichen Einsatz der Bewohner, unterstützt von Stadt und Regierung. Edinburghs ›New Town Conservation Area‹ ist mit 310 Hektar das größte Denkmalschutzgebiet in Großbritannien, flächenmäßig dreimal so groß wie das mittelalterliche York, zehnmal größer als die Denkmalschutzgebiete von Bath und Chester. Für diese exemplarische Anstrengung wurde Edinburgh mit der Europäischen Goldmedaille für Denkmalpflege ausgezeichnet.

Wer von der geglückten Restaurierung der New Town spricht, darf zu den Sanierungssünden der *Südstadt* nicht schweigen. Ich bin, mitten in Edinburgh, durch Straßen mit bröckelnden Fassaden und vernagelten Türen gegangen. Ich habe so desolate Straßen wie Nicolson Street, Buccleuch und Drummond Street gesehen, Straßen mit heruntergekommenen, leerstehenden, jetzt vielleicht schon abgerissenen Häusern. Auch in Bristo, Crichton oder Charles Street wurden solide georgianische Gebäude abgerissen, die man heutigem Wohnkomfort durchaus hätte anpassen können, allemal ökonomischer als Abbruch. Was

Georgian Edinburgh, zeitgenössische Karikaturen von John Kay, 18. Jh.

trat an ihre Stelle? Parkplätze, Büros, anonyme Apartmenthäuser; oder es blieben häßliche Lücken. Das ist die Kehrseite der georgianischen Paradeviertel, ihr Opfer. Die Betroffenen fragen mit Recht, warum Häuser nur ihres historisch-architektonischen Wertes wegen gerettet werden: »Warum nicht auch Metzgerläden und Gemüsegeschäfte auf die Denkmalschutzliste setzen, die den Gemeinschaftsinteressen weit direkter dienen?«

Helen Peacock hat alarmierendes Material über diese ›Sanierung‹, über die Entvölkerung zentraler Stadtviertel zusammengetragen: ›The Unmaking of Edinburgh‹, ein Report über den »tragischen Verfall einer schönen und einst pulsierenden Stadt«. Es ist das andere Edinburgh, Viertel wie Dalry, Fountainbridge oder Tollcross, wo Touristen nicht hingehen, Viertel ohne ›Sehenswürdigkeit‹. Hier haben die Planer lange gesündigt, im Schatten der New Town um so unbemerkter. Vor allem in der Südstadt, wo die *Universität* nach und nach fast vierhundert Grundstücke für ihre Erweiterung gekauft hat. Inzwischen sind die Neubauplätze reduziert, und die Universität hat weder Geld, das Viertel zu entwickeln noch es zu erhalten. Immerhin gibt es mittlerweile einen ›South Side Local Plan‹, der hoffen läßt. Und es gibt, zwischen New Town und Stockbridge, ein so gelungenes Beispiel der Restaurierung und Revitalisierung wie St. Stephen Street, wo junge Leute Pubs und Trödelläden eröffnen: ein Viertel mit Zukunft.

Reihenhäuser als Palast: Robert Adams Charlotte Square

Es ist die Gesamtanlage, weniger die Originalität einzelner Häuser, die den Charakter der New Town prägt. Schönstes Beispiel, zugleich Höhepunkt klassizistischer Stadtarchitektur in Schottland: *Charlotte Square,* benannt nach der Gemahlin Georges III., entworfen 1791 von Robert Adam (Abb. 34). Als Adam ein Jahr später starb, war nur die Nordseite des großen quadratischen Platzes vollendet. Durch seinen Tod und die französischen Revolutionswirren verzögerte sich die Fertigstellung der restlichen Seiten bis 1807. Mit seinen schmiedeeisernen Laternen und Geländern ist Charlotte Square das am vollständigsten erhaltene Beispiel der Stadtarchitektur Robert Adams, eindrucksvoller als sein Londoner Fitzroy Square (1790–1800) und nur übertroffen durch die Adelphi-Siedlung (1768–74) mit ihrer berühmten, 1936 abgerissenen Themse-Front. Diese ehrgeizige Gemeinschaftsarbeit mit seinem Bruder James in London, die das Familienunternehmen der Adams fast ruiniert hätte, das Adelphi zeigte bereits das Prinzip von Charlotte Square: die zu einer palastartigen Fassade zusammengefaßte Häuserreihe. Robert Adam war nicht der Erfinder dieses Baugedankens. Mit dem Queen's Square (1728) und dem grandiosen Royal Crescent (1767) in Bath[1] hatten John Wood und sein Sohn erstmals in großem Stil Reihenhäuser als Palastfassaden entworfen. »To introduce the Temple Beauties in a private Building«, diese Idee hatte schon der schottische Architekt Colen Campbell geäußert und in seinen Landhaus-Tempeln verwirklicht. Die Woods übertrugen das Prinzip auf den Bau luxuriöser Mietshäuser, und Robert Adam brachte diesen klassizistischen Kerngedanken zu schönster, eleganter Anschaulichkeit.

Wie leicht hätte Charlotte Square monumental werden können, wieviel leichter noch monoton. Aber mit welchem Sinn für Maß und Abwechslung, Schlichtheit und Dekor geht Robert Adam ans Werk. Jede Seite des Platzes faßt einen Block separater Häuser zu einer einheitlichen Fassade zusammen. Schon wie Mittelrisalit und Giebel nur leicht vortreten, ohne sich vorzudrängen, zeigt den Geist dieser Architektur: Grazie, nicht Grandezza. Bevor die dreifachen Fensterreihen die Horizontale zu sehr betonen, sorgen Säulen und Risalite für vertikale Gegenbewegung. So kommt Leben in die Steine, Rhythmus in die Glieder. So gelingt, mit Robert Adams eigenen Worten, »das Fallen und Steigen, das Vor- und Zurückspringen und andere Variationen der Form«: Rustika im Erdgeschoß, glatte Steinplatten darüber; in den oberen Etagen rechteckige, unten meist rundbogige Fenster; hier glattes Gesims, dort Fries und Girlanden; unter einigen Fenstern Balustraden, andere von Rundbögen überfangen. Balance und Eleganz ist alles. Die einzige Partie, die von Adams Entwurf abweicht, spürt man bald heraus: die ehemalige Kirche St. George[2] im Zentrum der Westseite – da sind Kuppel und Säulen zu monumental, das ist Robert Reids[3] Geschoß (1811). Wie Adam die Stirnseiten seines Häuserblocks gestaltete, wurde exemplarisch auch für andere: Pilaster, pyramidenförmiger Dachabschluß, und Sphingen halten die Wacht.

Wer wohnte in diesen Häusern eines sublimen Geschmacks? John Lamont of Lamont aus Argyllshire, Großgrundbesitzer und Erster seines Clans; Lord Cockburn, Richter und

---

1 Zum georgianischen Bath hat auch Robert Adam beigetragen: Pulteney Bridge (1770).

2 Heute *West Register House*, eine Dependance des Schottischen Staatsarchivs in Adams altem Register House in Princes Street.

3 Sir Robert Reid war, als Inspekteur der königlichen Bauten in Schottland 1803–38, federführend bei der zweiten Phase der Neustadt-Entwicklung.

Dichter; Lord Lister, der Wissenschaftler, Earl Haig, der Feldmarschall; kurzum: die Prominenz. Wer wohnt hier heute? Anwälte, Geschäftsleute, Professoren. Charlotte Square No. 5 ist Hauptquartier des National Trust, No. 7 Residenz des Moderators der Generalversammlung der Schottischen Kirche, und in der Mitte, im Bute House, betrachtet der Staatssekretär für Schottland die allgemeine Lage und den leider nicht allgemein zugänglichen Park. Einen Teil von Charlotte Square No. 7 hat der National Trust als ›Georgian House‹ so eingerichtet, wie es um 1796 ausgesehen haben könnte, als es erstmals bewohnt wurde: mit Chippendale-, Hepplewhite- und Sheraton-Möbeln, mit Gemälden von Raeburn und Ramsay, den Edinburgher Künstlern. Die Küchenwände sind, traditionsgemäß, blau gestrichen – um die Fliegen fernzuhalten. Die typische Raumaufteilung in einem georgianischen Haus wie diesem sah so aus: Bibliothek, Wohn- und Speisezimmer im Parterre; Salon und Schlafzimmer im ersten, vier weitere Räume im zweiten Stock; Küche, Vorratskammer und Bedienstetenzimmer im Tiefparterre. In diesen insgesamt etwa achtzehn Räumen lebte in der Regel eine drei- bis siebenköpfige Familie mit acht bis neun Dienern. Robert Adam baute ja nicht für arme Leute.

In Charlotte Square, urteilte der schottische Architekt Sir Basil Spence, »finden wir städtische Architektur auf ihrem Höhepunkt, geschaffen von einem Meister«. Der Genius loci hat Basil Spence, bekannt geworden durch den Wiederaufbau der Kathedrale von Coventry, in Edinburgh ausgerechnet da verlassen, wo für seine klotzige, anonyme Universitätsbücherei (1967) in der Südstadt ein Teil des georgianischen, noblen *George Square*[1] abgerissen wurde – Planungsvandalismus auf seinem Höhepunkt.

Mit dem Neubau der 1582 gegründeten Edinburgher *Universität*[2] war 1789 Robert Adam beauftragt worden. Er hat die Vollendung auch dieses Entwurfs nicht mehr erlebt. Aber noch das Fragment bezeugt seinen Wunsch, »ein Denkmal meines Talents zu hinterlassen«. Adams Torhaus mit Portikus bildet den palastähnlichen Eingang an der South Bridge – ein monumentales Entree, das durch eine im Entwurf nicht vorgesehene Kuppel (1884) und die viel zu dichte Straßenbebauung um seine Wirkung gebracht wird. Die Säulen sind Monolithen aus Craigleith-Stein, einem relativ wetterfesten Kalkstein, der das charakteristische Baumaterial des georgianischen Edinburgh bildet (und von Buckingham Palace). Robert Adam hatte zwei Innenhöfe vorgesehen; nur einer, ›The Old Quad‹, wurde ausgeführt, mit Treppen und Terrassen. Querelen zu seinen Lebzeiten, Geldmangel und die Napoleonischen Kriege verzögerten den Bau, den W. H. Playfair 1834 vollendete, viel wuchtiger im Dekor als Adam. Wie die Innenräume der Universität hätten aussehen können, wären sie nach Robert Adams Entwürfen ausgeführt worden, zeigt die Kuppel (1785) seines *Register House*, so grandios wie graziös: zweiundzwanzig Meter hoch und fünfzehn Meter im Durchmesser, mit Blumen-Fries und mythologischen Medaillons, ein

---

1 In George Square No. 25 wohnte Walter Scott die ersten zwanzig Jahre seines Lebens.

2 Hier studierten u. a. Oliver Goldsmith, Scott und Carlyle. Arthur Conan Doyle, als eines von zehn Kindern eines irischen Trinkers in Edinburgh geboren, besuchte hier die medizinischen Vorlesungen des Dr. Joseph Bell. Dessen Scharfsinn, heißt es, habe A. C. Doyle zu seinem Sherlock Holmes inspiriert.

Schweben aus Pastell und Ornament. Adams Register House (1774, von Reid 1827 vollendet) empfängt den Besucher, der aus der Altstadt kommt, am Ostende der Princes Street als erste prächtige Fassade der Neustadt. Das Schottische Staatsarchiv war einer der wenigen öffentlichen Aufträge Robert Adams, die ihm sein schottischer Rivale am englischen Hof, Sir William Chambers[1], nicht wegschnappte wie etwa Somerset House in London.

Moray Place: Ein Lord läßt bauen

Edinburghs Neustadt lebt nicht von Charlotte Square allein. George Street, die elegante Geschäftsstraße mit den Statuen von Chantrey (George IV. und William Pitt d. J.), Queen Street mit den einstigen Stadthäusern der Landlords, Castle Street, wo Walter Scott achtundzwanzig Jahre lang eine Wohnung hatte (No. 39): en passant sehen wir überall georgianische Architektur in vielen Varianten. Über dieses Zentrum der New Town griff die prosperierende Stadtentwicklung bald hinaus. Exemplarisch dafür ist das Viertel nördlich von Charlotte Square, zugleich das spektakulärste Beispiel einer georgianischen Straßenkomposition in Edinburgh.

Wo konnte man Ende des 18. Jahrhunderts sein Geld solide anlegen? Der Earl of Moray aus Morayshire in den Highlands tat einen guten Griff, als er 1782 am Water of Leith vor den Toren der Hauptstadt Land kaufte, die pittoreske Lage vor Augen und kommenden Profit im Sinn. Rund vierzig Jahre genoß die Familie ihre kapitale Aussicht. Als die Stadt ihnen zu nahe rückte und der erwartete Gewinn nah genug, annoncierte Lord Moray seine Güter als Bauland. Das war 1822, und schon fünf Jahre später hatte er fast alles verkauft. Daß auf seinem Grund und Boden noble Häuser entstünden, dafür sollte der Architekt James Gillespie Graham sorgen; denn eine Stadtwohnung wollte Lord Moray wenigstens behalten: Moray Place No. 28.

Es ist noch heute eine der besten Adressen in Edinburgh. Und es ist der Höhepunkt einer dramatischen Sequenz von drei Plätzen, die ihre Form und Größe fortschreitend ändern: Randolph Crescent, Ainslie Place und Moray Place: Halbkreis, Ellipse und Kreis: eine geometrische Klimax, eine rhetorische Figur in Stein, eine architektonische Szenenfolge, als habe Lord Moray hier seinen Auftritt haben wollen, Plätze als Vorzimmer zu seiner Wohnung, eine urbane Steigerung seines Lebensgefühls. Wieviel monumentaler und unruhiger als Charlotte Square wirkt Moray Place, wieviel dramatischer Gillespies Dreisprung als Craigs gelassene Geraden. Moray Place ist ein raffiniertes Finale, in sich noch einmal eine rhetorische Figur: ein eckiger Kreis, ein Paradoxon von Platz, dessen zwölf Seiten mit kantigen Bewegungen einen kreisrunden Park umschließen. Mit diesem Platz hat Gillespie Graham 1823 dem georgianischen Stil eine manieristische Abschiedsvorstellung

---

1 Chambers, Architekt der Pagode in Kew Gardens, entwarf in Edinburgh u. a. die jetzige Royal Bank of Scotland (1772–74, St. Andrew Square) und Duddingston House (1762–64), heute eine Grundschule.

Robert Adam:
Deckenentwurf für
Quen Street No. 7,
1770

gegeben, die schon die viktorianischen Revuen seiner Nachfolger präludiert. In Edinburgh indes, etwa im West End, um 1813 von Gillespie Graham geplant, verleugnen selbst die viktorianischen Straßenzüge späterer Architekten nie ihre georgianische Tradition und Nachbarschaft.

Wie Klippen ragen die Rückseiten der Häuserreihen von Moray und Ainslie Place über die Bäume des Dean Valley. Eine bewaldete Schlucht, ein romantisches Flußtal mitten in der Großstadt? Im *Dean Village* betrieb die Edinburgher Bäckergilde im Mittelalter elf

Wassermühlen, als das Water of Leith noch ein rauschender Bach war und nicht ein müdes Rinnsal. Heute zapft die Industrie dem Fluß auf seinem Weg von den Pentland Hills soviel Wasser ab, daß bei seiner Mündung in Leith, dem Hafen von Edinburgh, nicht viel mehr davon übrig bleibt als der Name. Dean Village versorgte seit dem 12. Jahrhundert die Stadt mit Brot. In einigen Mauern haben sich noch Steine mit den Emblemen der Bäcker erhalten. Noch heute ist das einstige Dorf ein Viertel für sich, idyllisch und verkommen, zwischen Abbruch und Sanierung. Dazwischen, aus rotem Sandstein, eine viktorianische Mustersiedlung: Well Court (1884).

Die Brücke, die das Tal in über dreißig Meter Höhe mit vier flachen, eleganten Bögen überspannt, *Dean Bridge* (1829–32), war ein technisches Meisterwerk ihrer Zeit. Konstruiert hat sie Thomas Telford, der als Sohn eines schottischen Schafhirten noch selber Schafe gehütet hatte, bevor er nach London ging, zu einem Steinmetz in die Lehre. Als Ingenieur Autodidakt, entwarf Telford rund tausend Brücken und Aquädukte in ganz Großbritannien, viele in den Highlands, die berühmteste über die Menai Strait in Wales. Auch Straßen, Häfen und Kanäle hat er gebaut, unter anderem den Kaledonischen Kanal (siehe Seite 333). So groß war sein Ruhm, daß Telford in Westminster Abbey begraben wurde.

Ein Maler macht Grundstücksgeschäfte, und George IV. einen Staatsbesuch

Unter Telfords Brücke führt ein Uferweg den Fluß entlang durchs *Dean Valley*, wo schon im 18. Jahrhundert die Bürger gerne promenierten. Man traf sich an St. Bernard's Well und trank, ganz gesund und à la mode, sein Mineralwasser. Mit dem Brunnen nach Art römischer Rundtempel (1789) hatte der Edinburgher Maler und Landschaftsarchitekt Alexander Nasmyth zum pittoresken Charme des Ufers beigetragen, als sei es ein Motiv von Claude Lorrain. Gegenüber in *Stockbridge* nutzte sein prominenter Kollege Henry Raeburn die Gunst der Lage und der Stunde auf andere Weise: Er verkaufte Bauland, denn die Neustadt griff nach 1800 auch aufs andere Ufer über. Ann Street trägt den Namen seiner Frau, und mit ihren kleinen Vorgärten ist es eine Straße, die den ländlichen Charakter dieses Stadtteils bis heute bewahrt.

Als Henry Raeburn (Abb. 23), Sohn eines Garnspinners, 1756 in Stockbridge geboren wurde, standen hier nur ein paar Hütten. Als er sich 1813 am georgianischen Bauboom beteiligte, war er ein reicher, um nicht zu sagen neureicher Mann: Porträtist der High Society, in Schottland ohne Konkurrenz und so prominent wie Sir Thomas Lawrence in England. »Pikanter als manche Anekdote, und vollständiger als mancher Band sentenziöser Memoiren«: So charakterisierte R. L. Stevenson die Bildnisse Raeburns. Einige der besten sind in der Edinburgher Nationalgalerie zu sehen, unter anderem das Porträt des Reverend Robert Walker als Schlittschuhläufer. Raeburn malte mit breitem, kräftigem Pinselstrich, eigener Mentalität und der seiner schottischen Auftraggeber entsprechend. Er porträtierte nüchterner als Gainsborough, realistischer als Reynolds, der ihn förderte und in dessen

Tradition er steht. Von kurzen Besuchen in London und der obligatorischen Italienreise abgesehen, blieb Raeburn zeitlebens in Edinburgh. »Ich habe so wenig Kontakt und weiß so wenig, als ob ich am Kap der Guten Hoffnung lebte«, schrieb er seinem Landsmann Wilkie[1] nach England und fühlte sich doch wohler in Schottland.

Im Sommer 1822, ein Jahr vor Raeburns Tod, kam George IV. zu einem Staatsbesuch nach Edinburgh und erhob den Maler in den Adelsstand. Es war ein doppeltes Ereignis: die erste Ehrung dieser Art für einen schottischen Künstler außerhalb von London seit der Union von 1707, und der erste Besuch eines britischen Regenten in Schottland seit dem Auftritt des ›Schlächters Cumberland‹ beim Massaker von Culloden 1746. Inzwischen hatten die Tories für kühleres Blut und bessere Beziehungen zu England gesorgt. Viel mehr als Culloden erregte Caroline die Gemüter des im Klatsch vereinigten Königreichs: die Scheidung Georges IV. von seiner Frau, der Prinzessin von Braunschweig-Wolfenbüttel. Während die Diplomaten noch zauderten, gelang dem Dichter sein schönstes Historienstück: Sir Walter Scott vor allem war es, der George IV., den Literaturfreund und Kunstkenner, nach Edinburgh komplimentierte.

Der König kam, und Schottland jubelte. Am Mittag des 14. August 1822 ging die ›Royal George‹ in der Straße von Leith vor Anker. Das Wetter war so schottisch, daß die Landung Seiner Majestät auf den nächsten Tag verschoben werden mußte. In strömendem Regen ließ sich Sir Walter zur königlichen Yacht rudern. Als George IV. hörte, wer da längsseits kam, rief er aus, so stand es anderntags in der Zeitung: »What! Sir Walter Scott! The man in Scotland I most wish to see! Let him come up!« Da begrüßten sich zwei epische Genießer, Highland Whisky mußte her, der Staatsbesuch begann. Flüssig und höchst stilvoll ging es weiter, denn Scott hatte die Regie. Wer, wenn nicht der Autor der ›Waverley‹-Romane, hätte mit mehr Sinn für das Historische des Augenblicks etwa so Delikates und Dekoratives wie diesen Besuch inszenieren können? Anderntags die königliche Kavalkade von Leith zur Royal Mile, schon das hätte einen weniger souveränen Zeremonienmeister als Scott vor unlösbare Probleme gestellt. Bestanden doch die Führer der Clans darauf, in der Ehrengarde des englischen Gastes denselben Platz einzunehmen wie ihre Vorfahren in der Schlachtordnung von Bannockburn, im Kampf gegen England.

O glorreiche Tage im August 1822! Edinburgh hatte sein Festival. Endlich trug man wieder offen Kilt und Dudelsack, vergessen war Culloden, es lebe der König! ›Prinny‹, wie er als Kronprinz genannt wurde, hatte ja schon mit seinem orientalischen Lustschloß in Brighton viel Sinn für Verkleidungen bewiesen. So wußte der »Erste Gentleman Europas« auch jetzt, was er seinen Schotten schuldig war , und zog sich um. Dann trat er auf, im vollen Royal Stewart Tartan der Highlands: »a verra pretty man«, lobte sein Kostümberater, General David Stewart of Garth, und sein Hofmaler Sir David Wilkie hielt die pittoreske Rolle fest für die Porträtgalerie in Holyrood Palace. Wiewohl inzwischen sechzig, genoß der ›Prince of Pleasure‹ seine Umzüge in Edinburgh wie ein königliches Schauspiel, und wie im

---

1 Sir David Wilkie, Pfarrerssohn aus Fife, hatte in London mit Genreszenen und Historienbildern Erfolg und wurde Hofmaler George IV. und Queen Victorias.

›Hamlet‹ gab es auch hier ein Spiel im Spiel: William Murrays Truppe führte ›Rob Roy‹ vor George IV. auf, ein Drama über den Volkshelden der Rebellion von 1715. Die alte Feindschaft, auch sie nur noch ein Schaukampf. George lachte wie in den lockeren Tagen von Brighton.

Nach seinen Antrittsbesuchen als neuer König in Dublin und Hannover war Edinburgh sein größter Triumph. Am 24. August, beim Bankett des Magistrats im Parliament House, gewann George IV. auch die letzten Schottenherzen mit dem Toast: »Health to the Chieftains and Clans, and God Almighty bless the Land of Cakes!« Der König, meinten die Beobachter, habe offenbar den Eindruck gewonnen, Schottland werde immer noch von den Clans und Baronen regiert. Fünf Tage später trat George IV. von Hopetoun House die Rückreise an. Scott, die ganze Zeit über »im höchsten Erregungszustand eines Barden«, wie sein Schwiegersohn Lockhart berichtet, Sir Walter zog sich erschöpft und mit Fieber nach Abbotsford zurück. Bleibender Ertrag des Staatsbesuchs: die Kanone Mons Meg, die George IV. auf Scotts Bitte 1828 »seinen lieben Edinburghern« zurückgab.

Calton Hill: Ein Parthenon für das ›Athen des Nordens‹

Robert Adam baute ihnen Häuser, Walter Scott schrieb für sie, Henry Raeburn malte sie, in Adam Smith fanden sie ihren Ökonomen und in David Hume ihren Philosophen: Es war die Blütezeit der Hauptstadt, das georgianische, Goldene Zeitalter Edinburghs. ›Scottish Enlightenment‹, schottische Aufklärung, hat man diese Jahre zwischen 1780 und 1820 genannt. Von Humes Zeitgenossen Voltaire ist das wohl eher ironische Kompliment überliefert, gegenwärtig sei es Schottland, »woher wir Regeln des Geschmacks in allen Künsten bekommen«. Das galt auch für die Wissenschaften. Edinburghs medizinische Fakultät hatte damals europäischen Ruf. Schottische Ärzte wurden Leibärzte bei russischen Zaren. Und 1779 holte Katharina die Große einen schottischen Architekten an ihren Hof, Charles Cameron, der ihren Sommerpalast Zarskoje Selo bei Petersburg zu einem russischen Versailles ausbaute.[1]

Diese kulturelle Blütezeit, bevor die Industrielle Revolution Schottland erreichte, spiegelte mit ihrer Eleganz und Disziplin die hierarchische Struktur einer Gesellschaft, die von der Aristokratie bestimmt war. Aus ihren Reihen kamen die Auftraggeber und Mäzene, viele der kreativsten Köpfe aus der Middle class und aus dem Volk. Exemplarisch, wie Robert Burns im November 1786 auf einem geliehenen Pony von Kilmarnock nach Edinburgh ritt und sein Gönner, der Earl of Glencairn, ihn als »ploughman poet« in die Salons der Hauptstadt einführte. Exemplarisch auch der Erfolg des ›Ettrick Shepherd‹, des dichtenden Schäfers James Hogg, der 1803 als Gast Walter Scotts nach Edinburgh kam.

1 Ein anderer Schotte, der in Rußland Karriere machte: William Carrick aus Edinburgh, der im 19. Jahrhundert in Petersburg ein Fotoatelier eröffnete. Die Sowjetische Enzyklopädie rühmt ihn als einen der Begründer der russischen Fotografie.

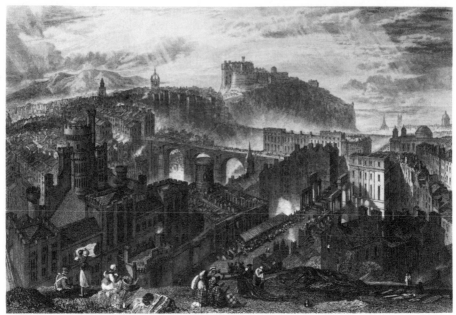

William Turner: ›Blick auf Edinburgh von Calton Hill‹
aus: ›Provincial Antiquities and Picturesque Scenery of Scotland‹ von Sir Walter Scott, London 1826

Seine ›Privaten Erinnerungen und Bekenntnisse eines gerechten Sünders‹ (1824) erzählen die Lebensgeschichte zweier Brüder in Edinburgh, ein Protest gegen kalvinistische Engherzigkeit. Scott und Hogg gehörten zu den Mitarbeitern von ›Blackwood's Magazine‹ (1817 ff.), des literarischen Gegenstücks der Tories zur kritischeren ›Edinburgh Review‹ (1802 ff.), dem Sprachrohr der Whigs, glänzend redigiert von Lord Jeffrey, dem Richter.

In der New Town wohnte eine nun auch englische, nicht mehr nur schottische Oberschicht. Scott und die meisten seiner Kollegen schrieben englisch und dachten kosmopolitisch. Aus diesem Geist und dabei doch ganz schottisch in Mentalität und Dialekt sprach auch Robert Burns, der Dichter der Armen wie der Aristokraten. Ein neuer, großer Geist umfaßte alle, wenn es auch den einen mehr half als den andern. Die Kunst jener Jahre war die brillante ästhetische Verdrängung einer politischen Resignation. Eine kulturelle Ersatzblüte, die Edinburgh wieder zum Mittelpunkt der Nation machte, zur Hauptstadt ohne Hof und Parlament. Da konnte George IV. getrost aus London kommen, kein Schotte mußte sich fühlen wie die Feldmaus beim Besuch der Stadtmaus. Mit dem König im Kilt feierte Edinburgh sich selber. Sein Besuch krönte eine schottische Bewegung.

So war es auch kein Zufall, daß 1822 in Anwesenheit des Königs der Grundstein zu einem Denkmal gelegt wurde, das Schottlands Walhalla hätte werden sollen und Edinburghs Folly wurde: das National Monument von *Calton Hill*. Was heute fremd wie eine antike Ruine auf der Höhe des Hügels steht, war als monumentaler Tempel für die in den Napoleonischen

Kriegen gefallenen Schotten geplant. Indes war der nationale Enthusiasmus größer als die nationale Spendefreudigkeit, den Bauherren ging das Geld aus. Übrig blieben die zwölf Säulen der Armut und des Stolzes – »Scotland's pride and poverty«, wie der enttäuschte Architekt William Henry Playfair resümierte. Als Fassade eines dorischen Tempels krönt Edinburghs Unvollendeter nun, neben dem Nelson-Turm (1807), den Blick von Princes Street auf Calton Hill (Abb. 31). Könnte es für den Abschluß eines Straßenprospekts eine grandiosere Kulisse geben als diese? So gesehen, ist das Fragment vollendeter Ausdruck einer höheren, schottischen Ökonomie. Den Augen der Zeitgenossen signalisierte es freilich etwas anderes und nicht nur Waterloo: ein Parthenon für das Athen des Nordens.

Edinburghs klassisches Etikett, von den Reiseprospekten benutzt, als ginge es in den sonnigen Süden, den Rühmnamen ›The Athens of the North‹ prägte um 1820 der Landschaftsmaler Hugh William Williams, genannt ›Griechen-Williams‹. Seine Aquarelle griechischer Altertümer waren es vor allem, die bei den Schotten Begeisterung für die Architektur der Antike weckten.[1] So gingen die Edinburgher daran, ihren kahlen Berg zur Akropolis auszubauen – sehr zum späteren Verdruß ihres Mitbürgers R. L. Stevenson, der »jene falsche Aura eines modernen Athen« kritisierte. W. H. Playfair, der nie in Griechenland war, aber in London bei Robert Smirke, dem einflußreichsten Architekten des Greek Revival, Playfair hellenisierte Calton Hill mit seinem Parthenon-Fragment, einem neuen Observatorium (1818) und einem Denkmal für den Philosophen Dugald Stewart im Stil des Athener Lysikrates-Tempels (1831). Diesen Rundbau hatte kurz zuvor bereits Playfairs Rivale Thomas Hamilton für sein Burns-Monument an der Regent Road kopiert (1830). Gegenüber, am Fuß von Calton Hill, steht Hamiltons *Royal High School* (1825–29), heute Städtisches Kunstmuseum: ein vollendetes Beispiel des Greek Revival, in Stil und Proportion dem Theseus-Tempel in Athen nachgebildet. Hier gingen unter anderem Queen

---

1 Vorangegangen war die frühe, noch wenig beachtete topografische Bestandsaufnahme der Schotten James ›Athenian‹ Stuart und Nicholas Revett, ›The Antiquities of Athens‹ (1762–1816).

Karikaturen von Edinburghern als ›Modern Athenians‹, 1847

Victorias Söhne zur Schule, und wäre das Referendum von 1979 nicht gescheitert, säßen hier heute die Abgeordneten eines schottischen Regional-Parlaments.

Playfair aber wurde Schottlands Schinkel. Er baute an der Ecke von Princes Street und Mound die heutige *Royal Scottish Academy* (1823–36) als dorischen Tempel und daneben, mit ionischen Vorhallen und Pilastern, die *Scottish National Gallery* (1850–59; Farbt. 26). Princes Street selbst, benannt nach George IV. und seinem Bruder, hat nur noch am Ostende einen klassizistischen Akzent, den monumentalen Zwillingsportikus von Waterloo Place, entworfen 1815, im Jahr von Wellingtons Sieg. Gleich nebenan fand moderne Stadtplanung ihr Waterloo: das *St. James Centre (1971–75)*, ein nichtsnutziger Vielzweckbau aus Büros, Geschäften und einem Hotel. »A townscape disaster«, schrieben die Kritiker, »ein Spitzenkandidat für Europas häßlichsten Platz«. Dieser graue, amorphe Klotz blockiert den Blick und sprengt die Maße der Umgebung. Es hat in Edinburgh keinen ähnlich großen Baukomplex gegeben seit Entstehung der New Town – und dann dies, ausgerechnet neben der New Town.

Princes Street: Ein Folly für Sir Walter

Auch in der *Princes Street* gibt es inzwischen einige Fassaden, die wie falsche Zähne die historischen Lücken schließen (Abb. 31). Aber es ist weniger die Architektur als die Lage, der Princes Street ihren Ruhm verdankt. Als städtebauliche Achse hat sie ihre Parallelen in der Münchner Ludwigsstraße, in Berlins Unter den Linden, vor allem aber in der Pariser Champs Elysées. Edinburghs Hauptstraße ist eine der großen Promenaden und Panoramen Europas. In dieser einen, schnurgeraden Meile ist alles gegenwärtig: die Silhouette der Burg und der Altstadt, die Fassaden der Neustadt, dazwischen der Park und im Hintergrund die Monumente von Calton Hill. Princes Street, darin besteht ihre Eigenart, ist nur auf einer Seite bebaut – nur eine halbe Straße, wie die Glasgower spotten.

»Thou art a very Persian tale –/ Oh, Mirza's vision, Bagdad's vale«, reimte Walter Scott, fasziniert von Princes Street in der Dämmerung wie von einem Märchen. Als er starb, 1832, wurde er selber Bestandteil seiner Straße und deren letzte, große Pointe. Sir Walter sitzt auf einem Stein, sein Hund Maida schaut zu ihm hoch, wir schauen zu ihm hoch: ein Denkmal. Aber in diesem Fall zählt weniger die Marmorstatue[1] als ihr Rahmen, und der ist wie das Romanwerk seines Autors: erdrückend und erhebend, monumental und minuziös verschnörkelt. In den Nischen des neugotischen Baldachins nahen sich ihm wieder, schwankende Gestalten, vierundsechzig Figuren seiner Romane. Zitate sind auch die architektonischen Motive, die Bögen, Fialen und Kreuzblumen, entlehnt der gotischen Melrose Abbey, deren Ruine Scott zu stimmungsvollen Szenen inspirierte. Im Denkmal inbegriffen ist eine schöne Aussicht (von der sechzig Meter hohen Turmspitze) und ein kleines Scott-Museum (im Sockel) – die Viktorianer schätzen ja am Pompösen nicht zuletzt das Praktische, und

---

1 Von dem Edinburgher Bildhauer Sir John Steell; von ihm stammt auch die Reiterstatue Wellingtons vor dem Register House (»The Iron Duke, cast in bronze, by Steell!«).

Stanley Cursiter: ›Rain on Princes Street‹, 1913

umgekehrt. Vierundfünfzig Entwürfe wurden für das *Scott Monument* eingereicht. Playfair schlug einen gigantischen, schlichten Obelisk vor, aber Purismus schien bei Scott nicht angemessen. So gewann ein Unbekannter den Wettbewerb, George Meikle Kemp, baute vier Jahre an seinem Phantasiestück in gotischer Manier und ertrank, kurz bevor es enthüllt wurde, 1844. Dies enorme Folly für einen Dichter hat schon die Zeitgenossen beeindruckt. Ein Mann aus Aberdeen fühlte sich an Stechginster erinnert, und Charles Dickens verglich es mit einer »gotischen Turmspitze, die von der Kirche abgelöst und in den Boden gesteckt wurde«. Anschaulich wie dieser Vergleich zeigt das Scott Monument die Säkularisierung einer Bauform und die Sakralisierung eines Dichters. Ecce poeta!

In der Princes Street ein Kirchturm ohne Kirche, auf Calton Hill zwölf Säulen ohne Tempel; hier Greek Revival, dort Gothic Revival[1]. Unten der Turm eines viktorianischen

---

1 Ein anderes exzellentes Beispiel der Neugotik in Princes Street: *St. John's Church* mit seinem (in Gips unterlegten) Fächergewölbe, entworfen von William Burn (1816–18). Burn war Lehrer des in Edinburgh geborenen, in London höchst erfolgreichen viktorianischen Landhaus-Architekten Richard Norman Shaw.

Hotelpalastes, der an Big Ben erinnert; oben der Nelson-Turm, der aussieht, als ließe er sich zusammenschieben wie das Teleskop des Siegers von Trafalgar. Auch das ist Princes Street: eine Straße der korrespondierenden Follies. Weil hier das Erhabene und das Komische so locker nebeneinander gebaut sind, ohne daß eins das andere verdrängt, darum nicht zuletzt ist Princes Street eine große Straße.

Hill und Adamson: Warum malen, was man fotografieren kann?

Als es noch keine Paßbildautomaten gab, ging man zum Fotografen ins Atelier. Wohin ging man, Mitte des 19. Jahrhunderts, in Edinburgh? Wer Rang und Namen hatte und das Bedürfnis, sich nach dem neuesten Stand der Technik porträtieren zu lassen, für den gab es nur eine Adresse: *Rock House*, Calton Hill. Das Haus steht noch am Fuß des Hügels, gleich neben dem Aufgang von Waterloo Place, einstöckig, fast ganz hinter Bäumen und Büschen versteckt. Es heißt noch heute Rock House: das Atelier von Hill und Adamson.[1] Hier entstanden Fotografien, von denen ein zeitgenössischer Maler schwärmte, er würde »lieber von ihnen eine Reihe besitzen als die besten Rembrandts, die ich jemals sah«.

David Octavius Hill, Sohn eines Buchhändlers aus Perth (Abb. 19), war Landschaftsmaler und fast vierzig Jahre lang Sekretär der Royal Scottish Academy. Bekannt wurde Hill vor allem durch ein Buch mit Stahlstichen nach seinen Gemälden, ›The Land of Burns‹ (1840): romantische Landschaften und Szenen aus Leben und Werk des Dichters. Ohne Adamson (Abb. 18) wäre Hill als Maler heute vergessen, und Adamson ohne Hill ein technisch versierter Fotograf geblieben, mehr nicht. Ihre Zusammenarbeit hatte praktische Gründe und einen kirchenpolitischen Anlaß: die ›Disruption‹, die Spaltung der presbyterianischen Kirche. Zehn Jahre hatten die schottischen Geistlichen um das von John Knox erwirkte und von Queen Anne wieder aufgehobene Recht gekämpft, Pfarrer selbst einsetzen und ablehnen zu können, unabhängig von der Krone und den Großgrundbesitzern. Darüber kam es bei der Generalversammlung am 18. Mai 1843 in Edinburgh zum Eklat. Mehrere hundert Geistliche zogen unter Protest aus der St. Andrew's Church in George Street aus, und noch am selben Tag konstituierte sich die erste Synode der Schottischen Freikirche in der Tanfield Hall in Canonmills. Es war ein Ereignis, das Kirchengeschichte machte und wenig später Kunstgeschichte.

Als die protestierenden Geistlichen unter Führung des Reverend Thomas Chalmers am 23. Mai 1843 in der Tanfield Hall ihre Demissionsurkunde unterzeichneten, war auch David Octavius Hill dabei. So stark beeindruckte ihn dieser Akt der Selbstbestimmung, daß er beschloß, das Ereignis festzuhalten, mitsamt allen Beteiligten. Das waren fast fünfhundert. Hill, dem Spezialisten für ländliche Genreszenen, half da nur der Glaube, auch ein Historienmaler zu sein, und die Fotografie. Kurz zuvor, 1835, hatte Talbot in England die

---

1 Rock House war bis 1945 Fotoatelier, u. a. im Besitz der Brüder Annan aus Glasgow. J. Craig Annans Pigmentdrucke von Hill-Adamson-Fotos leiteten deren Wiederentdeckung durch die Kunstfotografen der Jahrhundertwende ein.

ersten brauchbaren Papiernegative entwickelt. Hill fand in dem fast zwanzig Jahre jüngeren Fotografen Robert Adamson einen idealen Kompagnon. Am 5. September 1843 eröffneten sie ihr Atelier Rock House. Dorthin kamen viele der Synodalen und ließen sich von Adamson fotografieren. Diese Porträtstudien benutzte Hill so sklavisch genau als Vorlagen, daß das Gemälde fast wie eine Fotomontage wirkt. Keine Spur mehr von der Dramatik der ›Disruption‹. Brav aufgereiht wie in der Sonntagsschule sitzen da die Synodalen, und mitten unter ihnen ihre Porträtisten: Adamson mit der Kastenkamera, Hill mit dem Skizzenblock. Er malte sie alle, 474 Köpfe, eine schottische Fleißarbeit. Als sie nach dreiundzwanzig Jahren vollendet war, 1866, kaufte die Free Church of Scotland ihr monumentales Gründerbild für 1500 Pfund und hängte es in ihre Presbyterhalle in Edinburgh. Da derlei nicht gestohlen wird, hängt es dort noch heute.

Als größtes Gruppenporträt der Kunstgeschichte ist Hills Gemälde nur noch ein Kuriosum für das ›Guinness Book of Records‹. Die Kalotypien aber, die Adamson anfertigte, gehören zu den Inkunabeln der Fotografie. Hill und Adamson porträtierten Kinder, Prominente[1] und die Fischer von *Newhaven*, damals noch ein Dorf vor den Toren Edinburghs. So entstanden Aufnahmen von einer Synthese des Ausdrucks und der Atmosphäre, wie sie später kaum je wieder erreicht wurden. In diesen Fotografien hat »die Wirklichkeit den Bildcharakter gleichsam durchgesengt«. Als Walter Benjamin dies schrieb, 1931, hatte er Hill-Adamsons Fotos vor Augen: »In jenem Fischweib aus Newhaven, das mit so lässiger, verführerischer Scham zu Boden blickt, bleibt etwas, was im Zeugnis für die Kunst des Fotografen Hill nicht aufgeht, etwas, was nicht zum Schweigen zu bringen ist, ungebärdig nach dem Namen derer verlangend, die da gelebt hat, die auch hier noch wirklich ist und niemals gänzlich in die Kunst wird eingehen wollen.« Es sind so dokumentarische wie malerische Fotos, unscharf an den Rändern, bedingt durch lange Belichtung und unvollkommene Optik. Die geringe Tonwertskala von Adamsons Chlorsilberabzügen brachten Hill den erstrebten ›Rembrandt-Effekt‹. Für uns haben sie den ganzen Zauber der fotografischen Frühzeit.[2]

Hill und Adamson arbeiteten zusammen wie Regisseur und Kameramann, ein einzigartiges Team in der Geschichte der Fotografie. Nur knapp fünf Jahre dauerte diese Zusammenarbeit. 1848, erst siebenundzwanzig Jahre alt, starb Robert Adamson in St. Andrews. Hill malte nun wieder verstärkt romantische Landschaften, fotografierte kaum noch, und als er 1870 starb, war in den Nachrufen nur von seiner Malerei die Rede. Der Wert seines gesamten fotografischen Nachlasses wurde auf 70 Pfund beziffert. Hundert Jahre später, 1972, verkaufte das Auktionshaus Sotheby drei Hill-Adamson-Alben für 230000 Mark an die National Portrait Gallery in London.

---

1 U.a. auch den englischen Verleger John Murray, der mit seinen ersten modernen Reiseführern zum Erfinder des Sternsystems für Sehenswürdigkeiten wurde.

2 Die *National Portrait Gallery* in Edinburgh besitzt fast 3000 Hill-Adamson-Fotos, einige Hundert verwahren die Universitätsbibliotheken von Edinburgh und Glasgow. Über eine bedeutende Kollektion verfügt auch die Fotografische Sammlung des Essener Folkwangmuseums.

Zwischen Edinburgh und Glasgow

»Mit Ausnahme Edinburghs«, schrieb Eric Linklater, »sehe ich das knochige Ende
Großbritanniens als sein letztes Bollwerk gegen Industrialisierung, Vorstadtwüsten, Über-
völkerung und die langsam wirkenden Gifte des Handelsverkehrs.« Wer Schottland nur in
dieser romantischen Tradition sieht, als Reservat zivilisationsmüder Seelen, wird den
›Industrial Belt‹ zwischen Edinburgh und Glasgow meiden. Hier hat sich seit Beginn des
19.Jahrhunderts die schottische Schwerindustrie angesiedelt, hier liegen die Bodenschätze
des Landes, Kohle und Eisenerz. Im weiteren Umkreis dieses Industriegürtels leben auf
etwa einem Zehntel der Gesamtfläche Schottlands rund drei Viertel seiner Bevölkerung.
Längst hat die Industrielandschaft am Firth of Forth ihre eigene Faszination, und sie hat ihre
historischen Oasen: das malerische Dorf *Cramond* mit seinem Römerlager am Rand von
Edinburgh, die normannische Kirche von *Dalmeny* und, in Sichtweite der Forth-Brücken
der Palast der Grafen von Hopetoun.

   Am Ende einer langen Allee taucht das Schloß wie aus einem Schnürboden auf, barocke
Kulissen im Grünen. Man hat *Hopetoun House* das schottische Versailles genannt. Pracht
und Symmetrie der Anlage rechtfertigen diesen Vergleich, zumindest von weitem. Was
William Bruce in großem Stil begann (1699–1701), erschien dem 1. Earl of Hopetoun schon
zwanzig Jahre später zu klein. Seine Familie war durch Blei- und Silberminen reich
geworden, er selbst durch seine Unterstützung der Union mit England zu Macht und
Einfluß gekommen. Für ein angemessenes ›House of State‹ hätte Graf Hopetoun keinen
besseren Architekten finden können als William Adam. Um dem Repräsentationsbedürfnis
seiner schottischen Auftraggeber Rechnung zu tragen, hatte Adam die Landsitze des
englischen Adels studiert und erweiterte nun Hopetoun House im barocken Monumental-
stil von Wren und Vanbrugh. Eine zweigeschossige Fassade, gegliedert von korinthischen
Pilastern in Kolossalordnung, darüber ein Attikageschoß mit Balustraden, bekrönt von
ornamentalen Steinvasen: Dieser Hauptblock schwingt nach beiden Seiten weit aus in
Kolonnaden, die in zwei Flügelpavillons enden. Das hat Grandezza, aber die Gelenke
knirschen. Allzu hart stoßen Kolonnaden und Hauptblock aufeinander. Wieviel schlichter,
einheitlicher wirkt das ursprüngliche Landhaus von William Bruce, das den Mittelteil der
Gartenfassade bildet. Erhalten ist auch, neben einigen Innenräumen von Bruce, sein
achteckiges, holzgetäfeltes Treppenhaus. Die Prunksäle aber sind das Werk von Robert

Dalmeny Church,
12. Jh., Südportal.
Stich von E. Blore;
aus: ›Provincial
Antiquities and
Picturesque Scenery
of Scotland‹
von Sir Walter Scott,
London 1826

Adam, der zusammen mit seinem Bruder John nach dem Tod ihres Vaters Hopetoun House vollendete (1750–56). Mit rotem und gelbem Damast bespannte Wände, vergoldete Stuckdecken im Rokokostil, dazu Möbel und Spiegel von James Cullen, dem schottischen Rivalen von Chippendale: Die Salons des 18. Jahrhunderts nutzt der Marquis von Linlithgow heute für repräsentative Anlässe wie Firmentagungen, Konzerte und Bälle. So und mit Besichtigungen erhält er Hopetoun House für die Familie, der die alte Residenz längst viel zu groß geworden ist.

Es sind nicht immer die prächtigsten Häuser, in denen man sich am wohlsten fühlt. Bescheidener, familiärer als Hopetoun ist der benachbarte Landsitz *The Binns.* Pfauen stolzieren ums Haus, einige Schafe versuchen, vom Vorgarten in den Salon zu trotten.

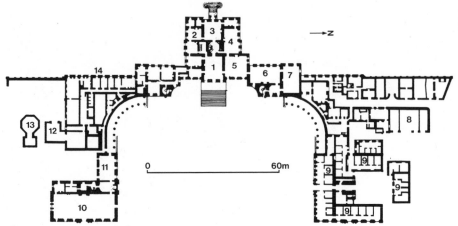

Hopetoun House, Grundriß

Räume des Bruce-Hauses von 1699: 1 Eingangshalle 2 Vestibül 3 Speisesaal 4 Bibliothek; Räume der Adam-Erweiterung von 1721: 5 Gelber Salon 6 Roter Salon 7 Speisesaal 8 Kutschen 9 Stallungen 10 Ballsaal 11 Billardsaal 12 Wäscherei 13 Molkerei 14 Personal

Hopetoun House, Aufriß der Ostfassade von William Bruce, 1700; aus: ›Vitruvius Britannicus‹

Thomas Dalyell, ein Edinburgher Kaufmann, baute sich 1621–30 auf einem Hügel über dem Firth auf Forth dieses Landhaus im Burgenstil. Seit 1944 ist es, als erstes Herrenhaus, im Besitz des National Trust for Scotland. »Ohne diese Stiftung an den Trust hätten wir unseren Familiensitz verkaufen müssen«, sagt Kathleen Dalyell, Hausherrin in einem Haus, das nicht mehr gehört. Die Güterteilung zwischen der Familie und dem National Trust ist exemplarisch. Die Dalyells dürfen weiter an ihrem angestammten Platz wohnen; sie haben Anspruch auf mögliche vergrabene Schätze im Haus; und sie haben das Recht, ihre Familienflagge zu hissen – im Land der tausend Clans keine Kleinigkeit. Auch gehört das Inventar noch zu zwei Dritteln der Familie. Das ist so paradox wie praktikabel: Sie sitzen auf Regency-Stühlen, die Eigentum des National Trust sind, und trinken Tee an einem Mahagonitisch, der noch ihnen gehört, samt Porzellan. Für 40 Pence Eintritt können Besucher das noble Gefühl genießen, zu Gast bei den Dalyells zu sein und, ganz nebenbei, einen historischen Landsitz besichtigen. General Tam Dalyell war einer der ersten ›hungrigen Schotten‹, der nach der Union von 1603 sein Glück in London machte. Der jetzige Tam Dalyell, nurmehr Verwalter seines Hauses, ist einer der vielen Pendler, die in London arbeiten und in Schottland wohnen. Sein Beruf: Labour-Abgeordneter für West Lothian. ›Devolution: The End of Britain‹ heißt sein Buch gegen die radikale Los-von-London-Bewegung der Scottish National Party, die nach ersten Erfolgen auf der Woge des Nordsee-Öls inzwischen wieder stagniert. Mr. Dalyell kämpft für britische, nicht englische Interessen. Das, meint er, sei beste schottische Politik. Und europäische dazu: Tam Dalyell vertritt Schottland auch im Europa-Parlament in Brüssel.

»Zu Roß, wir reiten nach Linlithgow!«

Der Name klingt uns noch im Ohr, schottisches Pferdegetrappel im Deutschunterricht, »Ich hab' es getragen sieben Jahr«, ein Ort am Ende der Ballade, wo es sich offenbar gut leben ließ:

> Zu Roß, wir reiten nach Linlithgow,
> Und du reitest an meiner Seit!
> Da wollen wir fischen und jagen froh
> Als wie in alter Zeit.

Es war, wie meist bei Fontane, kein poetisches Niemandsland, wohin König Jakob den Grafen Archibald Douglas einlud. Es war das Lieblingsschloß von James IV. zwischen Edinburgh und Stirling. Fontane hat es auf seiner Schottlandreise 1858 besichtigt und war, in natura und in Prosa, eher enttäuscht beim ersten Anblick: »Es liegt kein wesentlicher Grund vor, warum man Anstand nehmen sollte, das Ganze für eine verräucherte chemische Fabrik oder für ein grau gewordenes Landarmenhaus zu halten.« Indes spricht auch nichts dagegen, das Ganze für das zu halten, was es war: nach außen eine Festung, im Innern ein Palast mit dem spartanischen Komfort der schottischen Renaissance. Linlithgow Palace liegt auf einer Halbinsel zwischen Kleinstadt und See, noch als Ruine eine königliche Ansicht (Abb. 79). Vier Ecktürme, vier Flügel um einen quadratischen Innenhof, mit diesem klassischen Grundriß wirkt das Schloß einheitlicher, als seine lange Baugeschichte vermuten läßt. Begonnen hat es 1425 König James I., kurz nach seiner Rückkehr aus neunzehnjähriger

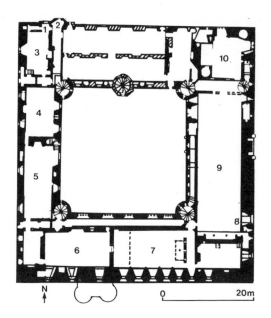

*Linlithgow Palace, Grundriß der 1. Etage
1 Betraum des Königs 2 Betraum der
Königin 3 Schlafzimmer des Königs
4 Audienzsaal 5 Saal des Königs
6 Saal 7 Kapelle 8 Großes Fenster
9 Großer Saal   10 Küche*

*William Turner: ›Linlithgow Palace‹ aus:
›Provincial Antiquities and Pittoresque
Scenery of Scotland‹ von Sir Walter Scott,
London 1826*

Gefangenschaft in England, vollendet 1620 James VI., der erste König von Schottland und England. Wie ein geplünderter Hochzeitskuchen steht der große Brunnen im Innenhof von Linlithgow. The King's Fountain mit seinen Renaissancefiguren und spätgotischen Ornamenten war der früheste und schönste Brunnen dieser Art in Schottland. James V. hat ihn um 1538 errichten lassen, und als Prinz Charles Edward Stuart 1745 auf dem Marsch nach Edinburgh hier Halt machte, sprudelte zu seiner Bewirtung Wein aus dem Brunnen. Die Pracht der Nordfassade (1618–20) des Innenhofs läßt sich nur noch ahnen. Die Ornamente der Fenstergiebel waren bunt bemalt und vergoldet, Symbole der Union of the Crowns. Im Südflügel lag die Schloßkapelle mit ihren fünf hohen Lanzettfenstern (um 1490), im Ostflügel die Great Hall mit offenem Dachstuhl und sieben Meter breitem Kamin. Erloschen die Feuer, die Mauern kahl, das Schloß der Stuarts leer wie ein aufgebrochener Sarkophag. Nichts macht den Gang der Geschichte trostloser deutlich als diese schönen Ruinen. Die königlichen Gemächer lagen im Westflügel. Die Wände waren mit Stuck und Fresken verziert, manche eichegetäfelt oder mit Gobelins behangen. 1504 brachte James IV. seine dreizehnjährige Braut Margaret Tudor nach Linlithgow. Der Nordwestturm trägt ihren Namen. Hier saß sie, heißt es in Scotts ›Marmion‹, und wartete vergebens auf die Rückkehr des Königs aus der Schlacht von Flodden Field: »His own Queen Margaret, who, in Lithgow's Tower, / All lonely sat, and wept the weary hour«.

In Linlithgow Palace kommt 1542 ein Mädchen zur Welt, das noch 1977 als Titelheldin von Thea Musgraves neuester Oper das Edinburgher Publikum begeistert: ›Mary Queen of Scots‹. Kaum ist Maria Stuart geboren, stirbt ihr Vater, James V. Schon wird das Königskind Spielball der Politik. Heinrich VIII. wirbt für seinen fünfjährigen Sohn Edward um die schottische Thronerbin. Aber ihre französische Mutter, Maria Guise, sympathisiert mit dem Dauphin. Als Heinrich VIII. seine Heiratsdiplomatie gescheitert sieht, schickt er seine Truppen: » Es ist der Wille Seiner Majestät, daß alles mit Feuer und Schwert ausgetilgt werde. Brennt Edinburgh nieder und macht es der Erde gleich, sobald ihr alles, was ihr könnt, daraus geholt und geplündert habt ... Plündert Holyrood und so viele Städte und Dörfer um Edinburgh, als ihr vermögt, plündert und verbrennt und unterwerft Leith und alle anderen Städte, rottet Männer, Frauen und Kinder ohne Schonung aus, wo immer Widerstand geleistet wird.« Diesen Befehl Heinrichs VIII. von 1544 muß man wörtlich zitieren, um den langen Haß der Schotten auf ihre englischen Nachbarn zu verstehen. Maria Stuart wurde unterdes von Linlithgow nach Stirling Castle in Sicherheit gebracht, von dort ins Kloster Inchmahome auf eine Insel im Lake of Menteith (Abb. 10), und schließlich, noch keine sechs Jahre alt, 1548 nach Frankreich. So begann Maria Stuarts Weg, ein Leben auf Reisen und auf der Flucht. »En ma fin est mon commencement«, stickte sie auf einer ihrer Brokatarbeiten in englischer Gefangenschaft. »In meinem Ende ist mein Beginn«: In Linlithgow Palace liegt Maria Stuarts Totenmaske, authentisch zumindest als Abbild einer großen Legende. Im 17. Jahrhundert verfiel das Königsschloß, 1746 brannte es aus.

Nicht weit von Linlithgow spielen die Arbeiter der Erdölraffinerie von *Grangemouth* Golf vor einer gigantischen Industriekulisse (Farbt. 8). Es lohnt sich, hier von der M 9 auf die A 905 abzubiegen. Denn in Dunmore Park steht das bizarrste Folly der Britischen Inseln, eine haushohe Ananas aus Stein. *The Pineapple* (Abb. 9) ist ein zweistöckiger Gartenpavillon, den sich der junge Earl of Dunmore 1761 bauen ließ (in reiferen Jahren wurde er Gouverneur von New York und Virginia). Es war eine Jahrhundertidee, eine exzentrische Hommage auf die Ananas, die 1661 erstmals von den Antillen nach Großbritannien eingeführt wurde. Hier züchtete man die tropische Frucht in beheizten Gewächshäusern. Auch links und rechts der steinernen Ananas von Dunmore erstreckten sich Treibhäuser, deren Wände beheizt wurden. Die ornamentalen Steinvasen auf der Mauer sind verkleidete Kamine. Über dem umwallten Garten thront die Riesenananas, die auf achteckigem Grundriß mit einem klassischen Portikus beginnt und in einer exotischen Kuppel-Vegetation endet, ein Meisterwerk illusionistischer Steinmetzkunst. Man kann in dieser Ananas auch wohnen: Der Landmark Trust, der sie restauriert hat, vermietet sie als Ferienhäuschen. The Pineapple erinnert an jene Monumente des Alltags, die der amerikanische Pop-Künstler Claes Oldenburg entworfen hat, Denkmäler in Form einer Wäscheklammer oder eines Bügeleisens. Wo ist der Mäzen, der sie baut? Für spätere Generationen wären sie vermutlich ähnlich exotisch wie für uns heute das Ananas-Haus des Grafen Dunmore.

Bannockburn: Die Schlacht um Schottlands Unabhängigkeit

Zwei Meilen südlich von Stirling liegt ein Feld- und Wiesengelände von nationaler Bedeutung, das Schlachtfeld von *Bannockburn.* Hier begann, was in Flodden Field endete: die Unabhängigkeit Schottlands von England. »Here no Scot can pass uninterested«, schrieb Robert Burns nach seinem Besuch 1787. »Ich stelle mir vor, wie meine tapferen, heldenhaften Landsleute den Hügel hinunterstürmen auf die Plünderer ihres Landes.« Heute kommen sie vom Parkplatz an der M 80 den Hügel hinauf, zum Erinnerungsfoto am Siegerdenkmal. Auf einem Pferd mit prächtiger Schabracke sitzt König Robert the Bruce in Kettenhemd und Ritterrüstung, die Streitaxt in der Faust, den Blick nach Süden, gegen England, in Erwartung Edwards II. und seiner Armee (Abb. 5). Als Queen Elizabeth das Reiterstandbild des schottischen Nationalhelden am 24. Juni 1964 enthüllte, war die englische Niederlage auf den Tag genau 650 Jahre her, die neue Unabhängigkeitsbewegung der Scottish National Party noch nicht im Gange, der Tag von Bannockburn ein ungetrübter historischer Gedenktag. Ende der siebziger Jahre aber, während der Kampagne für die ›Devolution‹, bekam Bannockburn wieder einen aktuellen, politischen Klang. Auf Wahlveranstaltungen der ›Nats‹, der Nationalisten, sang man den Bannockburn-Song der Folk-Gruppe ›The Corries‹: »O flower of Scotland / When will we see your like again ...« O Helden von Bannockburn, wie würdet ihr erst staunen über den Sound, den der National Trust im Besucherzentrum entfesselt hat: Pferdegetrappel und Kriegsgeschrei, die Schlacht von 1314 als audiovisuelles Ereignis.

The Battle of Scotland begann schon 1286. In den Thronwirren nach dem Tod Alexanders III. hatte Englands König Edward I. brutal zugegriffen. Der ›Hammer der Schotten‹ besetzte das Land, Schottland wurde eine englische Provinz. Von allen Widerstandskämpfern war Sir William Wallace der berühmteste, aber auch er blieb ohne Erfolg. Ein Jahr nach seiner Hinrichtung und Vierteilung in London, 1305, kam die Wende. Robert Bruce riß die Krone an sich und begann den langen Feldzug zur Befreiung seines Landes. Eine englische Garnison nach der anderen fiel, und als die Schotten auch Stirling Castle belagerten, einen der letzten Stützpunkte der Engländer, marschierte Edward II. mit einem Entsatzheer nach Norden. Staunend beschrieben die Chronisten den glänzenden Zug, gepanzerte Ritter auf prächtigen Schlachtrössern, die besten Bogenschützen aus Wales und Irland, Fußsoldaten aus dem ganzen Land, eine überlegene Streitmacht von rund 20 000 Mann. Robert Bruce hatte nur knapp 6000 Leute. Der Rest war Patriotismus und Taktik. Nichts charakterisiert den Geist dieser Truppe besser als die Declaration of Arbroath, die Schottische Unabhängigkeitserklärung von 1320: »For as long as one hundred of us shall remain alive we shall never in any wise consent to submit to the rule of the English, for it is not for glory we fight, for riches, or for honours, but for freedom alone, which no good man loses but with his life«.

Der Bannockburn ist ein Nebenfluß des River Forth. Ohne ihn wäre am 24. Juni 1314 vermutlich alles ganz anders gelaufen. Robert the Bruce nutzte den Platzvorteil. Er hatte das sumpfige, unebene Gelände mit Fallgruben und Fußangeln ›vermint‹ und erwartete die englische Armee hinter dem Fluß, auf einer damals noch bewaldeten Anhöhe, wo heute die Rotunde steht. Bisher hatte King Robert einen Guerillakrieg geführt, jetzt war die offene Feldschlacht nicht mehr zu vermeiden.

> *Now's the day and now's the hour;*
> *See the front o'battle lower;*
> *See approach proud Edward's power –*
> *Chains and slavery!*

So appelliert, in dem berühmten ›Bannockburn‹-Gedicht von Burns, König Robert an seine Männer am Morgen der Schlacht: »Let us do, or die!« Es war ein trockener, heißer Junitag, St. John's Day. Im Angesicht des Feindes knieten die Schotten noch einmal nieder zum Gebet; King Edward, ahnungslos, im Vollgefühl der Überlegenheit, hielt es für eine Geste der Unterwerfung. Aber da hatte Bruce ihn schon ins Aus manövriert. Im Marschland des Bannockburn, zwischen Tümpeln und Gräben konnte sich die englische Armee nicht entfalten, am wenigsten ihre gefürchtete Kavallerie. »On them! On them! They fail!« Edward II. entkam, seine Armee ging in der »deep, wet, evil marsh« elend zugrunde. Erst 1328, im Vertrag von Northampton, gab England Robert Bruce seine förmliche Anerkennung als König eines unabhängigen Schottland. John Barbours Verschronik ›The Bruce‹ (14. Jh.) wurde zum schottischen Nationalepos, ein Teil des Schlachtfeldes im 20. Jahrhundert zur verheerenden Reihenhaussiedlung der Ortschaft Bannockburn.[1]

---

1 Das Zeremonienschwert von König Robert Bruce bewahrt sein Nachfahre in *Broomhall* am Firth of Forth: Andrew Douglas Alexander Thomas Bruce, 11. Earl of Elgin. Aus seiner Familie stammt auch jener Lord Elgin, von dem das Britische Museum 1816 u. a. den Parthenon-Fries erwarb, die ›Elgin marbles‹.

Die toten Könige von Stirling Castle

Im Jahre 1803 steht Johanna Schopenhauer, die Mutter des Philosophen, auf dem Burgberg von *Stirling* und genießt die Aussicht: »Ein breites, fruchtbares Tal lag vor uns in aller Pracht der höchsten Kultur, der üppigsten Vegetation, mit einzelnen Wohnungen, Dörfern, stattlichen Bäumen wie besät. Der Fluß Forth windet sich hindurch in so mannigfaltigen Krümmungen und Schlangenwindungen, wie wir es noch nie sahen; bald geht er vorwärts, bald kehrt er auf lange Strecken zurück und windet sich dann wieder zögernd weiter, es ist, als sträube er sich, dies Paradies zu verlassen.« Theodor Fontane, rund fünfzig Jahre später und an derselben Stelle, staunt vor allem über die Anzahl der Schlachtfelder in der paradiesischen Ebene von Stirling. Er zählt vierzehn. Der heutige Stadtführer beschränkt sich auf acht, inklusive Bannockburn. Von dieser martialischen Vergangenheit leitet Stirling seinen Namen her, eine Verballhornung des walisischen Wortes für ›Place of Striving‹, Ort des Streites.

Stirling Castle war jahrhundertelang der Schlüssel zum Hochland. Dieser strategischen Lage verdankt die Stadt ihre historische Bedeutung als Hauptresidenz der Stuart-Könige. Darum heißt es, Schottlands Geschichte ruhe auf zwei Felsen, Edinburgh und Stirling. Wie Edinburgh Castle liegt auch die Burg von Stirling auf einem Felsen und zu ihren Füßen, den Hügelkamm entlang, die Stadt. Von der mittelalterlichen Stadtmauer, errichtet 1548 (»for

Maria Stuart, nach François Clouet, und ihr Sohn James VI./I., von John de Critz

resisting oure auld enemies of England«), ist noch ein Teil erhalten. Wenn im Land die Pest ausbrach, wurden die Stadttore geschlossen. Dennoch starben 1606 rund 600 Einwohner an der Pest – ein Viertel der Gesamtbevölkerung von Stirling. Damals lebte die Stadt vor allem vom Tuchexport, heute von der Agrarindustrie. Anders als in Linlithgow sind in Stirling noch Spuren des einstigen königlichen Residenzstädtchens sichtbar. Argyll's Lodging (1632/74) in Castle Wynd gehörte dem Dichter und Politiker Sir William Alexander, der 1629 Nova Scotia gründete, die schottische Kolonie in Nordamerika. Sein Haus, später vom Earl of Argyll bewohnt und von Königen besucht, ist heute Jugendherberge. Schräg gegenüber liegt die Ruine von Mar's Wark (1572), die festungsartige Stadtresidenz des Earl of Mar. Daneben Holy Rude, eine der wenigen noch erhaltenen mittelalterlichen Kirchen Schottlands (15. Jh.). Im gotischen Chor wurde 1543 Maria Stuart, neun Monate alt, zur Königin gesalbt, und auch ihr Sohn, James VI., wurde hier 1567 zum König gekrönt.

Grau und mächtig thront die Burg über der Stadt. Schwarzlackiert die Kanonen, die Wärter im grünen Stuart-Tartan. Stirlings Geschichte ist im wesentlichen die seiner Burg, und Stirling Castle ein Teil der Geschichte des Hauses Stuart. James I. ermordet, James II. durch eine explodierende Kanone getötet, James III. erstochen, James IV. gefallen in der Schlacht von Flodden – es war eine blutige Thronfolge, und nimmt man die Enthauptung von Maria Stuart und Charles I. hinzu, versteht man den Ausspruch Voltaires: Wenn es irgend etwas gebe, was ihn an das Schicksal glauben ließe, dann sei es die Geschichte des Hauses Stuart. Weil man Stirling Castle für sicherer hielt als Edinburgh Castle, war dies der Ort, wo die Königskinder aufwuchsen, zwischen Kanonen und Gobelins, Banketten und Belagerungen, mit dem weiten Blick über die Ebene, im Nordosten die Ochil Hills, im Westen die kahlen Gipfel der Highlands. Um den oberen Burghof gruppieren sich die architektonisch interessantesten Gebäude: die Große Halle, der Palast und die Schloßkapelle. Die Great Hall (ca. 1475–1503), von James III. für Parlamentssitzungen und Zeremonien erbaut, Ende des 18. Jahrhunderts zur Kaserne verunstaltet, wird nach der Restaurierung wieder in ihrem ursprünglichen Zustand zu sehen sein, ein nobler gotischer Saal mit Musikgalerie und Stichbalkendecke. Unmittelbar angrenzend die Schloßkapelle, die James VI. im Jahre 1594 für die Taufe seines ältesten Sohnes erneuern ließ. Den Mittelpunkt des Burgbezirks aber bildet der Palast James' V. (1538–42), um einen Innenhof gebaut, kleiner als Holyrood Palace, aber von erlesenem Dekor. An den Fassaden spielt sich ein groteskes Welttheater ab. In den Nischen zwischen den Fenstern stehen nackte und halbnackte mythologische Figuren auf Säulen, die von Teufeln und Dämonen getragen werden. Darüber, am Brüstungsgesims, stützen Wasserspeier in Tiergestalt kleinere Säulen, auf denen Männer in Waffen Wache halten. Einige der mythologischen Fassadenfiguren haben Ähnlichkeit mit Holzschnitten Hans Burgkmairs, die den Steinmetzen als Vorlage gedient haben könnten. Dieser Skulpturenschmuck macht den Palast von Stirling Castle zu einem einzigartigen Beispiel der von Frankreich beeinflußten schottischen Frührenaissance. Das plastische Pendant im Innern des Palastes waren die sogenannten Stirling Heads, reich ornamentierte Holzmedaillons mit den Porträts der Könige von Schottland. Die 28 noch erhaltenen Medaillons sollen wieder an ihren ursprünglichen Ort zurückkehren, an die

Stirling Heads, 16. Jh., Holzmedaillons der ursprünglichen Decke des Audienzsaales in Stirling Castle

Decke des Audienzsaals. Noch 1723 pries ein Besucher die Pracht der königlichen Gemächer: »There's no apartment in Windsor or Hampton Court that comes near it«.

Für die Stuart-Könige, für Viehtreiber und Händler, für alle Reisenden zwischen Highlands und Lowlands war die alte Brücke von Stirling (ca. 1400) jahrhundertelang der einzige Übergang über den Forth. Drei Kilometer außerhalb der Stadt liegt Stirling University, 1967 gegründet. Schottlands achte und jüngste Universität, von einem weitläufigen Landschaftspark umgeben, wirkt wie ein modernes Kurzentrum. Im Sommer werden die Studentenapartments am See als Ferienwohnungen vermietet. Ich fahre weiter nach Keir House, nördlich von Stirling, und denke an Chopin. Was trieb ihn nach Schottland, ein Jahr vor seinem Tod?

Chopin in Schottland: »Die Welt versinkt um mich gar seltsam«

»Meine beiden Schottinnen«, wie Chopin sie nannte, hatten ihn schon lange zu dieser Reise gedrängt: Jane Stirling, eine seiner Schülerinnen in Paris, und ihre Schwester, Mrs. Erskin. Wie robust waren diese schönen Seelen, daß sie einem Tuberkulosekranken England empfahlen, und als sei dies nicht schon genug, auch noch Schottland? Sie meinten es gut, nämlich ökonomisch: In London könne er mit Klavierunterricht mehr verdienen als in Paris. Und Geld brauchte er ja, denn die anhaltende Krankheit hatte auch seine Finanzen zerrüttet. Dazu kam die Trennung von George Sand, die Hoffnung, durch Reisen den Erinnerungen zu entfliehen. Am 16. März 1848 gab Chopin sein letztes Konzert in Paris, knapp eine Woche vor Ausbruch der Revolution. Wenig später reiste er nach London, »spielte für zwanzig Guineen abends / eine Viertelstunde / bei Rothschilds, Wellingtons, im Stafford House / und vor zahllosen Hosenbändern« (Benn).

»Hier wägen sie alles nach Pfund Sterling und mögen die Kunst bloß, weil es zum guten Ton gehört.« Chopin geht die »konventionelle Langeweile« des viktorianischen Gesellschaftslebens schon bald auf die Nerven. Seine »guten Schottinnen« verteilen überall Visitenkarten, stellen ihren großen Mann zur Schau, lassen ihn auftreten vor Queen Victoria und Prinz Albert, schleppen ihn von Dickens zu Carlyle – »und dabei lebe ich schon kaum noch«. Unvermeidlich auch das Gerücht, Chopin wolle Jane Stirling heiraten, »aber ich werde mich wohl eher mit dem Tod vermählen«. Das Londoner Gesellschaftsleben greift seine Gesundheit immer mehr an, seine »guten Schottinnen« raten zu einem ruhigen Landaufenthalt. »Sie werden mich noch aus Güte erwürgen, und ich werde es ihnen aus Höflichkeit nicht abschlagen.« Chopin spuckt Blut und reist nach Schottland.

Anfang August 1848 kommt Chopin in Edinburgh an. Ein todmüder Mann gibt ein Konzert, und das schottische Publikum, an kräftigere Töne gewöhnt, hat mit der Zartheit seines Anschlags Schwierigkeiten. An manchen Stellen spielt er so leise, daß ihn kaum einer mehr hört. Aus Edinburgh schreibt Chopin einem Freund nach Warschau: »Wohin ist meine Kunst entschwunden? Und wo habe ich mein Herz vergeudet? Kaum weiß ich noch, wie in der Heimat gesungen wird. Die Welt versinkt um mich gar seltsam«. Trauer und Resignation begleiten ihn auf dieser letzten Reise, und seine »guten Schottinnen«. Jane avisiert Chopin bei ihrem Schwager Lord Torphichen in *Calder House,* westlich von Edinburgh. »Ich spiele für den alten Lord schottische Weisen.« Waren es jene ›Ecossaises‹, die er schon 1826 in Warschau komponiert und zehn Jahre später veröffentlicht hatte: ›Schottische Tänze‹, wie man sie sich in Frankreich vorstellte? Einen dieser Tänze widmet Chopin Miss Gargunnock, seiner Gastgeberin in *Gargunnock House,* westlich von Stirling. War sie jene ›Lady X‹, von der er schreibt: »Einmal wurde nach meinem Klavierspiel und verschiedenen Gesangsvorträgen anderer schottischer Ladies eine Art Akkordeon hereingebracht, und sie begann mit großem Ernst gräßliche Melodien auf diesem Akkordeon zu spielen. Was kann man tun? Bei jedem scheint hier eine Schraube locker zu sein … Sie alle schauen auf ihre Hände und spielen die falschen Noten mit viel Gefühl. Exzentrisches Volk, Mon Dieu!«

Wie in den Salons der Pariser Aristokraten, so verkehrt Chopin nun in den Landhäusern der Lords. Hamilton Palace, Johnstone Castle bei Glasgow, ein Abstecher nach Manchester – »Ich kann nicht aufatmen und auch nicht arbeiten. Ich fühle mich einsam, einsam, einsam …« In diesem schottischen Sommer führt Jane Stirling »poor Frederic« auch ihrer Familie in *Keir House* vor. Das georgianische Landhaus, mehrfach umgebaut seither, liegt auf einer Anhöhe südlich der Kathedralenstadt Dunblane. Unvergleichlich der Blick vom Terrassengarten über die weite Ebene, auf den River Teith und die blinkenden Mäander des Forth. »Heute bin ich sehr niedergedrückt; o dieser Nebel! Obgleich ich von dem Fenster, an dem ich schreibe, die schönste Aussicht auf Stirling Castle habe (…) und Berge, Seen, einen reizenden Park, mit einem Wort die durch ihre Schönheit berühmteste Aussicht Schottlands vor mir habe, so sehe ich doch nur dann etwas, wenn der Nebel der Sonne auf kurze Zeit weichen muß. Wenn das doch öfter geschähe! Ich werde das Polnische bald vergessen, französisch wie ein Engländer und das Englische wie ein Schotte sprechen.« Chopins Gastgeber ist ein dreißigjähriger Homme des Lettres, der spätere Sir William Stirling Maxwell, dessen Kunstsammlung heute in Pollock House in Glasgow ausgestellt ist (siehe Seite 195). Im Salon von Keir geht es noch einmal elegant und geistreich zu wie in den glanzvollen Pariser Jahren. Aber zu schwer lasten die viktorianischen Stuckdecken, zu schwer die Nebel, Nohant ist nicht vergessen, am Klavier von Keir House sitzt ein todmüder Mann und spielt.

Ende Oktober kehrt Chopin in »dieses höllische London« zurück, gibt sein letztes öffentliches Konzert und schreibt: »Noch einen Tag hier, und ich bin zwar nicht gerade tot, aber verrückt. Meine Schottinnen gehen mir auf die Nerven.« Indes helfen sie ihm bis zuletzt diskret in seinen wirtschaftlichen Schwierigkeiten, ohne jede Spur des sprichwörtlichen Geizes. Kurz vor seiner Abreise Ende November 1848 schreibt Chopin seinem Freund nach Paris: »Laß am Freitag einen Veilchenstrauß kaufen, damit es im Salon duftet – ich will noch ein wenig Poesie um mich haben, wenn ich zurückkehre …« Ein Jahr später stirbt Chopin in seiner Wohnung, Place Vendôme Nr. 12.

Keir House gehört heute einer arabischen Firma. Noch hat die Familie Wohnrecht. Zum Lunch bei Mrs. Susan Stirling. »Wir haben ihn wohl getötet mit unserem Klima«, sagt ihr Sohn, der am Klavierspiel soviel Interesse hat wie Chopin am Golfspiel. Auch Mrs. Stirling spricht lieber von ihrem blühenden viktorianischen Garten als von jenem blassen Gast aus Paris. Auf dem Rasen vorm Haus kugeln sich die geometrisch beschnittenen Eibenbüsche wie Notenköpfe, das Scherzo des Gärtners von Keir.

Dichter und Räuber: Die Aura von Loch Lomond

Schottland sehen und schwärmen: Wo Chopin fast starb, lebte Queen Victoria erst richtig auf. In den *Trossachs,* wenige Meilen westlich von Stirling, notierte sie in ihr Tagebuch: »Diese Einsamkeit, Romantik und wilde Schönheit von allem hier, das Fehlen von Hotels und Bettlern, die unabhängigen einfachen Leute, die hier alle Gälisch sprechen, all das macht

›The Lady of the Lake‹, Kupferstich nach Robert Herdman, 1868

das geliebte Schottland zum stolzesten, schönsten Land der Welt.« Das schrieb die Königin im September 1869 am *Loch Venachar,* nachdem sie eben »einige ärmliche kleine Hütten mit malerisch barfüßigen Kindern« gezeichnet hatte. Inzwischen spricht in den Trossachs keiner mehr Gälisch, statt der Hütten gibt es Hotels, und die »pittoresken« Motive der Armut findet der Tourist in ferneren Entwicklungsländern.

Das Wort ›Trossachs‹ kommt aus dem Gälischen und heißt »struppiges, rauhes Land«. Ursprünglich war dies nur der Name der bewaldeten Felsschlucht zwischen Loch Achray und Loch Katrine. Heute wird das gesamte Gebiet zwischen Callander, Aberfoyle und Loch Lomond ›The Trossachs‹ genannt. Berge, Seen und Wälder: Daß der schottische Lake District zum populären Ausflugsgebiet am Rand der Highlands wurde, lag weniger in der Natur der Landschaft selbst als an ihrer literarischen Inszenierung. »So wondrous wild, the whole might seem / The scenery of a fairy dream.« Der erste Baedeker der Trossachs war eine Versromanze, das belletristische Ereignis des Jahres 1810. Man zitierte Sir Walter Scott und besuchte die Schauplätze der ›Lady of the Lake‹. Dieses ›Fräulein vom See‹ war Ellen Douglas, der See *Loch Katrine,* und noch heute heißt die Insel im See, wo sie lebte, Ellen's Isle. Hier hatte sie mit ihrem Vater William Douglas, vom König verbannt, Zuflucht gefunden bei Roderick Dhu, dem Führer des Clans MacGregor. Die Trossachs waren damals wild und unzugänglich wie die MacGregors, die ›Kinder des Nebels‹, und als der König sich auf der Jagd verirrte und am Loch Katrine die schöne Helene traf, da wär es fast um ihn geschehn. Liebe und Kampf in den Bergen, die Idylle am See, das Duell am Fluß und ein Happy-end in Stirling Castle: Mit dieser unwiderstehlichen Mischung wurde ›The Lady of the Lake‹ zum Bestseller und die Trossachs zum Touristengebiet.

Walter Scott, schrieb ein Zeitgenosse, »had hit the public between wind and water«. Die erste Auflage von 2000 Exemplaren erschien im Mai 1810 und war sofort vergriffen. Noch im selben Jahr folgten vier weitere Auflagen.[1] Der schmale Band kostete immerhin zwei Guineen – den Monatslohn eines Handwerkers. »Man brach in Scharen auf«, erinnerte sich ein Edinburgher Verleger, »um den Schauplatz Loch Katrine zu besichtigen, bis dahin vergleichsweise unbekannt; und da das Buch kurz vor der Ausflugssaison erschien, war jedes Haus und jede Wirtschaft in der Umgebung überfüllt mit einem nicht abreißenden Strom von Besuchern.« Der Postkutschenverkehr stieg sprunghaft. Auch der Herzog von Montrose erkannte die touristischen Zeichen der Zeit und ließ 1820 für die Scott-Fans eine Straße von Aberfoyle nach Loch Achray bauen, mitten durch sein wildes Wald- und Moorland – ›Duke's Pass‹, der Vorläufer der heutigen A 821. Im Herbst 1837, als das ›Fräulein vom See‹ schon in über 50000 Exemplaren verbreitet war, beobachtete Lord Cockburn, wie sich in einem Wirtshaus in der Nähe der Trossachs etwa hundert Leute (»all of the upper rank«) um die wenigen freien Zimmer stritten und in drangvoller Enge übernachteten: »Die Schweine waren genauso bequem untergebracht. Ich sah drei oder vier englische Gentlemen ihr eigenes Stroh auf der bloßen Erde ausbreiten in einem Bretterverschlag, ohne Kamin und ohne Möbel. Und derlei passiert hier täglich.«

---

1 Es gab sogar, im Tapetenmuseum in Kassel zu sehen, Tapetenbilder nach Motiven aus Scotts ›Fräulein vom See‹.

Im Sommer 1858 erschien Theodor Fontane am Schauplatz und verglich Dichtung und Wahrheit: »Die Trossachs sind unbedenklich ein glänzender Punkt, aber wenn nicht zu Nutz und Frommen einiger Hotelbesitzer, so doch mindestens aus an und für sich löblicher Begeisterung für den Dichter und Schilderer dieser Lokalität um einiges überschätzt worden. Der Irrtum, der dabei begangen worden ist und noch begangen wird, ist der, daß man die Schilderung mit dem Geschilderten verwechselt und die Unübertrefflichkeit jener auf die Sache selber übertragen hat.« Ein klassischer Übertragungsfehler, dessen Erfolg unaufhaltsam war. Als Queen Victoria 1869 am Loch Katrine stand, hatte schon der Dampfer ›Rob Roy‹ den Linienverkehr in die Einsamkeit aufgenommen, und natürlich hatte auch die Königin ›The Lady of the Lake‹ in der Handtasche und auf den Lippen: »Where shall he find, in foreign land / So lone a lake, so sweet a strand!« Heute ist Loch Katrine in der Saison überlaufen. Keiner liest mehr Scott, aber alle benutzen ihn, denn seit 1900 verkehrt der Dichter als Dampfer auf dem See: ›Sir Walter Scott‹, personifizierte Symbiose von Romantik und Realität, Literatur und Tourismus.

Zur Popularität der Trossachs trugen auch die Künstler bei, die Scotts malerischer Topografie folgten: William Turner mit Aquarellen, Horatio McCulloch mit Ölbildern. Der englische Fotopionier William Fox Talbot war der erste, der mit einer Kamera die berühmtesten Schauplätze der Scott-Dichtungen aufsuchte, noch vor den Ansichtskarten-produzenten – ›Sun Pictures in Scotland‹ (1845), der erste reine Bildband in der Geschichte der Fotografie. Im Sommer 1853 machten Millais und Ruskin in *Brig o' Turk* Ferien, und auf einer ihrer Wanderungen begann der präraffaelitische Maler sein berühmtes Porträt des Kunstschriftstellers, ›Ruskin in Glenfinglas‹. Die fast fotorealistischen Lichtreflexe auf den Felsen des Wildbachs scheinen das künstlerische Credo seines Freundes widerzuspiegeln, der den Landschaftsmalern bestimmte Stellen aus Scotts ›Lady of the Lake‹ zur Lektüre empfahl, der Genauigkeit der Naturbeobachtung wegen. Im Juni 1854, »in biting rain which appears to come down *nine* days a week«, vollendete Millais den Hintergrund seines Ruskin-Porträts, auf den nassen Felsen des *Glen Finglas* sitzend: »Mein lieber Freund«, schrieb er an John Leech, »du kennst nicht den Schrecken einer triefenden Palette, sonst wärst du nicht so begierig darauf, im Freien zu malen.« Heute ist der Wildbach im Glen Finglas gezähmt und zu einem See gestaut, eines der Trinkwasserreservoirs von Glasgow.

Aberfoyle heißt das Touristenzentrum der Trossachs. Der Parkplatz hinter der Souvenir-baracke hat die Größe einer mittleren Landebahn. An der Fassade des ›Bailie Nicol Jarvie Hotel‹ erwartet uns eine pittoreske Figur mit drohend erhobenem Arm (Abb. 12; Farbt. 9). Nicol Jarvie war ein Gerichtsvollzieher aus Glasgow, und sein Einsatz galt einem notori-schen Räuber, den er an dieser Stelle fast verhaftet hätte: Robert MacGregor, besser bekannt unter dem Namen Rob Roy. Die Wirtshausszene ist eine Episode aus seinem Leben, sein Leben ein Roman von Walter Scott, erschienen 1818. Er stilisierte den historischen Freibeuter endgültig zum Volkshelden, zum schottischen Robin Hood. Wie sein englischer Kollege beraubte auch Rob Roy die Reichen und beschenkte die Armen. Red Robert, der rothaarige MacGregor, war ursprünglich Viehhändler. Als er sich verschuldete und vor seinen Gläubigern floh, pfändete der Duke of Montrose seinen Hof und vertrieb seine

Familie. Rob Roy wurde zum Outlaw, ein Viehdieb und Haudegen, der sich als Anwalt der Entrechteten verstand, eine der Symbolfiguren des Jakobiteraufstandes von 1715. Er starb unerwartet friedlich im Bett, die Waffen neben sich, im Jahre 1734.[1] Rob Roys Grab auf dem Dorffriedhof von *Balquhidder* inspirierte William Wordsworth zu einem Gedicht auf den Helden der Highlands:

> *And thus among these rocks he lived*
> *Through summer's heat and winter's snow;*
> *The Eagle, he was lord above,*
> *And Rob was lord below.*

Auch ein Besuch von Rob Roy's Cave, seinem Felsenversteck bei *Inversnaid* am Loch Lomond, gehörte zum Kanon der romantischen Trossachs-Tour. Am 20. September 1822 spielte sogar ein Dudelsackpfeifer am Eingang der Höhle, aber Dorothy Wordsworth weigerte sich, den Besichtigungsrummel mitzumachen. Die Leute gingen ja nur hinein, schrieb sie, weil Sir Walter Scott die Höhle zum Gesprächsthema gemacht habe, »und wenn sie rauskommen und den Staub von ihren Kleidern schütteln, ist das beste, was sie sagen können: 'Eigentlich gibt es nichts zu sehen; aber es lohnt sich doch, nur um sagen zu können, man sei dagewesen!'« Auf ihrer ersten Schottlandreise, 1803, wäre diese ironische Bemerkung über den Tourismus undenkbar gewesen. Damals erschien ihr der Anblick von *Loch Lomond*, die Umgebung des einsamen Bergsees wie eine Ahnung vom Paradies. Wie schön wäre es, schwärmte Dorothy Wordsworth, hier »eine kleine Hütte zu haben, versteckt unter den Zweigen der Märcheninsel«. In einem langen Gedicht beschrieb auch ihr Bruder William das Glück des einfachen Lebens im Einklang mit der Natur, »the freedom of a mountaineer«, und beschwor in der Figur des ›Sweet Highland Girl‹ eine poetische Utopie am Loch Lomond:

> *O happy pleasure! here to dwell*
> *Beside thee in some heathy dell,*
> *Adopt your homely ways and dress,*
> *A shepherd, thou a Shepherdess!*

Schäfer und Schäferin, das romantische Rollenspiel ist heute mit Bürgern in Schottenrock und Freizeitlook besetzt. In *Balloch* am Südende des Loch Lomond hat sich Dorothy Wordsworths Traum von der einsamen Hütte auf Hunderte von Hausbooten im River Leven verteilt, und tief im Schatten von Arkadien liegt der Campingplatz von *Rowardennan*. Dort, am Ostufer des Sees, beginnt der Wanderweg zum *Ben Lomond*. Der fast tausend Meter hohe, grasbedeckte Gipfel bietet einen grandiosen Ausblick auf den See: »Seine nördlichen Ufer nähern sich einander, bis ihr Bild verschwimmt mit den dunklen zurückliegenden Bergen, während seine Fläche dem Süden zu sich immer mehr weitet und

---

1 ›Rob Roy‹ hieß das erste seetüchtige Dampfschiff der Welt im Liniendienst. Es wurde 1818 am Clyde gebaut und verkehrte 1821 als erste regelmäßige Kanalfähre zwischen Dover und Calais.

seine Basis verzahnt ist mit Vorgebirgen schönen und fruchtbaren Landes.« So wird Großbritanniens größter Binnensee in Scotts ›Rob Roy‹ beschrieben. Die Aura von Loch Lomond aber beginnt jenseits der Beschreibungen. Es ist nicht das schwebende Panorama seiner Inseln, der plötzliche Wechsel des Lichts und des Wetters, der Reichtum an Forellen, Felchen und Lachs, all das ist es nicht, was diesen See so berühmt gemacht hat. Es gibt einsamere, spektakulärere Seen als diesen. Aber keiner hat jenen fast schon mythischen Klang. Loch Lomond, nicht Loch Ness ist »the Queen of Scottish lakes«. Loch Ness hat ein Monster, Loch Lomond ist eine Melodie. Diesen See muß man hören, um ihn ganz zu sehen, und man muß wohl Schotte sein, um seinen Zauber voll zu verstehen.

'Twas there that we parted in yon shady glen,
By the steep, steep side o'Ben Lomond,
Where in purple hue the Highland hills we view,
An' the moon coming out in the gloamin.'

Das über die ganze Welt verbreitete Lied ›Loch Lomond‹ ist ein Abschiedslied. Es erinnert an zwei schottische Soldaten, die im Jakobiteraufstand von 1745 ins Gefängnis von Carlisle kamen: Einer sollte frei sein, der andere sterben; der eine heimkehren auf dem ›high road‹, der andere, nach seiner Hinrichtung in der Fremde, zurückkehren auf dem ›low road‹, der Straße der Toten, und er würde Loch Lomond vor seinem Freund erreichen, der den irdischen Weg durch die Cheviot Hills nehmen müßte:

And you'll tak' the high road and I'll tak' the low road,
And I'll be in Scotland afore ye;
But me and my true love will never meet again
On the bonnie, bonnie banks o' Loch Lomond.

Ein altes Volkslied, ein melancholisches Farewell, überall und immer wieder gesungen, wo sich Schotten in der Fremde trafen, Erkennungsmelodie einer heimwehkranken Nation, sentimental melody unzähliger Heimatabende, gesungen auf den Auswandererschiffen und Ausflugsdampfern, auf dem Clyde und am Hudson, gesungen von den Arbeitern in Glasgow und den Bauern der Highlands, zu Tode gedudelt und nicht totzukriegen und nie schöner gesungen als in der Swing-Version von Maxine Sullivan. Ein Lied, ein See, Heimat und Fremde, ein schottisches Synonym. Das ist die Aura von Loch Lomond.

»Alles ist hier unbeschreiblich romantisch. Mit Recht heißt dieser Landstrich das schottische Arkadien«, lobt Matthew Bramble, zu Gast in *Cameron House* am Loch Lomond. »Wirklich, diese Gegend wäre ein vollkommenes Paradies, läge nicht auf ihm, wie auf Wales, der Fluch eines feuchten Klimas.« Matthew Bramble, der englische Misanthrop in Smolletts Briefroman ›Humphry Clinker‹, ist ein verstecktes Selbstporträt des schottischen Autors, der diese Passagen über die Landschaft seiner Kindheit kurz vor seinem Tod 1771 in Italien schrieb, letzte Erinnerungen an Loch Lomond in der Sonne von Livorno.

Tobias Smollett wurde 1721 am River Leven geboren, im heutigen *Renton*[1], ging als Schiffsarzt nach Westindien, kehrte mit einer schönen Kreolin, seiner späteren Frau, nach England zurück, lebte als Arzt in London und schrieb Romane, die mit ihren grotesken Figuren zum Besten der englischen Literatur des 18. Jahrhunderts zählen, noch immer amüsant zu lesen.

Tobias Smolletts Talent, das Publikum aufs kurioseste zu unterhalten, hat sein heutiger Nachfahre Patrick Telfer Smollett in begrenztem Maße geerbt. Er hat den Familiensitz Cameron House zu einem Rummelplatz gemacht, halb Safaripark, halb Kirmes. Kanadische Bären, amerikanische Bisons und tibetanische Yaks geben dem Besucher einen Eindruck von schottischer Weltläufigkeit, und damit ihn der Blick auf Loch Lomond nicht ablenkt von den Exoten, hat Mr. Smollett diesen Teil seines Landschaftsparks mit Wellblech vernagelt. Weiterhin gibt es einen Kinderzoo mit einem Miniaturdorf, bewohnt von weißen Mäusen, eine Automaten-Spielhalle und eine ›Astraglide‹-Riesenrutsche. Auch Cameron House, nach einem Brand 1865 im viktorianischen Baronialstil wiederaufgebaut, bietet Überraschungen. Mangels Gainsborough-Gemälden oder Adam-Dekorationen hat Mr. Smollett einen Whisky-Raum mit 365 verschiedenen Sorten eingerichtet (Farbt. 14), nebst Riechfläschchen (»Now sniff the real thing«), sowie einen ›War Room‹ mit Gasmasken aus dem Ersten Weltkrieg und über fünfhundert Flugzeugmodellen. Whisky, War and Wildlife: In dieser publikumswirksamen Konstellation spielt Tobias Smollett nur eine Nebenrolle. Das literarische Abenteuer dieses Lebens ist in der Poet's Corner von Cameron nicht einmal halb so attraktiv inszeniert wie der Abenteuerspielplatz am See. Souvenirs en masse werden angeboten, aber nichts von oder über Smollett. Den Titel der Hausbroschüre schmückt nicht etwa das Dichter-Porträt, sondern ein Kragenbär. »Please drive slowly away if a bear approaches your car«, warnt ein Schild im Safaripark von Cameron.

---

1 Aus dem Nachbardorf *Cardross* stammt der Romancier A. J. Cronin, der wie Smollett in Glasgow Medizin studierte und in London als Arzt praktizierte. Cronins Erfolgsroman ›Die Sterne blicken herab‹ (1935) schildert die Mißstände im schottischen Bergbau seiner Zeit.

Glasgow

Wo ziehen so viele aus ihren Stadtwohnungen weg in die Vorstädte, verlassen auch die Vorstädte wieder und gehen fort für immer und vergessen ihre Stadt doch nie? Wo werden so viele alte Häuser ruiniert und so viele neue Ruinen gebaut wie hier? Wo sind die Fußballfans fanatischer, die Betrunkenen betrunkener und die Arbeitslosen verzweifelter als hier? – In Liverpool? – Mann, da kennst du Glasgow nicht.

Wo in Großbritannien sterben mehr Kinder, wo in Europa werden mehr Verbrechen verübt als hier? O Glasgow, du hältst die traurigsten Rekorde, Rekorde der Häßlichkeit und der Gewalt. Du bist schäbig geworden, eine schmutzige Schönheit, aber immer noch schön unter dem Schmutz deiner Fassaden. Du hast Museen gebaut, aber du wolltest selber kein Museum werden wie Edinburgh. Was dir im Weg war, hast du abgerissen, immer schon, Häuser von William Adam und Robert Adam, die Wohnung von Mackintosh, und Templetons Teppichfabrik im venezianischen Stil würdest du am liebsten auch abreißen um einer weiteren Stadtautobahn willen.

O Glasgow, du abgerissene Schönheit! Wenn die Planierraupe dein Wappentier wäre und nicht der Lachs, wer würde sich wundern? Du hast alles gehandelt, was zu kaufen und zu verkaufen war: Fische, Tabak und Menschen. Du hast Adam Smith deine Ökonomie gelehrt, und Adam Smith hat sie der Welt erklärt. »Der Wohlstand der Nationen« war dein Wohlstand, Glasgow. Einst kamen die schnellsten Klipper und die schönsten Yachten vom Clyde; jetzt veröden deine Werften. Seit Jahren verlassen dich jährlich Zehntausende; aber Jahrhunderte lang hast du Hunderttausende aufgenommen: verarmte, vertriebene Bauern und Handwerker aus Irland und aus den Highlands. Ob sie glücklich mit dir waren, Glasgow, oder unglücklich, ob sie im East End vegetierten oder im West End residierten, sie haben dich besungen, oft als ihren einzigen, berauschenden Besitz:

I belong to Glasgow, dear old Glasgow town,
But there's something the matter with Glasgow, for it's going roun' and roun'.
I'm only a common old working man, as anyone here can see,
But when I get a couple of drinks on a Saturday, Glasgow belongs to me.

Was hat dich so berühmt gemacht, Glasgow, und so berüchtigt? Deine Slums? Deine Schiffe? Deine großen Männer auf den Sockeln von George Square oder deine kleinen Leute

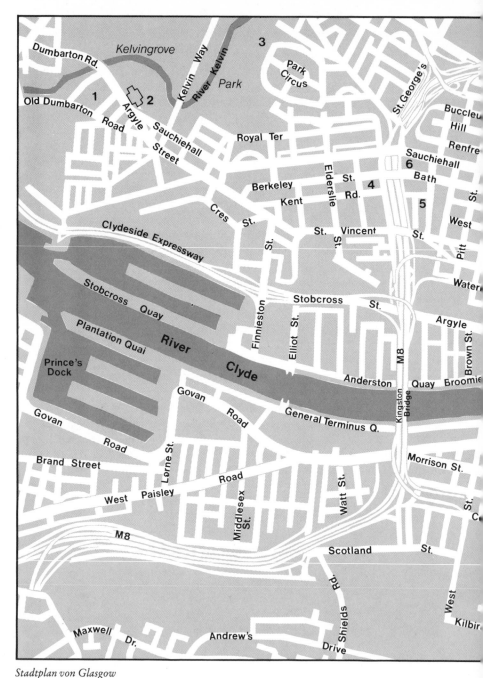

Stadtplan von Glasgow
1 *Kelvin Hall* 2 *Art Gallery und Museum* 3 *Queen's College* 4 *Mitchell Library* 5 *King's Theatre* 6 *Charing Cross* 7 *School of Art* 8 *McLellan Galleries* 9 *Pavilion Theatre* 10 *Theatre Royal* 11 *Apollo Centre* 12 *Travel Centre und Bus-Station* 13 *Strathclyde University* 14 *Infor-*

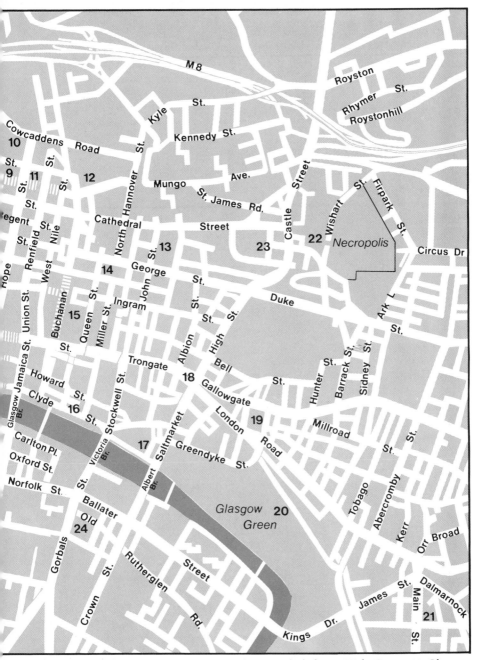

in den Gassen der Gorbals? William Burrell oder Jimmy Boyle, deine Reeder oder deine Rowdies? Deine Tabakbarone oder deine Arbeiterführer, John Glassford of Dougalston oder Jimmy Reid? Oder einfach nur Harry Lauders sentimentaler Glasgow-Song?

Das alles hat dich groß gemacht, Glasgow. Aber was hat dich gestürzt? Bist du darum verlockend geblieben bis heute, eine gestürzte Schönheit?

Theodor Fontane und der Klub der feindlichen Brüder

Wer diese Stadt einmal gesehen hat, wird sie lieben oder hassen; gleichgültig läßt sie keinen. Es ist nicht schwer, auf Glasgow einen Nachruf zu schreiben. Aber es ist schwer, keine Hymne anzustimmen auf diese Stadt, trotz allem und gegen ihre Verächter. Die sie abschätzig Industriestadt nennen, kennen meist nur ihr Klischee. Theodor Fontane, auf der Rückreise von den Highlands, schrieb 1860 beim bloßen Anblick der ersten Fabrikschornsteine Glasgows: »Dieser Hinweis genügte. Von einer Seite des Bahnhofs eilten wir rasch nach der andern hinüber, wo der Edinburgher Zug bereits ungeduldig wartete ...« Ein typischer Kurzschluß. Fontane, wie so viele Touristen nach ihm, suchte das romantische, literarische Schottland, und das fand er in Edinburgh, »dieser nordischen Schönheitsstadt«. Auch Dorothy Wordsworth, auf Durchreise in Glasgow am Vorabend der Industriellen Revolution, notierte in ihr Tagebuch am 19. September 1822: »Quick walkers and busy streets, characteristic of a commercial town. Glasgow finer than any town I have seen in England except Oxford; but Edinburgh is the King and the Queen of Scotland«.

Bei dieser Rollenverteilung ist es bis heute geblieben. Glasgow, Stadt der Kaufleute und Arbeiter – Edinburgh, Stadt der Könige und Königin der Städte Schottlands. Dort Burg und Palast, hier Slums und Fabriken. Hier die schmutzigen Hände, dort die schönen Künste. Daß Glasgow mit seinen viktorianischen Warenhäusern den georgianischen Bürgerhäusern Edinburghs architektonisch etwas Gleichwertiges gegenübergestellt hat, wird dabei meist ebenso übersehen wie das Werk Mackintoshs, Glasgows Beitrag zum europäischen Jugendstil, und die Burrell Collection, eine der schönsten Privatsammlungen der Welt in städtischem Museumsbesitz.

Wie verschieden sind Edinburgh und Glasgow wirklich? »Darf ich Ihnen einen Tee anbieten«? fragt der Glasgower seinen Gast. »Sie hatten sicher schon Ihren Tee«? sagt der Edinburgher. Das ist der ganze Unterschied. In Glasgow reagiert man direkt, nicht distanziert; nicht immer höflich, aber herzlich. »In Edinburgh wollen die Arbeiter Bürger sein, in Glasgow gibt sich noch die Elite proletarisch«, sagt Jimmy Reid, Glasgower Dockarbeiter und jahrelang populärster Kommunist Großbritanniens. Es war noch bevor Keir Hardie[1] und ›Red Clydeside‹ Schlagzeilen machten: 1822, bei seinem Staatsbesuch in Schottland, ließ George IV. sich nur in Edinburgh feiern – Glasgow war ihm nicht geheuer.

---

1 Der Bergmann James Keir Hardie, 1915 in Glasgow gestorben, war einer der Gründer der Labour Party. Keir Hardie House in Glasgow ist heute Labour-Hauptquartier in Schottland.

›All Saints Club‹ heißt der vielleicht exklusivste, sicher exzentrischste schottische Klub, gegründet 1921. »Wir bestehen nur deshalb, um die alte Fehde zwischen den beiden Städten fortzusetzen«, erklärt mir Jack House, eines der zehn Glasgower Mitglieder. Die anderen zehn kommen aus Edinburgh, sehr ehrenwerte Bürger allesamt. »Wir treffen uns dreimal im Jahr zum Dinner: einmal in Glasgow, einmal in Edinburgh (am Allerheiligentag) und einmal an einem neutralen Ort.« Da tauschen die feindlichen Brüder dann die klassischen Kalauer aus (»Edinburgh ist die Kapitale, aber Glasgow hat das Kapital«), erfinden neue Zwistigkeiten (etwa einen Edinburgher Wettbewerb, erster Preis: eine Woche Ferien in Glasgow, zweiter Preis: zwei Wochen Ferien in Glasgow) und versichern sich beim Abschied freundlich, das einzige, was Edinburgh und Glasgow verbinde, sei der Forth & Clyde-Kanal. Der ist, wie jedermann weiß, seit 1963 für den Durchgangsverkehr gesperrt. Daß die Glasgower bei den Dinner-Duellen des ›All Saints Club‹ die witzigeren Klingen führen, werden nur die Edinburgher bestreiten. »Ich liebe Edinburgh«, sagt Jack House, »am meisten liebe ich Waverley Station und den Zug nach Glasgow.«

Wee Willie Winkie und die Kathedrale des Heiligen Mungo

Um zu sehen, wie die Menschen in einer Stadt gelebt haben, besuche ich gern ihre Toten. Auf einem der vielen Hügel Glasgows, Fir Park Hill, liegt die *Nekropolis,* eine Totenstadt hoch über der Stadt, die vollkommene Verbindung von Aussichtslosigkeit und schöner Aussicht (Farbt. 30; Abb. 52). Hier haben sich die Kaufleute und Kapitäne, die Glasgow im 19. Jahrhundert reich gemacht haben, die Denkmäler ihres Wohlstandes und ihrer Weltreisen gesetzt: Marmorbüsten, Obelisken aus Granit, Gräber im ägyptischen und indischen Stil, mit chinesischen und burmesischen Ornamenten, mit griechischen Säulen und maurischen Zinnen. Auch die Toten müssen sich ja noch einmal der Mode unterwerfen, und diese, die viktorianische, gibt ihnen die letzte, willkommene Gelegenheit zu einem repräsentativen Auftritt noch lange nach ihrem Abgang. Kann man bei der vergeßlichen Nachwelt kolossaler in Erinnerung bleiben als jene Familie Monteath, die sich im Stil des Mausoleums der Kaiserin Galla Placidia in Ravenna Anno 1842 in Glasgow zur Ruhe legte? Bescheidener das Grab des Schriftstellers William Miller, dessen Glasgower Kinderreim-Held in angelsächsischen Ländern bis heute lebendig ist: »Wee Willie Winkie runs through the toon / Up the stairs and doon the stairs in his nich-goon.«

Seit 1833 tragen die Glasgower ihre Toten über die Bridge of Sighs, die ›Seufzerbrücke‹, auf die Nekropolis. So füllte sich der Hügel mit viktorianischem Grabgepränge, unter den finsteren Blicken des Reformators John Knox. Der steht seit 1825 hier, auf einer dorischen Säule, und überragt immer noch auch die ehrgeizigsten Obelisken. Vor ihm liegt *Glasgow Cathedral,* die einzige schottische Kathedrale neben der in Kirkwall, die seine Bilderstürmer nicht zerstörten. Wenn wir die verwickelte Baugeschichte auf das Wesentliche reduzieren,

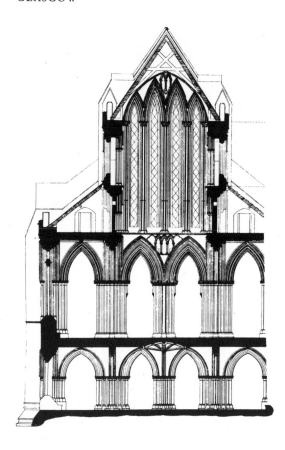

*Kathedrale von Glasgow, Aufriß des
Ostabschlusses mit Unterkirche, 13. Jh.*

so sehen wir eine Kirche, deren Osthälfte Anfang des 13. Jahrhunderts im frühgotischen Stil begonnen und deren Westteil erst Ende des 15. Jahrhunderts vollendet wurde – im selben, nun längst überholten Early English. Glasgow Cathedral ist mit einer Länge von nicht einmal neunzig Metern klein, gemessen etwa an der fast doppelt so langen Kathedrale von Ely. Sie hatte ursprünglich, wie Elgin Cathedral, eine Doppelturmfassade; 1846 und 1948 wurden beide Westtürme im Glasgower Stil renoviert, und das heißt: abgerissen. Wenn diese Kathedrale ihren Ruf als schönstes Beispiel gotischer Architektur in Schottland dennoch verdient, so ihres Chors und ihrer Unterkirche wegen. Der rechteckige Hochchor mit Chorumgang und Kapellenkranz, durch einen Lettner (15. Jh.) vom Hauptschiff getrennt, erweist sich als zweite Etage der Kirche. Unter dem Chor, aber noch über der Erdoberfläche, liegt eine Unterkirche, die wie eine Krypta wirkt – eine Folge der Hügellage der Kathedrale. Diese Unterkirche mit der Phalanx ihrer Bündelpfeiler, mit Lanzettfenstern, Fächergewölbe und farbigen Bossen ist ein Glanzstück mittelalterlicher Architektur

>Here's the Bird that never flew,
Here's the Bell that never rang,
Here's the Tree that never grew
Here's the Fish that never swame

Wappen von Glasgow mit St. Mungo

in Schottland. Im Zentrum – das erklärt die Pracht und die Größe der Unterkirche – stand der Schrein St. Mungos. Ihm, dem Stadtpatron Glasgows, ist die Kathedrale geweiht.

Papst Nikolaus V. soll 1451 die Wallfahrt zum Grab des Heiligen Mungo sogar einer Pilgerreise nach Rom für gleichwertig erklärt haben. Das klingt nach einer Übertreibung schottischer Kirchenhistoriker. Aber Glasgow lag ja an der Pilgerstraße nach Iona, der Hebrideninsel des Heiligen Columba, und Mungo war ein populärer Mann. Im klaren Wasser des Molendinar, der heute unterirdisch die Abwässer unter der ›Seufzerbrücke‹ befördert, taufte der keltische Missionar die Heiden, angelte Lachse und wirkte Wunder. So entstand Glasgow. Mungo soll auch dem Ort einen Namen gegeben haben: ›Glas Cau‹, aber damit stiftete er eher Verwirrung. Mindestens vierzehn Deutungen gibt es inzwischen für den Namen Glasgow. Die geläufigste: ›Green place‹, Grüner Ort. Die interessanteste: ›Grey dog‹ – Greyhound, Windhund, war Mungos Spitzname.

Missionssiedlung, Lachsfischerdorf, Wallfahrtsort: Warum ist Glasgow nicht eine unbedeutende Kathedralenstadt geblieben wie Elgin oder Dunblane? »Lord let Glasgow flourish through the preaching of Thy word and praising Thy name«, lautet eine Inschrift von 1631 auf der Glocke der Tron Church. Der fromme Wunsch ging in Erfüllung, Glasgow florierte. Erst die Viktorianer verkürzten das Gebet zur Erfolgsmaxime und setzten sie als Motto der Stadt unter das Wappen des Heiligen Mungo: ›Let Glasgow flourish‹ (Farbt. 25).

Neben der Kathedrale hatten Glasgows Bischöfe ihre Burg. Heute steht dort die Royal Infirmary, wo 1867 ein bis dahin unbekannter Chirurg, Joseph Lister, Weltruhm erlangte durch die Entwicklung der Antisepsis. Nur ein einziges Haus ist übriggeblieben vom mittelalterlichen Glasgow, dessen Zentrum Cathedral Square[1] war: *Provand's Lordship*, mit seinen dicken Mauern, Treppengiebeln und unregelmäßigen Fenstern ein typisches Stadthaus aus der Zeit um 1470. Maria Stuart soll hier übernachtet haben, 1566, als sie ihren kranken Gemahl Lord Darnley besuchte (bevor er in Edinburgh ermordet wurde). Unbestrittener, unglücklicher noch ist eine andere Verbindung Maria Stuarts mit Glasgow:

---

1 Die Reiterstatue (1735) Wilhelms von Oranien, genannt King Billy, hat einen beweglichen Pferdeschwanz; er müßte gelegentlich geölt werden, damit er wieder wie früher bei starkem Wind wedelt.

ihre letzte Niederlage in der Schlacht von *Langside* (1568), damals noch ein Dorf im Süden der Stadt. Neben dem Schlachtfeld, das heute zu den Erholungsanlagen von Queen's Park gehört, liegt das größte Fußballstadion Großbritanniens, *Hampden Park*. Was sich hier bei der Begegnung der schottischen und englischen Nationalmannschaften abspielt, übertrifft an Temperament und Teilnehmerzahl bei weitem die Schlacht von Langside.

Adam Smith und der Wohlstand der Tobacco Lords

Zur Zeit Maria Stuarts hatte Glasgow nicht mehr als dreitausend Einwohner. Sie exportierten Lachs und Hering und importierten Salz und Branntwein. Schon damals war ihr Handel mit Holland, Frankreich und den baltischen Ländern so expansiv, daß Heinrich VIII. sich in einer Protestnote an den schottischen Hof über die »räuberischen Unternehmungen« der Glasgower Kaufleute beschwerte. Die Union von 1707 machte die Konkurrenz teils noch lästiger, obgleich die schottische Wirtschaft für den Wettbewerb mit England zunächst nur unzulänglich gerüstet war. In den folgenden Jahrzehnten kompensierte Schottland den Verlust seiner politischen Unabhängigkeit mit einem allmählichen wirtschaftlichen Aufschwung, zumal durch den Beitritt zum englischen Überseemarkt. Schottische Kaufleute, allen voran die Glasgower, profitierten nun erstmals vom Zucker- und Rumgeschäft mit den Westindischen Inseln und vom Tabakhandel mit den amerikanischen Kolonien. Im Jahre 1735 hatte Glasgow erst 67 Handelsschiffe, 1776 schon 386. Die Klipper vom Clyde erreichten Virginia ein bis zwei Wochen schneller als die von London. Mitte des 18. Jahrhunderts hatte Glasgow eine Art Monopol für den Tabakhandel im Vereinigten Königreich. Bereits diese britische und nicht erst die Europäische Wirtschaftsgemeinschaft war vielen Engländern ein Dorn im Auge.

Wer in jenen Jahren des Booms Glasgow besuchte, rühmte den Glanz und Reichtum der Stadt. Daniel Defoe, der als Spion der englischen Regierung durch Schottland reiste, notierte in Glasgow: »Here is the face of trade«, und beschrieb die Woll- und Tuchfabrikation, die soliden Häuser mit ihren dorischen Säulen und Arkadenläden. Und dann der Satz, über den sich selbst die Glasgower, bei allem Stolz, nun doch eher wundern: »Es ist die sauberste, schönste und am besten gebaute Stadt in Großbritannien, London ausgenommen.« Defoe hören und Glasgow sehen – ein geteiltes Vergnügen, aber doch ein Vergnügen. Das ist das Schöne an Glasgow: Es hat für nostalgische Erinnerungen nichts übrig, und was es dennoch übriggelassen hat, ist eher einer gewissen Vergeßlichkeit als vorsätzlicher Erhaltung zuzuschreiben.

Eine Besichtigung ohne Sehenswürdigkeiten: das paradoxe Vergnügen, sich vorzustellen, daß Glasgow einmal aus einer Hauptstraße (High Street) und einigen Nebenstraßen bestand. Sich vorzustellen, daß hier Anfang des 18. Jahrhunderts etwa 12 000 Menschen lebten. Daß dieses Städtchen, wie ein Zeitgenosse schrieb, umgeben war von »Kornfeldern, Gemüse- und Blumengärten, schönen Obstgärten voll von Früchten aller Art, die dank der offenen und großzügigen Straßen einen angenehmen und aromatischen Duft verströmen«. Wenn Sie

Trongate Richtung Argyle Street gehen und in die verschwitzte Luft von Marks & Spencer's eintauchen: hier traten Sie zur Zeit Defoes hinaus ins Grüne. Während Robert Burns einige Jahrzehnte später etwa auf der Höhe der Damenoberbekleidungsabteilung von Marks & Spencer's übernachtete, denn hier stand das renommierte Black Bull Hotel. Das Stadtzentrum hatte sich längst von Catheral Square die High Street hinunter nach *Glasgow Cross* verlagert. Dort würde Defoe vergebens hinter dem siebenstöckigen Turm des *Tolbooth* (1626) das zugehörige, inzwischen abgerissene Rathaus und Gefängnis Glasgows suchen. Das mittelalterliche Mercat Cross schräg gegenüber würde er wahrscheinlich als moderne Nachahmung erkennen. Der Weg zum Galgen vor der Stadt, *Gallowgate*[1], führt heute zum Flohmarkt The Barrows, Glasgows Petticoat Lane. Die Tobacco Lords aber spazierten auf der anderen Seite der High Street: *Trongate* war die Straße der Neureichen, die Promenade der Eitelkeit im frühen 18. Jahrhundert.

Die Tabakbarone von Glasgow verdankten ihr immenses Vermögen nicht nur dem Tabak. Die ›Virginia Dons‹ genossen den zweifelhaften Ruf der größten Sklavenhändler im Vereinigten Königreich, auch noch nach dem Verbot der Sklaverei in den britischen Kolonien (1807). So kam es, daß die ehrbaren Kaufleute von Glasgow ihre erfolgreicheren Kollegen Tabakhändler nicht als gleichrangig anerkannten. Die sorgten nun selbst um so nachdrücklicher für ihr Renommé und verbanden dabei aufs wunderlichste persönliches Prestige und öffentlichen Fortschritt. Auf ihre Kosten wurde ein Teil der Trongate gepflastert, die ›Plainstanes‹, und diesen ersten Bürgersteig Glasgows durften anfangs nur die Tobacco Lords benutzen. Da flanierten sie nun, allen sichtbar, keinem erreichbar, die Dunlops und Donalds und Ritchies, mit scharlachfarbenem Umhang über Seidenrock und Kniebundhose, auf der silbergrau gepuderten Perücke den Dreispitz, in der Hand einen Ebenholzstock mit Silberknauf – unüberhörbare Pointe des Auftritts der Tobacco Lords auf dem Trottoir der Trongate. Es war das spleenigste Stück splendid isolation auf den Britischen Inseln. Hätte es das Edinburgher Festival schon gegeben, das Glasgower Straßentheater wäre seine Krönung gewesen.

Nun liegen die Tobacco Lords dort, wo man das Pflaster von unten besieht, und das ist doppelt schade. Denn ihre Gräber, Glasgows Dank, verkommen auf dem Friedhof von *St. David's Ramshorn* in Ingram Street, mitten in der Stadt. Mit Trongate ist es seitdem bergab gegangen: ein verrufenes Viertel in viktorianischer Zeit[2], heute eine Geschäftsstraße ohne Eigenschaften. Aus der ganzen selbsternannten Aristokratie des blauen Dunstes ist einem sogar ein kurzer Auftritt in der Literatur geglückt: John Glassford of Dougalston, nach dem Glassford Street benannt ist. In Tobias Smolletts Roman ›Humphry Clinker‹ kommt der englische Gutsherr Matthew Bramble, eine der Hauptpersonen, auch nach Glasgow (wo

---

1   Das Pub Saracen's Head erinnert an Glasgows berühmtes, 1905 abgerissenes Wirtshaus: Im Saracen's Head Inn in Gallowgate logierten u. a. Wordsworth, Coleridge und Dr. Johnson, letzterer laut Boswell »in Hochstimmung«.

2   Jack House zufolge waren hier 200 Bordelle und 150 Kneipen auf engstem Raum. Derart intime Ortskenntnis hat Jack den Beinamen ›Mister Glasgow‹ eingetragen.

Archibald McLauchlan: ›Tobacco Lord John Glassford und seine Familie‹, 18. Jh.

Smollett Medizin studiert hat). Hier, in diesem »vollkommenen Bienenstock an Fleiß und Emsigkeit«, begegnet Mr. Bramble dem ungekrönten König der Tobacco Lords, John Glassford of Dougalston: Fünfundzwanzig Schiffe besitze er, und sein Einkommen belaufe sich auf jährlich eine halbe Million Pfund. Wenige Jahre später, 1776, machte der Amerikanische Unabhängigkeitskrieg dem Tabak-Boom ein Ende. Der einzige der Nikotinmillionäre, der auch nach dem Verlust der Plantagen in Virginia Millionär blieb, war William Cunningham of Lainshaw. Als die Ware knapp zu werden drohte, kaufte er Tabak, der threepence pro Pfund wert war, für sixpence und verkaufte ihn nach einer Weile für drei Shilling sixpence.

So waren sie, die Tobacco Lords von Glasgow, und wer sie damals beobachtete, konnte viel von ihnen lernen über die Natur des Geldes und des Unternehmers, über Arbeit und

Adam Smith (1723–90)

Lohn, Kapitalismus und Moral, über das Verhältnis des Reichtums der Wenigen zum Wohlstand der Nationen. Adam Smith, der Begründer der modernen Volkswirtschaftslehre und ein früher Verfechter des Freihandels, zog 1751 als Professor der Moralphilosophie nach Glasgow. Wenn er heute seinen Lehrstuhl suchte, fände er einen Güterbahnhof: Glasgows alte Universität in der High Street, gegründet 1451, wurde samt William Adams College Library von 1732 abgerissen. Die Vorlesungen von Adam Smith waren bald so berühmt, daß sogar aus Moskau Studenten kamen, um ihn zu hören. Er selbst, ein Salonlöwe, kein Stubengelehrter, philosophierte in den Klubs mit den Glasgower Kaufleuten, promenierte wohl auch – populär genug war er – mit den Tobacco Lords auf dem Trottoir der Trongate, und wer da von wem mehr lernte, wäre ein Dissertationsthema. Zwölf Jahre verbrachte Adam Smith in Glasgow: »die bei weitem nützlichste und folglich die bei weitem glücklichste Zeit meines Lebens«, erinnerte er sich später in Edinburgh, wo er, mehr oder weniger, nur starb. Sein Hauptwerk, ›The Wealth of Nations‹, erschienen 1776, im Jahr der Amerikanischen Unabhängigkeitserklärung, schrieb er als Zollkommissar in seinem Geburtsort Kirkcaldy – nicht in Glasgow, aber ohne seine Glasgower Erfahrungen kaum denkbar. In aktuellen Diskussionen über die Grenzen staatlicher Wirtschaftskontrolle berufen sich vor allem die Vertreter der freien Marktwirtschaft auf Adam Smith. Sie übersehen dabei gern, daß der »Vater des wirtschaftlichen Liberalismus« sehr genau auch etwas anderes beschrieben hat: die Schwächen der menschlichen Natur, zumal des Kapitalisten.

Kehren wir noch einmal zurück zu den Tobacco Lords. Während die irischen Einwanderer in Glasgow Arbeit fanden und, mehr schlecht als recht, auch Quartier, baute sich William Cunningham of Lainshaw 1780 für die damals unerhörte Summe von zehntausend

Pfund ein Landhaus in der Marsch. Heute liegt es mitten in der Stadt und ist Teil eines größeren Gebäudes geworden, der *Royal Exchange*, inzwischen *Stirling Library*[1]. Der korinthische Portikus dieses vorviktorianischen Meisterwerks von David Hamilton (1827) bildet den krönenden Abschluß der Ingram Street. Ein anderer Blickpunkt, der die alte architektonische Schönheit der Stadt ahnen läßt: *St. George's Tron Church* am Ende der West George Street, eine Wren-Variation von William Stark (1807; Abb. 59). Versteckt und verdreckt wie so viele Perlen Glasgows, steht *St. Andrew's* in einer Seitenstraße von Saltmarket: eine der frühesten klassizistischen Kirchen Schottlands (1739–56), mit noblen Proportionen außen wie innen und einem Gestühl aus Mahagoni, importiert von den reichen Kaufleuten der Stadt. Ihr Gildehaus, das sie noch heute benutzen, ließen sie sich von Robert Adam entwerfen (1791–94): *Trades' House* in Glassford Street. Die Fassade ist weitgehend unverändert, das Innere fast völlig umgebaut.

Rechtwinklig, übersichtlich wie liniertes Rechenpapier, nüchtern und expansiv wie ihre Handelsbilanzen, so entwickelte sich die Kaufmannsstadt Glasgow um 1800. Zu sehen ist davon nicht viel mehr als der schachbrettartige Straßenplan und die schlichten, wohlproportionierten Fassaden der teilweise noch erhaltenen Kontore und Börsen in *Virginia Stret* (No. 31–53). Es war, noch einmal, ein Tobacco Lord, der den richtigen Riecher hatte für das Wachsen Glasgows nach Westen und im richtigen Augenblick ins Maklergeschäft einstieg. Im amerikanischen Revolutionsjahr 1777 annoncierte Andrew Buchanan Grundstücke zur

---

1 Glasgows bedeutendste Bibliothek, *Mitchell Library* (North Street), geht auf eine Stiftung des Tabakhändlers Stephen Mitchell zurück (1874). Mit rund vier Millionen Bänden, darunter allein 3500 Robert-Burns-Titel, ist eine der größten Bibliotheken Europas.

Tabakraucher-Werbefigur, 18. Jh., bemaltes Holz. Solche Figuren waren noch bis ins 20. Jh. an Glasgower Tabakläden gebräuchlich

Bebauung außerhalb der Stadt: »The situation is very pleasant and convenient, and affords a prospect rural and agreeable.« Diese »ländliche und gefällige Aussicht« ist heute die Hauptgeschäftsstraße der Innenstadt und heißt *Buchanan Street.* Ende des 18. Jahrhunderts, als in Edinburgh George Street und die georgianische ›New Town‹ entstanden, legten die Glasgower *George Square* als Mittelpunkt ihrer Neustadt an; er ist es bis heute geblieben. »The New Town is built of fine stone, in the best style of the very best London streets at the west end of the town«, schrieb Dorothy Wordsworth bei ihrem Besuch im Jahre 1803. Da das, was sie in Glasgow sah und lobte, offensichtlich nicht mehr steht, wollen wir wenigstens das loben, was noch steht, auch wenn sie es nicht mehr sah: *Blythswood Square* (1823–29), ein spätes Echo von Charlotte Square, wie jedes Echo schwächer als das Original. Aber wer in Glasgow Edinburgh sucht, darf sich über Enttäuschungen nicht wundern. Glasgows Pionierleistungen sind anderer Art.

James Watt und die schönen Schiffe vom Clyde

»Let Glasgow flourish«: Als der Tabakhandel ruiniert war, machte der Textilhandel die Verluste schon bald wieder wett. Anfang des 19. Jahrhunderts wurde Glasgow »die Stadt der Musselin-Macher« genannt. Die Baumwollindustrie florierte, sie brachte Schottland um 1800 einen jährlichen Gewinn von drei Millionen Pfund, vor allem dank der Fabriken in Glasgow und *Paisley,* der Stadt des berühmten Paisley-Shawls. Freilich mußte auch in den Fabriken damals noch viel in Handarbeit hergestellt werden. Ein ›mechanischer‹ Webstuhl, der 1792 die Glasgower verblüffte, bezog seine Energie aus der Bewegung geduldiger Neufundländer. Aber noch im selben Jahr wurde erstmals auch in einer Baumwollfabrik jene Maschine eingesetzt, die im Bergbau bereits üblich war und die die Welt veränderte: die Dampfmaschine des Schotten James Watt. Ort und Umstände seiner Erfindung, die er sich 1769 patentieren ließ, sind nirgendwo klarer beschrieben worden als im Glasgower Stadtprospekt: »Watt hatte plötzlich, während er seinen Sonntagsspaziergang auf dem Glasgow Green machte, einen Geistesblitz, der die Industrielle Revolution auslöste«. Das ist so einleuchtend, daß wir uns nur noch mit den Folgen zu beschäftigen brauchen. Im Falle Glasgows heißt das: Schiffsbau, ein neuer Boom und eine neue Pleite.

Als 1716 das erste Handelsschiff vom Clyde nach Virginia die Segel setzte, geschah dies zum Kummer der Glasgower in *Greenock,* dreißig Kilometer flußabwärts. Glasgow und seine Schiffe, sie konnten lange nicht zusammenkommen, das Wasser war viel zu flach. Der die über Jahrhunderte getrennten, dann um so fruchtbareren Partner schließlich vereinte, war ein Mann aus Greenock: James Watt. Mag alle Welt seine Dampfmaschine rühmen, Glasgow verdankt ihm vor allem die Vertiefung und Kanalisierung des Clyde. Ohne James Watts doppelte Pionierleistung wäre kein Dampfschiff bis Glasgow gekommen, und kein Ozeanriese wie die ›Queen Mary‹ hätte in ihren Werften gebaut werden können. Nachdem

John Smeaton, ein Ingenieur aus Yorkshire, mit dem Bau des *Forth & Clyde-Kanal* begonnen hatte (1768, eröffnet 1790), wurde unter der Leitung von James Watt der Clyde für den Kohletransport von den Gruben in Old Monkland nach Glasgow schiffbar gemacht. Statt Holz brauchten die Schiffbauer nun Eisen und später Stahl, und die Hochöfen am Clyde brauchten Kohle. Und sie alle, die Zechen, Hütten und Werften, brauchten Arbeiter. Mehr Menschen denn je strömten nach Glasgow: arbeitslose Handwerker aus Irland, vertriebene Bauern aus den Highlands, verarmte Bewohner der Lowlands. Zwischen 1791 und 1811 wuchs die Einwohnerzahl von 42000 auf 110000, und 1850 war sie schon auf 330000 gestiegen. Zwischen 1801 und 1871 verdoppelte sich die Bevölkerung Schottlands; die von Glasgow versechsfachte sich. Das waren, unter anderem, die Folgen von James Watts Sonntagsspaziergang auf dem Glasgow Green.

Die Industrielle Revolution, die in ganz Großbritannien früher begann als auf dem Kontinent, fand in Glasgow ideale Voraussetzungen: genug Rohstoffe, gute Transportwege, reichlich Arbeitskräfte. Arbeiter und Unternehmer waren durch Klassen getrennt, aber vereint in einem fast religiösen Glauben an Leistung und Lohn. Im viktorianischen Schottland hatte der ›Kleine Katechismus‹ für Kinder auf der Rückseite eine Multiplikationstabelle. »Let Glasgow flourish«: Kalvinismus und Kapitalismus trafen sich am Clyde unter einem gemeinsamen Banner.

Allen Ruhm und allen Ruß, der ihn überschattet, verdankt Glasgow im 19. Jahrhundert seiner Schwerindustrie. ›Clydeside‹ wurde ökonomisch zum Begriff, ›Red Clydeside‹ auch politisch. Der Glasgower James Neilson, genannt ›Heißluft-Neilson‹, hatte mit seinem Hochofen-Patent von 1828, neben James Watt, die Voraussetzungen für Glasgows Schiffs- und Lokomotivenbau geschaffen. Das erste kommerzielle und seetüchtige Dampfschiff der Welt lief 1812 in Port Glasgow vom Stapel, und Henry Bell nannte es nicht umsonst ›Comet‹. A star was born, der erste einer langen Reihe legendärer Dampfschiffe, der kometenhafte Aufstieg einer neuen Industrie. Glasgower Reeder eröffneten die großen Handelslinien nach Übersee: die Clan-Linie, die Donalson-Linie und, berühmteste von allen, die Cunard-Linie, gegründet 1839 von dem Ingenieur Robert Napier und dem Reeder Samuel Cunard. »Being from Glasgow, I can go where I like«, antwortete einer dieser Reeder, als ein Konkurrent sich beschwerte. »Ich würde eine Handelslinie zur Hölle eröffnen, wenn ich nicht wüßte, daß Sie schon einen Agenten dort hätten«.

Mitte des 19. Jahrhunderts kamen achtzig Prozent aller in Großbritannien gebauten Dampfschiffe vom Clyde. Clydeside wurde die größte Werft der Welt. »Glasgow made the Clyde, and the Clyde made Glasgow«, so sagte man, im Rausch der Stapelläufe. Schiffe waren das, so schnell wie keine anderen auf der Jagd ums Blaue Band, so schön wie niemals wieder. Und manche so schön verrückt wie die Yacht jenes Glasgower Kaufmanns, der sich eine Dudelsack-Orgel einbauen ließ, oder wie Zar Alexanders ›Livadia‹, deren Stabilisatoren ihm auch bei rauher See präzises Billardspiel ermöglichten: Clyde-built 1880. Die Innenausstattung der ›Livadia‹ – damals waren Schiffe noch Kunstwerke und nicht nur Transportkästen – hatte der Architekt William Leiper entworfen, dem wir Glasgows skurrilstes Gebäude verdanken, Templeton's Teppichfabrik. Made in Glasgow war auch die ›Queen Mary‹, das

2   GLENKILN   Henry Moores »König und Königin« in den Borders

3   SUTHERLAND   Am Dornoch Firth   4   DUNDRENNAN ABBEY   Zisterzienserabtei, 12. Jh

9 ABERFOYLE   Der Wirt des »Bailie Nicol Jarvie Hotel« mit Scotts Romanfigur

0 Ramsay: 4. Duke of
Queensberry

11 HARRIS Hebriden-
Bauer

12 ABERFOYLE Wirts-
hauszeichen

3 GLASGOW Straßenszene

14 CAMERON HOUSE Tobias Smollett mit Nachfahrer

5 CRATHES CASTLE
Nine Nobles Room, 16. Jh.

16 FALKLAND PALACE
Schlafzimmer des Königs

17 ROSLIN CHAPEL
Prentice Pillar, 15. Jh.

8 DUFFTOWN Whisky-
Markenzeichen

19 GLEN COE Dudelsack-
pfeifer

20 INVERNESS Werbung
mit Nessie

1 EDINBURGH Straßenszene
3 DUFF HOUSE
Gespenst

22 GLEN SHEE Malcolm Robertson: Tommy, 197?

24 ABERDEEN Whisky-
Werbung

25 GLASGOW Stadt-
wappen

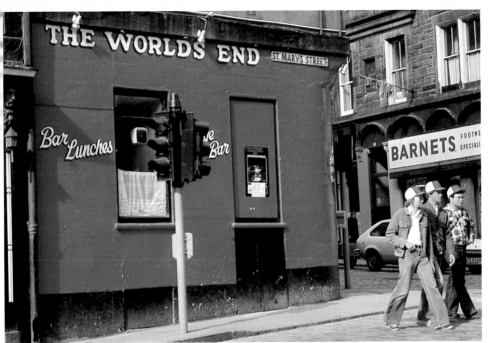

28 EDINBURGH Wirtshaus »Zum Weltende«

29 GLASGOW Straße im Arbeiterviertel Hutchesontown

30 GLASGOW Die viktorianische Nekropolis

31 GLASGOW Brücke über den Clyde in die Gorbals

32 GLASGOW Wettschalter beim Windhundrennen im East End

33 GLASGOW Die alten und die neuen Gorbals

34 INVERARY CASTLE Stammschloß der Herzöge von Argyll, 1744

35 INVERARY CASTLE Salon, 1780

36 REYNOLDS Lady Caroline Scott als »Winter«, 1777

37 KINROSS HOUSE   Lady Montgomery mit ihren Töchtern

38 DUNROBIN CASTLE   Lord Strathnaver, der künftige Herzog von Sutherland

39 BLAIR CASTLE Stammburg der Herzöge von Atholl, 13./19. Jh.

41 KYLE OF DURNESS ▷

40 GLAMIS CASTLE Legendärer Schauplatz der Ermordung Duncans durch Macbeth

42　RIVER SPEY　Lachsfischer bei Craigellachie

43　CRAIGIEVAR CASTLE　Tower-house in den Highlands, 1610–26

44   ELGIN CATHEDRAL   Westfassade, 13 Jh.

45   CASTLE FRASER   Burg in Aberdeenshire, 1575–1636

46 LOCH LAICH mit Castle Stalker, Argyllshire

47 LOCH TAY Queen's View, Pertshire

48   AITH VOE   Meeresbucht auf den Shetland-Inseln

50   HARRIS   Haus auf den Äußeren Hebriden   ▷

49   NORTH UIST   Bauernhaus auf den Äußeren Hebriden

51 SKYE Torfstecher auf den Inneren Hebriden

52 HARRIS Bauernhof am East Loch Tarbert

53   SOUTH UIST   Flora Johnstone mit ihrem Muschelbus

54   HARRIS   Das Postamt von Seilebost

55 PERTH Salutation Inn, georgianische Hotelfassade

schwimmende Hilton der Dreißiger Jahre, das ruinöse Luxusschiff der Siebziger, die Königin der Cunard Line. An der Clydeside lief 1969 auch der letzte, schnellste und komfortabelste Transatlantikliner vom Stapel, die über 300 Meter lange ›Queen Elizabeth 2‹.

Die diese Schiffe bauten, Glasgows Werftarbeiter fuhren nicht nach Übersee (es sei denn als Auswanderer, und das war keine Vergnügungsreise). Die Fitzpatricks und Campbells vom East End kamen nur »doon the watter«, den Clyde hinunter am Sonntagnachmittag auf der ›Jeannie Deans‹, und der Mann am Schifferklavier spielte ›Road to the Isles‹, und alle sangen mit, und man legte an in Gourock, trank seinen Tee aus der Thermosflasche am Strand von Dunoon oder beim Denkmal der Highland Mary, fuhr entlang der grünen Küste von Cowal, ›Loch Lomond‹ sangen sie jetzt, weiter bis Rothesay auf der Insel Bute, wo in ihren Gärten hinter Rhododendronbüschen die vom West End saßen, die schon gestern auf ihrer ›Sunrise‹ hinausgesegelt waren zu ihrer Wochenendvilla, denn »doon the watter«, raus aus Glasgow wollten sie doch alle; und auf dem Rückweg sangen sie wieder ›Loch Lomond‹, es regnete längst, die Oatcakes schmeckten nach dem Rauch der ›Jeannie Deans‹, und »bonnie day today« sagten die Fitzpatricks zu den Campbells am Kai von Broomielaw.

»Doon the watter« fahren die Glasgower immer noch, am liebsten mit der ›Waverley‹ von Anderston Quay. Diesen letzten Clyde-Veteranen hat eine eigens gegründete ›Gesellschaft zur Erhaltung des Raddampfers‹ 1974 für eine Million Pfund gekauft und restauriert. Seitdem qualmt »The Last Sea-Going Paddle Steamer in the World« erfolgreich auf der Nostalgiewelle den Clyde hinunter zu den alten Ausflugszielen. Auch ›Loch Lomond‹ wird noch gespielt, lauter denn je. Nur am Ufer des Clyde, in den Docks und Lagerhallen, ist es merkwürdig still geworden. Von den fünf großen Werften haben nur zwei überlebt, mit rund 15000 Arbeitern; vor dem Krieg waren es über 100000. Die Industrielle Revolution entließ ihre Kinder. Für Supertanker und Containerschiffe ist der Clyde zu klein geworden, und die Japaner bauen billiger. Gegen die Massenentlassungen hatten 1971 Glasgower Arbeiter mit einer spektakulären Werftbesetzung protestiert. Ihr Anführer wurde zum Volkshelden: Jimmy Reid, geboren in den Slums, Sohn eines Dockarbeiters, als Kind Straßensänger, dann Protagonist der schottischen Arbeiterbewegung. Inzwischen ist Jimmy Reid aus der Kommunistischen Partei ausgetreten, und ›Red Clydeside‹, wiewohl immer noch Labour-Hochburg, hat 1977 im Glasgower Stadtrat erstmals einer Minderheitsregierung der Konservativen vorläufig das Feld überlassen.

William Burrell oder Die Künste einer Kaufmannsstadt

Glasgower Reeder haben Schiffahrtsgeschichte gemacht, einige haben Pleite gemacht, aber zu einem Platz in der Kunstgeschichte hat es nur einer gebracht: Sir William Burrell. Er hinterließ Glasgow eine Kunstsammlung von internationalem Rang, die Burrell Collection. Sir William lebte sechsundneunzig Jahre und sammelte fast ebenso lange: Gemälde von

Memling, Cranach, Rembrandt und den französischen Impressionisten, Skulpturen von Rodin und ägyptische Reliefs, flämische Gobelins und persische Teppiche, mittelalterliche Glasmalereien und chinesische Keramik – was sammelte er eigentlich nicht? Auf der Höhe seiner Karriere als Reeder besaß William Burrell eine Handelsflotte von mehreren Dutzend Schiffen; die meisten verkaufte er 1917. Fortan – er führte bis kurz vor seinem Tod 1958 eigenhändig Buch über jede Neuerwerbung – gab Sir William pro Jahr durchschnittlich 200 000 Mark für Kunstkäufe aus. Heute wird seine Sammlung auf rund 250 Millionen Mark geschätzt. Das sprengt unsere Vorstellung ebenso wie es Sir Williams Räumlichkeiten sprengte.

Als sein Haus in Glasgow zu klein wurde, kaufte er eine Burg in Berwick-upon-Tweed. Als er auch in *Hutton Castle* Gobelins und Teppiche übereinanderlegen mußte, stiftete er der Stadt Glasgow seine Sammlung. Als er wieder Platz hatte, sammelte er ganze Portale und Fenster mittelalterlicher Burgen und Kirchen. Mit sechsundachtzig Jahren warf sich Sir William noch einmal auf ein neues Sammelgebiet: griechische, persische und mesopotamische Altertümer. 1958 starb er; Sammler wie er sammeln weiter.

Die über hundert flämisch-französischen Gobelins des 15. und 16. Jahrhunderts und die mittelalterlichen Glasmalereien werden heute als die kostbarsten Teile der Burrell Collection angesehen, in Qualität und Umfang nur vom Londoner Victoria & Albert Museum übertroffen. Die Avantgarde seiner Heimatstadt, Mackintosh und die ›Glasgow Boys‹, hat William Burrell nicht gesammelt, wohl aber als einer der ersten in Schottland die französischen Impressionisten.[1] William Wells, Kustos der Burrell Collection, vermutet zu Recht: »Die Sammlung ist wahrscheinlich eine der größten, die je von einem Einzelnen zusammengetragen wurde; sicher die größte, die je einer einzigen Stadt gestiftet wurde.« Bei dieser Schenkung im Jahre 1944 hatte Sir William sich den Bau eines Museums ausbedungen – 25 Kilometer außerhalb des Stadtzentrums. Glasgows berüchtigter, inzwischen gebannter Smog sollte seine Kunstschätze nicht beschädigen. Nach fast vierzig Jahren fand man ein geeignetes Domizil, nur sechs Kilometer vom Zentrum entfernt, und so wird die Sammlung endlich 1983 erstmals geschlossen zu sehen sein: im *Burrell Museum* in Pollok Park. In diesem Neubau sind einige Räume von Hutton Castle vollständig rekonstruiert und möbliert wie zur Zeit Burrells.

Das Museum als Wohnung, die Wohnung als Museum: diese schöne, intime Verbindung ist im benachbarten *Pollok House* in ihrer ursprünglichen Form erhalten. Ein Glasgower Glücksfall, die Perle unter den kleinen Museen Schottlands. Der georgianische Landsitz, den William Adam um 1740 für die Maxwells of Pollok entwarf und den seine Söhne John und Robert Adam 1752 vollendeten, beherbergt eine der wertvollsten Sammlungen spanischer Malerei in Großbritannien. Der Mann, der früher als andere Goya, El Greco und William Blake sammelte, machte sich durch eine Velasquez-Studie auch als Kunsthistoriker einen Namen: Sir William Sterling Maxwell.

---

1 Gemälde von Manet, Degas u. a. kaufte Burrell bei dem einflußreichen Glasgower Kunsthändler Alexander Reid, »a shifty, foxy, furtive dealer« (Whistler).

Burrell und Maxwell: zwei Kunstsammler, die Glasgows Ruf als reine Stadt des Kommerzes Lügen strafen. Dazu kommt, in *Kelvingrove Park*, eine der großen europäischen Gemäldegalerien[1], das neue *Hunterian Museum* mit seiner Whistler- und Mackintosh-Sammlung, und in Sauchiehall Street ein höchst lebendiges Ausstellungs- und Diskussionsforum der Avantgarde, das *Third Eye Centre*. Nicht zu vergessen auch, daß in Glasgow das Scottish National Orchestra, die Schottische Oper und das Ballett beheimatet sind.

›Greek‹ Thomson: Wie modern bauten die Viktorianer?

Edinburgh bezaubert auf den ersten Blick, Glasgow nicht einmal auf den letzten. Glasgow schreckt ab und regt auf. Edinburgh präsentiert sich als Schönheitskönigin auf dem Festival-Laufsteg, Glasgow ist ein Punk und pflegt seine Häßlichkeit: die Nadel durch die Backe, eine Kette mit Rasierklingen um den Hals. Hier die ausgestellte, dort die entstellte Schönheit. Hier ein übersichtliches, harmonisch geschlossenes Stadtbild, dort Lücken, Sprünge, Brüche überall, Stilbruch, Abbruch. Diese Schönheitskonkurrenz hat den Blick auf Glasgow lange geprägt und meist verstellt. Eine Stadt ist wiederzuentdecken: das viktorianische Glasgow.

Glasgows wirtschaftliche Blüte im 19. Jahrhundert hatte, wie andernorts auch, einen Bauboom zur Folge. Neue Wohn- und Warenhäuser, Banken und Kirchen entstanden, solide gebaut fast alle, viele auch brillant entworfen und die meisten interessanter als das, was in den letzten dreißig Jahren in Glasgow entstand. Als im East End der Smog immer stärker wurde, zog, wer es sich leisten konnte, ins West End. *Great Western Road*, die meilenlange, schnurgerade Allee aus dem Stadtzentrum heraus, wurde zur Hauptstraße dieser Entwicklung, *Great Western Terrace* ihr Höhepunkt (1869; Abb. 51). Eine langgestreckte zweistöckige Häuserreihe, durch dreistöckige Blöcke unterbrochen, etwas zurückgesetzt von der Straße, deren Bäume die Bewohner wie ein natürlicher Vorhang abschirmen von Lärm und Neugier; eine Fassade, die Noblesse mit Nüchternheit verbindet, funktionale Strenge mit dem ornamentalen Rhythmus der Palmettenmotive eines gußeisernen Geländers; ein ionischer Portikus, der die Eingänge akzentuiert, darüber eine durchlaufende, flach in die Fassade geschnittene Fensterreihe als horizontale Gegenbewegung. Das alles ist klar in den Proportionen und sparsam in den Dekorationen, antikisierend im Detail, modern im Ganzen. William Burrell, der Reeder und Sammler, wohnte hier; heute ist es ein Altersheim.

Great Western Terrace: ein Nachzügler georgianischer Eleganz? Oder eher Vorläufer einer neuen Sachlichkeit des Bauens? Auch das jedenfalls ist ›viktorianisch‹ und weit besser, als das Etikett meist suggeriert.[2] Zehn Jahre zuvor, 1859, hatte derselbe Architekt eine

---

1 Dem viktorianischen Museumsneubau fiel ein weiteres historisches Gebäude Glasgows zum Opfer: Robert Adams Kelvingrove Mansion (1783), bis 1899 als Museum genutzt.

2 *Buckingham Terrace* in Great Western Road ist ein weiteres Beispiel dieses schlichten viktorianischen Stils.

Viktorianische Warenhäuser, Aufrisse (v.l.n.r.): Alexander Thomson (1859, Grosvenor Building), Alexander Thomson (1871–73, Egyptian Halls, 84–100 Union Street), John Honeyman (1872, Gardner's 120–36 Union Street), Alexander Thomson (1860, Cairney Building, abgerissen)

andere Häuserreihe entworfen, monumentaler, reduzierter noch im Dekor, konsequenter in der Auffassung der Fassade als einer einzigen, kolonnadenartig rhythmisierten Fensterreihe: *Moray Place* in Pollokshields. Der Architekt hieß Alexander Thomson. In Glasgow, wo er mehr baute als jeder andere, nannte man ihn nur den ›Griechen-Thomson‹. Aber ›Greek‹ Thomson war nie in Griechenland. Er baute so, wie die alten Griechen nach seiner Meinung im 19. Jh. gebaut hätten. Das macht seinen Klassizismus ›moderner‹ als den von Robert Smirke, dem Protagonisten des Greek Revival in England. Der funktionale, preußische Klassizismus Karl Friedrich Schinkels stand dem schottischen Architekten am nächsten.

Alexander Thomson, siebzehntes von zwanzig Kindern einer streng presbyterianischen Familie, war seit etwa 1847 in Glasgow tätig. Er baute alles: Kirchen und Lagerhallen, Büro- und Wohnhäuser, Villen und ganze Straßenzüge. Sein bekanntestes Werk in Glasgow ist *St. Vincent Street Church* (1858), zur selben Zeit entstanden wie Moray Place, aber alles andere als puristisch. Ein griechischer Tempel mit ägyptischen Pylonen an den Seiten, überragt von einem campanileartigen Turm, das Ganze wie ein klassisches Zitat ausgestellt auf einem hohen Podest – Architekturtheater für die Passanten unten in Bothwell Street. Wie spektakulär hat Thomson die ungünstige Hanglage ausgenutzt, wie virtuos hat er die Stile gemischt zu einer unverwechselbaren Inszenierung! Ihr exotischer Höhepunkt ist der Turm mit seinen Sphingen, Fialen, Kolonnaden und der langgestreckten Kuppel, eine Apotheose in eigener, architektonischer Sache. Auch innen ist St. Vincent's voller Kontraste: eine Hallenkirche mit umlaufender Empore, die Säulen aus Gußeisen, die Kapitelle mit Palmetten- und Akanthusmotiven verziert. Ägyptisierend auch das Gehäuse der Orgel, die die ganze Stirnseite füllt. Rot-, Blau- und Ockertöne geben dem schmucklosen Raum farbige Akzente. Eine ungewöhnliche Kirche, die einzige von ›Greek‹ Thomson in Glasgow, die noch benutzt wird. Sir Nikolaus Pevsner rechnet sie zu den »eindrucksvollsten Sakralbauten im damaligen Europa«. Im heutigen Glasgow rechnet man anders: Rücksichtslos schießt ein Bürohochhaus dicht neben Thomsons Kirche in die Höhe, nimmt ihr den Atem und die Sicht (Abb. 53). Auch diese Barberei haben die Stadtväter abgesegnet. Indes muß man ihnen noch dankbar dafür sein, denn die Alternative war, wie üblich, Abbruch.

Arg heruntergekommen sind auch die *Egyptian Halls* (1871) in Union Street No. 84–100, das einzige noch erhaltene Lagerhaus von Alexander Thomson in der Innenstadt. Das Erdgeschoß ist völlig umgebaut, die Fassade dick verrußt. Unverkennbar immer noch die Schönheit dieses viktorianischen Lagerhauses. Es ist schön, weil es funktional ist und ornamental wirkt. Es wirkt exotisch, aber es ist modern: ägyptische Säulen im obersten Stockwerk, freistehend, dahinter eine durchgehende Fensterreihe mit maschinengefertigten Eisenrahmen. Dieselbe, noch klassizistisch verkleidete, aber schon verblüffend moderne Fassadengestaltung in den beiden mittleren Etagen: Nicht mehr einzelne Fenster als Wandöffnungen, sondern die Wand aufgelöst in pilasterartig vorgeschobene Kolonnaden und hinter diesem Rahmengerüst durchgehende Fensterreihen. Alexander Thomsons[1] Kolonnadensystem und die Betonung der horizontalen Fensterbänder weisen zurück auf Schinkels Klassizismus und voraus auf die Rasterfassaden des modernen Stils. Hier in Glasgow wurden die Fundamente gelegt, auf denen über zwanzig Jahre später in Chicago Louis Sullivans Büro- und Warenhäuser in die Höhe wuchsen.

Noch deutlicher wird die Modernität der viktorianischen Lagerhäuser Glasgows am Beispiel von *Gardner's Warehouse* in Jamaica Street No. 36 (Abb. 64). In diesem Eckgebäude hinter dem Hauptbahnhof ist das Mauerwerk gänzlich aufgelöst in ein Trägergerüst aus Eisen, und dieser mit Steinplatten nur noch verkleidete Gußeisenrahmen strukturiert eine Fläche aus nichts als Glas. Eine schwebende, schwingende Konstruktion; streng, aber nicht steif: Rundbogenfenster umspielen das Rasterprinzip, von Etage zu Etage nehmen die drei Stockwerke unmerklich an Höhe ab und gewinnen an Leichtigkeit und Eleganz. John Bairds Warenhaus für die Firma A. Gardner & Son, entworfen 1855, vier Jahre nach Paxtons Londoner Kristallpalast, ist ein früher Höhepunkt der neuen Verbindung von Eisen und

---

1 Andere ›Greek‹ Thomson-Adressen in Glasgow: Walmer Crescent in Ibrox und Queen's Park Terrace in Laurieston (beide 1857): klassizistische Häuserreihen; Bucks Head, 63 Argyle Street (1863): Warenhaus; 200 Nithsdale Road in Pollokshields: Villa mit ägyptischen Säulen in Form von Schornsteinen (1871).

Glas, ein Beispiel für die Schönheit des funktionalen Designs, mitten im Jahrhundert des Historismus ein Essay in moderner Architektur.[1] Schon 1827 hatte der Glasgower Architekt John Baird eine Gußeisenkonstruktion für den offenen Dachstuhl der *Argyll Arcade* entworfen, ein – wenn auch kleiner – Pionierbau in der Geschichte der europäischen Passagen-Architektur. Argyll Arcade ist heute mit seinen Juweliergeschäften die teuerste Verbindung zwischen Buchanan und Argyle Street.

Glasgows Kristallpalast en miniature heißt *Kibble Palace*[2] und steht seit 1873 im *Botanischen Garten* (Abb. 57): ein Gewächshaus-Dom mit gläsernen Kuppeln und gußeisernen Bögen und Säulen, mit tropischen Haupt- und Nebenschiffen für die Versammlung seltener Farne. Joseph Paxton, ursprünglich Landschaftsgärtner, hatte ja seine Idee einer monumentalen Glas- und Eisenkonstruktion sozusagen aus dem Treibhaus, und es ist kein Zufall, daß die Gewächshäuser des 19. Jahrhunderts die reinste Verwirklichung dieses Bauprinzips geblieben sind (Abb. 58). Kibble Palace ist eines ihrer vollkommenen Beispiele. Standesgemäßer kann man als seltene Pflanze nirgendwo gedeihen. Bevor es Gewächshaus wurde, war Kibble Palace Konzert- und Versammlungshalle; Disraeli und Gladstone, Queen Victorias Premierminister, haben hier Reden gehalten.

Das gußeiserne Zeitalter hat uns in Glasgow noch eine weitere Besonderheit hinterlassen, zwei Hängebrücken über den Clyde, nur für Fußgänger. Die eine, *Portland Street Bridge* (1851; Farbt. 31), ist zwischen zwei triumphbogenartige Pylonen mit ionischen Säulen gespannt und verbindet die City mit den Gorbals – ein nobler Brückenschlag in eine notorische Gegend, kein Arc de Triomphe für die aus den Slums.[3] Was mögen sie empfunden haben, damals, wenn sie aus ihren elenden Quartieren über die elegante Brücke gingen, und abends wieder zurück? Triumphbogen oder Joch? Aber edle Gefühle, große Gedanken, gar über die Zweideutigkeit der Architektur: Wer konnte sich das schon leisten? Sie nicht, sie gingen nur hinüber, eine schöne Brücke, und eine Meile weiter flußaufwärts war die andere, *St. Andrew's Bridge*. Auch diese viktorianische Hängebrücke verbindet den klassizistischen Stil mit dem Material der Industriellen Revolution, aber nun so konsequent, daß auch die Pylonen und Säulen aus Eisen sind: Historismus aus einem Guß.

St. Andrew's Bridge führt von Hutchesontown nach *Glasgow Green*. Als der Clyde noch sauber war, haben die Glasgower hier ihre Wäsche gebleicht, dann promenierten sie hier, sahen James Watt beim Sonntagsspaziergang und setzten Nelson ein Denkmal. Dieser älteste Park der Stadt sollte einmal, in den ehrgeizigen Tagen der Viktorianer, Glasgows Hyde Park werden. Heute gibt es andere Pläne. Hamilton Motorway heißt das Stichwort. Da neue Schnellstraßen hier immer Vorfahrt hatten, sind die stillen Tage von Glasgow Green

---

1 Bemerkenswert auch John Honeymans Warenhaus-Kathedrale Ecke Union Street / Gordon Street: zweistöckige Arkaden mit Gußeisenmaßwerk (*Ca d'Oro Building*, 1872)

2 Benannt nach dem Glasgower John Kibble, der auf den Bau von Gewächshäusern spezialisiert war. 1860 konstruierte er, ein leidenschaftlicher Fotoamateur, die größte Kamera des 19. Jahrhunderts. Sie war nur mittels Pferdewagen transportierbar. Jede Glasplatte maß 110 × 90 Zentimeter und wog rund 20 Kilo.

3 Unmittelbarer städtebaulicher Bezugspunkt am anderen Ufer ist *Carlton Terrace*, eine klassizistische Häuserreihe am Clyde; erst dahinter (und später) begannen die Gorbals.

wohl gezählt. Schon längst kümmert sich die Stadt nicht mehr um ihren schönsten Brunnen, *Doulton Fountain* (1888). Das britische Empire als Vielvölkerbrunnen, eine personifizierte Quelle des Reichtums: unten die Untertanen, allegorische Figuren von Kanada, Australien, Indien, Südafrika, oben ihr Oberhaupt, Queen Victoria als Hüterin der Quelle. Auf stieg der Strahl, ab stieg das Empire, und da haben die schottischen Stadtväter, mit Sinn für Symbolik und Sparsamkeit, ihrer posthum ruinierten Königin das Wasser abgedreht. »Let Glasgow flourish«, steht am bröckelnden Rand des Brunnens. Noch ein paar Jahre, und er ist reif zum Abbruch.

Wie sah Glasgow aus, als der Brunnen noch sprudelte, und wie sah der Brunnen aus, als Glasgow noch blühte? Ein paar hundert Meter weiter steht das Museum für Stadtgeschichte, *People's Palace* (1898), ein lehrreiches Gebäude. Aber das verrückteste Gebäude Glasgows finden Sie am Rand des Parks, ein viktorianisches Folly, die fixe Idee eines Teppichfabrikanten: *Templeton's Carpet Factory* (Abb. 50). Seine Zeitgenossen kannten James Templeton als seriösen Geschäftsmann. Er hatte dafür gesorgt, daß Queen Victoria 1851 bei der Eröffnung der ersten Weltausstellung im Londoner Kristallpalast nicht auf dem bloßen Boden stand und nicht bloß auf irgendeinem Teppich, sondern auf einem besonders prächtigen, auf einem Templeton-Teppich. Auch hatte die Firma Spezialteppiche für Überseedampfer und einen goldenen Krönungsteppich für Westminster Abbey gewoben. War das alles nun Templeton's zu Kopfe gestiegen? Wußten sie nicht mehr, wohin mit dem Geld? Oder war die neue Fabrik nur ein gigantischer Werbegag? Später erzählte man sich die Entstehungslegende so: Templeton, unzufrieden mit der üblichen Farbrikarchitektur, fragte den Glasgower Architekten William Leiper, welches Bauwerk der Welt für ihn das schönste sei. »Der Dogenpalast in Venedig«, antwortete Leiper. »Bauen Sie ihn hier«, sagte Templeton.

Wie auch immer, im Jahre 1889 liefen die Glasgower in ihrem Stadtpark zusammen und rieben sich die Augen: Der Dogenpalast als Teppichfabrik? Ein Stück Venedig mitten in Glasgow? Die Überraschung ist, noch heute, perfekt. Eine Fassade aus rotem Backstein, Terrakotta, vielfarbig glasierten Ziegeln, im oberen Stockwerk Fayence. Rundbogen-Arkaden im Erdgeschoß, darüber gotische Spitzbögen, Dreipaßfenster mit gedrehten Säulen, Rosetten und zum Abschluß Fischschwanz-Zinnen. Etwas Kreml, viel Venedig, und ganz viktorianisch.[1] Ein exzentrischer Architekt? William Leiper war Junggeselle, lebte zurückgezogen und hatte nur eine Leidenschaft: Fahrradfahren. Als ich Templeton's Teppichfabrik zuletzt sah, 1979, hing ein Schild an der Mauer: »For sale or to Let«. Die Firma ist in ein modernes Gebäude umgezogen. Gesucht wird eine neue Nutzung. Vorgeschlagen ist die Einrichtung eines Industriemuseums. Was wäre dafür besser geeignet als dieses glänzende Beispiel viktorianischer Industriearchitektur?

Glasgow jenseits der Klischees, unter dem Schutt des ersten Augenscheins und allem Abbruch zum Trotz: eine viktorianische Stadt par excellence, vergleichbar nur Liverpool. Schön sind Glasgows viktorianische Häuserreihen, modern seine Lagerhäuser aus Eisen und

---

1 Ein früheres, gemäßigtes Beispiel venezianischer Neogotik in Glasgow: *Stock Exchange* (1875–77), die Börse von John Burnet (südlich von George Square)

Glas, exzentrisch Templeton's Teppichfabrik. Der Rest ist eher konventionell, reine Repräsentationsarchitektur, viktorianischer Bombast, aber auch nicht zu verachten. Zwei Beispiele nur: die Universität und das Rathaus. Für den Neubau von *Glasgow University* auf dem Gilmorehill, 1870, wurde der Londoner Architekt Sir George Gilbert Scott verpflichtet (von ihm stammt auch die Hamburger Nikolaikirche, 1844). Scott entwarf, romantisch aufgetürmt über dem Kelvin-Tal, ein neogotisches Monumentalwerk im Stil der spätmittelalterlichen Tuchhalle von Ypern. Nirgendwo aber stellte die Stadt ihre wirtschaftliche Blüte und ihr bürgerliches Selbstbewußtsein pompöser zur Schau als in ihrem Rathaus am George Square (Abb. 54).

Die Grundsteinlegung der *City Chambers* 1883 war ein Volksfest, ganz Glasgow hatte frei; zur Eröffnung, fünf Jahre später, kam Queen Victoria. Zehn Millionen Ziegelsteine waren verbaut worden und über eine halbe Million Pfund Sterling. Das imponierte allen, und was imponiert, gefällt den meisten. Hinter William Youngs noch verhältnismäßig schlichter Neorenaissance-Fassade tobt eine viktorianische Materialschlacht. In der Eingangshalle Zwillingssäulen aus rotem schottischen Granit (handpoliert) mit Kapitellen aus dunkelgrünem Marmor und Tonnengewölbe mit venezianischem Mosaik. Zwei Treppenaufgänge, einer kostbarer als der andere. Alles konkurriert mit allem: Brescia-Marmor mit Carrara-Marmor, italienischer Alabaster mit Aberdeen-Granit, Rosenholz mit Mahagoni. Triumphaler Höhepunkt: der Festsaal, mit kassettiertem Tonnengewölbe und Wandbildern der Glasgower Schule (George Henry, Edward Walton u. a.) Man tritt, irgendwie erleichtert, hinaus ins Freie.

Auf dem *George Square*, Glasgows Walhalla, erwarten uns die Prominenten auf ihren Sockeln: Sir John Moore, der Held von Corunna (Statue von Flaxman, 1819), James Watt (von Chantrey, 1832), Feldmarschall Lord Clyde, Premierminister Gladstone und über allen, hoch auf einer Säule, die ursprünglich für George III. bestimmt war, Sir Walter Scott; unten, dem Volk näher, Robert Burns. Als Edward VII. die Monumente von George Square sah, erkundigte er sich bei seinen Begleitern: »Welcher Friedhof ist das denn?«

Thomas Annan: Wie die andere Hälfte lebt

Die Monumente, die Villen und Warenhäuser, das ist die eine Seite des viktorianischen Glasgow, die, die man besichtigen kann. Die andere, die Schattenseite, existiert nur noch in Fotos und Berichten der Zeitgenossen. Aber ohne die Kenntnis der alten Slums verstehen wir nicht die Entwicklung der neuen Slums, die heutigen Probleme Glasgows, das bittere Erbe der Viktorianer. Glanz und Elend dieser Stadt sind nicht zu trennen. Während sie blühte, verfiel sie bereits. Glasgow wurde zu einem Symbol des viktorianischen Zeitalters, eines ungehemmten wirtschaftlichen Aufschwungs und eines ungeahnten sozialen Gefälles. Denn den Preis des Fortschritts zahlten nicht die, die am meisten von ihm profitierten. Die Reichen wurden noch reicher, die Armen nur zahlreicher.

Schon zur Zeit der ersten großen Einwanderungswelle aus Irland, in den ›Hungry Forties‹ des 18. Jahrhunderts, hieß es: Wenn ein Ire Geld hat, emigriert er nach Amerika, wenn er nur etwas Geld hat, geht er nach Liverpool; wenn er gar kein Geld hat, kommt er nach Glasgow. Im 19. Jahrhundert waren es vor allem die durch die ›Clearances‹ vertriebenen Bauern der Highlands, die in Glasgows Werften und Textilfabriken Arbeit suchten. Aus den Spannungen, die damals zwischen den katholischen Iren und den protestantischen Schotten entstanden, ging das spannendste aller Lokalderbys hervor, das zwischen den beiden Fußballrivalen Celtic und Rangers im *Ibrox Stadion*. Celtic, 1888 von irischen Einwandern gegründet, hat längst auch protestantische Spieler und protestantische Manager, aber er gilt immer noch als der katholische Club, und seine Fans schwingen die irischen Fahnen, Grünweißorange gegen das Blauweißrot der ›schottischen‹ Rangers.

Um 1800 hatte Glasgow 77 000 Einwohner, im Jahre 1900 rund 760 000. Anfang des 19. Jahrhunderts lebte jeder zwanzigste Schotte in Glasgow, Ende des Jahrhunderts jeder fünfte. Bald war die Altstadt überfüllt. Die wohlhabenderen Bürger zogen weg ins West End, ihre Häuser wurden profitträchtig an Einwanderer vermietet. Das *East End* entstand, schon bald ein Elendsviertel, mit dem verglichen die schlimmsten Gastarbeiterquartiere von heute fast wie Komfortwohnungen wirken. »Bevor ich die Gassen von Glasgow besuchte, habe ich nicht für möglich gehalten, daß es ein derartiges Ausmaß von Schmutz, Verbrechen, Elend und Krankheit auf einem einzigen Fleck in irgendeinem zivilisierten Land geben könnte«, schrieb ein Besucher Glasgows 1839. »In den unteren Etagen schlafen zwölf, manchmal zwanzig Personen beiderlei Geschlechts und jeden Alters durcheinander auf dem Boden in verschiedenen Graden der Nacktheit. Diese Orte sind, was Schmutz, Feuchtigkeit und Verfall angeht, in einem solchen Zustand, daß kein Mensch mit normaler Tierliebe sein Pferd dort unterbringen würde.«

Neue große Mietskasernen wurden gebaut. Bald waren sie ebenso überfüllt wie die alten. Die Mieten waren niedrig, aber die Löhne meist noch niedriger, und längst nicht jeder fand Arbeit. Mit der Industrie kam das Industrieproletariat; nicht nur in Glasgow, auch in Liverpool, Leeds und Manchester. Aber die Slums von Glasgow galten damals als die schlimmsten in ganz Großbritannien. Lange geschah nichts. Endlich, 1842, erschien ein »Bericht an den Innenminister Ihrer Majestät von der Kommission für Armenrecht über eine Untersuchung der sanitären Verhältnisse der arbeitenden Bevölkerung in Großbritannien«, kurz Chadwick Report genannt. Sein Autor, Edwin Chadwick, beschreibt auch die Slums von Glasgow, die Hinterhöfe mit ihren Abfallhaufen: »Es gab weder Aborte noch Abflußleitungen, und der ganze Unrat, der von dem Gewimmel der armseligen Bewohner stammte, landete auf diesem Schmutzhaufen (...) Wir sahen halbnackte Bejammernswerte eng aneinandergedrängt, um sich gegenseitig zu wärmen. Obwohl mitten am Tage, waren mehrere Frauen in einem Bett unter einem Laken gefangen, weil mehrere andere alle Kleidungsstücke der Gruppe anhatten und sich draußen auf der Straße befanden. Es war ein so abstoßendes Bild, daß man – ohne den augenscheinlichen Beweis – geneigt wäre, die Möglichkeit solcher Tatsachen zu bezweifeln.« Dieser Chadwick Report, in der Mitte des prosperierenden Jahrhunderts erschienen, bestürzte die Öffentlichkeit. Er gab den Anstoß zu einer Reform im Gesundheitswesen und zu der Sanierung der Slums. Auch auf einen deutschen Emigranten in London verfehlte der Chadwick Report nicht seine Wirkung: Friedrich Engels zitierte ihn 1845 ausgiebig in seinem Werk ›Die Lage der arbeitenden Klassen in England‹.

»Die Situation der Bevölkerung in Glasgow«, hatte Edwin Chadwick 1842 geschrieben, »war die schlimmste, die wir in irgendeinem Teil Großbritanniens angetroffen haben.« Es dauerte indes noch fünfundzwanzig Jahre, bis in Glasgow etwas geschah. Bei der dritten Cholera-Epidemie 1853/54 starben Zehntausende, vor allem in den Slums. Für sie kam das Sanierungsgesetz von 1866 zu spät. Nun endlich sollten die Slums im East End und in den Gorbals abgerissen werden. Die Verantwortlichen wußten, daß mit diesem Kahlschlag nicht nur die Krankheitsherde beseitigt wurden. Zugleich mit den Elendsvierteln verschwand das alte Glasgow, und die viktorianischen Reformer waren Romantiker genug, um zu ahnen, daß auch die schlechte Vergangenheit bald als 'gute alte Zeit' empfunden würde. So schickten sie, bevor die Arbeiter mit ihren Spitzhacken folgten, einen Fotografen in die Slums: Thomas Annan. Seine Kamera zeigt, »Wie die andere Hälfte lebt« – rund zwanzig Jahre vor Jacob Riis' berühmter Dokumentation der Elendsviertel von New Yorks Lower East Side.

Ein Fotograf war damals noch eine ungewöhnliche Erscheinung, erst recht ein Fotograf in den Slums. Vielleicht genoß Thomas Annan mit seinem mysteriösen Apparat den Schutz des Kuriosen, als er in die *Gorbals* ging, die selbst Ärzte und Sanitäter selten ohne Polizeischutz betraten. Vielleicht spürten die Bewohner aber auch, daß hier jemand ihre Welt festhielt, bevor sie verschwand (Abb. 55). So ließen sie sich willig vor seiner Plattenkamera aufstellen, in Hauseingängen und Hinterhöfen, und so kamen auch die zu ihrem Bild, die nie in Annans Atelier in Hope Street gegangen wären: anonyme Gruppen, Schemen einer Schattenwelt, für wenige verschwommene Augenblicke hervorgetreten und dann wieder aufgesogen von den schwarzen Mauern. Thomas Annan, der Schattenfotograf. Er mußte sie ja wie Modelle arrangieren, denn für Schnappschüsse waren die Gassen zu dunkel und die Belichtungszeiten zu lang. Aber gelegentlich scheint es, als habe er aus der technischen Notwendigkeit eine künstlerische Tugend machen wollen. Darum wirken manche Szenen wie Standfotos aus dem Dreigroschenfilm.

Thomas Annan zeigt uns die Slums, wie sie ausgesehen haben und wie seine Zeitgenossen sie sehen wollten: Wenn schon soviel Misere, dann bitte recht malerisch; realistisch, aber mit romantischen Versatzstücken. So kopierte Annan in seine Fotos Wolken ein, um den Himmel über den Slums aufzuhellen oder um die Schattenschluchten zu dramatisieren. Er machte sogar, des Kontrastes wegen, die Wäsche auf den Leinen heller, die malerisch in den engen Gassen flatterte. Thomas Annan war, anders als Jacob Riis in New York, kein Sozialreformer mit der Kamera. Er hatte keinen persönlichen Impuls, sondern einen offiziellen Auftrag. Seine Fotos wurden in Alben gebunden und an die Mitglieder des Sanierungsausschusses verteilt, später auch an Liebhaber Alt-Glasgows verkauft. Daß Thomas Annan dem malerischen Stil der Kunstfotografie folgte, dem pittoresken Geschmack der Zeit Konzessionen machte, schmälert nicht seine Leistung und den dokumentarischen Rang seiner Bilder. So wie Henry Dixon und die Brüder Boole in

London, Charles Marville und Eugène Atget in Paris die zum Abbruch bestimmten Altstädte fotografierten, so gehört auch Thomas Annans Bestandsaufnahme von Glasgow zu den großen Leistungen der dokumentarischen Fotografie im 19. Jahrhundert. Ohne ihn wüßten wir nicht mehr, wie das East End aussah, als das West End gebaut wurde.

Ich habe Thomas Annans Aufnahmen im Archiv seiner Familie gesehen, in West Campbell Street No. 130. Dort wird die Firma T. & R. Annan & Sons, gegründet 1855, als Familienbetrieb fortgeführt, Glasgows ältestes Fotoatelier.[1] »Wir haben die Tradition, Stadtansichten aufzunehmen, nicht fortgesetzt«, sagt John C. Annan, »die neuen Gebäude reizen nicht zum Fotografieren.« Wirklich nicht? Ich glaube, für ›street photography‹ gibt es in Schottland kein heißeres Pflaster als Glasgow.

Jimmy Boyle: Das wilde Tier aus den Slums

Am Clyde sitzen die Arbeitslosen und trinken. Auf großen, kahlen Flächen spielen Kinder ›Celtic gegen Rangers‹. Vor Wochen standen hier noch ganze Häuserreihen, jetzt brennen die Schutthaufen, mitten in der Stadt (Farbt. 33). »The blitz of bulldozer«, heißt das in Glasgow. Eine Stadt auf Abbruch. Ich habe Viertel gesehen, in *Calton* oder *Anderston*, die ähnelten mehr einem Schlachtfeld als einem Sanierungsgebiet. Ich bin durch Straßen gegangen, deren Häuser leerstanden wie nach einer Pestepidemie: die Geschäfte mit Wellblech verrammelt, Türen und Fenster mit Bretter vernagelt. Ich habe Neubauviertel gesehen, in *Hutchesontown*, da waren die Fensterscheiben im ersten Stock eingeschlagen und die Wände zugerichtet wie Bahnhofstoiletten. Ich habe manchmal gedacht: Bin ich in der Bronx, in der Bowery oder vielleicht in Belfast? Aber dann stand irgendwo immer, auf einer Laterne oder an einer Mauer: »Let Glasgow flourish«, und ich wußte wieder, wo ich war.

Flourish or perish? Ist das die Stadt, die sich im 19. Jahrhundert stolz, nächst London, »the Second City of the British Empire« nannte? Heute steht Glasgow an erster Stelle: Seine sozialen und ökonomischen Probleme sind schlimmer als die der schlimmsten Stadt in England, Liverpool. »Schottlands schäbiger Gigant«, so titulierte die ›Times‹ 1978 den kranken Mann am Clyde. Ein Jahr später hieß es in einem offiziellen Untersuchungsbericht: »Die Verödung Glasgows hat gegenwärtig ein Ausmaß angenommen, unvergleichbar mit irgendeinem anderen innerstädtischen Bereich in Großbritannien.« Wie war es soweit gekommen? Waren die Slums, die Annan fotografiert hatte, nicht längst abgerissen? Hatte die Stadt nicht, im Rahmen ihres Sanierungsprogramms, neue, bessere Häuser gebaut?

Die Mietskasernen, die zwischen 1866 und 1902 entstanden, wurden Spekulationsobjekte. Viele konnten sich' die neuen, teureren Wohnungen nicht leisten und zogen in Altbauten, die bald ebenso überfüllt waren wie die früheren. Die Probleme hatten sich nur

---

1 Auch Thomas Annas Sohn, James Craig Annan, hat sich als Porträt- und Landschaftsfotograf einen Namen gemacht.

von einem Viertel auf das nächste verlagert. Und die Einwohnerzahlen stiegen, immer noch, rapide. In den zwanziger Jahren erreichten sie mit eineinviertel Millionen ihren Höchststand. Während der Depression der dreißiger Jahre wanderten Zehntausende von Arbeitslosen aus. Aber nach dem Krieg setzte ein neuer Zustrom von Menschen ein. Auf nur drei Quadratmeilen lebte ein Siebtel der gesamten Bevölkerung Schottlands. Glasgow, von Bomben verschont, hatte immer noch die alten Häuser. Da stürzte sich die Stadt erneut und radikaler denn je in den Kreislauf von Abbruch und Aufbau. »Was Hitler in den vierziger Jahren so ausgesprochen mißlang, das führte die Glasgower Stadtverwaltung in den folgenden Jahrzehnten freudigen Herzens aus im Namen des Fortschritts«, schrieb Frank Worsdall in seinem Glasgow-Buch ›Die Mietskaserne: Eine Lebensform‹ (1979).

Glasgow baute nach dem Krieg mehr Häuser als jede andere Stadt in Großbritannien. An der Peripherie entstanden die ›New Towns‹ der fünfziger Jahre, jede inzwischen größer als eine Stadt wie Perth: *Drumchapel, Easterhouse, Castlemilk, Pollok*. Wohnungssuchende sollten aus der City wegziehen in diese Neugründungen. So verödete die Innenstadt, und die öden Satellitenstädte breiteten sich aus – »no-go areas« ohne Gemeinschaftsgefühl, ohne ausreichende Sozialeinrichtungen. Die Folge: Vandalismus. Zu sehen unter anderem am Erhaltungszustand von *Provan Hall*, einem vorreformatorischen Herrenhaus (1471) in der Nachbarschaft von Easterhouse. Es war eine verhängnisvolle Wohnungspolitik. Glasgow schrumpfte von 1,1 Millionen (1946) auf 825000 Einwohner (1978). Gegenwärtig verlassen jährlich rund 25000 Menschen die Stadt. So wurde Glasgow die Stadt mit der höchsten Abwanderungsrate in Großbritannien und mit der höchsten Verschuldung: fast 650 Millionen Pfund. Für 1983 haben Glasgows Katastrophenplaner 714000 Einwohner vorausberechnet, den Tiefststand und den Endpunkt dieser Entwicklung. Dann werden rund 30000 Wohnungen in Glasgow leerstehen – genug für die Einwohner einer Stadt wie Wolfsburg.

Von dieser Ausblutung am schlimmsten betroffen war, wiederum, das *East End*. 1961 lebten hier fast 160000 Menschen, heute sind es nur noch 45000. »Sie haben uns hier rausgetrieben wie die Kühe in den Schlachthof«: Ein Mann in *Bridgeton Cross* zeigt mir, wo seine Familie wohnte, bevor die Planierraupen kamen. In den Häusern, die übrigblieben, sind ein Viertel der Wohnungen überbelegt, die Hälfte ohne Warmwasser und Toilette. Hier im East End ist die Kindersterblichkeit doppelt so hoch wie in England, die Arbeitslosigkeit liegt bei zwanzig Prozent, und die Zahl der Analphabeten wird nur durch die der Alkoholiker übertroffen. Dies ist die Gegend der Verzweifelten und Verlorenen, der Fixer und »lacquer lads«, die sich mit einem Fusel aus Haarspray und Limonade einen billigen Rausch verschaffen. Dies sind die Gorbals von heute. Sie beginnen in Calton, gleich hinter Glasgow Green, und reichen über *Bridgeton* und *Dalmarnock* bis *Shettleston* und *Tollcross*. »A disaster area« nannte der ›Observer‹ diese ruinierten Viertel; »the most socially deprived area in western Europe«, schrieb die ›Times‹.

Daß die Stadtrundfahrt des Fremdenverkehrsamtes noch nicht ›Horrortrip‹ heißt, ist nur geschickter Routenplanung und mangelndem Werbemut zu danken. Daß die katastrophalen Fehlplanungen der fünfziger und sechziger Jahre im Glasgow-Prospekt als »die hübschen

Satellitenstädte« gepriesen werden, zeigt indes, daß die Imagepfleger sich mehr einfallen lassen als die Städteplaner. Aber mit Zynismus und Zorn ist Glasgow nicht zu helfen. Ist dieser Stadt überhaupt noch zu helfen?

1976 begann der sicher nicht letzte Versuch, das Projekt GEAR (Glasgow Eastern Area Renewal). Mit einem Aufwand von zunächst 188 Millionen Pfund soll das East End saniert werden, eine Fläche von rund siebzehn Quadratkilometern. Es ist das größte Sanierungsprojekt dieser Art in Westeuropa. »From redevelopment to rehabilitation« heißt die neue, vernünftige Maxime: Renovierung statt Abbruch solider viktorianischer Häuser. Aufgegeben wurde der Plan einer weiteren Satellitenstadt. In Bridgeton Cross kann man unverfälscht hören, was die erstmals an der Planung beteiligten Bürger wollen: »A hoose wi' front and back doors and mebee a bit o' gairden« Einen Garten vorm Haus, keine Hochhäuser mehr. In diesem Sinne werden nun, für weitere 100 Millionen Pfund, die vier ungeliebten Satellitenstädte umgebaut und einige ihrer nicht einmal dreißig Jahre alten Häuser abgerissen[1]. Richard Colwell, verantwortlich für die East-End-Sanierung: »Wie wissen nur zu gut, daß die Zeit nicht für uns arbeitet und daß der Patient im Sterben liegt.«

Schon in den fünfziger Jahren hatte Glasgow begonnen, seinen schlimmsten Schandfleck zu beseitigen; endgültig, so hoffte man damals. Die Sanierung der *Gorbals* wurde zu einem Prestigeunternehmen der Stadt. Es war, als wollte man in Sodom und Gomorrha ein Neues Jerusalem errichten. Fast achttausend Häuser wurden abgerissen, dann sollten so berühmte Architekten wie Sir Basil Spence und Sir Robert Matthew dem Wiederaufbau internationales Renommé verschaffen. Die alten Gorbals gibt es nun nicht mehr. Die Hochhaus-Siedlungen von *Hutchesontown* wirken heller, moderner und so einladend wie ein Klinikkomplex (Farbt. 29; Abb. 49). Geblieben ist die Gewalt, der Alkoholismus, die Resignation. In den neuen Gorbals (Abb. 56) hat der Vandalismus der Straßenbanden eher noch zugenommen.[2]

»Glasgow ist Schottlands Stolz und kann auch wirklich allenthalben in der Christenheit für eine wohlgebaute und blühende Stadt gelten.« Lesen Sie, wenn Sie nach Glasgow fahren, nicht nur Smolletts ›Humphry Clinker‹ von 1771. Lesen Sie, auch wenn Sie nicht in die Gorbals gehen, Jimmy Boyles ›A Sense of Freedom‹ von 1977, die Autobiografie eines Mannes aus den Slums. Geboren in den Gorbals im Jahre 1944, hatte Jimmy Boyle die klassische Berufswahl: Arbeitsloser, Boxer oder Gangster. 1967 erhielt er lebenslänglich für Mord. Als »Schottlands gewalttätigster Gefangener« machte er jahrelang Schlagzeilen. Dann, in der Resozialisierungsabteilung von *Barlinnie Prison* in Glasgow, kam die Wende. Jimmy Boyle wurde, als Autor und Bildhauer, zum Sprecher der Unterprivilegierten. Mit dem Erlös seiner Autobiografie gründete er einen Fonds, um Leuten aus ähnlichen Verhältnissen zu helfen. Seine Skulpturen wurden ausgestellt, sozial engagierte Künstler wie

---

1 In der *Red-Road-Siedlung* in *Balornock* (1962–64), damals die höchsten Wohnhochhäuser Europas, wurden schon 1978 einige Blocks für unbewohnbar erklärt.

2 Abgesehen von ihrer sozialen und städtebaulichen Problematik verdienen zwei Dinge in den Gorbals Interesse: *Citizens' Theatre* (Gorbals Street), Glasgows Avantgarde-Theater, und *Southern Necropolis*, ein viktorianischer Friedhof.

Joseph Beuys setzten sich für ihn ein. Der Dramatiker Tom McGrath schrieb, zusammen mit Jimmy Boyle, ›The Hardman‹ (1977): ein Glasgower Schlüsselstück über Gewalt, ihre Entstehung in Gegenden wie den Gorbals, ihre Eskalation im Gefängnis. Im letzten Akt sitzt der Gewalttäter, nur noch Opfer einer gewalttätigen Gesellschaft, nackt im Käfig: das wilde Tier aus den Slums. Jimmy Boyle verbüßt immer noch, trotz internationaler Gnadenappelle, seine lebenslängliche Gefängnisstrafe in Glasgow.

Mackintosh: In den Teestuben des Jugendstils

Mitten in Glasgow entstand um die Jahrhundertwende etwas, das man hier am wenigsten erwartet hätte: Großbritanniens bedeutendster Beitrag zum europäischen Jugendstil, die schottische Antwort auf die englische ›Arts and Crafts‹-Bewegung. »Let Glasgow flourish«: Strahlender ging dieser Wunsch nie in Erfüllung. Ein Name steht über allen, und es gibt Leute, die nur seinetwegen nach Glasgow fahren: Charles Rennie Mackintosh (Abb. 20). Als er geboren wurde, 1868, stand Glasgow in der Hochblüte viktorianischer Architektur. Als er starb, 1928, hatte er seiner Heimatstadt mehr wider ihren Willen einen zweiten Stempel aufgedrückt, unverwechselbar wie zur selben Zeit die Arbeiten von Gaudí in Barcelona und Horta in Brüssel.

Mackintosh, Sohn eines Polizeibeamten, wurde als zweites von elf Kindern in Glasgow geboren. Gleich mit seiner ersten größeren Arbeit, 1896, machte er Furore. Er entwarf, achtundzwanzigjährig, die Glasgower *Kunstakademie* – so kühn, so jenseits aller historistischen Elemente, daß Walter Gropius sie später als den »Anfang eines Durchbruchs« pries. Mackintosh selbst hat seinen Avantgardebau gelegentlich als »traditionell« bezeichnet. Diese Tradition sehen wir am besten, wenn wir von Sauchiehall Street die steile Dalhousie Street hinaufgehen: Wie ein Wohnturm der Stuart-Zeit ragt die Ostfassade der Kunstschule empor, mit kahlen Mauerflächen und wenigen, schmalen Fenstern. An der langgestreckten Rückfront setzt sich dieser festungsartige, fast mittelalterliche Eindruck fort und wendet sich, an der Eingangsfront, zur unverkennbaren Modernität des Mackintosh-Stils. Diese Nordfassade überrascht durch ihre funktionelle Schlichtheit, erst dann auch durch dekorative Details. Sieben große Atelierfenster, asymmetrisch dazwischengesetzt der Haupteingang. Mit ihren skulpturalen Motiven, schmalen Erkerfenstern und dem polygonalen Turmabschluß steht diese Eingangszone in spielerischem Kontast zu dem strengen Rhythmus der Sprossenfenster. Ein ebenso praktisches wie poetisches Detail: die schmiedeeisernen Winkelstützen vor den Fenstern, die im Filigran von Vögeln und Blättern enden – eine schöne, etwas selbstmörderische Bretterauflage für Fensterputzer. So rational im Ganzen wie ornamental im Detail sind auch die Innenräume. Ihr schönster: die Bibliothek. Sie gehört zum zweiten, erst zehn Jahre später begonnenen Bauabschnitt der Kunstschule (1907–09). Ein quadratischer Raum mit einer Galerie, die auf vorspringenden Tragebalken ruht, mit eingekerbten, bemalten Geländerstäben und Balustraden-Paneelen – ein Raum aus

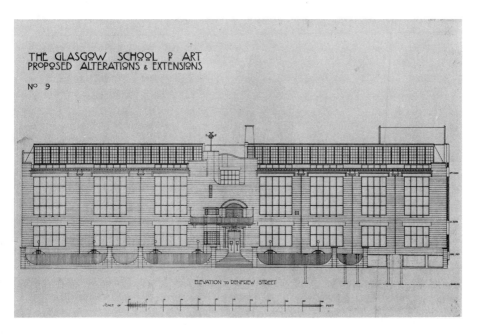

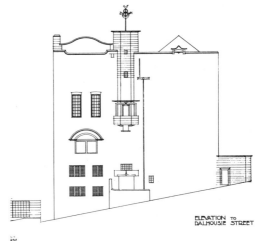

*Mackintosh: Glasgower Kunstakademie,
Aufriß der Nordfassade an der Renfrew
Street und Aufriß der Ostfassade an der
Dalhousie Street, 1907*

Kalkül und Phantasie, ein Ort der schönen Konzentration. Die kantigen Formen der
Bibliothek wiederholen sich an der steil über der Scott Street aufgetürmten Westfassade mit
ihren überlangen Erkerfenstern und dem winkelig gestuften Rahmenmotiv des Eingangs,
Vorklang des Art Deco.

An dieser Kunsthochschule trafen sich ›The Four‹, zwei Männer und zwei Frauen, die den ›Glasgow-Stil‹ der Jahrhundertwende prägten[1]: Mackintosh, der Designer Herbert McNair und deren Ehefrauen, Frances und Margaret Macdonald. Zu den Möbeln und Räumen, die ihre Männer entwarfen, trugen die Schwestern Macdonald Stoffmuster und Täfelungen bei, Vorhänge, Schmuck und Metallarbeiten. ›Die Vier‹ ließen sich von Blake, Beardsley und den Präraffaeliten ebenso anregen wie von keltischer Buchmalerei und japanischer Grafik. Sie liebten blasse, delikate, dekadente Farben: Lila, Violett, vor allem Weiß. So mystisch wirkten ihre Ornamente, so geisterhaft die langgezogenen Figuren, daß die Zeitgenossen die Gruppe ›Spook School‹ nannten. Indes war der Stil der ›Spukschule‹ trotz aller Spiralen eher gradlinig, oft fast kantig, verglichen mit den kurvigen, fließenden Linien des kontinentalen Jugendstils.

Sein Entwurf der Glasgower Kunstschule machte den jungen Mackintosh mit einem Schlag bekannt. Geschätzt wurde er indes mehr im Ausland als in seiner Heimatstadt, gefördert mehr von privaten als von öffentlichen Auftraggebern. Zu ihnen zählte Miss Catherine Cranston. Sie wollte den Glasgowern Gelegenheit geben, ihr nächst dem Whisky populärstes Getränk, den Tee, kultivierter zu trinken als bisher. Dafür sollte Mackintosh sorgen: mit dem Neubau und der kompletten Inneneinrichtung ihrer Teesalons, von den Tischen und Stühlen bis zu den Bestecken und Speisekarten. So entwarf er, von 1897 bis 1911, Tearooms für Miss Cranston: in Buchanan und Argyle Street, in Ingram und Sauchiehall Street. Kein Wunder, daß man Glasgow »a very Tokyo for tea rooms« nannte.[2] Den ersten, Buchanan Street No. 91, gestaltete Mackintosh zusammen mit George Walton[3], einem der einflußreichsten Designer seiner Zeit in Großbritannien, über dessen Ideenreichtum Voysey schrieb: »Noch aus dem Höllenfeuer hätte er einen faszinierenden Entwurf zu machen verstanden.«

In Miss Cranstons Teehäusern gab es nicht nur Tee. Die Geschäftsleute der City fanden hier auch Speisesäle, Rauch- und Spielsalons, alle individuell ausgestattet, exotische Inseln im viktorianischen Alltag. *Ingram Street Tearoom* hatte einen Speisesaal ganz in Weiß, einen eichegetäfelten Raum mit Galerie und einen Chinesischen Salon mit transparenten Wandschirmen und Holzgittern, das Holz mit roten und blauen Lackfarben bemalt. Den Höhepunkt dieser für ihn so charakteristischen »Verschmelzung von Puritanismus und Sinnlichkeit« (Pevsner) erreichte Mackintosh mit den *Willow Tearooms* (1904) in Sauchiehall Street No. 217 (Abb. 62, 63). Man trat durch eine Glastür mit Rosenknospenmotiv, man spiegelte sich in einem bleiverglasten Fries, man saß an weißen Tischen, auf hochlehnigen, leicht unbequemen Stühlen, unter mobileartigen Glaskugel-Lampen, man sah auf Margaret Macdonalds ›Weiden‹-Paneel und dachte an Rossettis Sonett »O ye, all ye that walk in

---

1 Parallel dazu die Malerei der von Whistler und der Schule von Barbizon beeinflußten ›Glasgow Boys‹ (E. A. Hornel, J. Guthrie, G. Henry, W. Y Macgregor, E. A. Walton)

2 Nicht umsonst verdanken wir Lipton's Tea einem Glasgower Kaufmann, dem Tee-Baron Sir Thomas Lipton.

3 Der gebürtige Glasgower lieferte u. a. Entwürfe für Clutha-Glas, eine schlierendurchzogene, frei geblasene Glasart der Firma James Couper in Glasgow.

Willowwood«: Man saß im ›Room de Luxe‹ von Mackintosh. Stilvoller als bei Miss Cranston in Glasgow konnte man damals nirgendwo in Europa Tee trinken. Heute kann man es nicht mehr. Längst sind die Teesalons in Argyle und Buchanan Street verschwunden, und in den Ingram Street Tearooms (1950 von der Stadt erworben, 1970 aufgegeben) hat ein Hotel die Karikatur einer ›Mackintosh Function Suite‹ eingerichtet. Nur die Willow Tearooms wurden 1980 restauriert, allerdings ohne ihr ursprüngliches Mobiliar und ohne ihre alte Funktion.

Zwischen dem Entwurf der School of Art (1896) und ihrer Vollendung (1909) lagen Mackintoshs fruchtbarste Jahre. Er baute in Glasgow und Umgebung Wohn- und Verlagshäuser, eine Kirche und eine Schule. *Queen's Cross Church* (1896/97) ist der einzige größere Kirchenentwurf von Mackintosh, der verwirklicht wurde[1], eine Mischung von Neogotik und Jugendstil, bis auf den Turm eher konventionell von außen, innen mit einem Tonnengewölbe aus Holz und frei sichtbaren Eisenträgern. Heute liegt Queen's Cross Church, seit 1977 Hauptquartier und Ausstellungsraum der Mackintosh Society, mitten im Sanierungsgebiet von *Maryhill* und wäre fast selber dem Abbruch zum Opfer gefallen – wie in den sechziger Jahren Mackintoshs Wohnung Southpark Avenue No. 78.[2] Für *Scotland Street School* (1904–06), das städtische Gymnasium in *Kingston*, entwarf er eine symmetrische Fassade mit zwei zylindrischen, fast völlig verglasten Treppentürmen. Glasgow hat keine schönere Schule als diese; ihre beabsichtigte Schließung wäre ein Schildbürgerstreich. Total verdreckt (und auf lange Sicht bedroht) präsentieren sich zwei andere Mackintosh-Gebäude in der Innenstadt: das *Glasgow Herald Building* (1895) in Mitchell Street und das *Daily Record Building* (1901) in Renfield Lane, heute halb Lagerhaus, halb Bank.

Das »Herrschaftliche Wohnhaus eines Kunstfreundes«, das Mackintosh 1901 für einen Wettbewerb in Darmstadt entwarf, wurde nie gebaut. Aber heute können Kunstfreunde in einem Landhaus bei Glasgow übernachten, das Mackintosh ein Jahr später für den Verleger Walter Blackie entwarf und das jetzt der Königlichen Architektenvereinigung gehört: *Hill House* in *Helensburgh*[3]. Alles, vom Schrankschlüssel bis zum Garten, hat Mackintosh selbst entworfen. Wie brillant er auch als Architekturzeichner war, zeigt der Aufriß von Hill House. Daß die Bäume so kugel- und halbkugelförmig beschnitten wurden, wie auf seiner Zeichnung vorgesehen, scheiterte indes am Eigensinn der Gärtner. Mackintosh verbindet die Schlichtheit der Landhäuser seines englischen Zeitgenossen Voysey mit der Tradition schottischer Herrenhäuser des 16. und 17. Jahrhunderts. Der eingestellte runde Treppenturm, die asymmetrische Giebel- und Fensteranordnung (vgl. *Lamb's House* in Leith, 17. Jh.), die Erker und Kamine, dieser Wechsel vorspringender und zurücktretender Formen gibt der Fassade Rhythmus und plastisches Volumen. Das Innere von Hill House ist

---

1 Für einen Wettbewerb für die Kathedrale von Liverpool lieferte Mackintosh 1903 einen Entwurf, der nicht ausgeführt wurde.

2 Sie wurde mit den Originalmöbeln rekonstruiert in der Hunterian Art Gallery der Universität, die neben dem Kunstmuseum in Kelvingrove das meiste Mackintosh-Material besitzt.

3 Das andere Landhaus von Mackintosh in der Umgebung Glasgows: *Windyhill* in Kilmacolm (1899–1901, privat)

Mackintosh: Hill House, Helensburgh, Südwestansicht, 1903

eine Harmonie in Schwarz, Weiß, Rosa und Violett. Whistlers Gemälde, übersetzt in die drei Dimensionen des Raumes: So hat man Mackintoshs subtile Raumkompositionen charakterisiert, und nirgendwo trifft dies besser zu als hier. Das Wohnzimmer mit seinem unvergleichlichen Erker, das Schlafzimmer des Hausherrn mit der gewölbten Bettnische, und überall diese ätherischen wie einfachen Möbel, elfenbeinweiße Schränke mit fliederfarbenen Ornamenten, ebenholzschwarz lackierte Stühle (aus Eiche) mit hohen Leiter- und Gitterrücken – Räume von einer zauberhaften, kühlen Eleganz. »Durch Mackintosh«, schrieb Hermann Muthesius, Mitbegründer des Deutschen Werkbundes, »ist die Gedankenwelt der Innendekoration unendlich bereichert worden.«

Dies alles entwarf und baute Mackintosh in seiner Heimat. Aber nicht in Glasgow wurde er berühmt, auch nicht in London, sondern auf dem Kontinent, durch Ausstellungen in Wien und Turin, München und Moskau. Auf der Wiener Secessionisten-Ausstellung von 1900 bekam Mackintosh einen eigenen Pavillon für seine Möbel. »Chambres garnies für schöne Seelen«, spottete der Kunsthistoriker Julius Meier-Graefe. Aber Künstler und Besucher waren begeistert: »Hier fanden wir die eigenartige Mischung von puritanisch strengen, zweckdienlichen Formen und einer poetischen Sublimierung des Praktischen«, schrieb der Maler Friedrich Ahlers-Hestermann: »Die Räume gleichen Träumen, überall waren schmale Täfelungen, graue Seiden, die zartesten, aufstrebenden Holzsäulen, schmale, rechteckige Anrichten, deren oberer Rand so wenig vorragt und so glatt ist, daß die verschiedenen Teile wie aus einem Stück gemacht scheinen (...) Die Faszination, die von den Proportionen ausging, der aristokratische Schwung und die Sicherheit, mit der ein Stück

Email, ein farbiges Glas oder ein schmiedeeisernes Objekt angeordnet waren, entzückt alle Künstler (...) Hier verbinden sich Mystizismus und Ästhetizismus mit einem starken Fliedergeruch, dem Gefühl gepflegter Hände und einer zarten Sinnlichkeit. Als Gegensatz zur Üppigkeit der vorausgegangenen Zeit, standen in einem Raum nichts als zwei Stühle, mit Rückenlehnen, die so hoch waren wie ein Mensch; sie standen auf einem weißen Teppich und sahen sich, über einen schlanken Tisch hinweg, schweigend, wie Gespenster an.« Studenten eskortierten Mackintosh in einer blumengeschmückten Kutsche durch Wien. – Der erfolgreichste Architekt jener Jahre in Glasgow aber hieß John James Burnet[1], nicht Mackintosh.

Wie kam es, daß der einzige schottische Architekt nach Robert Adam, der auch als Designer internationalen Ruhm erntete, in seiner Heimat so wenig galt? War es nur eine Folge der in Glasgow so übermächtigen viktorianischen Tradition? Entscheidender wirkte sich, indirekt, etwas anderes aus: die Gründung der Labour Party (1893). Die besitzende Klasse, die ihre Interessen bedroht sah, förderte nun weniger die Avantgarde als die

1   Burnet baute u. a. das Warenhaus *McGeoch's*, West Campbell Street (1905). – Interessanter der Glasgower Jugendstil-Architekt James Salmon, ein Freund Mackintoshs: *The Hatrack*, 142 St. Vincent Street (1899–1902).

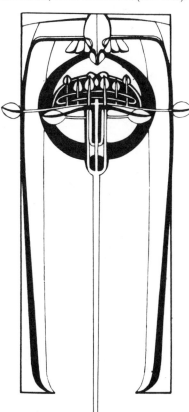

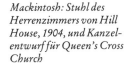

Mackintosh: Stuhl des Herrenzimmers von Hill House, 1904, und Kanzelentwurf für Queen's Cross Church

konservativen Künstler: das Bestehende sollte erhalten, nicht in Frage gestellt werden, ästhetisch wie politisch. Rund zehn Jahre lang arbeitete Mackintosh in Glasgow, gegen vielerlei öffentliche Widerstände. Dann gab er auf. 1914 zog er mit seiner Frau nach London. Aber auch dort fehlte es an Auftraggebern und den wenigen Auftraggebern an Geld. Nur einen Entwurf verwirklichte Mackintosh noch in den letzten fünfzehn Jahren seines Lebens, den Umbau eines Hauses in Northampton. Fortan aquarellierte er, Landschaften und Blumen. Er trank nun immer mehr, und das Ende war schrecklich: 1928 starb Mackintosh an Zungenkrebs, arm und nahezu vergessen.

Nach dem Tod seiner Frau, 1933, wurden ihre beiden Ateliers, Möbel, Bilder und andere Objekte, auf nicht einmal 90 Pfund taxiert. Bei einer Sotheby-Auktion, 1975, brachte ein einziger Mackintosh-Stuhl rund 40000 Mark. Für 250000 Mark gar kaufte das Glasgower Museum 1979 ein Mackintosh-Schreibkabinett zurück, das dasselbe Museum 1933 für etwa hundert Mark verschleudert hatte. Vier internationale Firmen reproduzieren inzwischen serienmäßig Mackintosh-Möbel (die nur als Einzelstücke konzipiert waren). So wurde auch der Neubau der österreichischen Botschaft in Tokio (1976) nicht etwa nur nach Art des Wiener Jugendstil-Designers Josef Hoffmann ausgestattet, sondern hauptsächlich im Mackintosh-Stil.

Die Halbinsel Fife

South Queensferry heißt der Ort am Firth of Forth, von dem aus Queen Margaret um 1070 oft zu ihrem Palast in Dunfermline übersetzte. Wer von Edinburgh nach Fife wollte, mußte jahrhundertelang die Fähre benutzen. Als die erste Brücke gebaut wurde, saß Robert Louis Stevenson in der *Hawes Inn* und schrieb jene Szene seines Romans ›Kidnapped‹ (1886), die in dem alten Fährhaus beginnt: die Entführung David Balfours. Was Stevenson von der Hawes Inn aus sah, war kaum weniger spannend als die Abenteuer seines jungen Helden: der Bau der bizarren Eisenbahnbrücke über den Forth (1882–90; Abb. 28). Allzu frisch war noch die Erinnerung an die Katastrophe beim Einsturz der Tay Bridge (siehe Seite 230). So spiegeln die drei Auslegertürme der *Forth Bridge* mit ihrem kreuz und quer verstrebten Gitterfachwerk das Sicherheitsbedürfnis der Zeit ebenso wie die raffinierte Verschnürung eines viktorianischen Mieders. Heute wissen wir den ästhetischen Reiz solcher technischen Vorsorge mehr zu schätzen als William Morris, der die Forth Bridge »the supremest specimen of all ugliness« nannte, einen Ausbund von Häßlichkeit.

Alte Fotografien in der Hawes Inn zeigen, wie die 1,6 Kilometer lange Brücke über die oft stürmische Meeresbucht gebaut wurde. Bei der gewaltigen Spannweite von je 523 Metern montierte man für den unteren Druckgurt stählerne Rohre mit einem Durchmesser von dreieinhalb Metern – ›The Tube‹, die damals gerade im Bau befindliche Londoner U-Bahn, hätte leicht hindurchfahren können. Die Forth-Bridge war eine der großen Ingenieurleistungen des 19. Jahrhunderts. Ihr Architekt Sir John Fowler wurde in den Baronsstand erhoben, sein Mitarbeiter Benjamin Baker geadelt. Als die Brücke im März 1890 eröffnet wurde, sah man unter den Ehrengästen auch Gustave Eiffel, dessen Gitterturm, nach demselben Strukturprinzip gebaut, ein Jahr zuvor die Sensation der Pariser Weltausstellung war. Erst 1964 weihte Queen Elizabeth die Straßenbrücke über den Forth ein, entworfen von Sir Giles Gilbert Scott, dem Architekten der Kathedrale von Liverpool. Neben der viktorianischen Eisenbahn- die moderne Autobahnbrücke, die eine auf- und abschwellend in komplizierten Verstrebungen, die andere eine schnelle, einfache Horizontale zwischen zwei luftigen Pylonen, hier der Schwebebalken, dort das Klettergerüst: ein faszinierender Dialog. Mit einer Länge von über zwei Kilometern und einer Hauptspannweite von rund tausend Metern ist die neue Forth Bridge Europas längste Hängebrücke. Rund 200 Millionen Mark hat sie gekostet. Wir zahlen Brückenzoll und fahren ins alte Königreich von Fife.

Andrew Carnegie: Stahlkönig und Menschenfreund

Warum lassen wir die Halbinsel, die aussieht wie ein Hundekopf, nicht einfach rechts liegen und rauschen auf der M 90 weiter, nach Perth und in die Highlands? Reizt uns nur die historische Prominenz, die aus der Grafschaft zwischen Forth und Tay stammt: Charles I. und Robinson Crusoe, Adam Smith und Andrew Carnegie? Sind es die toten Könige von Falkland Palace, die alten Fischerdörfer von Fife, die klassischen Golfplätze von St. Andrews? Wenn die Prospekte das Königreich der Pikten heute als »Scotland's Holiday Kingdom« preisen, haben sie nicht übertrieben.

Die Kleinstadt *Dunfermline*, nicht weit von den Forth-Brücken entfernt, war einmal die Hauptstadt Schottlands. König Malcolm Canmore residierte hier, Robert Bruce wurde hier begraben. Aber fragen Sie einen Einheimischen nach dem großen Sohn dieser Stadt: Er wird Ihnen keinen König nennen, etwa Charles I., der im Palast von Dunfermline geboren wurde, sondern einen Weberssohn aus Moodie Street. King Charles ging nach London und kümmerte sich nicht weiter um seinen Geburtsort; der Sohn des armen Webers wanderte aus nach Amerika, wurde Milliardär und beschenkte seine Heimatstadt königlich wie keiner vor ihm. Andrew Carnegie, 1835 in Dunfermline geboren, aufgestiegen zum Stahlkönig von Pittsburgh, heimgekehrt jedes Jahr im Sommer auf sein Schloß nach Sutherland: Dies ist die beinahe schon biblische Geschichte des erfolgreichen Puritaners. ›St. Andrew‹, wie Mark Twain seinen Freund Carnegie nannte, Schutzpatron des Selfmademan, Archetyp des schottischen Emigranten: in der Fremde die Karriere, das Herz in den Highlands.

Gleich am ersten Schultag in Dunfermline, nach einem Bibelwort gefragt, antwortete Andrew mit einer Maxime seiner Mutter: »Take care of your pence, the pounds will take care of themselves.« Frühe Einsicht in das wunderbare Wesen der Geldvermehrung, das war das eine. Das andere: die Armut seines Vaters, der durch die Einführung des mechanischen Webstuhls arbeitslos geworden war; »Armut als eine bereichernde Erfahrung«, wie Carnegie später sagte. 1848 wanderte die Familie nach Pennsylvania aus. Andrew Carnegie fand Arbeit in einer Baumwollfabrik, dann als Telegrafenjunge. Mit siebzehn war er Assistent des Direktors der Western Pennsylvania Railroad. Er erkannte die unbegrenzten Möglichkeiten des Unternehmers, er investierte in Öl und Stahl, im Eisenbahn- und Brückenbau. »Die Anhäufung von Reichtum ist eine der übelsten Formen des Götzendienstes«, schrieb er 1868, als er dreiunddreißig war und seine erste Million zusammen hatte. Die Methoden, mit denen Carnegie sein Stahlimperium aufbaute, Konkurrenten ausschaltete, Arbeiter ausbeutete, das erschien selbst anderen freien Unternehmern seiner Zeit so außergewöhnlich, daß sein Seniorpartner Henny Brick ihn einen »gottverdammten Dieb« nannte. Carnegie hielt sich an seinen Lieblingsvers von Robert Burns: »Thine own reproach alone do fear« (»Fürchte allein deine eigenen Vorwürfe«). Ein Kapitalist mit schlechtem Gewissen?

›St. Andrew‹ entwickelte, in Büchern und Vorträgen, eine Art ökonomische Rechtfertigungslehre und praktizierte das ›Evangelium des Wohlstands‹. ›The Gospel of Wealth‹ (1889) war seine Antwort auf ›The Wealth of Nations‹ von Adam Smith, der wie Carnegie aus Fife stammte und in seinem Geburtsort, der benachbarten Linoleum- und Bergarbeiterstadt *Kirkcaldy*, zwischen 1766 und 1776 »das klassische Grundbuch der bürgerlichen Ökonomie« (Bloch) geschrieben hatte. Andrew Carnegie, Stahlkönig und Menschenfreund, verteilte seinen Reichtum so exzessiv, wie er ihn angehäuft hatte. Geld auszugeben, fand er, sei schwieriger, als es zu verdienen. Er schuf die großen amerikanischen Stiftungen für Wissenschaft und Kunst, die seinen Namen tragen, er stellte allein 15 Millionen Dollar für die Lehrerausbildung zur Verfügung und 10 Millionen Dollar für die Friedensforschung, er gründete die Carnegie Hall in New York und stiftete fast 3000 Büchereien in aller Welt. Darin vor allem, in der Förderung der Erziehung und Bildung, war er ganz Schotte, in seinem ungebrochenen Glauben an Wissenschaft und Fortschritt ganz Viktorianer (»All is well since all grows better«). Von allen schottischen Geizhälsen war Carnegie der verschwenderischste. Rund 350 Millionen Dollar verteilte er zu Lebzeiten auf seine Stiftungen – 350 695 653 Dollar, um genau zu sein – denn er wußte bis zuletzt, als 83jähriger, was er hatte, und vor allem, was er ausgegeben hatte: »Take care of your pence, the pounds will take care of themselves«

Carnegies Geburtshaus in Dunfermline ist ein unscheinbares Cottage, Ecke Moodie Street. Dort wird die märchenhafte Karriere des schottischen Weberssohns dokumentiert. Fotos zeigen einen Mann mit Vollbart, nicht größer als Napoleon, in Knickerbockern und mit Deerstalkers-Hut: So besuchte er alljährlich seine Sommerresidenz *Skibo Castle* in Nordschottland. Carnegie wurde Ehrenbürger von 57 britischen Städten, darin übertraf er noch Churchill. Den Titel ›Sir‹ lehnte er als Republikaner zeitlebens ab. Rund 10 Millionen Mark hatte Andrew Carnegie seiner Heimatstadt für soziale und kulturelle Einrichtungen gestiftet, lange bevor er 1919 starb. Auch Pittencrieff Glen, Dunfermlines weitläufiger Park, ist ein Geschenk Carnegies. Unmittelbar angrenzend liegen die Ruinen der Abtei und des Königspalastes.

Das *Kloster von Dunfermline*, 1074 von Queen Margaret gegründet, von Benediktinern aus Canterbury erweitert, löste die Hebrideninsel Iona als Begräbnisstätte der schottischen Könige ab. Die Soldaten König Edwards I. von England zerstörten 1303 die Abtei fast völlig, weil die Schotten – so ein Zeitgenosse – »das Haus des Herrn zu einer Diebeshöhle gemacht hatten, indem sie dort ihre rebellischen Parlamentsversammlungen abhielten«. Was nach den Verwüstungen der Reformation von der Abteikirche übrigblieb, ist immer noch einer der schönsten normannischen Innenräume in Schottland: ein Hauptschiff mit massiven Rundpfeilern, deren gekerbte Zickzack- und Spiralmuster an Durham erinnern. Die stilistische Verbindung kommt nicht von ungefähr. Als 1093 der Grundstein zur Kathedrale von Durham gelegt wurde, war unter den Gästen auch Schottlands König Malcolm Canmore. Rund fünfundzwanzig Jahre später begann sein Sohn David I. den Bau der Abteikirche von Dunfermline. Der neugotische Chor stammt von William Burn (1817–22). Der Palast liegt in Ruinen; indes blieb die Stadt ihrer königlichen Tradition in Damast treu: Noch die seidenen Krönungsroben von Queen Elizabeth II. wurden in Dunfermline gewoben.

Falkland Palace: Das Jagdschloß der Stuarts

Schottlands Könige hatten viele Schlösser – »many more than the Crown of England has now«, schrieb Daniel Defoe kurz nach der Union von 1707, als Queen Anne außer Windsor Castle und Hampton Court nur noch die Wahl zwischen den Palästen von St. James und Kensington hatte. Den Stuarts standen sieben Residenzen zur Verfügung: Dunfermline und Scone Palace, Edinburgh Castle und Holyroodhouse, Stirling Castle, Linlithgow und Falkland Palace. Wenn die Stuarts zwischen ihren Schlössern umherzogen, gehörte zum Reisegepäck des Hofstaates auch das königliche Maskottchen, ein lebender Löwe, und wenn vom Turm das rot-goldene Löwenbanner wehte und im ›Lion's Den‹ der angekettete Löwe brüllte, dann wußten Stadt und Land: Zirkus Krone, die Stuarts sind wieder da.

Ihr Jagdschloß lag in *Falkland*, am Fuß der Lomond Hills. Ein Palast an der Dorfstraße, beherrschend, aber nicht erdrückend. Dem König direkt gegenüber wohnte sein Hofstallmeister Nicol Moncreif, der auf einem Gedenkstein von 1610 seinem »most excellent Monarche« Preis und Dank sagt für die fürstliche Gunst. Einem anderen Höfling gehörte St. Andrew's House, weißgekalkt mit roten Ziegeln, neben dem mächtigen Torhaus. In Brunton Street signalisiert ein Wappenstein mit einem fliegenden Falken und dem Datum 1712, daß hier einst die Falkner von Falkland Palace wohnten, die Simsons of Brunton. Knapp tausend Einwohner hat die Kleinstadt heute; viele leben, dank des Tourismus, immer noch vom königlichen Palast. Fast alle Häuser, rund siebzig aus dem 17. bis 19. Jahrhundert, stehen unter Denkmalschutz, ein hervorragendes Beispiel für die ›Little Houses‹-Restaurierungsarbeit des National Trust. Erhaltung der Hütten, Pflege der Paläste, erst beides zusammen ist Denkmalschutz in einem umfassenden, demokratischen Sinn. Neben dem feudalen Schloß sehen wir die Häuser der einfachen Leute, eine schlichte, keineswegs arme Architektur. Diese Einheit des Ortes und der Zeit gibt Falkland seine unverwechselbare Atmosphäre. Ein historisches Schaustück und dennoch kein Museumsdorf. Aber sehen wir hier wirklich den sozialen Zusammenhang und nicht nur die Kulissen?

Wovon haben die Höflinge gelebt, wenn der Hof in Edinburgh war, und wovon die übrigen Einwohner? Welche Privilegien hatten die einen, welche Nachteile die anderen? Wurden sie entschädigt, wenn die Jagdmeute des Königs ihre Felder zertrampelte? Wie sah ihr Hausrat aus, wie ihre Kleidung? Wie, Simsons of Brunton, war euer Alltag? Ich gehe durch Falkland und möchte die Geschichte Nicol Moncreifs wissen und nicht nur die von James V. und seinem Palast. Aber die kleinen Häuser, gut restauriert, bleiben im Schatten der großen, besser dokumentierten, und so bleiben die Moncreifs und Bruntons Statisten der Geschichte, Diener der Stuarts, das immerhin. So bleibt auch das Paradox: Die ›Little Houses‹ leben, weil sie immer noch bewohnt sind; der Palast ist tot, Ruine halb und halb Museum, nur sind seine Toten lebendiger als die der ›Little Houses‹.

Was nach einem Palast klingt und wie eine Festung aussieht, *Falkland Palace* ist weder das eine ganz noch das andere. Zu bescheiden im Ausmaß, war es mehr Familiensitz der Stuarts als offizielle Residenz, mehr friedliches Landhaus als wirkliche Festung. Denn das doppeltürmige Torhaus mit seiner Brustwehr (1541), von mittelalterlichen Castles wie

Tantallon oder Caerlaverock abgeleitet, war zwar eine imponierende Geste der Vergangenheit, aber im Ernstfall boten die Burgen von Edinburgh und Stirling besseren Schutz. Auf drei farbenprächtigen Wappensteinen am Gatehouse signalisieren Engel die Besitzverhältnisse: der rote Löwe der Earls of Fife vom Clan Macduff, die hier seit etwa 1120 ihre Burg hatten; der eingerahmte rote Löwe von Schottland, dessen König James II. bei seiner Thronbesteigung 1437 mit dem Bau von Falkland Palace begann; und das blau-weiße Schachbrettmuster der Stuarts, deren letzter Regent, Charles II., 1651 zum letzten Mal sein Jagdschloß in Fife besuchte. Es gehört noch heute der britischen Krone und wird vom National Trust erhalten, im Auftrag eines Stuart mit dem stolzen Titel »Hereditary Constable, Captain and Keeper for Her Majesty the Queen«.

Drei Flügel um einen Innenhof, das ist der Grundriß von Falkland Palace. Wo der Nordflügel stand, der älteste Teil des Schlosses, blühen nun Rosen in den Farben der königlichen Livree, rot und gelb. Hier, in der Great Hall, spielten Foulis und Bennet, der Harfenist und der Geiger, und ein Mohr auf dem Tamburin für Queen Mary of Gelderland. James II. hatte seiner flämischen Frau Maria von Geldern 1449 Schloß Falkland zur Hochzeit geschenkt. Die beiden anderen Flügel ließ James IV. bauen, Schottlands erster Renaissancekönig. Er reformierte die Rechtsprechung, stärkte sein Reich militärisch und organisatorisch, interessierte sich für so verschiedene Künste wie die, Kanonen zu gießen, Harfe zu spielen oder selbst einen Zahn zu ziehen, förderte den ersten Buchdruck in Schottland (1507), und gottesfürchtig war er auch: »Sonntags«, bemerkte Spaniens Botschafter, »würde der König unter keinen Umständen ausreiten.« Im Jahre 1503 heiratete James IV. Margaret Tudor, die dreizehnjährige Tochter Heinrichs VII. In Falkland Palace – wiederum das königliche Hochzeitsgeschenk – preist der Hofdichter William Dunbar die glückliche Verbindung der Distel und der Rose in galanten Versen, Musikanten vom Kontinent und aus den Highlands spielen auf, und ›Whistle-gibbon‹, der Hofnarr, macht seine besten Späße. Aber 1513 fällt James IV. in der Schlacht von Flodden, als er seinem Bündnispartner Frankreich gegen seinen Schwager Heinrich VIII. zu Hilfe kommt. Rund zwanzig Jahre später wird Falkland Palace zum architektonischen Höhepunkt der ›Auld Alliance‹ zwischen Schottland und Frankreich.

Am Südflügel, den James IV. baute und sein Sohn James V. umbaute, ist der Stilwechsel ablesbar: die Straßenfront noch gotisch, die Hoffassade schon im neuen Stil der Frührenaissance. Statt robuster Strebepfeiler sind der Fassade nun elegante Säulen vorgeblendet. Medaillonbüsten flankieren die großen Fenster im ersten Stock. Diese zehn allegorischen Medaillons stellen wahrscheinlich berühmte Paare der Mythologie dar. Aber in der klassischen Rolle von Paris und Helena, Hero und Leander könnten durchaus auch Mitglieder des königlichen Hofes porträtiert sein, etwa – dies war kein Geheimnis – die drei Geliebten von James V. Alle Pracht dieser Fassade galt indes einer anderen: Maria von Lothringen, der Gemahlin James' V. Es war ja nun schon Tradition, daß die Stuarts ihren Frauen Falkland Palace zur Hochzeit schenkten. Mit der Wahl der Adoptivtochter von Franz I. entschied sich James, sehr zum Zorn seines Onkels Heinrich VIII., für Frankreich und gegen England, für Rom und gegen den Protestantismus. Die französisch-schottische

Falkland Palace, 16. Jh., zeitgenössischer Stich

Hochzeit von 1538 markierte den Höhepunkt der ›Auld Alliance‹, der traditionellen Bündnispolitik beider Länder. Schottland leistete Frankreich Militärhilfe, meist gegen England, Frankreich gab Schottland kulturelle Impulse: So ergänzten sich die Bündnispartner. Die französischen Könige bildeten ihre Leibwache aus schottischen Bogenschützen, die schottischen Könige importierten französische Bären für ihr Jagdrevier um Falkland Palace. Aber nicht nur das. Es waren französische Steinmetze, denen das Schloß von Fife (und das von Stirling) seinen Glanz verdankt. Nicholas Roy schuf die Medaillonbüsten, und auch die Namen anderer französischer Künstler sind aus den Rechnungen bekannt. So entstand, mit dem Südflügel von Falkland Palace, die schönste und früheste Renaissance-Fassade ihrer Zeit in Großbritannien, die bis heute erhalten ist. Auf den Strebepfeilern im Hof finden wir das Datum 1539, die Initialen von James V. und Maria Guise, die schottische Distel und die französische Lilie.

Ein langer Korridor im Südflügel führt in die Schloßkapelle (1501–12). Das königliche Gestühl mit seinen graziösen Säulen und Arkaden, die Eichentäfelung hinter dem Altar, die Holzrippendecke mit den Emblemen der Stuarts und Tudors, der bemalte Holzfries: Dies ist der einzige halbwegs im Originalzustand erhaltene Innenraum von Falkland Palace. Im Ostflügel, in der ersten, der ›belle etage‹, lagen die königlichen Gemächer, in einem Querhaus in der Mitte das prächtigste von allen, The King's Bed Chamber (Farbt. 16). Hier, heißt es, starb James V., der Vater Maria Stuarts. Von den gekrönten Monogrammen an der Decke bis zur schmiedeeisernen Distel über dem königlichen Klo: So könnte es ausgesehen haben Anno 1542. Aber der Raum ist eine Rekonstruktion von 1955, und das goldene Himmelbett stammt aus der Zeit James' VI. Sicher ist nicht einmal, woran der dreißigjährige König starb, an Gelbsucht oder an gebrochenem Herzen. Sicher ist nur: Seine beiden einzigen Söhne waren tot, seine Armee von den Engländern bei Solway Moss geschlagen, James V. lag im Sterben. Daß ihm seine Frau in diesem Moment in Linlithgow Palace eine Tochter und keinen Sohn gebar, empfand der König als letzten Schicksalsschlag: »It cam' wi' a lass, and will gang wi' a lass«, habe er gesagt und dann nichts mehr: »Von einer Frau ist die Krone auf uns gekommen, mit einer Frau wird sie dahingehen.«[1] Eine Woche nach dieser Prophezeiung starb James V. Aber nicht mit seiner Tochter Maria Stuart endete die Herrschaft der Stuarts, sondern erst 1688 mit James VII./II.

In Falkland Palace verbrachte Maria Stuart als Königin von Schottland unbeschwerte Wochen, vielleicht die glücklichsten ihres Lebens. Hier fühlte sie sich frei von den Intrigen des Edinburgher Hofes, von den Ansprüchen der Macht. Sie ritt aus an den River Eden, in der erhobenen Faust den Falken, zur Jagd in die Eichenwälder von Falkland. Sie spielte Tennis auf dem Platz, den ihr Vater 1539 am Ende des Gartens angelegt hatte – der früheste noch erhaltene königliche Tennisplatz neben dem von Hampton Court. Bei Regen spielte man Backgammon im Schloß, Sänger unterhielten die Gesellschaft mit Madrigalen, man tafelte und tanzte. Das waren die schönen Tage von Falkland. Nicht weit von hier, im Inselgefängnis von Loch Leven, begann Maria Stuarts Ende. Ihr Sohn James VI. machte Falkland Palace noch einmal zu einem Hochzeitsgeschenk (für seine Frau Anna von Dänemark), bevor er 1603 als König James I. von England und Schottland den Hof nach London verlegte. Nun verödete das Schloß, Cromwells ›Rundköpfe‹ benutzten es als Garnison im Bürgerkrieg, ein Brand brach aus, Falkland Palace verfiel. Daß wir das Jagdschloß der Stuarts nicht als »romantische Ruine« hergerichtet sehen, wie Sir Walter Scott empfohlen hatte, sondern gut restauriert, verdanken wir dem 3. Marquess of Bute, einem viktorianischen Nachfahren der Stuarts.

Loch Leven: Die Flucht der Königin

Loch Leven, Ende Oktober: Flach und leer der See, als seien auch die letzten Forellen gefangen. Keine Kähne mehr auf dem Wasser, die Meisterschaften der britischen Sportang-

---

1 Der Familienname Stuart bzw. Stewart leitet sich her vom Amt des High Steward, des Großhofmeisters von Schottland, das die Familie innehatte, bevor Sir Walter, 6. High Steward, im 14. Jahrhundert die Tochter des Königs Robert Bruce heiratete, Prinzessin Marjorie. Mit der Thronbesteigung ihres Sohnes, Robert II., begann 1371 das Königshaus Stewart. Die männliche Linie der Royal Stewarts endete 1807 mit dem Tod des Kardinals von York, des Bruders von Prinz Charles Edward Stuart. Erst Maria Stuart änderte die Schreibweise ›Stewart‹ in ›Stuart‹, eine Folge des fehlenden W im französischen Alphabet. Die beiden populärsten Stuarts unserer Tage haben die alte Schreibweise beibehalten: der Autorennfahrer Jackie Stewart und der Pop-Sänger Rod Stewart.

ler sind vorüber. Die Saison ist vorbei, das Ausflugsboot fährt nicht mehr. Ich gehe die Uferpromenade von *Kinross* entlang, ans Ende einer Landzunge, auf den alten Friedhof (Abb. 47). Urnen und Obelisken zielen wie Kimme und Korn übers Wasser, auf das Gefängnis Maria Stuarts. Dies ist die schmalste Stelle zwischen Ufer und Insel. Hat man die Königin von hier aus hinübergerudert nach Lochleven Castle? Ist sie bei ihrer nächtlichen Befreiung hier wieder an Land gegangen? Keine Episode im Leben Maria Stuarts ist so zur Legende geworden wie die Flucht von Loch Leven.

1567, ein wahnsinniges Jahr: Im Februar die Ermordung Darnleys, ihres Mannes; im Mai Maria Stuarts Heirat mit Bothwell, dem vermutlichen Mörder ihres Mannes; im Juni die Entscheidung von Carberry Hill: Bothwell flieht, Maria Stuart wird von ihren Lords gefangengenommen. »Burn the whore«, brüllt der Mob in den Straßen von Edinburgh: Auf den Scheiterhaufen mit der Hure! Der Königin den Prozeß zu machen, wagt keiner der rebellischen Lords. So schaffen sie Maria Stuart – angeblich zu ihrem Schutz, tatsächlich zu ihrer Erpressung – auf die Inselburg im Loch Leven. Wenige Wochen später, am 24. Juli 1567, isoliert, resignierend, vielleicht aber auch nur taktierend, unterzeichnet die Königin ihre Abdankung. Der Earl of Moray, ihr protestantischer Stiefbruder, wird zum Regenten ernannt, ihr Sohn, eben ein Jahr alt, in Stirling Castle zum König James VI. gesalbt. John Knox hat sich der Zeremonie bemächtigt, das Kind triumphierend der »ehebrecherischen Papistin« und der »katholischen Satansreligion« entrissen. Maria Stuart in Lochleven Castle, gefangen, gedemütigt, gestürzt: Gibt sie nun auf?

Maria Stuart ist jung, vierundzwanzig Jahre, sie will leben, und sie will die Macht. Von ihrer Schönheit schwärmten die Dichter ihrer Zeit: »Gebt euch zufrieden, meine Augen / Ihr werdet nie wieder etwas so Schönes sehen«, schrieb DuBellay. Einer, der sich nicht mit Versen zufriedengeben wollte, der ihr von Frankreich nach Schottland gefolgt war, der Dichter Chastelard versteckte sich im Schlafzimmer Maria Stuarts, wurde ergriffen und in St. Andrews enthauptet. »Adieu, du schönste und grausamste Prinzessin der Welt«, rief er, bevor das Beil des Henkers fiel. Stefan Zweig sprach von der »Todesmagie«, mit der die Maria Stuart alle Männer ihrer Umgebung verhängnisvoll anzog. Auch jetzt, selbst auf der Insel im Loch Leven, ist einer da, der Herz und Kragen für die Königin riskieren will: der junge Lord George, der Sohn ihrer Wächterin Lady Douglas. Am 2. Mai 1568, im Schutz der Dämmerung, rudert der Page William die Königin an Land und wirft den Schlüssel, mit dem er die Burgbewohner eingeschlossen hat, in den See. (Dieser Schlüssel spielt im romantischen Reliquienkult der Heldin eine Rolle; viele haben ihn gesucht, entsprechend viele Schlüssel wurden gefunden; der angeblich echte liegt bei Scott in Abbotsford.) Am anderen Ufer wartet George Douglas mit seinen Getreuen, und in nächtlichem Ritt entkommt Maria Stuart nach *Niddry Castle*, auf die Festung der Hamiltons westlich von Edinburgh.

Dies war ihr letztes Abenteuer, und daß es uns so romantisch erscheint, dafür hat vor allem Sir Walter Scott mit seinem Roman ›Der Abt‹ gesorgt (1820). Die unglückliche Königin auf der einsamen Insel, Gefangene im eigenen Land, in einer idyllischen Landschaft, die Liebe eines jungen Edelmanns, die Flucht aus der Burg, der nächtliche Ritt, die kurze Freiheit vor der letzten, langen Gefangenschaft: »Wenn eine solche Legende einmal vollendet geschaffen ist, dann dringt sie tief und unlösbar in das Blut der Nation«, schreibt Stefan Zweig. »Man soll Legenden, wenn sie schön sind, nicht zerstören.« Aber Maria Stuart war von Bothwell, dem Mörder ihres Mannes, schwanger und hatte, in ihrer fast elfmonatigen Gefangenschaft, eine Fehlgeburt. Davon, von ihrer seelischen Not, schweigt Sir Walter Scotts romantische Geschichte.

Am 13. Mai 1568, wenige Tage nach ihrer Flucht, stellt sich Maria Stuart in *Langside* bei Glasgow dem Earl of Moray zur entscheidenden Schlacht. Die abgesetzte Königin, immer noch populär, gegen einen unbeliebten Regenten, Schwester gegen Bruder, Stuart gegen Stuart: Es ist, auch für Schottland, eine heillose Sache. Moray siegt (und wird zwei Jahre später in Linlithgow ermordet), Maria flieht, drei Tage lang, in rasendem Ritt an die Grenze ihres Landes, nach *Dundrennan Abbey* (Farbt. 4). »Ich habe Beschimpfungen, Verleumdungen, Gefangenschaft, Hunger, Kälte, Hitze erlitten«, schreibt sie später an den Kardinal von Lothringen, »ich bin geflohen, ohne zu wissen, wohin, zweiundneunzig Meilen durch das Land, ohne Mahlzeit und Rast. Ich mußte auf der nackten Erde schlafen, saure Milch trinken und Hafergrütze ohne Brot essen. Drei Nächte habe ich wie eine Eule, ohne eine Frau zu meiner Hilfe, in diesem Lande gelebt.« Am 16. Mai 1568 verläßt sie Schottland für immer. Ein Fischerboot bringt sie über den Solway Firth nach England. Nun hat Maria Stuart, fünfundzwanzig Jahre alt, noch fast zwanzig Jahre zu leben: als Gefangene der Königin Elizabeth. Erst jetzt, jenseits von Schottland, beginnt Friedrich Schillers Tragödie der schottischen Königin.

Ein Jahrhundert nach Maria Stuarts Enthauptung in Fotheringhay entwirft der Architekt Sir William Bruce seinen Landsitz am Loch Leven. *Kinross House* liegt genau in der Mitte zwischen dem Städtchen und der Insel. Die zentrale Achse, die als Allee zum Haus führt und als Gartenweg weiter zum See, endet im Blick auf die Ruine von Lochleven Castle. Dies ist die klassische Perspektive eines Stuart-Parteigängers, nicht der Friedhofsblick der Stuart-Romantiker. Ein barockes Landschaftskonzept als politisches Bekenntnis, zugleich aber schon mit seiner Einbeziehung der Ruine ein erstaunlicher Vorgriff auf den pittoresken Stil des 18. Jahrhunderts. William Bruce, Sohn eines kleinen Landadeligen aus Fife, hatte sich tatkräftig für die Restauration der Stuarts eingesetzt. Charles II. belohnte ihn dafür 1671 mit dem Amt eines Königlichen Bauinspektors und Hofbaumeisters für Schottland. Bruce leitete die Erweiterung von Holyrood Palace, wurde Mitglied des Geheimen Staatsrats – ein ›gentleman architect‹, der seine Karriere mit dem Landsitz in Kinross krönte (1685–93).

Klassisch in seiner Symmetrie, nobel in seiner Zurückhaltung, perfekt bis in die Details der Steinmetzarbeit: Kinross House verdient noch heute den Enthusiasmus, mit dem es Daniel Defoe als »das schönste und regelmäßigste Stück Architektur (eines Herrenhauses) von ganz Schottland, vielleicht sogar von ganz England« pries. »The house is a picture, 'tis all beauty.« Die Schönheit der Architektur wird noch gesteigert durch die Verbindung mit Garten und Landschaft, ein großer, einheitlicher Entwurf. Er spiegelt in seinem Aufwand die gesellschaftliche Stellung des Architekten William Bruce. Der Sturz des Hauses Stuart beeinträchtigte die Vollendung seines eigenen Hauses: Für die Innenausstattung der oberen Etagen ging ihm das Geld aus. Bruce, auch nach 1688 ein loyaler Stuart-Anhänger, war der

Regierung Williams III. als ›Sympathisant‹ suspekt und kam dreimal ins Gefängnis. An seiner politischen Überzeugung änderte dies so wenig wie an seinem Ruhm als »Christopher Wren von Schottland«. Kinross House wird heute von Sir David Montgomery und seiner Familie bewohnt (Farbt. 37). Lady Delia zeigt Besuchern gerne den Garten, die Bäume, die Bruce pflanzte, das ›Fish Gate‹, ein ornamentales Meisterwerk flämischer Steinmetze (Abb. 1). Sir David besitzt die gesamten Fischereirechte am Loch Leven; das gibt dem Blick auf Maria Stuarts Insel eine einträgliche Perspektive.

Kinross House ist aus demselben warmgetönten Sandstein gebaut wie Holyrood Palace. Diesen Cleish-stone bezog William Bruce aus seinem eigenen Steinbruch in den *Cleish Hills*, südlich von Kinross. Dort lebt der junge Architekt Michael Spens, auch er, wie sein großer Vorgänger Bruce, politisch aktiv. Als Mitglied der Scottish National Party arbeitet er für ein unabhängiges Schottland, als Kunstsammler und Mäzen fördert er vor allem die schottische Avantgarde (Laing, Mylius, Paolozzi u. a.). Michael Spens lebt in *Cleish Castle*, einem Wohnturm des 15. Jahrhunderts, den er für heutige Bedürfnisse exemplarisch restauriert hat, im Geist der alten Architektur und in Verbindung mit moderner Kunst. In der Hall, einem Wohnzimmer mit Empore, sitzt man unter einem labyrinthischen Deckenrelief aus metallisiertem Fiberglas von Eduardo Paolozzi (1973) – ein Panoptikum des Maschinenzeitalters. Für die verschiebbaren Holzblenden des Hallenfensters hat Spens' Freund Paolozzi drei leuchtende Gobelins entworfen – Pop-Explosion in Cleish Castle.

Was Michael Spens im exklusiven Rahmen seiner Wohnung und seiner Avantgarde-Zeitschrift ›Studio International‹ gelingt, versucht man in der benachbarten Industriestadt *Glenrothes* in anderer, populärer Form. Seit 1968 gibt es hier das Amt des Stadtkünstlers, ein demokratisches Pendant zum Hofkünstler. ›Town artist‹ David Harding gehört zum Team der Stadtplaner, Architekten und Techniker, die diese für 70000 Einwohner konzipierte neue Industriestadt bauen. Mit Wandbildern und Spielskulpturen, lebensgroßen Beton-Flußpferden und Riesenpilzen will David Harding zur Wohnlichkeit der Stadt und zur Kreativität ihrer Bewohner beitragen. Zu diesem in Schottland einmaligen Modell gehört inzwischen auch ein Stadtschreiber und ein Kunsthandwerker-Zentrum in *Balbirnie*.

Culross: Die kleinen Häuser der kleinen Leute

Die Grafschaft Fife, sagte der König einmal, sei ein Bettelrock mit einem Goldrand. Mit diesem ›fringe of gold‹ meinte James VI. die Fischerdörfer der Ostküste, mehr noch die Handelshäfen am Firth of Forth, allen voran *Culross*. Östlich der Kraftwerke von Kincardine und Longannet, der gigantischen Ölraffinerie von Grangemouth gegenüber liegt Culross, Idylle am Industrial Belt. Dieses romantische Städtchen war selbst einmal eine Industriestadt, ein Handelshafen, der Ende des 16. Jahrhunderts fast so groß und so reich war wie Glasgow. Culross hatte damals Kohlebergbau, Salinen und eine Art Monopol in der Herstellung von Backblechen für Oatcakes und Bannocks, die schottischen Grundnahrungsmittel. Ihre wirtschaftliche Blüte verdankte die Stadt vor allem Sir George Bruce. Er hatte ein System von Stollen unter dem Firth of Forth anlegen lassen mit einem flutsicheren Förderschacht, von dem aus die Kohle gleich in Schiffe verladen werden konnte, zum Export nach Skandinavien und in die Nordseehäfen (nach Hamburg z. B. lieferte Culross damals hundert Tonnen Kohle pro Woche). Dieses Bergwerk unter dem Meer galt als technisches Wunderwerk seiner Zeit. Auch James VI. soll es besichtigt haben. Als der König aus dem Förderschacht im Firth of Forth nach oben stieg und sich plötzlich rings von Wasser umgeben sah, habe er, heißt es, vor Überraschung und Schreck »Verrat!« gerufen.

Sir George Bruce bewirtete James VI. in Culross Palace (1597–1611), einem stattlichen Haus, das mit seinen Wandmalereien den Wohlstand des Kohlebarons ebenso spiegelt wie sein Grabmal aus Alabaster (1642) in der Abteikirche. Aber nicht deswegen kommen wir nach Culross. Nicht ein einzelnes hervorstechendes Gebäude macht den Ort bemerkenswert, sondern die Gesamtheit seiner Häuser. Was wir in Culross sehen, schön und vollständig wie nirgendwo sonst in Schottland, ist eine Stadt aus der Zeit um 1600. Am einstigen Hafen das Rathaus und die Villa von Bruce, auf halber Höhe der Marktplatz, oben auf dem Hügel Abteiruine und Herrenhaus: klare Verhältnisse. Sie zeigen sich noch im Kopfsteinpflaster der Stinking Wynd. Die besseren Leute gingen auch besser, ihnen war der leicht erhöhte Plattensteg in der Mitte der Gasse vorbehalten, die ›Crown o' the Causeway‹; der gemeine Mann hatte auszuweichen in die Gosse und bekam nasse Füße. Soviel zur Romantik des Kopfsteinpflasters.

Aber nicht die Hierarchie dominiert im Straßenbild von Culross, sondern bürgerliche Individualität. Nicht die Bauverordnung, sondern Disziplin und Phantasie der Architekten. Nicht Pfusch am Bau, sondern die Qualität des Handwerks. Wir sehen in Culross den architektonischen Alltag der Zeit, die kleinen Häuser der kleinen Leute zwischen dem 16. und 18. Jahrhundert (Abb. 45). Das natürliche Gefühl für Proportionen, der sichere Umgang mit den verschiedenen Materialien, der Verzicht auf unnötigen Dekor: All das sind Elemente des guten Geschmacks, Ergebnisse einer langen einheimischen Bautradition. Es war diese Tradition, die Mackintosh beim Entwurf seiner Landhäuser Windyhill und Hill House am meisten beeinflußte.

Häuser ohne besondere Kennzeichen? Wer ihre Gemeinsamkeiten sieht, erkennt auch ihre Unterschiede. Die Häuser von Culross, roh verputzt mit weißem oder grauem Mörtel, haben meist rote Pfannendächer und die charakteristischen Stufengiebel, seit dem Ende des

Culross, Häuserzeile um 1600

17. Jahrhunderts mitunter auch die geschweiften Giebel des holländischen Klassizismus. Der Eingang, durch Außentreppen erreichbar, liegt oft im ersten Stock. Der Türsturz trägt die Initialen und das Hochzeitsdatum der Besitzer, nicht selten auch ihr Berufsemblem. Die Fenster, ihrer elementaren Funktion entsprechend, sind in ihrer ursprünglichen Form zweigeteilt, wie am ›Palace‹ und ›Study‹ in Culross noch zu sehen: die obere Hälfte bleigefaßtes Glas, die untere aus verschiebbaren Holzläden, oben Licht und unten Lüftung. All diese Elemente prägen die Architektur der ›Little Houses‹, die Atmosphäre von Culross.

Als Daniel Defoe nach 1707 die Halbinsel Fife besuchte, fand er ihre Hafenstädte, auch Culross, »in vollkommenem Verfall«. Nach dem Umzug des Königs von Edinburgh nach London verödeten die schottischen Schlösser; nach der Vereinigung der Parlamente, ein Jahrhundert später, verlagerte sich auch der Handel nach Süden. Culross verarmte. Daß es nicht verfiel, daß wir die alten Häuser heute wieder so sehen wie zur Zeit ihrer Blüte, ist vor allem dem National Trust for Scotland zu danken. Schon 1932, ein Jahr nach seiner Gründung, erwarb und restaurierte er als eines seiner ersten Häuser Culross Palace. Nach und nach kamen andere, einfachere Häuser hinzu, und heute ist Culross das Musterbeispiel des National Trust für sein ›Little Houses Improvement Scheme‹. Nachdem jahrzehntelang die Erhaltung von Schlössern, Burgen und Kirchen Vorrang hatte, restauriert der Trust seit 1961 systematisch auch die charakteristischen Beispiele der Volksarchitektur. Nach dem Prinzip »buy, restore, sell« wurden inzwischen fast zweihundert ›Little Houses‹ vor dem Verfall gerettet und als Wohnung, Museum oder Gechäft neu genutzt. Dieses praktische und ökonomische Verfahren stellte der Europarat 1975 im Europäischen Denkmalschutzjahr als eines der vier britischen Pilotprojekte beispielhaft heraus. Wo in der Bundesrepublik hätten wir, von einzelnen Paradestücken wie Alsfeld abgesehen, eine ähnlich umfassende Initiative?

Überall an der Ostküste, zwischen *Dysart* und *Crail*, sehen wir die ›Little Houses‹ in den malerischen Fischerhäfen von Fife. In *St. Monance* stehen die Häuser im Kreis um den Hafen herum wie alte Männer beim Dorfklatsch (Abb. 43). Auf der Mole flicken Fischer ihre rostroten Netze. Abseits der Stadt, unmittelbar am Meer, eine der schönsten kleinen Kirchen Schottlands, St. Monan's (1362). Wenige Meilen weiter, am Kai in *Pittenweem* (Farbt. 7) liegen die frischgefangenen Fische in ihren Kisten und zucken bei jedem Ausruf des Auktionators. Pittenweem war im 16. und 17. Jahrhundert ein blühender Handelshafen, das benachbarte *Anstruther* (Abb. 44) noch bis in die vierziger Jahre unseres Jahrhunderts ein Zentrum der schottischen Heringsflotte. Nun sind die blauen und grünen Fischerboote vor allem als Fotomotive ergiebig, und das Fischerei-Museum dokumentiert eine stürmische Vergangenheit.

»Wer die Grafschaft Fife sehen will«, empfahl Daniel Defoe, »muß längs der Küste wandern.« Bei dieser Gelegenheit traf er den Seemann Alexander Selkirk, besser bekannt unter dem Namen Robinson Crusoe. Selkirk, Sohn eines Schuhmachers aus *Largo*, war vier Jahre lang auf der unbewohnten Insel Juan Fernandez ausgesetzt. Er gilt als Gewährsmann für Defoes klassischen Abenteuerroman von 1719. Der da lebensgroß in Bronze an einer Hauswand in Largo steht, in abgerissenen Kleidern, die Pistole im Gürtel, Ausschau haltend nach einem Retter in der Dorfstraße: Das kann nur Robinson Crusoe persönlich sein. Wir wollen nicht an alte Geschichten rühren, aber daß der Engländer Defoe aus einem schottischen Vorbild einen englischen Seemann machte, war das fair? Robinson Crusoe war ein Schotte.

St. Andrews: Der Kult der weißen Kugel

Wahrscheinlich wäre George Wishart nicht als Ketzer in St. Andrews verbrannt worden, wenn er die Schrägbalken des Andreaskreuzes im Stadtwappen durch zwei gekreuzte Golfschläger ersetzt hätte, statt die Gedanken der Reformation zu verbreiten. Heute wird St. Andrews nicht mit dem Schutzpatron der Schotten identifiziert, sondern mit ihrem Nationalsport. Kein Mensch hat wirklich Golf gespielt, heißt es, solange er nicht in St. Andrews gespielt hat. »Wenn ich jemals an einen Ort versetzt würde mit der Aussicht, dort und nirgendwo sonst für den Rest meines Lebens zu spielen, ich hätte mich für den Old Course entschieden«, bekannte der amerikanische Golf-Champion Bobby Jones, der 1927 mit dem Gewinn des British Open in St. Andrews seine legendäre Laufbahn krönte.

Der *Old Course* ist die Kaaba von St. Andrews, das grüne Allerheiligste im Kult der weißen Kugel (Abb. 39). Ursprünglich haben die Frauen hier, auf dem weiten Grasland vor der Stadt, ihre Wäsche getrocknet. Bis Mitte des 18. Jahrhunderts ein Kreis befreundeter Müßiggänger die wahren Möglichkeiten des Geländes entdeckte. Man schlug einen kleinen Ball neun Bahnen hinaus in die Dünen (›the Links‹) und neun Bahnen wieder zurück und versuchte dabei jedesmal, mit möglichst wenigen Schlägen ein kleines Loch zu treffen – der Old Course war geboren, der klassische Golfplatz mit achtzehn Bahnen. Diese »noblemen and gentlemen«, wie sie in der Chronik genannt werden, »Bewunderer der alten und gesunden Übung des Golfspiels«, gründeten 1754 den ›Royal and Acient Golf Club‹ von St. Andrews. Er war nicht der älteste: ›The Honourable Company of Edinburgh Golfers‹ schloß sich zehn Jahre früher zusammen; ihr Mekka ist heute noch Muirfield bei *Gullane* (Abb. 3). Aber die Gentlemen von St. Andrews waren die ersten, die verbindliche Regeln aufstellten. Seitdem ist der R & A weltweit die letzte Instanz in allen Fragen des Golfs. Daß der Golfball 45,9 Gramm wiegt und mit einer Ausrüstung von maximal vierzehn Schlägern in ein 10,8 Zentimeter breites Loch zu befördern ist, diese elementaren Dinge haben die Herren vom R & A ebenso penibel festgelegt wie die feineren Regeln des Spiels. Daß die Schotten die Erfinder des Golfes seien, wird man indes selbst in St. Andrews nicht behaupten.

Kommt ›Golf‹ von ›Kolven‹, vom Treibballspiel auf den gefrorenen Kanälen der Niederlande, mit denen Schottland schon früh Handelsverbindungen hatte? Ich habe keine schönere Version vom Ursprung des Golfspiels gehört als diese: Schottische Hirten, die ihre Schafe über das sandige Grasland der Ostküste trieben, schlugen zum Zeitvertreib mit dem gekrümmten Ende ihres Schäferstabes nach Steinchen. Als einer dieser Steine zufällig in einem Kaninchenloch landete, versuchte es der Mann ein zweites Mal mit Absicht. Es ging

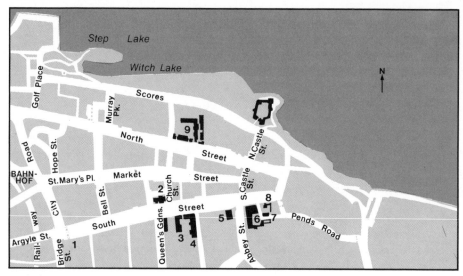

Stadtplan von St. Andrews
1 The West Port 2 Holy Trinity Church 3 St. Mary's College 4 Old University Library 5 South Court 6 St. Leonard's School 7 St. Leonard's Chapel 8 Queen Mary's House 9 St. Salvator's College

daneben – Golf war geboren. Kein Spiel hat den Mißerfolg systematischer zur Basis des Erfolgs gemacht als dieser fortwährende Versuch, ins Loch zu treffen. So fanatisch wurde Golf betrieben, daß König James II. seinen Männern 1457 das Spiel verbot, weil es sie vom Bogenschießen abhalte, und das war im Kampf gegen England vorerst wichtiger. Dieses Edikt wider die Golfsucht ist die früheste historisch verbürgte Erwähnung des Spiels in Schottland.

Mit einem anderen Verdikt betreten wir wieder den Old Course von St. Andrews. Im Jahre 1598 fühlte sich der Kirchenrat von Holy Trinity genötigt, Maßnahmen gegen Gemeindemitglieder zu ergreifen, die »den Sabbat durch Golfspielen entweiht« hätten; sogar die Ältesten, hieß es, hätten »ihre Pflichten vernachlässigt«. Das Sonntagsspielverbot besteht noch heute auf dem Old Course (nicht auf den drei anderen Golfplätzen von St. Andrews). Vom Clubhaus des ›Royal and Ancient‹, einer viktorianischen Unerheblichkeit, erstreckt sich der Old Course mit einer Gesamtlänge von mehr als sechs Kilometern. Golflanglauf. Ein präzises Vergnügen: kurze Schläge, lange Wege, Spannung und Entspannung. Allein das dritte beziehungsweise fünfzehnte Green ist so groß wie der Rasen vorm Weißen Haus. Und was für ein Rasen: makellos, gestutzt wie ein Kavaliersbart des 18. Jahrhunderts. Kein vorstehender Grasbüschel, kein Halm brächte hier einen guten Ball vom rechten Kurs. Man muß nur schlagen können. Einer, der es kann, erzählte mir von einem, der es noch besser konnte:»Bobby Jones, you know, brachte den Ball mit einem einzigen Schlag aus 37 Metern ins Loch!« Das war der längste ›putt‹ in der Golfgeschichte, geschlagen 1929 auf dem fünften Green des Old Course von St. Andrews.

Einmal auf diesem Platz der Plätze spielen! Golfende Amerikaner auf Europareise verzichten lieber auf Venedig oder Heidelberg als auf einen Abstecher nach St. Andrews. Darum kann es in der Saison auf dem Old Course so voll sein wie in Oxford Street in London. Manchmal, klagte ein Golfkritiker der ›Times‹, treffen sich hier sechs Spieler und sechs Caddies am selben Loch: »Da findet man seinen eigenen Ball neben denen der anderen wie ein Ei im selben Nest!« In solchen Spitzenzeiten fliegen die Bälle über den Old Course von St. Andrews etwa mit derselben Start- und Landefrequenz wie die Maschinen in Heathrow Airport. Ein gefährlicher Platz? »Nicht im geringsten«, entrüstet sich ein Mitglied des ›Royal and Ancient‹, »im ganzen letzten Jahr wurde ich nur dreimal getroffen.« Ein sicherer Platz. Enthusiasten übernachten am Rand des sechzehnten und siebzehnten Green im ›Old Course Hotel‹. Die Eingangsfront ist mit hohem Maschendraht geschützt wie eine englische Kaserne in Nordirland. Spaziergänger werden durch Tafeln darauf hingewiesen, daß sie hier auf eigene Gefahr gehen. Es wäre ein Fehler, die grasbewachsenen Dünen nordwestlich von St. Andrews mit einem Wanderweg zu verwechseln. Hart am Himmel zischen die kleinen weißen Kugeln ins Grüne und schlagen lautlos ein. Manchmal, getroffen, fällt eine Möwe aus heiterem Himmel in eine der Sandgruben. »Das ist besser, als wenn sie ins Gras beißt«, sagt der Crack vom R & A und prüft die Beschaffenheit des Rasens. Dann läßt er seinen TS 90 blitzen, den neuen Eisenschläger von Swilken of St. Andrews. Der Ball haut ab, mit über 200 Stundenkilometern. Irgendwo über dem vierzehnten Green verliere ich ihn aus den Augen. Wahrscheinlich war er längst im Loch.

Entgegen der in amerikanischen Clubs verbreiteten Meinung, St. Andrews sei der Name eines berühmten Golfplatzes und weiter nichts, sind wir dem Leser doch auch die Stadt neben dem Spielfeld schuldig. Den frühen Ruhm von St. Andrews begründeten drei Finger, ein Zahn, der Armknochen und die Kniescheibe des heiligen Andreas. Mit diesen Reliquien erlitt der griechische Mönch Regulus im 4. Jahrhundert an den Klippen bei St. Rule's Tower Schiffbruch – eine schottische Gründungslegende. Am historisch faßbaren Anfang war eine Wallfahrtsstätte der keltischen Christen, die den Apostel und Fischer aus Galiläa bald als ihren Hauptheiligen verehrten.[1] St. Rule's wurde als Reliquarkirche gebaut (1127–44): wie ein Campanile emporragend der viereckige Turm, immer noch ein Wahrzeichen in der hochhauslosen Landschaft; dem Turm angefügt ein schmaler Chor und ein kleines Schiff (abgerissen). Als Nachfolger von St. Rule's entstand die *Kathedrale*, 1160 von Augustinern begonnen, eingeweiht erst 1318 in Gegenwart von König Robert Bruce. Es war, mit Zentralturm und rechteckigem Chorabschluß, die bei weitem größte Kirche, die je in Schottland gebaut wurde, länger sogar als St. Paul's in London. In England übertraf nur Norwich Cathedral die Länge der Kathedrale von St. Andrews (108 Meter). Pracht und Prominenz dieser Kirche wurden ihr zum Verhängnis.

---

1 Das Andreaskreuz (Saltire Cross), von dem sich auch die Schrägbalken in der schottischen Nationalflagge herleiten, wurde erst im Mittelalter bekannt.

War Edinburgh im 15. Jahrhundert politisch die Hauptstadt, so hieß das religiöse und geistige Zentrum St. Andrews. Hier war der Sitz des Primas von Schottland, von hier nahm die schottische Reformation ihren Ausgang. Noch einmal erlebte die Kathedrale 1538 mit der Hochzeit von König James V. und Maria Guise einen glanzvollen Höhepunkt. Zwanzig Jahre später, aufgehetzt von den Predigten des Reformators John Knox in der Stadtkirche Holy Trinity, 1559 verwüsteten seine fanatischen Anhänger die Kathedrale. Mit den Steinen der Ruine bauten sich die Bürger von St. Andrews neue Häuser. Erhalten blieb der Ostgiebel, ein Teil der Westfront und die Wände des südlichen Seiten- und Querschiffs. Von St. Rule's Tower (Abb. 42) sehen wir den Grundriß der Abtei und ihres Kreuzgangs, die Mauern (16. Jh.) rund um die Domfreiheit, die Reste des gotischen Torhauses ›The Pends‹ (14. Jh.). Ein Blick über Ruinen und Gräber, dahinter die Stadt, das Meer, die Dünen des Golfplatzes – was für ein Blick! Vor uns haben wir einen der großen Stadtentwürfe des europäischen Mittelalters. Die natürliche Gunst der Lage, ein leicht vorgeschobenes Küstenplateau, ist architektonisch brillant genutzt. Klar erkennbar, unverändert in ihrer Struktur die mittelalterliche Stadtplanung: zwei breite Hauptstraßen, V-förmig ausgehend vom Dombezirk; zwischen North und South Street eine dritte, Market Street. Immer noch bildet die Ostfassade der Kathedrale den krönenden Blickpunkt der North Street, und noch immer liegen hinter einigen Häusern die ›rigs‹, die langen schmalen Streifen Ackerland, heute Gärten. St. Andrews, mehr noch als Edinburgh, ist ihrer Anlage und dem Bestand ihrer Häuser nach die am besten erhaltene historische Stadt Schottlands. Daß die Burg, wie die Kathedrale, nur noch Ruinen sind, darf indes nicht überraschen.

Um 1200 auf den Klippen nördlich der Stadt erbaut, mehrmals zerstört und wiederaufgebaut, St. Andrews Castle war die Festung des Erzbischofs. Im März 1546 sah Kardinal David Beaton, Führer der katholischen Partei in Schottland, von einem Fenster seiner Burg zu, wie unten auf dem Scheiterhaufen George Wishart als Ketzer verbrannt wurde. Im Mai hing Kardinal Beaton wieder im Fenster – ermordet von Freunden des hingerichteten Protestanten. Die Mörder verschanzten sich in der Burg. Sie hatten die heimliche Unterstützung Heinrichs VIII., der die geplatzte Heirat seines Sohnes Edward mit Maria Stuart vor allem dem Kanzler von Schottland anlastete, dem Einspruch Kardinal Beatons. Über ein Jahr dauerte die Belagerung von St. Andrews Castle. Zu besichtigen ist noch der Stollen, den die Belagerer zur Sprengung der Burg gruben – ein Plan, den die Verteidiger mit einem Gegenstollen vereitelten. Erst nach einem Bombardement durch die französische Flotte ergab sich die Besatzung. Unter den Gefangenen, die zu einer Galeerenstrafe verurteilt wurden, war auch der Führer der schottischen Reformation, John Knox.

Er wie so viele der jungen Reformatoren waren als Studenten und Lehrer nach St. Andrews gekommen. Diese älteste *Universität* Schottlands, gegründet 1410, wurde wie Wittenberg und Zürich ein Zentrum des protestantischen Aufruhrs. Am Eingang des einstigen St. Leonard's College ist die Stelle markiert, wo der vierundzwanzigjährige Patrick Hamilton 1528 als Häretiker verbrannt wurde. Hamilton hatte, nach einem Besuch bei Luther, unter anderem auch in Marburg studiert. Sein grausamer Tod wurde ein Fanal der schottischen Reformation. Wenn er noch mehr hinrichten wolle, riet man dem Erzbischof, dann solle er dies in tiefen Kellern tun, »denn der Geruch von Master Patrick Hamilton steckte alle an, die das Feuer entfachten«. Gegen das ›linke‹ College of St. Leonard (1512) gründete Erzbischof James Beaton als Stätte der reinen Lehre St. Mary's College (1538). Aber die Reformation war nicht mehr aufzuhalten. Nach der Hinrichtung George Wisharts hatte sie einen neuen Märtyrer und mit dem ersten ›Covenant‹ von 1557 auch eine politische Organisation.

Das dritte College der Universität von St. Andrews ist St. Salvator's (1450). Seine Fassade in der North Street und die Kollegiatkirche sind noch erhalten, ebenso die Kapelle und einige alte Räume von St. Leonard's College und die Bibliothek von St. Mary's mit ihrem georgianischen Lesesaal (1764-67). Auch die moderne Fortsetzung der historischen Universitätsarchitektur von St. Andrews kann sich sehen lassen: die Andrew Melville Hall (1967) von James Stirling, dem Baumeister des neuen Stuttgarter Museums und des Wissenschaftszentrums in Berlin. Stirlings Studentenwohnheim eine Meile außerhalb des Zentrums bezeugt den Aufschwung der Stadt und ihrer Universität. Vor dem Krieg hatte St. Andrews 9000 Einwohner und 500 Studenten, heute rund 13000 Einwohner und über 3000 Studenten. Sie tragen die traditionellen scharlachroten Talare, und am Kate Kennedy's Day im April ziehen sie in historischen Kostümen durch die Straßen. Alle Frauenrollen werden von Männern übernommen, der schönste ist Kate Kennedy (die Nichte des Bischofs, der St. Salvator's College gründete).

Zu diesem bizarren Volksbrauch paßt das ›*Krazy Kat Arkive*‹, das der Künstler Eduardo Paolozzi 1973 der Universität von St. Andrews stiftete. Dieses nach einem Comic-strip der zwanziger Jahre benannte ›Archiv für Quellenmaterial zur Kunst des 20. Jahrhunderts‹ soll verwahren, was unser aller Bildwelt prägt und was die Pop Art anregte: Abbildungen aus Illustrierten, Comics und Versandhauskatalogen, aus Kino und Werbung, unseren täglichen Kitsch, unsere trivialen Träume. Generalthema dieser rund dreitausend Objekte umfassenden Sammlung: »Das Bild des Helden und seiner Umwelt im Maschinenzeitalter«. Paolozzi selbst, Sohn italienischer Einwanderer, wuchs unter den Hafenarbeitern von *Leith* auf, im »rough and tough end of Edinburgh«. Tagsüber bediente er in der Eisdiele seiner Eltern, abends studierte er in der Edinburgher Kunstakademie. Mehr als Burns, Shakespeare oder die Nationalgalerie von Schottland beeinflußten ihn Zigarettenbilder, Comics und Western. So wurde er zum Mitbegründer der britischen Pop Art. Vielleicht ist die Gedankenwelt Paolozzis, die Ikonographie seines Alltags und unserer Zeit nirgendwo deutlicher ablesbar als in seinem ›Krazy Kat Arkive‹ in St. Andrews.

Letzte Begegnung mit einem Golfer, lebensgroß auf einem viktorianischen Grabstein: ›Tommy‹, der berühmte Tom Morris, der dreimal hintereinander das British Open gewann, längst tot, aber hier noch einmal in der klassischen Haltung des Lochschlags, am Ende des Spiels, im Grabrelief – ein Stück Pop-Kultur des 19. Jahrhunderts (Abb. 40). Der Rasen zwischen den Gräbern ist gepflegt wie der Old Course, als spielten hier nachts die Toten von St. Andrews Golf auf dem neunzehnten, dem Cathedral Green.

Dundee: Die Brücke über den Tay

Wenige Meilen hinter St. Andrews führen zwei Brücken über den Tay. Die eine ist die neue Straßenbrücke von Fife nach Dundee, die andere eine Schulbucherinnerung: »Wann treffen wir drei wieder zusamm'?« / »Um die siebente Stund, am Brückendamm.« Mythisch fing sie an, die Hexensabotage an der Eisenbahnbrücke, und moralisch ging sie zu Ende, die Ballade vom vergeblichen Fortschritt: »Hei! Wie Splitter brach das Gebälk entzwei.« / »Tand, Tand / Ist das Gebilde von Menschenhand.« Diese magische Pointe haben wir dunkel in Erinnerung behalten, und daß ein Heizer mit von der Partie war, den seine Eltern, die Brücknersleute, zu Weihnachten erwarten: »Nun, Mutter, weg mit dem bangen Traum, / Unser Johnie kommt und will seinen Baum.« Das kam uns immer sehr deutsch und doch ganz schottisch vor, Weihnachtsidylle und Hexenspuk aus ›Macbeth‹, Eisenbahnromantik und Naturkatastrophe. Aus dieser elementaren Verbindung entstand Fontanes Ballade ›Die Brück am Tay‹. So drang das schottische Unglück in die deutschen Klassenzimmer: das historische Ereignis als poetische Legende. Was geschah wirklich an jenem 28. Dezember 1879?

Wer von Edinburgh nach Dundee wollte, ohne den Umweg über Perth, mußte damals die Fähre zwischen *Tayport* und *Broughty Ferry* benutzen. Wer hätte schon an eine Brücke über den Firth of Tay gedacht, über die breite Meeresbucht bei Dundee? Ein junger Ingenieur aus Cumberland, Thomas Bouch, träumte von nichts anderem. Jahrelang schien allen das Risiko zu groß. Endlich, 1871, wurde der Grundstein zur Tay Bridge gelegt; sechs Jahre später war sie fertig. Zwanzig Arbeiter kamen bei den schwierigen Bauarbeiten ums Leben. Auf fünfundachtzig schlanken Ziegelsteinpfeilern, mit einer fragilen Eisengitterkonstruktion verbunden, spinnenbeinig stakste die Brücke über den Tay. Sie war fast drei Kilometer lang, die bei weitem längste Brücke der Welt, ein Triumph des Fortschritts, der Stolz Dundees. Als am 31. Mai 1878, nach monatelangen Testfahrten, der erste offizielle Zug die Brücke überquerte, spielte eine Musikkapelle Händels Siegesmarsch »See, See the Conquering Hero Comes«, und die ›Times‹ berichtete, man sehe dem Zug auf der schmalen Brücke mit derselben Spannung entgegen wie dem Seiltänzer Blondin bei der Überquerung des Niagara. Während der ›Times‹-Korrespondent seinen Lesern versicherte, es bestehe »keinerlei Zweifel an der Stabilität« der Brücke, mischte William McGonagall, der naive Barde von Dundee, in seine Lobeshymne auch die heimlichen Ängste der Zeitgenossen:

Beautiful Railway Bridge of the Silvery Tay,
I hope that God will protect all the passengers
By night and by day
And no accident befall them while crossing
The Bridge of the Silvery Tay,
For that would be most awful to be seen
Near by Dundee and the Magdalen Green.

Mit der neuen Brücke schlug die North British Railway ihre Konkurrenz, die Caledonian Railway, um mehr als eine Stunde. Ohne den Umweg über Perth dauerte die Fahrt von Edinburgh nach Dundee nur noch zwei Stunden und zweiundzwanzig Minuten. Queen Victoria erhob Thomas Bouch, den kühnen Brückenbauer, in den Adelsstand. Im Juni 1879, auf dem Rückweg von ihrem Hochlandschloß Balmoral nach Windsor Castle, fuhr die Königin selbst zum ersten Mal über die neue Tay Bridge. Ein halbes Jahr darauf stürzte die Brücke ein und riß einen Zug mit 75 Passagieren in die Tiefe.

Der 28. Dezember 1879 war ein Sonntag, und damit lag später für orthodoxe Gläubige die Unfallursache auf der Hand: Es war die Rache des Herrn, denn die Sabbatruhe entweiht man nicht durch Eisenbahnfahren. Nach einem klaren, stillen Vormittag begann das Barometer an der Ostküste zu fallen, der Wind hob sich, gegen vier Uhr kam der Regen, dann der Sturm. Abends um sechs schepperten in Dundee Dachpfannen aufs Pflaster. Um viertel nach sieben sollte der Zug aus Edinburgh eintreffen. Der Orkan war auf seinem Höhepunkt, als Mr. James Lawson, einer der wenigen Augenzeugen, von seinem Haus über der Bucht sah, wie die schwankenden Lichter des Zugs sich der Brückenmitte näherten: »Es war wie ein kometenhafter Ausbruch wilder Funken, von der Lokomotive gewaltsam in die Finsternis geschleudert. In einer langen Spur war der Feuerstrahl zu sehen, bis zu seinem Verlöschen unten in der stürmischen See. Dann herrschte auf der Brücke völlige Finsternis.« So stand es anderntags in der ›Times‹ , so bei Fontane: »Und jetzt, als ob Feuer vom Himmel fiel, /

The Tay Bridge Desaster: Taucher suchen nach den Opfern des Brückeneinsturzes.
Aus: ›The Illustrated London News‹, 10. 1. 1880

Erglüht es in niederschießender Pracht / Überm Wasser unten ... Und wieder ist Nacht.« Als es hell wurde und der Sturm sich legte, gab es für die Rettungsboote nichts mehr zu retten. In der Mitte der Brücke klaffte eine fast tausend Meter breite Lücke, alle dreizehn Hauptträgerbalken waren weggerissen.

> *Beautiful Railway Bridge of the Silvery Tay!*
> *Alas! I am very sorry to say*
> *That ninety lives have been taken away*
> *On the last Sabbath day of 1879,*
> *Which will be remembered for a very long time.*

William McGonagall aus Dundee, der für jedes nationale Unglück den passenden Reim hatte, irrte sich in der Zahl der Toten (es waren 75), nicht aber im Ausmaß des Schocks. Mit dieser Katastrophe, dreiunddreißig Jahre vor dem Untergang der ›Titanic‹, war für die Viktorianer mehr als eine Brücke zusammengebrochen. Ihr Glaube an die Technik, der sich so grandios im Londoner Kristallpalast und in Brunels Great Western Railway bestätigt sah, dieser unbegrenzte Fortschrittsglaube war dahin. Brücke und Eisenbahn, die beiden Symbole der Epoche, lagen im Tay. Aber wer hatte Schuld an diesem Desaster?

Mit der Sabbat-Theorie mochte sich der Untersuchungsausschuß nicht zufriedengeben. Nach fünfmonatiger Arbeit nannte er als Ursache auch nicht Hexerei, sondern Schlamperei, nicht unberechenbare Naturgewalten, sondern technische Fehler und menschliches Versagen. Das Eisen der Brückenpfeiler und Trägerbalken war von einer so minderwertigen Qualität, daß schon beim Guß Bruchstellen auftraten; sie wurden mit einer Mischung aus Bienenwachs und Ruß, die wie Gußeisen aussah, vertuscht. Für die Wartung der Brücke war ein Mann zuständig, der sein Leben lang mit Ziegelsteinbauten, aber nie mit Eisenkonstruktionen zu tun hatte. Erst vor dem Ausschuß bekannte Henry Noble (so hieß Fontanes frommer Brückner), daß nach jedem Zug ein paar Eisenteile aus dem Gestänge fielen. Dazu kam, daß der Lokführer des Unglückszugs wahrscheinlich die Höchstgeschwindigkeit von 25 Meilen pro Stunde überschritten hatte, um seine Verspätung aufzuholen. Die schwerwiegendsten Vorwürfe aber trafen den Brückenbauer selbst, Sir Thomas Bouch. Er hatte, als man mitten im Strom nicht auf Felsen, sondern in bodenlosen Schlick stieß, statt der soliden Ziegelsteinpfeiler eine leichtere Eisensäulenkonstruktion errichten lassen. Entscheidender noch: Er hatte nie die Windkräfte berechnet, sondern nur die statische Belastbarkeit der Brücke. Das Untersuchungsergebnis, im Juli 1880 veröffentlicht, machte Bouch zum Hauptverantwortlichen. Die Firma, in deren Auftrag er schon am Bau einer Ersatzbrücke arbeitete, entließ ihn, auf den Straßen Edinburghs pöbelte man ihn an. Sir Thomas Bouch, ein gebrochener Mann, starb drei Monate später.

Nicht weit von der neuen, doppelspurigen Eisenbahnbrücke (Abb. 46), die 1881 begonnen wurde, ragen noch die Stümpfe der alten Brückenpfeiler aus dem Wasser. Am anderen Ufer liegt *Dundee*, Terrassen von Häusern und Hochhäusern an den Hängen des Law Hill. Schottlands drittgrößte Stadt ist für drei Dinge berühmt: »jute, jam and

George Dutch Davidson: ›The Hills of Dream‹, Aquarell, 1899

journalism«. Davon hat die Marmelade ihre Spitzenstellung behalten. In gewisser Weise auch der Journalismus: Dundee ist immer noch das Zentrum der Comic-strip-Industrie. Desperate Dan, Lord Snooty, Korky the Cat und Beryl the Peril, so hießen die Heftchen-Helden der großbritannischen Kindheit. Die größten aber bleiben, für jeden Schotten, Oor Wullie und die Broons. Schließlich die Jute: Der Stoff, der die Planwagen im Wilden Westen bespannte, kam aus Dundee. Der Leinenindustrie verdankte die Stadt im 18. und 19. Jahrhundert ihre wirtschaftliche Blüte.

»We stopped a while at Dundee, where I remember nothing remarkable.« Ich fand Samuel Johnsons Eindruck aus dem Jahre 1773 immer noch aktuell, mit zwei Einschränkungen. Im Kunstmuseum am Albert Square ist ein schottischer Jugendstil-Maler zu entdecken, George Dutch Davidson aus Dundee, und auf dem Friedhof ›The Howff‹ lebt die alte Stadt am Tay wie nirgendwo sonst. Wer nach schottischen Vorfahren sucht, sollte hier anfangen, heißt es. Grabmonumente aus drei Jahrhunderten, eine Sozialgeschichte in Stein. Gartenschere, Messer, Schaufel und Harke markieren das Grabmal, das der Gärtner James Ure 1796 seinen Kindern setzte. Die Bäcker haben ihre Getreidegarben und Brotschieber, die Steinmetze Hammer und Meißel, die Schuhmacher ihre Leisten: So berichten die Toten auf diesen Steinen mit einem einfachen Symbol von der Arbeit ihres Lebens. Dundees Friedhof ist besonders reich an Handwerkssymbolen, weil sich hier, zwischen den Gräbern, bis 1778 die Handwerkergilden zu ihren Versammlungen trafen. ›The Howff‹, der ›Treffpunkt‹, war ursprünglich der Obstgarten eines Franziskanerklosters vor den Mauern der Stadt. Bei einem Besuch Dundees im Jahre 1564 schenkte Maria Stuart der Stadt das Gelände als Friedhof. Heute liegt das Gräberfeld mitten im Zentrum, von Bürohäusern und Geschäften umgeben, und in der Mittagspause trifft man sich auf dem ›Howff‹, zum Lunch zwischen Stundenglas und Totenkopf.

Perth: The Stone of Scone – Schottlands Schicksalsstein

Perth liegt am Westufer des Tay, und damit sind die Vorzüge der Stadt hinlänglich zusammengefaßt. Daß Sir Walter Scott in seinem Roman ›Das schöne Mädchen von Perth‹ (1828) die Grafschaftsstadt schöner geschildert hat als sie ist, hat schon seinen reisenden Kollegen Theodor Fontane geärgert. Einzuschränken wäre nur Fontanes Urteil über »die Häuser in ihrer charakterlosen Dürftigkeit«. Am North Inch, dem nördlichen Stadtpark, finden sich einige gut restaurierte georgianische Straßen: Rose Terrace[1] mit der Perth Academy (1807), Atholl Crescent mit schönen Treppenhäusern, Barossa Place mit seinen Regency-Villen. Eine Besonderheit von Perth ist das Round House, der klassizistische Wasserturm am Tay, entworfen von dem Akademiedirektor Adam Anderson (1830-32). Mit gußeisernen ionischen Pilastern dekoriert und mit einer gußeisernen Kuppel bekrönt, hätte man in dieser Rotunde eher ein Gabmal oder eine Kirche vermutet als einen riesigen Wassertank. Daneben, als monumentale Säule verkleidet, der Schornstein des Maschinenhauses. Dieser technische Zweckbau im klassischen Kostüm gefiel dem preußischen König Friedrich Wilhelm III. so gut, daß er die Rotunde von Perth 1837 originalgetreu in Berlin nachbauen ließ. Der Wasserturm am Tay, ein hervorragendes Zeugnis der Industriearchitektur des frühen 19. Jahrhunderts, beherbergt heute das Fremdenverkehrsbüro der Stadt.

Von diesem Wasserturm und dem prächtigen Venezianischen Fenster des Salutation Hotel (18. Jh.; Farbt. 55) in South Street abgesehen, hat Perth mehr alte Geschichten als alte Gebäude aufzuweisen. Die berühmteste, die ›Gowrie Conspiracy‹, ist ein bis heute ungeklärter Mordfall des Jahres 1600. Am 5. August besuchte König James VI. den jungen Earl of Gowrie, John Ruthven, und seinen Bruder Alexander in Perth. Als er das Haus verließ, lagen die beiden Brüder tot in ihrem Blut. Hatte James VI. zwei politische Gegner beseitigen lassen? War der König – so seine eigene Version – einem Staatsstreich zuvorgekommen? Eine der Tröstungen des Jüngsten Gerichts werde es sein, sagte ein ratloser Historiker, endlich die Wahrheit über die ›Gowrie-Verschwörung‹ zu erfahren. Am Schauplatz des Verbrechens, Tay Street Ecke South Street, tun heute die Kommunalbeamten von Perth ihre Pflicht. Einige Straßen weiter St. John's Kirk (15. Jh.), wo Fontane das Wort von den »landesüblichen Ermordungen an Altar und Altarstufen« prägte. In dieser aus begreiflichen Gründen eher schmucklosen Kirche hielt John Knox am 11. Mai 1559 seine folgenreiche Predigt über ›Die Reinigung der Kirchen vom Götzendienst‹. Der Bildersturm,

---

1 In Rose Terrace No. 10 verbrachte der viktorianische Kunstkritiker John Ruskin einen Teil seiner Kindheit.

der sich von hier über Schottland ausbreitete, ging in seiner Radikalität weit über die Absicht des Reformators hinaus. Der Sturz der vierzig Altäre von St. John's, die Plünderung der Klöster, das alles war in seinem Sinn, nicht aber die Zerstörung der Gebäude selbst. »From all the knock-down race of Knoxes, Good Lord deliver us«: Dies Stoßgebet eines Pfarrers von Melrose, in eine Litanei eingeflochten, hätte ihn fast den Kopf gekostet.

Dem Wüten der Anhänger von Knox fiel auch eine der traditionsreichsten Abteien zum Opfer, Scone Abbey. Diese Augustinerabtei des 12. Jahrhunderts lag dort, wo heute die biblischen Jakobsschafe des Earl of Mansfield grasen, auf den saftigen Wiesen am Tay, eine Meile nördlich von Perth. *Scone Palace,* der Landsitz der Grafen von Mansfield, steht teilweise noch auf den Fundamenten der alten Residenz der Äbte. Hier logierten die schottischen Könige, denn Scone war jahrhundertelang ihr Krönungsort und Perth bis 1452 ihre Hauptstadt. Mit dem historischen Stichwort »Scone« endet Shakespeares ›Macbeth‹, mit der Einladung des siegreichen Malcolm an seine Barone: »So thanks to all at once and to each one, / Whom we invite to see us crown'd at Scone« (Trompeten. Alle ab.). Diese Krönung bestand hauptsächlich darin, daß der König sich setzte. Malcolm setzte sich, sehr hart und unbequem, auf einen bloßen Stein, einen unbearbeiteten Sandstein, auf den ›Stone of Scone‹. Das war die feierliche Inthronisierung der schottischen Könige; ihre förmliche Krönung wurde erst 1329 vom Papst anerkannt. Da war der Stein aber schon geraubt. Edward I., der »Hammer der Schotten«, hatte im Jahre 1296 ihren Krönungsstein als Kriegsbeute nach London gebracht und unter dem englischen Thron in Westminster Abbey deponiert. Dieses sichtbare Zeichen der Unterwerfung rückten die Sieger nie wieder heraus. Erst als am 25. Juli 1603 Schottlands König James VI. als König James I. von England und Schottland in Westminster gekrönt wurde, setzte sich wieder ein schottischer Herrscher auf den ›Schicksalsstein‹ von Scone. Nun aber, mit der ›Union of the Crowns‹, war für Schottlands Patrioten der Stein erst recht aus der Krone gefallen, ihre Autonomie für immer an London verloren. Als dem König Cromwells Truppen schon auf den Versen waren, ließ sich Charles II. in Scone noch einmal krönen – ohne Stein, ohne Macht. Das war am Neujahrstag 1651. Aus gegebenem Anlaß, am Heiligabend 1951, raubten drei junge schottische Nationalisten den ›Stone of Scone‹ aus Westminster Abbey, um ihn an seinen rechtmäßigen Platz zurückzubringen. Aber der 7. Earl of Mansfield lehnte dankend ab, und Scotland Yard schaffte den Stein wieder zurück nach Westminster Abbey. So bleibt schottischen Patrioten als Trost auch weiterhin nur die Theorie, Edward I. sei damals einer Fälschung aufgesessen: Der echte Krönungsstein liege, vergraben, irgendwo in Schottland.

Die Herkunft des ›Stone of Scone‹ reicht weit zurück in die mythischen Ursprünge der schottischen Nation. Ihr Ahnherr Gael oder Gaythelus – ein griechischer Prinz, der Scota, eine Tochter des Pharao, geheiratet hatte, die wiederum ihren Stammbaum vom biblischen Noah herleitete – jener Prinz Gael brachte den heiligen Stein, auch »Jakobskissen« genannt, von Spanien über Irland nach Schottland. Historisch faßbar ist die Einwanderung der Skoten, gälisch sprechender Kelten aus Irland, die sich in Argyll ansiedelten und dort Ende des 5. Jahrhunderts das Königreich *Dalriada* gründeten. Diesen Skoten, die den ›Schicksalsstein‹ aus Irland mitgebracht haben sollen, standen im Norden die Pikten gegenüber.

»Picti«, »bemalte Männer«, so hatte Tacitus sie wegen ihrer blau tätowierten Rangabzeichen genannt. Der keltische Name der Pikten leitet sich indes von ihrer Waffe her, einem langen Spieß: Pic-daoine, pike-men.[1] Offizieller Genealogie zufolge stammt die heutige Königin Elizabeth II. von piktischen Prinzessinnen ab, darf sich daher als eine genuin schottische Herrscherin betrachten und ihre Dynastie als das älteste regierende Königshaus in Europa. Das Zentrum des Piktenreichs war Scone. Hierhin verlegte der Skotenkönig Kenneth Macalpine Mitte des 9. Jahrhunderts seinen Hof, nachdem er die Pikten besiegt hatte, und bestieg als erster König eines geeinten Schottland den Krönungsstein in Scone.

Auch nach 1296 inthronisierten die Schotten ihre Könige in Scone. Wohl konnte Edward I. ihnen den Stein rauben, nicht aber den sakralen Hügel, auf dem die Zeremonie stattfand: Moot-Hill, dem heutigen Scone Palace gegenüber. Es ist ein künstlicher Hügel, der Tradition nach aus Erde von allen Teilen des Landes aufgeschüttet, ein Sinnbild der ganzen Nation. So einfach und magisch waren die Zeichen in jenen frühen Jahrhunderten, greifbar noch vor dem Begriff. Entsprechend anschaulich erklärt die Legende auch den zweiten Namen des Hügels, ›Boot Hill‹: In Stiefeln, gefüllt mit Erde ihres Landes, kamen die Lords und Clan-Chiefs zur Krönung nach Scone; so standen sie beim Treueeid auf ihrem eigenen Grund und Boden; anschließend leerten sie ihre Stiefel auf dem ›Boot Hill‹ aus. Von allem Anekdotischen befreit, als primäre Form und magische Geste lebt die Idee des künstlichen Hügels noch heute in den zeremoniellen Erdskulpturen des amerikanischen Künstlers Walter de Maria weiter, ein Archetyp der Avantgarde.

Auf dem Moot-Hill bauten die Augustiner im Mittelalter die Abteikirche von Scone; heute steht hier die Familienkapelle der Earls of Mansfield, umgeben von Zedern des Libanon. Scone Palace ist vergleichsweise jung und kein Palast, weder von seinem Ausmaß noch von seiner Funktion her. Nach Abbruch des alten Hauses entwarf der englische Architekt William Atkinson dem 3. Earl of Mansfield einen neugotischen Landsitz im Stil einer mittelalterlichen Abtei (1802-12). Hinter der spröden, fast asketischen Fassade verbirgt sich eine der reichsten Sammlungen vor allem französischen Kunsthandwerks in schottischem Privatbesitz, auch dies ein Zeugnis der ›Alten Allianz‹ beider Länder. Zu den Höhepunkten der Sammlung zählt der Intarsien-Schreibtisch mit dem charakteristischen ›Trophie d'amour‹-Motiv, eine Arbeit des deutschen Ebenisten Jean-Henri Riesener für Marie-Antoinette (um 1770). Nach Scone Palace kamen diese und andere Kostbarkeiten durch den 2. Earl of Mansfield, der zwischen 1772 und 1778 britischer Botschafter am Hof Ludwigs XVI. war. »Der begabteste Mann seines Ranges, den ich bisher kennenlernte«, lautete Winckelmanns Urteil über diesen schottischen Connoisseur, dem er in Rom begegnete. Ihm verdankt Scone auch die ›Vernis Martin‹-Objekte in der Long Gallery, die umfangreichste Sammlung dieser Art außerhalb von Paris: bemalte Papier-maché-Vasen und Becher, deren Szenen rätselhaft verschleiert unter einem Spezialfirnis von Lack liegen –

---

1 Von ihnen sind zwischen dem Firth of Forth und Shetland rund 250 piktische Symbolsteine erhalten (600-900 n. Chr.). Diese Steine, mit abstrakten Symbolen, Menschen, Tieren und Fabelwesen geschmückt, werden als Grab- und Grenzsteine, persönliche oder öffentliche Gedenksteine gedeutet.

ein Werkstattgeheimnis der Familie Martin, Pariser Lackmaler des 18. Jahrhunderts. Hervorragend auch die Uhren- und Porzellansammlungen von Scone und der Florentiner Kabinettschrank, dessen Schubladen mit Achat auf Lapislazuli eingelegt sind (18. Jh.).

Trotz solcher Museumsstücke ist das Haus nicht zum Museum geworden, sondern Familienwohnsitz geblieben. Wir sehen Fotos der Grafen von Mansfield beim Curling und bei Gesellschaften, vor allem als erfolgreiche Jäger: mit der Flinte, mit dem ersten Lachs, mit der ersten Tanzpartnerin. Der jetzige, 8. Earl of Mansfield, Eton- und Oxford-Absolvent, ist schottischer Landwirtschaftsminister und Mitglied des Europaparlaments in Straßburg. Bekannter als die Herren von Mansfield wurde indes einer ihrer Diener: David Douglas, 1798 auf den Gütern von Scone geboren, zunächst Gärtner, dann Botaniker und Weltreisender. Die Fichtenart, die er in Amerika entdeckte und deren Samen er nach Scone schickte, trägt seinen Namen: Douglasfichte.

Das Hochland

»The Lowlands are worth seeing once, but the mountains are ecstatic, and ought to be visited in pilgrimage once a year«, schrieb der englische Dichter Thomas Gray 1763. Wer von Schottland schwärmt, meint auch heute meist die Highlands – ein Nebel- und Zauberwort für alles, was schottisch ist. Wilde Landschaft, wüste Clan-Geschichten, Nessie, Kilt und Dudelsack: In den Highlands kulminiert das Schottland-Klischee. Davon lebt eine ganze Industrie: ›Hongkong Celtic Revival‹, der Hochland-Souvenir-Import aus Fernost. Aber nicht nur für Fremde, besonders für Schotten aus aller Welt sind die Highlands ein Hit. »My Heart's in the Highlands«: Was uns so idyllisch in den Ohren klingt, ist ja ein altes Emigrantenlied von Robert Burns. Darum kommen sie alljährlich zu Tausenden, aus Kanada, Neuseeland, Amerika, und suchen ihre schottischen ›Roots‹, ihre Wurzeln im Hochland. Darum sieht man hier vor lauter Stammbäumen den Wald nicht mehr.

In seiner organisierten Form heißt diese schottische Herzenssache Highland Games. Wer die kleineren mitzählt, kommt leicht auf über fünfzig zwischen Juni und September: Festspiellandschaft, dudelsackselige Zeit. Diese Sportfeste sind eine folkloristische Mischung aus nationaler Kraftmeierei, touristischem Kalkül und eingeborener Spiel- und Festfreude. Wie sie da, mit flatterndem Kilt, zum Querfeldeinrennen starten und große Gegenstände in die Landschaft schleudern, Baumstämme und Felsbrocken, in solchen bizarren Geländeübungen mag man noch einen Rest ihrer alten Wildheit erkennen, sportliche Ersatzbefriedigung für die blutigen Händel von einst. Daß die Hochländer ein streitsüchtiges Volk seien, hängt ihnen an wie dem Bären das Fell. Daß diese Natur mit der Natur ihrer Umgebung, daß Landschaft und Charakter miteinander zu tun haben könnten, vermutet der Titelheld in Neil Munros historischem Roman ›John Splendid‹: »Manchmal denke ich, der Allmächtige setzte uns in dieses Land der Felsen, Verstecke und zerklüfteten Küsten, der Kälte, des Hungers und der Jagd, nur damit wir uns warm hielten, indem wir miteinander kämpften.«

Landschaft und Geschichte gehen hier, über die Clan-Fehden hinaus, eine dramatische Verbindung ein. Die Highlands sind das Kernland der Stuarts und ihres Anspruchs auf den schottischen Thron. In den Lowlands dominiert das presbyterianische, parlamentarische Element; in den Highlands das katholische, royalistische. Hier sammelte Bonnie Prince Charlie seine Clans, die sich nun endlich für eine größere Sache schlagen konnten als für ein paar geraubte Kühe oder die gestohlene Ehre. Hier erlebten sie ihre größten Triumphe und

"It's the way Angus would've wanted it." (›Punch‹-Karikatur)

ihre grausamsten Niederlagen. Killiecrankie und Glencoe, Glenfinnan und Culloden: Hochland-Namen, die schottische Geschichte machten.

Lange waren die Highlands der unzugänglichste Teil Schottlands, der dunkelste Winkel Großbritanniens. Noch um 1700 wußte man in London über die Highlands »nicht mehr als über Abessinien oder Japan«, schrieb Macaulay. Jenseits von Inverary sei alles Chaos, berichteten die wenigen Reisenden jener Zeit. Selbst dem Romancier Oliver Goldsmith fiel zu den Highlands nichts ein, als er sie 1753 durchquerte: »Soll ich Sie mit einer Beschreibung dieses unfruchtbaren Landes langweilen, wo ich Sie über seine von Heidekraut ganz braunen Hügel oder durch seine Täler führen muß, die kaum ein Kaninchen ernähren können...« Wenig einladend klingt auch Macaulays Schilderung dessen, womit im frühen 18. Jahrhundert ein Reisender in den Highlands rechnen mußte: »Er hätte zuweilen in einer Hütte gewohnt, wo jeder Winkel von Ungeziefer wimmelte. Er hätte eine von Torfrauch verdickte und von hundert widerlichen Ausdünstungen verdorbene Atmosphäre eingeatmet. Zum Abendessen hätte man ihm nur für Pferde geeignetes Korn vorgesetzt... Sein Lager wäre die bloße Erde gewesen, trocken oder naß, je wie das Wetter sein mochte, und von diesem Lager wäre er halb vergiftet von Gestank, halb blind vom Torfrauch und halb wahnsinnig von Jucken aufgestanden.«

Mitte des 18. Jahrhunderts, als die Abenteuerreisen noch nicht organisiert waren, dauerte eine Fahrt in der Postkutsche von London nach Edinburgh zwölf bis sechzehn Tage, je nach

Zahl der Achsenbrüche. Für die rund 250 Kilometer von Edinburgh nach Inverness brauchte man weitere vier Tage. Inzwischen hat die A 9 die Entfernung und das Erlebnis auf vier Autostunden verkürzt. Nur Wanderer können heute noch annähernd nachempfinden, was Dorothy Wordsworth am 7. September 1803 am Loch Tummel in ihr Tagebuch schrieb: »Wir mußten einen Führer durchs Hochmoor nehmen, wo Pferde uns unmöglich tragen konnten, denn das Gelände war äußerst uneben und wegelos: natürlich ermüdend für Fußgänger, und zu Fuß müssen wir reisen.«

Geblieben aber ist, trotz der Straßen, die Unwegsamkeit weiter Teile der Highlands. Geblieben ist, abseits der touristischen Zentren, die Einsamkeit. Die Bergwelt der Grampians, zwischen Tay und Moray Firth, sei »von absoluter Öde und Kahlheit«, notierte Theodor Fontane 1858 auf seiner Reise von Perth nach Inverness: »Ich habe nie Einsameres durchschritten.« Doch diese Einsamkeit ist nicht so natürlich, wie sie dem romantischen Blick erscheint. Die Täler waren nicht immer so menschenleer, ihre Verlassenheit ist wörtlich zu verstehen: Die hier lebten, vorwiegend Kleinpächter, mußten ihr Land verlassen. Soziale Not und feudale Willkür führten im 19. Jahrhundert zu einer systematischen Entvölkerungspolitik, den ›Clearances‹.

Die Bevölkerung der Highlands und der Inseln bildete 1745 drei Fünftel der Einwohner Schottlands, heute nur noch ein Fünfzehntel (rund 300 000) – eine Folge der ›Clearances‹ und der Industrialisierung im Süden. Von diesem Exodus haben sich die Highlands bis heute nicht erholt. Landflucht, Arbeitslosigkeit und niedriger Lebensstandard sind immer noch typisch für viele Gemeinden. Spät – zu spät, sagen die Schotten – begann die britische Regierung zu helfen: durch Subventionierung der Landwirtschaft, Steuererleichterungen für Kleingewerbe, Kommissionen für Forstwirtschaft, Fischerei, Elektrizität. Träger der Entwicklungshilfe im eigenen Land ist das 1965 gegründete Highlands and Islands Development Board, dem Staatssekretär für Schottland verantwortlich, aber in regionaler Selbstverwaltung tätig. Schon sind soziale und ökonomische Verbesserungen spürbar. Aber das Land ist abhängig von seiner Landwirtschaft, und die bleibt unterentwickelt, solange entscheidende agrarpolitische Veränderungen am Widerstand der ›Acreocracy‹ scheitern. Denn immer noch ist allzuviel Land in den Highlands im Besitz allzu Weniger.

Eine Fallstudie der Perth and Kinross Fabian Society kam zu folgendem Ergebnis: Mitte des 19. Jahrhunderts war in Perthshire mehr als eine Million Acres (rund vier Millionen Hektar) im Besitz von zwei Herzögen, vier Grafen, einer Baronesse und sechsundzwanzig weniger adeligen Gentlemen. Heute sind die Verhältnisse übersichtlicher, aber im Prinzip unverändert: Zehn adeligen Familien gehören zwei Millionen Hektar. In den gesamten Highlands ist ein Drittel des in Privatbesitz befindlichen Landes in der Hand von nur fünfunddreißig Familien oder Gesellschaften. Großraumplanungen des Highlands and Islands Development Board stoßen gelegentlich aber auch – und manchmal zum Glück – auf die angeborene Abneigung der Einheimischen gegenüber allzu raschem, radikalem Fortschritt. Es herrscht ja in den Highlands und erst recht auf den Inseln ein ganz anderes Zeitgefühl, noch ein Rest jenes Lebens im Rhythmus der Natur, eine Art mañana-Mentalität. Als ein Spanier einen Hochländer fragte, ob es ein gälisches Wort dafür gebe –

50 Templetons Teppichfabrik, 1889, von William Leiper

◁ 49 Hutchesontown

51 Great Western Terrace, 1869, von Alexander Thomson

52 Nekropolis

53 St. Vincent Street Church, 1858, von Alexander Thomson

54   Viktorianisches Rathaus, 1883–88

55 Viktorianische Slums, dokumentiert von Thomas Annan, um 1860

57 Botanischer Garten: Kibble Palace, 1873
◁ 56 Die neuen Slums, Straße in den ehemaligen Gorbals
58 Viktorianisches Gewächshaus, Glasgow Green

59   Blick auf St. George's

60 Mackintosh: Raucherkabinett, um 1900
62 Mackintosh: Willow Tea Room, Speisesalon, 1904

61 Mackintosh: Stuhl, um 1897
63 Mackintosh: Willow Tea Room, Tür des Room de Luxe, 1904

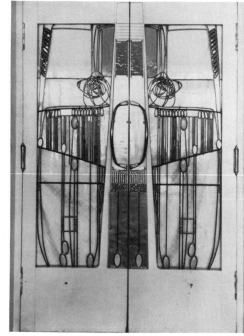

64   Gardner's, Warenhaus in Jamaica Street, 1855, von John Baird

65   LOCH NESS   Castle Urquhart, 16. Jh.   ▷

66 KALEDONISCHER KANAL Schleusenwärter bei Fort Augustus

67 KALEDONISCHER KANAL Schleusen am Loch Ness

58 STRATHSPEY   Die Cairngorms bei Aviemore

59 LOCH LAICH   mit Castle Stalker

70–73 FARMZEICHEN in den Borders und auf den Orkney-Inseln

mañana heiße morgen, nächste Woche, nächstes Jahr, irgendwann in ferner Zukunft –, da sagte der Mann aus den Highlands:»Aye, ich glaube nicht, daß wir im Gälischen einen Ausdruck für etwas derart Dringendes haben.«

Der Kilt: Die karierte Welt der Clans

Kleinere Erdstöße sollten Sie nicht abhalten, Comrie zu besuchen. Dieses Dorf nördlich von Stirling liegt genau auf der geologischen Bruchlinie zwischen dem Tiefland und dem Hochland, auf der sogenannten Highland-Linie, die von Greenock am Clyde in nordöstlicher Richtung bis Stonehaven verläuft. Für die Richterskala spielt Comrie keine Rolle, wohl aber für die Tartanologie, die Wissenschaft zur Erforschung der Schottenkaros. Auf den ersten Blick wirkt das kleine Museum in Drummond Street wie das Atelier eines exzentrischen Schneiders: Überall an den Wänden buntscheckige Kleiderstoffe, Urkunden mit Stoffproben, Bilder mit Männern in karierten Röcken. Wir sind im Museum of Scottish Tartans, dem Zentrum der karierten Welt.

Für Hochländer ist der Kilt mehr als ein karierter Rock und der Tartan mehr als ein Stoffmuster. Er ist die einzige Fahne, die man anziehen kann, das maßgeschneiderte Clan-Bewußtsein, eine schottische Weltanschauung. Eine internationale Mode wurde erst sehr viel später daraus. Das gälische Wort für Tartan ist »breacan«, kariert. Ein braunkarierter Wollfetzen, den man in einem Krug mit römischen Münzen aus dem Jahre 245 n. Chr. fand, gilt als frühester erhaltener Tartan, nach seinem Fundort »Falkirk tartan« genannt. Wie die Römer ihre Toga, so trugen die Kelten der Highlands einen Plaid. Diesen gestriften oder karierten Überwurf aus Wollstoff sah Johanna Schopenhauer noch 1803 auf den Straßen von Stirling:»Das Hauptstück ihrer Kleidung, wir möchten sagen, ihres Mobiliars, ist der Plaid, ein langes breites Stück von jenem gewürfelten schottischen Zeuge, wie ein sehr großer Schal. Den Plaid tragen sie bei gutem Wetter wie ein Ordensband nachlässig von einer Schulter zur Hüfte vorn und hinten wieder herüber geworfen... Bei Regenwetter oder Kälte nehmen sie den Plaid über den Kopf und hüllen sich ganz hinein, nachts dient er ihnen auf Reisen statt Hütte und Bette, und auch in ihren Wohnungen schlafen sie gewöhnlich in den Plaid gewickelt ohne weiteres auf der Erde oder wo sie Platz finden.« Dieser Mehrzweckumhang schrumpfte zum Kilt.

Schottische Modegeschichten vermerken nur ungern, daß es wohl ein Engländer namens Rawlinson war, Besitzer einer Gießerei in Glengarry, der um 1720 die Idee hatte, den unteren Teil des Plaids als Rock abzutrennen, um seinen Arbeitern größere Bewegungsfreiheit zu verschaffen. So entstand der Kilt. Um auch gleich die unvermeidliche Frage zu beantworten, was der Schotte unterm Rock trage: nichts, wenn er was davon versteht. Denn bevor im 18. Jahrhundert der Kilt Mode wurde, trug der echte Highländer unter seinem Plaid nur eng anliegende »trews«, eine Art Strumpfhose. Und damit haben die heutigen »tartan-shorts« soviel zu tun wie Zwieback mit Oatcakes.

Was den Kilt vom gewöhnlichen Rock unterscheidet, ist das System seiner Farbmuster. Bevor 1856 Anilinfarben in Gebrauch kamen, färbte man Plaid und Kilt mit Naturfarben aus Pflanzen der Umgebung, wo der Tartan gewoben wurde. Farben und Muster waren also zunächst lokale Kennzeichen, und da die Leute derselben Gegend meist auch demselben Clan angehörten, entstanden daraus die Clan-Farben. An ihrem Kilt sollte man sie erkennen: die grünkarierten Mackays, die rotblauen Hamiltons, die schwarzgelbroten MacLeods. Ein familiäres Zeichensystem für Eingeweihte, die selbstverständlich nie einen Mackintosh mit einem Maxwell, Ross oder Livingstone verwechseln würden, deren Tartans sämtlich schwarzrot kariert sind und sich durch Anzahl, Abstand und Breite ihrer Streifen, quer wie längs, so leicht auseinanderhalten lassen wie das Ei des Rohrschwirls vom Ei der Mönchsgrasmücke. So gesehen, dürften Ornithologen die besten Tartanologen sein: Sie erkennen den Vogel schon an der Schale. Pipe Major Ian MacDonald-Murray im Londoner Spezialgeschäft Scotch House in Knightsbridge begrüßt wildfremde Kilt-Träger mit ihrem richtigen Familiennamen – vorausgesetzt, sie tragen den richtigen Tartan. Von den über 600 namentlich bezeichneten Tartans unterscheidet Ian MacDonald-Murray 450 auf den ersten Blick. Wer sich nicht so gut auskennt, und das sind pro Woche etwa sechzig, schreibt an die

Queen Victoria mit Tartan-Schultertuch,
im Hintergrund Balmoral Castle

Scottish Tartans Society in Comrie. Dieser 1963 gegründete Clan- und Dechiffrierverein hat rund 700 Mitglieder, davon 500 in Übersee.

Einst bekannte, wer den Kilt trug, auch politisch Farbe. So war der Tartan der rebellischen Highländer für die Engländer ein rotes Tuch, und nach der Schlacht von Culloden wurde auch dieses Symbol des gälischen Widerstandes gesetzlich verboten. Wer gegen die Kleiderordnung vom 1. August 1747 verstieß, riskierte sieben Jahre Verbannung. Erst 1782 wurde das Trachtenverbot aufgehoben. Als George IV. 1822 Edinburgh besuchte, griff er zu einer Sympathiewerbung, die bei Staatsbesuchen in exotischen Ländern immer ankommt: Er kostümierte sich nach Art des Landes. Der König im Kilt – eine Tartan-Welle brach aus, und da viele ihre alten Clan-Muster vergessen hatten, erfanden die Schneider laufend neue. Heute wacht der Lord Lyon King of Arms in Edinburgh, der offizielle Wappen- und Stammbaumhüter, akribisch auch über Recht und Reinheit des Tartans. Die Highland-Mode erreichte ihren Höhepunkt mit Queen Victoria. In ihrer Leidenschaft für alles Hochländische tartanisierte sie ihre Umgebung. Balmoral wurde von Grund auf kariert: Teppiche in Royal Stewart, Stühle, Sofas und Vorhänge in Dress Stewart. Prinz Albert entwarf sogar zwei neue Tartan-Muster, genannt ›Victoria‹ und ›Balmoral‹; letzteres, grau mit roten Streifen, ist bis heute der königlichen Familie vorbehalten. Im Tartan-Museum von Comrie gibt es eine eigene ›Balmorality Corner‹. Sogar die Negersklaven auf den Zuckerplantagen von Jamaika trugen damals buntkarierte Kilts – damit man sie, falls sie flohen, leichter finden konnte.

Emigranten aus den Highlands nahmen nicht schottische Erde mit sich, sondern ein Stück schottischen Stoff: den Tartan ihres Clans. Ein Rock ging um die Welt. Nur die Mütze der Basken wurde zu einem ähnlich populären Begriff. Daß die bayerische Lederhose eine derart internationale Verbreitung gefunden hätte wie der Schottenrock, ist eine ebenso unwahrscheinliche wie ungemütliche Vorstellung. 1973 bestellte Idi Amin von Uganda 1201 Royal Stewart Kilts bei der Firma Laird-Portch in East Kilbride: 1200 für die Mitglieder der von ihm gegründeten fünfzig Dudelsack-Bands und einen für sich selbst. Wahrscheinlich trägt inzwischen auch der Mann im Mond einen Kilt. Denn als der amerikanische Astronaut Alan L. Bean 1969 als erster Mensch den Mond betrat, trug er eingedenk seiner schottischen Herkunft einen MacBean-Tartan bei sich. Ein Stück davon schenkte er der Church of St. Bean in *Fowlis Wester* (zwischen Comrie und Perth), wo es zusammen mit Fotos vom Mond in der Dorfkirche ausgestellt wird – eine schottische Reliquie aus dem Weltraum.

Früher oder später, im Tartan-Museum von Comrie oder bei den Highland Games von Braemar, langsam bekommen Sie karierte Augen. Auf Strümpfen, Schirmen und Krawatten, auf Kissen und Teppichen: Tartan überall. Schließlich kaufen Sie sich selbst einen Kilt, am besten bei Kinloch Anderson in der George Street in Edinburgh, wo auch die Queen ihre Tartans bestellt. Was trägt der karierte Mann zum Kilt? Tagsüber – Hunting-Tartan – ein Jackett oder eine Weste aus Tweed (mit Hornknöpfen), abends oder bei festlichen Anlässen – Dress-Tartan – Weste und Jackett aus Samt (mit silbernen Knöpfen); dazu Schnallen-schuhe. Vergessen Sie auch nicht Ihren Schwarzen Dolch, den ›sgian-dubh‹: Er gehört rechts außen in den Kniestrumpf – innen an der Wade getragen, bedeutet Krieg, jedenfalls in der guten alten Clan-Gesellschaft. Im Zubehörhandel finden Sie auch den ›sporran‹, die Jagdtasche aus Leder oder Fell, an exponierter Stelle vorne über dem Kilt zu tragen. Wenn Sie das alles richtig machen, wird Sie jeder Schotte als Touristen schätzen. Und bedenken Sie, Myladies, der Kilt ist ein Männerrock: »The lasses who wear the kilts are really transvestites!«

Der Clan: Auch Sie könnten ein Schotte sein!

Die Clans sind mehr als internationale Trachtenvereine. Das eigenartige Zusammengehörigkeitstuchgefühl, das der Kilt vermittelt, ist nirgendwo besser zu spüren als beim ›Gathering of the Clans‹. Das letzte war 1977 in Edinburgh, eine Zusammenkunft von Schotten aus aller Welt, die der gleiche Familienname verbindet. In Deutschland würde der Versuch, alle Menschen namens Müller oder Schmidt zusammenzurufen, bestenfalls zu einem großen Kaffeeklatsch, wahrscheinlich aber zu einer bloßen Verlegenheit führen. Wo, zum Beispiel, sollten die Schmidts sich treffen? Etwa am Brahmsee? Daß ein Schmidt zufällig Kanzler ist, macht ihn noch längst nicht für alle Schmidts zu einem der ihren oder gar zum Primus inter pares. Und was hätten sich die gesammelten Müllers schon zu sagen? In einem Land, wo die gemeinsame Vergangenheit eher Abwehrreaktionen hervorruft, wo Familienerinnerungen selten über den Großvater hinausreichen, wo jeder Hundebesitzer den Stammbaum seines

Clan-Wappen der Familien Armstrong, Campbell, Fergusson, Macaulay, MacGregor, MacLean, Macpherson, Urquhart

›Clan-Chief Fraser im Plaid‹, Stich nach einem Gemälde von Robert Ronald McIan, 1845

Dackels besser kennt als seinen eigenen. In Deutschland pflegt nur der Adel seine Ahnen, und auch das nur halbherzig und mit schlechtem Gewissen.

In Schottland ist das anders. Da wußten die Macdonalds genau, wohin sie von Edinburgh aus weiterfuhren: auf die Hebriden, ins Stammland ihres Clans. Wo sonst als auf Skye im Clan Donald Center hätten sie sich treffen sollen? Und wer außer Godfrey James Macdonald of Macdonald hätte ihnen als angestammter Clan-Chef präsidieren können? Oder die MacNeils, mit rund 120000 Namensvettern ein verhältnismäßig kleiner Clan: Über ihre Vergangenheit hatten sie sich viel zu erzählen, Geschichten von Piraten und Bauern, Emigranten und Karrieren in der Neuen Welt. Clan-Klatsch im Nostalgieklub? Das sicher auch. Aber darüber hinaus sind die Clan Societies »Gemeinschaften zur gegenseitigen Hilfe, eine Art schottischer Rotary-Klub«, sagt Ian MacNeil of Barra, Universitätsprofessor in New York und derzeitiger 46. Chief seines Clans.

Mehr als praktische Vorteile zählt das psychologische Bedürfnis. Anders wäre der Boom des Clan-Business kaum zu erklären. »Es ist eine Reaktion auf die Unsicherheit in der Welt. Der Clan gibt ein Gefühl der Zugehörigkeit«, meint Lord Macdonald. Es ist dasselbe Gefühl der Sicherheit, wofür im nationalen Rahmen die Königsfamilie steht. Nur würde der Arbeiter Arthur Macdonald aus Glasgow mit der Queen nie so warm wie mit seinem Clan-

Chief, Lord Macdonald. Der Clan ist eine klassenlose Großfamilie und Schottland sehr viel weniger eine Klassengesellschaft als England. Ob einer ein Mann ist, war meist wichtiger als die Frage, ob er ein Gentleman ist. Seinem Ursprung und seiner Geschichte nach ist der Clan eine Männergesellschaft. Von daher – und von der puritanischen Frauenfeindlichkeit eines John Knox (›Wider das monströse Regiment der Weiber‹) – rührt der patriarchalische Zug der schottischen Gesellschaft. Warum sonst sind in schottischen Pubs weit weniger Frauen zu sehen als in englischen?

Das Clan-Wesen entsprang dem Charakter der Landschaft, es entsprach der wilden, zerklüfteten Natur der Highlands. Jedes Tal, karg und unzugänglich, der Wohnsitz eines Stammes; jeder Stamm, weitab von einem zentralen Regierungssitz, sein eigener kleiner Familienstaat. Alle waren, mehr oder weniger und immer weitläufiger, miteinander verwandt. Sie nannten sich mit einem gälischen Wort Clan, »Kinder«, und ihren Anführer Chieftain oder Laird (im Unterschied zum Lord der Lowlands). Er sorgte für seine Kinder und sie für ihn, eine patriarchalische Schutz- und Trutzgemeinschaft, untereinander treu, gegeneinander räuberisch und ruchlos, »eine Art keltische Cosa nostra« (Derek Cooper). Jeder Clan hatte seinen eigenen Schlachtruf. »Bàs no beatha«, Tod oder Leben, war die Parole der MacLeans, und daß die Nachkommen des tapferen MacLean of Ross den Rühmnamen »Eisenschwertskinder« erhielten, hören die MacLeans aus Texas oder Sydney auf ihrer Hochlandreise gern. »Sie möchten immer ein bißchen Blutvergießen und Massaker in der Familiengeschichte haben«, sagt Sir Iain Moncreiffe of that Ilk, Schottlands Clan-Experte Nummer eins.

Der Clan-Tourismus reicht tief in die Stammesgeschichte der Highlands. Das Land gehörte dem Stamm, der Häuptling verteilte es: Auf dieser entscheidenden Bindung beruhte das keltische Clan-System. Daran änderte sich im Grunde wenig, selbst als das normannische Feudalsystem eingeführt wurde. Das Land gehörte nun dem König, der es seinen Gefolgsleuten als Lehen gab. Aber sogar Unterpächter von Pächtern betrachteten sich weiterhin als Gefolgsleute und Verwandte ihres Clan-Chiefs. So wuchs die Macht der Barone, nicht nur in den Highlands. Schottland wurde ein Königreich und blieb im Innersten »eine Republik der Clans« (Macaulay). »Meine Barone betrachten einen König, der wirklich König sein will, als unerträglichen Rivalen«, schrieb James V. an seine künftige Gemahlin Maria von Guise, um sie auf das Schlimmste vorzubereiten. In schwarzen Farben malt auch Stefan Zweig in seiner Biografie Maria Stuarts das Bild der Clan-Chiefs: »Selber kleine Könige auf ihren Landsitzen und Schlössern, herrenmäßig und herdenmäßig ihre Bauern und Schäfer als Schlachtvieh mitschleppend auf ihre ewigen Kleinkämpfe und Raubzüge, kennen diese unbeschränkten Gebieter ihrer Clans keine andere Daseinsfreude als den Krieg, Streit ist ihre Lust, Eifersucht ihr Antrieb, Machtgier ihr Lebensgedanke... Ähnlich den Condottieri Italiens in ihrer amoralischen Rauflust und Raublust, nur unkultivierter und hemmungsloser in ihren Instinkten, wühlen und streiten sie unablässig um den Vorrang... Immer bilden sie Klüngel und Rotten, aber keiner hält innerlich zu keinem, und jeder, obwohl mit jedem versippt und verschwägert, bleibt des andern unerbittlicher Neidling und Feind. Etwas Heidnisches und Barbarisches lebt in ihren wilden Seelen

Karte der Clans von Schottland

ungebrochen weiter, gleichgültig, ob sie sich Protestanten oder Katholiken nennen....
Enkelsöhne Macbeths und Macduffs sie alle.«

Waren sie wirklich so schlimm? Vielleicht waren sie noch schlimmer, aber sicher verdienen die Clan-Chiefs jene Gerechtigkeit, die ihnen sogar von englischer Seite zuteil wurde und von keinem überzeugender als von Macaulay[1]: »Ihre innige Anhänglichkeit an ihren eigenen Stamm und an ihren eigenen Patriarchen war zwar politisch ein großes Übel, hatte aber etwas von dem Wesen einer Tugend. Die Gesinnung war irregeleitet und übelgeordnet; aber immerhin war sie heroisch.« An Helden hat es den Highlands nie gefehlt, die meisten so berüchtigt wie Alexander Stewart, der »Wolf von Badenoch«, die wenigsten so untadelig wie Sir Ewan Cameron of Locheil, genannt »The Black«, dem Macaulay in seiner ›Geschichte Englands‹ ein Denkmal gesetzt hat: »Er war ein gnädiger Herr, ein zuverlässiger Bundesgenosse, ein furchtbarer Feind. Seine Miene und Haltung waren ungemein edel ... He was the Ulysses of the Highlands.« Die Burg, in der Sir Ewan 1629 geboren wurde, *Kilchurn Castle* (1440), liegt als Ruine an der Nordspitze von *Loch Awe*, umgeben von der grandiosen Kulisse der Grampians: Berge, See und Burgruine, romantischer Inbegriff der Highlands. Dies ist das Kernland des Clans Campbell. Lange galten ihre Burgen für uneinnehmbar und ihr Territorium für so unzugänglich, daß sie den stolzen Satz prägten: »It's a far cry to Loch Ow'.«

Und heute? Immer noch tragen sie, bei offiziellen Anlässen, drei Adlerfedern an der Mütze zum Zeichen ihrer Häuptlingswürde. Immer noch nehmen sie die traditionellen Ehrenämter in Edinburgh wahr, wenn die Königin kommt.[2] Immer noch sind ihre Landsitze Treffpunkte der Clans. Haben sie nurmehr eine dekorative, folkloristische, fossile Bedeutung? Wenn sich die gegenwärtig 87 Mitglieder des ›Standing Council of Scottish Chiefs‹ unter Earl Elgin treffen, geht es nicht nur um Traditionspflege und Standesinteressen, sondern zum Beispiel auch um Fragen des Umweltschutzes. In der nationalen Politik spielen die Clan-Chiefs keine Rolle mehr, allenfalls noch in der kommunalen; dennoch sind sie für manche ein Politikum. Sozialhistoriker wie James Hunter kritisieren sie als »the Anglicised and kilted gentry«, als reaktionäre Zerrbilder der gälischen Kultur. Labour-Politiker wie John McEwen prangern den Landmißbrauch der ›Acreocracy‹ an, ihre »sadistische Jagd-Obsession«. Ein skandalöses Erbe?

Für viele Schotten ein Anachronismus, verkörpern die Clan-Chiefs doch für nicht wenige das konservative Prinzip, ein stabilisierendes Element jenseits der Parteienkämpfe. Sie

---

1 Das jahrhundertelange Vorurteil seiner Landsleute gegenüber dem Highländer faßte Macaulay so zusammen: »Wenn die Engländer überhaupt an ihn zu denken sich herabließen – und es war selten, daß sie das taten – , so betrachteten sie ihn als einen schmutzigen, verworfenen Wilden, einen Sklaven, einen Papisten, einen Gurgelabschneider und einen Dieb.«

2 Der Duke of Hamilton z. B. ist der Hereditary Keeper of Palace of Holyrood House, Haushofmeister h. c. im Königsschloß zu Edinburgh; Sir Donald Cameron of Locheil ist Ehrenoberst der Queen's Own Cameron Highlanders; Ex-Premierminister Lord Home ist Mitglied der Royal Company of Archers, einer Leibwache von Bogenschützen, die Ihre Majestät bei öffentlichen Auftritten in Schottland bisher erfolgreich vor der IRA geschützt haben.

stehen für ein politisch überholtes, historisch weit älteres, immer noch faszinierendes System. Darum reicht die Clan-Bindung bis heute und bis in die fernsten Winkel der Erde, eine paradoxe Bindung, die mit dem historischen und geografischen Abstand nicht etwa abnimmt, sondern mit dem Grad der Entfernung eher wächst.

»You could be a Scot« – Auch Sie könnten ein Schotte sein: Mit diesem Slogan wirbt das Clan Tartan Centre in *Aviemore* in den Highlands. Es bietet, als Teil des Wintersportvergnügens, den MacArthurs und Macmillans aus Übersee die bezahlbare Möglichkeit, in drei Sekunden ALLES über IHREN Clan zu erfahren: Herkunft, Heraldik und derzeitigen Häuptling, den echten Schlachtruf und den richtigen Tartan – Clan-Auskunft per Computer. Ein Zertifikat versichert, endlich: Auch Du, Mann aus Ohio, bist Schotte und gehörst zum Clan, zur internationalen Gesellschaft der entfernten Verwandten.[1]

Beuys im Moor und die Birken von Aberfeldy

Die A 9 von Perth nach Inverness ist der Highway in die Highlands. Natur als Drive-in-Kino: Wenn es etwas so Paradoxes gibt wie »a landscaped street«, hier ist sie, eine jener Traumstraßen, die am schönsten dort sind, wo man sie wieder verlassen kann; am besten gleich in *Dunkeld*. Eine Kleinstadt von großem Charme, zugleich ein Musterbeispiel für die Sanierung der ›Little Houses‹ durch den National Trust. Die alten Häuser in Cathedral Street waren die Neubauten der Kaufleute um 1700, als Dunkeld noch Umschlagplatz zwischen den Märkten der Highlands und den Häfen der Lowlands war. Am Ende der Cathedral Street, am grünen Ufer des Tay, liegt die Kathedrale, eine gotische Ruine aus dem Bilderbuch des Pittoresken. Begonnen im Jahre 1318, kurz nach ihrer Vollendung von den Reformatoren zerstört (1560), spiegelt sie noch als Ruine die Bedeutung Dunkelds im Mittelalter: keltische Klostergründung, religiöses Zentrum des ersten schottischen Königreichs unter Kenneth MacAlpine, bedeutendster Bischofssitz nächst Glasgow und St. Andrews.[2]

Wenn wir den Tay auf Thomas Telfords siebenbogiger Brücke (1809) überqueren, kommen wir in literarische Wälder. *Birnam Wood* hat sich, nach seinem berühmten Einsatz in Shakespeares ›Macbeth‹, wieder auf seinen Hügel zurückbegeben. »Macbeth wird nie besiegt, bis einst hinan / Der große Birnamswald zum Dunsinan / Feindlich emporsteigt«, hatten die Hexen prophezeit (IV, 1). Dies geschah, als Malcolm bei der Belagerung von Macbeth' Burg befahl: »Ein jeder Krieger hau' sich ab 'nen Zweig / Und trag' ihn vor sich«, um die Zahl der Truppen zu verbergen (V,4). Ein dramatischer Wald, und nur wenige Meilen entfernt sein lyrisches Pendant, dort der Tod und hier die Liebe:

---

1 Genealogische Zentraldatenbank für seriösere Auskünfte: The Scots Ancestry Research Society, 20 York Place, Edinburgh.

2 In Dunkeld wurde der Nobelpreisträger J.J.R. Macleod, der Entdecker des Insulin, geboren.

Holdes Mädchen, willst du gehn,
Willst du gehn, willst du gehn,
Holdes Mädchen, willst du gehn,
Zu Aberfeldys Birken?

So dichtete Robert Burns im September 1787, als er von *Aberfeldy* zu den Wasserfällen von Moness wanderte.

Wie eine Wog' die Böschung jäh sich bäumt,
Der starke Strom laut donnernd schäumt.
Weit übers Buschwerk neigen sich verträumt
Die Aberfeldy-Birken.

»To the Birks« steht auf dem Wegweiser, »Burns' Seat« an einer Felsspalte, und auf der Höhe wachsen sie wirklich, sehr hell und zart, die Birken von Aberfeldy. Der Ort rühmt sich, nächst Dundee, der bekanntesten Brücke über den Tay: General Wade's Bridge (1733), ein steinerner Wellenrhythmus aus fünf Bogen, über dem mittleren zwei Obeliskenpaare. William Adam hat die elegante Brücke entworfen, aber ein General hat den Ruhm geerntet. Das reimt sich so zusammen: »If you'd seen these roads before they were made, / You'd throw up your hands, and bless General Wade.« Erst freilich haben ihn die Hochländer verflucht, denn die Straßen und Brücken, die der General nach der Niederwerfung des Jakobiteraufstandes von 1715 im Auftrag der englischen Regierung baute, dienten vor allem als strategisches Verkehrsnetz – zur ›Pazifizierung‹, wie das ja die Römer in eroberten Gebieten ebenso praktizierten. Damit begann aber auch die Erschließung der Highlands, ihre Verbindung mit dem übrigen Schottland, und so bahnte General Wade am Ende einer weit größeren Invasion den Weg: den Touristen.

Sie kamen offenbar schon früh. Am 3. September 1773 schrieb der Earl of Bredalbane von *Taymouth Castle* an seine Tochter: »We have had a great deal of company here this summer, sixteen often at table for several days together; many of them from England being on a tour thro the Highlands which is becoming ›le bon ton‹, but sometimes a little troublesome. Being always in a crowd is not agreeable.« Dem Earl, der die Gesellschaftsreisen der Happy few schon als Massenphänomen empfand, ihm wenigstens blieb Schlimmeres erspart: 1920 wurde Taymouth Castle Hotel, dann Hospital, dann Militärakademie. Heute ist das Schloß Internatsschule und der Landschaftspark Golfplatz geworden, mit einem Klubhaus vor dem Schloß. O tempora, o Taymouth Castle!

Wo einst eine Burg der Campbells stand, strategisch günstig am Eingang der Highlands, in einer Schleife des Tay, leistete sich der 4. Earl of Bredalbane eine architektonische Extravaganz. Im Kastell-Stil der Seitenflügel von William Adam (1720–33) baute ihm Archibald Elliot einen neuen Mittelblock mit runden Ecktürmen, überragt von einem quadratischen Zentralturm, dessen spitzbogige Kuppelfenster mit weißen Filigransprossen das Steinmassiv überspielen. Dieser Zentralturm (1806–10) ist Elliots Meisterwerk: ein monumentales Treppenhaus, drei Stockwerke hoch, mit umlaufenden Galerien und Arkaden, hoch oben ein Fächergewölbe, dekoriert von dem italienischen Stukkateur Francis Bernasconi – ein Prunkstück der Neugotik von europäischem Rang. »The coup d'oeil was indescribable«: Queen Victoria, 1842 in Taymouth Castle von einer Kompanie Highländer begrüßt, war hingerissen: »Es schien, als ob ein großer Clan-Chief der alten Feudalzeit seinen Souverän empfing. Es war fürstlich und romantisch.«

So lebte man im Palast. Und wie in den Hütten? Im Jahre 1803, als der Herzog von Bredalbane seinen Neubau eben begonnen hatte, besuchte Johanna Schopenhauer seine Pächter nebenan in *Kenmore:* »Die Häuser sind wohl die schlechtesten menschlichen Wohnungen im kultivierten Europa, so enge, daß man nicht begreift, wie eine Familie darin Platz findet, aus rauhen Steinen zusammengetragen, deren Fugen mit Moos und Lehmerde verstopft sind, Türen aus Brettern schlecht zusammengeschlagen, ohne Schloß und Riegel (denn wer sollte hier Diebe fürchten?), Fenster so klein, daß man sie kaum bemerkt, oft sogar ohne Glas, die niedrigen Dächer von Schilf, Moos, Rasen, bisweilen aus Holz oder Schiefer, wie es eben die Gelegenheit darbot. Das Innere dieser Hütten entspricht dem Äußeren. Hier sieht man deutlich bei dem fast gänzlichen Mangel alles Hausgeräts, wie wenig der Mensch zum Leben eigentlich braucht. Einige Schemel um den großen Kamin, der zugleich zum Küchenherde dient, und in der Ecke ein Lager von Moos oder Stroh, das ist alles, was diese von aller Weichlichkeit entfernten Menschen zu ihrer Bequemlichkeit haben.« Viel später erst wurde Kenmore das ›Modelldorf‹ am Loch Tay.

Der Paradeort der Highlands aber heißt *Pitlochry.* »Ceud Mile Fàilte« steht am Ortsschild, »100000 Willkommen« – als hätten die alten Gälen geahnt, was da auf sie zukommt. In Pitlochry gibt es mehr Hotels pro Quadratmeter als in jeder anderen Stadt Schottlands. Einige dieser granitsoliden Häuser sehen aus wie viktorianische Kleinstadtbahnhöfe, andere wie Miniaturausgaben von Balmoral. Der Ruhm begann, als Queen Victorias Leibarzt, Sir James Clark, 1845 etwas zu laut die gute Luft Pitlochrys lobte. Kurort, Rentnerresidenz, Touristenzentrum: Wer diesen unaufhaltsamen Aufstieg als Abstieg empfindet, vermeidet diesen Ort und begibt sich weiter fort. Wer bleibt, besucht die Highland Games und das ›Theatre in the Hills‹, das populäre Festspieltheater (»Stay six days and see six plays«). Kenner ziehen das Schauspiel der springenden Lachse an der Fischtreppe vor. Die Lachse wiederum, in diesem künstlichen Engpaß auf ihrem Weg flußaufwärts zum Laichen, haben die Genugtuung, daß es uns auf der A 9 in Pitlochry in der Saison auch nicht viel besser geht.

Queen's View, königliche Aussicht am *Loch Tummel,* über den See nach Westen, zum schneebedeckten Gipfel des Schiehallion und weiter zu den Bergen von Glen Coe: Von diesem Anblick, heißt es, war Maria Stuart so bewegt, daß sie ihren Harfenisten bat, ein Lied zu komponieren zur Erinnerung, für die langen Abende von Holyrood. Wir, die wir keinen Harfenisten zur Hand haben, behelfen uns mit Dias für den Heimprojektor (Farbt. 47).

Durch *Kinloch Rannoch,* an Loch Rannoch entlang, vorbei am Black Wood of Rannoch, den uralten Resten des Kaledonischen Forstes: Spätestens jetzt, am Ende des Sees, sollten Sie kehrtmachen. Denn diese meilenlange Sackgasse führt in die »traurigste Einöde Schott-lands«. Hier spielt das 22. Kapitel von Robert Louis Stevensons Roman ›Kidnapped‹: »Der Nebel stieg und verschwand und ließ uns das Land erkennen, das öde wie das Meer vor uns lag. Nur Moorhuhn und Kiebitz schrien, und fern im Osten zog klein wie Punkte ein Rudel Hirsche vorüber. Viele Strecken weit blühte rotes Heidekraut, andere waren mit Sümpfen, Strünken und torfartigen Pfützen bedeckt, wieder andere schwarz verkohlt von einem Heidebrand. An einer anderen Stelle ragte ein ganzer Wald dürrer Föhren wie Skelette empor. Eine trostlose Wüste hatte wohl noch kein Mensch gesehen.« Wanderer, willst du ins *Moor of Rannoch*, lies vorher Stevenson, David Balfours Flucht übers Hochmoor: »Sie wanderten drei Nächte größtenteils durch unheimliche Gebirge und an den Quellen wilder Gewässer vorüber, oft im Nebel vergraben, fast ständig windgepeitscht und vom Regen durchnäßt, aber nicht ein einziges Mal auch nur durch einen Sonnenstrahl aufgeheitert«.

Dies ist die rechte Lektüre für *Rannoch Station*, eine Eisenbahnstation mitten im Moor, rund zwanzig Kilometer vom nächsten Ort entfernt. Der kleine viktorianische Bahnhof hat einen ›Warteraum‹ und einen ›Warteraum für Damen‹; letzterer hat einen Spiegel überm Kamin. Es wartet aber keiner, und es kommt auch keiner mehr. Der Zug nach Inverness war pünktlich. Man könnte von hier weiter übers Moor wandern, an Loch Laidon entlang, nach Glen Coe. Ich gehe ein paar Schritte und kehre um vor Einsamkeit. Nicht mal mehr Schafe hier, nur noch Granitbrocken. Selbst die Black Corries bleiben hinter ihren Wolken. Rannoch Station, mythische Erinnerungen. Ein Mann tritt auf, in der Hand einen Speer, von dessen Spitze Blut rinnt. Er zeichnet rätselhafte Linien auf eine Tafel. Er löscht das Licht, ein Film läuft ab. Der Mann lehnt graue lange Filzwinkel an die Wand, neben das Filmbild ›Rannoch Moor‹. Orgelmusik, Plätschern und Schreie dröhnen aus den Verstärkern. ›Celtic (Kinloch Rannoch), Schottische Sinfonie‹: eine Aktion von Joseph Beuys in Edinburgh, 1970, nach seinem Besuch im Moor von Rannoch.

Killiecrankie: Eine Audienz beim Duke of Atholl

Viel Feind, viel Ehr. Die Schlacht von *Killiecrankie* dauerte nur zwei Minuten, aber für die Schotten war es ein Jahrhundertereignis: Sie hatten die Engländer geschlagen. Das war 1689 und ist immer noch aktuell. Der National Trust verwaltet das Schlachtfeld neben der A 9 nach der Devise: Wo Blut floß, soll Tee fließen – ein Picknickplatz für die Nation. Im Informationszentrum wird die Besichtigungsschlacht mit Zinnsoldaten geschlagen. Das begeistert jung und alt und erspart uns Zitate wie dieses: »Köpfe wurden gefunden, die bis an den Hals herunter gespalten, und Hirnschalen, die gerade über den Ohren rein abgehauen waren.« So war es, Macaulay, und nun gehen wir spazieren in der Schlucht von Killiecran-kie. Viel Feind, viel Verkehr.

Die wenigen Reisenden, die im 17. Jahrhundert von Perth nach Inverness wollten, konnten den Paß von Killiecrankie nicht umgehen. Von den finsteren Schluchten der Highlands galt diese als die gefährlichste. Gefürchtet war der Weg selbst, die Wegelagerer erst an zweiter Stelle. In der dicht bewaldeten Schlucht toste der River Garry, noch nicht gezähmt durch das Kraftwerk bei Pitlochry. Der einzige Pfad führte am Abhang entlang, an manchen Stellen so eng, daß kaum zwei Pferde aneinander vorbeikamen. Am Ende der Schlucht lag Blair Castle, die Burg der Herzöge von Atholl. Wer diese Festung hielt, kontrollierte den Zugang zu den Highlands, und von den Highlands hing im Jahre 1689 das Schicksal Schottlands ab.

Seit seinem Regierungsantritt 1685 hatte James II. die Covenanter blutig unterdrückt und versucht, England wieder katholisch zu machen. Die ›Glorious Revolution‹, der Staatsstreich von 1688 stürzte ihn, die Whigs riefen seinen Schwiegersohn Wilhelm von Oranien zum Schutz der Protestanten ins Land, James floh nach Frankreich. Mit Unterstützung Ludwig XIV., des Hugenotten-Verfolgers, segelte James im März 1689 nach Irland, um von dort den Thron zurückzuerobern. Der Mann, der seine Sache in Schottland vertrat und die Jakobiten sammelte, war John Graham of Claverhouse, Viscount Dundee – ein glühender Stuart-Anhänger, von dem seine Feinde sagten, das Wasser beginne zu zischen, sooft er ein Bad nehme. Die Highländer lehnten den Oranier William III. als »geborgten König« ab (»No borrowed King is worthy of our homage«), die Clan-Chiefs eilten zu den Fahnen Dundees.

Nicht alle freilich: Der Marquis von Atholl in Blair Castle sympathisierte mit William, seine Highländer mit James. Als es zur Entscheidung kam, »schlich er sich fort nach England, ließ sich zu Bath nieder und gab vor, die Wasser zu trinken« (Macaulay). Sein Verwalter besetzte Blair für die Jakobiten. König Williams General Mackay rückte mit 4 000 Mann in Eilmärschen von Süden vor, um die Burg zurückzuerobern. Aber Dundee mit seinen 2 500 Leuten war schneller. Als die Engländer in die Schlucht von Killiecrankie kamen, fiel der historische erste Schuß für die Sache der Jakobiten: ›Trooper's Den‹ heißt die Stelle, wo der Atholl-Jäger Iain Ban Beag Mac-rath (»der kleine blonde John Macrae«) einen Kavallerieoffizier vom Pferd schoss.

Die Schlacht von Killiecrankie fand eine Meile weiter nördlich statt, am Hang oberhalb der Straße (bei Urrard House). Es war der 27. Juli 1689, ein Samstag, sieben Uhr abends. Als die Sonne hinter den Bergen verschwand und seine Männer nicht mehr blendete, blies Dundee zum Angriff. Seine Camerons, Macleans und Macdonalds warfen ihre Plaids ab und stürmten vorwärts – »wie Verrückte, ohne Schuhe und Strümpfe«, erinnerte sich ein Soldat Mackays, der sich mit einem gewaltigen Satz über den River Garry in Sicherheit brachte (›The Soldier's Leap‹). Als beide Seiten ihre Musketen abgefeuert hatten, warfen die Highländer ihre Gewehre weg, zogen ihre Breitschwerter und stürzten sich unter wildem Geschrei auf ihre Feinde. Die waren eben dabei, die Bajonette aufzustecken, ein damals noch umständlicher Mechanismus, und wurden überrannt. In zwei Minuten hatte Mackay die Schlacht verloren. Seine Leute flohen durch die Schlucht von Killiecrankie; viele wurden niedergemetzelt, viele ertranken im River Garry. Dundee aber starb im Augenblick des Sieges, von einer Kugel getroffen. Wenige Monate später, ohne einen Führer wie »Bonnie Dundee«, waren die Jakobiten geschlagen. König James, 1690 von William in Irland besiegt, starb als Pensionär am Hof Ludwigs XIV.

So stark war die Erinnerung an die Schlacht von Killiecrankie, so furchterregend der bloße Anblick der Schlucht, daß 1745, während des letzten Jakobitenaufstandes, eine Abteilung deutscher Söldner unter Prinz Friedrich von Hessen sich weigerte, durch den Paß von Killiecrankie zu marschieren. Einige Jahrzehnte später war die blutige Schlucht ein Beauty spot: »A very fine scene«, notierte Dorothy Wordsworth am 8. September 1803 in ihr Tagebuch. »Der Paß erfüllte uns nicht mit Schrecken oder mit einem Gefühl von Schwierigkeit und Gefahr, wie wir es erwartet hatten.« Sie kletterten zum Fluß hinunter (»It is much grander seen from below«), und ihr Bruder William schrieb ein Sonett. 1844, wiederum im September, schwärmte Queen Victoria mit dem Prinzgemahl durch die Schlucht von Killiecrankie: »I cannot describe how beautiful it is. Albert was in perfect ecstasies.« Über die Schlacht kein Wort, jedenfalls nicht im Tagebuch der Königin von England. Und 1863 kam die Eisenbahn.

Dreizehn Stunden brauchte der Marquis von Atholl um 1700, um in seiner Sänfte von Dunkeld, der Grenze seines Besitzes, nach *Blair Castle* zu reisen, der Stammburg seines Clans (Farbt. 39). Sie liegt, weißgekalkt und weithin leuchtend, drei Meilen hinter Killiecrankie, wo die Schlucht sich ins Garry-Tal öffnet. »So rural and romantic, so unlike our daily Windsor walk«, schrieb Queen Victoria bei ihrem Besuch 1844.[1] »This mixture of great wildness and art is perfection.« Die Architektur allerdings enttäuschte sie: ›Atholl House‹ war damals ein schlichtes georgianisches Herrenhaus. Erst nach Victorias Besuch wurde Blair Castle viktorianisiert, umhäkelt mit einer Borte von Zinnen, Ecktürmchen und Treppengiebeln. Mit diesem Umbau im schottischen Baronialstil (1869) folgte der Edinburgher Architekt David Bryce nicht nur dem pittoresken Geschmack der Zeit, sondern stellte teilweise auch den Zustand Blairs vor 1700 wieder her. Von der ursprünglichen Burg des 13. Jahrhunderts blieb, nach vielen Belagerungen und Bombardements, nur der Wehrturm übrig.

The flag is flying, der Herzog ist zu Hause. Audienz beim Duke. »Pomp und Pracht, in der dieser Edelmann lebt, haben nicht ihresgleichen in Großbritannien. Er wird bedient wie ein Prinz«, berichtete Daniel Defoe über seinen Empfang beim 1. Duke of Atholl Anfang des 18. Jahrhunderts. Der 10. Duke lebt wie sein eigener Hausmeister in einem Seitenflügel von Blair Castle, »weil sich die kleineren Räume besser heizen lassen«. George Ian Murray, Herzog von Atholl, öffnet mir persönlich die Tür und bietet mir auch persönlich nichts an. Er ist 48 Jahre alt, Junggeselle und hat drei Bedienstete – »zu Victorias Zeiten hatten wir mindestens fünfundzwanzig!« Nun kam Queen Victoria mit einem Hofstaat von fünfundsiebzig Personen zu Besuch, Queen Elizabeth noch gar nicht. Indes sind 130 000 zahlende Besucher pro Jahr ein gewisser Ersatz. Angesichts eines Grundbesitzes von 130 000 Acres ergibt sich auch insofern eine ausgeglichene Bilanz.

Der Duke of Atholl ist fünftgrößter Landbesitzer in Schottland, Brauereiherr in den Lowlands und als Präsident unter anderem an der Westminster Press Group beteiligt, der

---

1 Nach dem Lunch servierte man Queen Victoria die Spezialität des Hauses: ›Atholl brose‹, eine Mischung aus Honig, Whisky und Hafermehl, heute zuweilen auch mit Sahne und Eidotter zubereitet.

David Allan: ›Der 4. Duke of Atholl mit seiner Familie und einem Gillie‹, 1780

erfolgreichsten Provinzzeitungskette Großbritanniens. Ein Schotte von gälischem Geblüt und englischem Zuschnitt, Eton-Schüler, Oxford-Absolvent, ein Clan-Chief im Maßanzug – so müßte man ihn malen, so wie Jacob de Wet im 17. Jahrhundert den 1. Marquis of Atholl porträtierte: ein Clan-Chief in römischer Rüstung, ein Rokoko-Cäsar, barfuß mit Alonge-Perücke, höfische Eleganz und gälische Wildheit, im Hintergrund der Kampf um die Bothwell Bridge und später die Schlacht an der Londoner Börse. So waren sie, so sind sie, die kleinen Sonnenkönige im Regenland, die letzten Herren der Highlands.

Viele Kostbarkeiten und manche Kuriositäten sind in Blair Castle zu sehen: Brüsseler Gobelins, Sèvres-Porzellan, Möbel von Chippendale und Sheraton, Gemälde von Law-rence, Raeburn, Honthorst und Zoffany, Damasttapeten und samtbespannte Himmelbetten. In der waffenstarrenden Eingangshalle liegt Tilt, der Hirsch, ausgestopft und unvergessen; in einer Vitrine eine Locke von Bonnie Prince Charlie, in einer anderen das Halsband von Tom Tow, dem Hund des Kutschers des Herzogs von Atholl. Dieser, der vierte, genannt »the planting Duke«, pflanzte sein Leben lang Bäume, mehr als 140 Millionen Lärchen – aus kommerziellen, nicht aus ästhetischen Gründen. Einmal allerdings ist er auch einem poetischen Impuls gefolgt, einem Gedicht seines Gastes Robert Burns, der 1787 die ›Untertänige Bittschrift des Flusses Bruar an den edlen Herzog von Atholl‹ verfaßte:

Laß pflanzen hohe Föhren, kühle Eschen,
Die meine seichten Ufer überragen,
Als Antwort solln die Blicke sprechen,
Die sie erschaun im Schattenspielgewand.

Die Wasserfälle des *Bruar* liegen westlich von Blair Castle, und an den bewaldeten Ufern sehen wir, daß ein Gedicht über Bäume nicht fruchtlos ist.

Abschließend stellt mir der 10. Duke of Atholl den ungewöhnlichsten Teil seines Familienerbes vor, eine Rarität, die es nirgendwo sonst in Europa mehr gibt: eine Privatarmee, seine Atholl Highlanders (Abb. 75). »Es sind achtzig Mann, vierzehn Dudelsackpfeifer und acht Trommler, alles Freiwillige, die meisten auf meinen Gütern beschäftigt. Ich bin der Oberst und nehme ein- oder zweimal im Jahr die Truppenparade ab, gewöhnlich am letzten Sonntag im Mai.« Da rücken sie dann aus, im grünen Murray-Tartan mit roten Streifen und weißen Schärpen, eine fürstliche Sammlung lebender Zinnsoldaten, die Lee Enfields-Gewehre von 1899 geschultert, unter heftigem Beschuß der Kameras von nah und fern, und sie marschieren nach der alten Dudelsackweise »Atholl Highlanders' Quickstep«, links, rechts, durch das schöne Land des Herzogs. Das Recht, eine Privatarmee zu halten, verlieh Königin Victoria 1845 während ihres Besuches in Blair Castle den Dukes of Atholl als Dank für treue Dienste der Highländer. Seitdem schlagen die Clan-Herzen wieder höher.

Glen Coe: Das Massaker im Tal der Tränen

Wer nicht von Edinburgh über Perth nach Inverness fährt, sondern von Glasgow auf der A 82, am Loch Lomond entlang, der kommt durch jenen Teil der Highlands, der lange als der schaurigste galt. *Rannoch Moor* ist nur das Vorspiel. Schwarz oder blau, wechselnd wie das Wetter, blinken Tümpel und Seen aus der braunen Einöde. Sogar die Straße scheint es eilig zu haben, hier wieder raus zu kommen. Aber sie führt nur immer tiefer hinein in die Einsamkeit, in die Berge von Glen Coe. Noch einmal können wir abbiegen, ins wilde *Glen Etive*, dem Weg der Gletscher folgen bis zum See: eine Sackgasse, ein retardierendes Moment im Drama von Glen Coe.

Die Berge werden nun immer kahler, nichts als Geröll und Felsen und die langen Schatten der Geschichte. »Dieser Paß ist der traurigste und melancholischste aller schottischen Pässe

Horatio McCulloch: ›GlenCoe‹, 1864

– the very Valley of the Shadow of Death. Nebel und Stürme brüten den größten Teil des schönsten Sommers hindurch darüber, und selbst an jenen seltenen Tagen, wenn die Sonne hell ist und keine Wolke am Himmel, ist der Eindruck, den die Landschaft macht, trübe und schaurig.« Der dies schrieb, der Historiker Macaulay, stand nicht nur unter dem Eindruck der Natur. Er schilderte einen historischen Schauplatz: *Glen Coe, 1692.*

Nach ihrer Niederlage bei Killiecrankie hatte die englische Regierung den rebellischen Clan-Chiefs ein Ultimatum gestellt. Wer bis zum 31. Dezember 1691 den Treueeid auf William III. nicht geleistet hatte, durfte kein Pardon erwarten. MacIan, Führer der Macdonalds of Glencoe, zögerte diese Unterwerfung bis zuletzt hinaus; schließlich kam er, schlechten Wetters wegen, kurz nach Ablauf der Frist in Inverary an, um seinen Eid zu leisten. Der wurde protokolliert, und Macdonald of Glencoe kehrte zurück in der Überzeugung, sein Clan habe nun nichts mehr zu befürchten. Sir John Dalrymple indes, Schottland-Minister Williams III., nahm die Terminüberschreitung als willkommenen Vorwand, um an den Macdonalds ein Exempel zu statuieren. Er gab Order, »diesen diebischen Stamm auszurotten« (»putt all to the sword under seventy«). Am 1. Februar 1692 marschierte Captain Robert Campbell of Glenlyon mit 120 Rotröcken seines Clans in die Schlucht von Glen Coe. Er gab vor, Quartier zu suchen. Die Macdonalds, arglos, öffneten ihre Türen. Fast zwei Wochen genossen die Campbells die Gastfreundschaft der Macdonalds. Dann kam der 13. Februar 1692.

273

*›Trauernder Hochländer von Glen Coe‹,
Stich nach einem Gemälde von Robert
Ronald McIan, 1845*

Noch am Abend zuvor hatte Glenlyon mit dem alten MacIan of Glencoe gegessen, Karten gespielt und Wein getrunken: auf die Gesundheit der Macdonalds. Am andern Morgen, um fünf Uhr, ließ er sie töten. Männer, Frauen und Kinder wurden aus ihren Betten gezerrt und erschossen, ihre Leichen auf die Misthaufen geworfen, ihre Hütten in Brand gesteckt, ihre Kühe und Schafe fortgetrieben. Viele, in letzter Minute gewarnt, flohen in die Berge. Wie viele dort im Schneesturm umkamen, wie viele an Hunger und Erschöpfung starben, wurde nie genau bekannt. »Das einzige, was ich bedaure«, erklärte Sir Dalrymple: »daß irgendwelche davongekommen.« Nicht die Zahl der Toten – es waren vierzig – empörte das Land. Es hatte blutigere Massaker gegeben in der Geschichte der Clans. Aber daß die Mörder fast vierzehn Tage en famille mit ihren Opfern gelebt hatten, dieser schändliche Verrat, der Mißbrauch der Gastfreundschaft, war das niederträchtigste aller Verbrechen.

Als Queen Victoria im September 1873 in der Schlucht von Glen Coe picknickt, sieht sie noch die Steine der verwüsteten Hütten, »die die blutige, schreckliche Geschichte des Elends erzählen. Die Umgebung selbst steigert noch den schrecklichen Gedanken, daß eine solche Tat geplant und begangen werden konnte an unschuldigen, schlafenden Menschen.« Und dann, unerträglichster Gedanke für die Königin: »Let me hope that William III. knew nothing of it.« Aber der König wußte nicht nur davon, er selbst hatte den Befehl unterschrieben, den er später vorgab, nicht einmal gelesen zu haben. Erst 1695 sah sich William III. durch das schottische Parlament genötigt, eine Untersuchungskommission einzusetzen. Sie nannte die Aktion, was sie war: Mord. Zur Rechenschaft gezogen wurde niemand. Zwar mußte Sir John Dalrymple seinen Ministersessel räumen, aber der König entschädigte ihn mit einer üppigen Pension. So blieb auch auf William III. der Schatten von Glen Coe.

»The Glen of Weeping«, das Tal der Tränen: Es lag nahe, daß die Volksetymologie den Namen romantisch deutete. Glen Coe heißt ›Enger Paß‹. Eine Straße wurde hier erst 1786 angelegt. Die breite A 82 vermittelt keinen Begriff mehr von der Unwegsamkeit und Ausweglosigkeit dieser Gegend zur Zeit des Massakers. Ich fuhr an einem Junitag durch Glen Coe. Auf den Gipfeln der Berge lag noch Schnee. Die Sonne schien: einer jener seltenen Tage. Am Straßenrand auf der Paßhöhe spielten zwei Dudelsackpfeifer in leuchtend roter Stewart-Uniform (Farbt. 19). Es waren zwei Arbeitslose aus Dundee; die Marmeladenfabrik hatte sie wegrationalisiert. Nun standen sie in Glen Coe und warteten auf eine gute Saison. Als der erste Reisebus hielt, bliesen sie den ›Lament of Glen Coe‹. Schrill hallte die Totenklage wider von den Bergen, und schon hatte jemand einen Kassettenrekorder zur Hand für einen Life-Mitschnitt im Freien.

Victoria in Balmoral: Eine Königin macht Urlaub

Es gibt Leute, die jahrein, jahraus am selben Ort Urlaub machen. Der Papst zum Beispiel: jeden Sommer nach Castel Gandolfo. Oder einst Adenauer: immer in Cadenabbia. Mit Königin Elizabeth ist es nicht anders. Einmal im Jahr fährt die Queen nach Balmoral. Das ist so sicher wie der Kongreß der Labour Party in Brighton und der Gewerkschaften in Blackpool. Daß es im September Hofnachrichten aus Balmoral gibt, darauf kann sich der ›Times‹-Leser mehr verlassen als auf das Erscheinen der ›Times‹. Es soll sogar Briten geben, die ihre Ferien eigens in diese Jahreszeit und in diese Gegend verlegen: Royal Deeside, im Herbst, wenn die Königin kommt. Und da kommt sie tatsächlich, am Sonntag um halb zwölf, im lindgrünen Rolls Royce, »oh what a lovely hat«, und vorne sitzt Prinz Charles, und dahinter folgt noch ein schwarzer Rolls, »that's Princess Anne«, aber es war die Queen Mother, »charming old lady«, und schon sind die Queen und die Queen Mother in der Queen's Porch zum Queen's Service in *Crathie Church* verschwunden. Viele waren gekommen, aber nur wenige haben geklatscht, denn sie hatten alle Hände voll zu tun mit Knipsen. Am Ende der Messe, gegen halb eins, ist das Spalier wieder genauso dicht wie am Anfang. Die Queen steigt ein, die Queen fährt ab: Wir haben die Queen in Balmoral gesehen. Ganz ohne Polizeieskorte. Wenn die IRA einmal ihr wahnsinnigstes Attentat verübt, dann wird es hier sein: Balmoral, im September.

There was an Old Man of Dee-side,
Whose Hat was exceedingly wide;
But he said, »Do not fail,
If it happen to hail,
To come under my Hat at Dee-side!«

(Limerick von Edward Lear)

Nachmittags darf man sehen, wo die Königin saß. »Hier«, sagt der Sakristan von Crathie Church, »im südlichen Querschiff, der Büste ihres Vaters George VI. gegenüber.« Die Kirche strahlt in blankgescheuerter Bescheidenheit. Der Küster plaudert, als sei er der Hofkaplan von Windsor Castle: »Mit der Queen Mother kann man reden wie mit seinesgleichen. Heute haben wir uns zum Beispiel über die Wespe unterhalten, die während der Messe die Queen Mother belästigt hat. Ich habe es leider nicht verhindern können.« Das sind die Hofnachrichten, die nicht in der ›Times‹ stehen. Aus der Nische einer Granitsäule schimmert Queen Victoria herüber. Sie legte 1893 den Grundstein zum Neubau dieser Kirche. Sie machte Balmoral zum Wallfahrtsort der Nation.

Die Geschichte von Balmoral begann am 8. September 1848. Die königliche Yacht ›Victoria & Albert‹ war im Hafen von Aberdeen vor Anker gegangen, das königliche Paar stieg um und fuhr in der Kutsche die letzten siebzig Kilometer durchs Dee-Tal nach Balmoral. Die Highländer (»they are such a chivalrous, fine, active people«) hatten überall am Weg Triumphbögen errichtet, aus Heidekraut, Immergrün und schottischen Disteln, einen sogar ganz aus Hirschköpfen und Geweihen: »Welcome, Queen of the Highland Home!« Dann sah Victoria zum ersten Mal Balmoral: »It is a pretty little castle in the old Scottish style«, schrieb sie in ihr Tagebuch, »with beautiful wooded hills, which reminded us very much of the Thüringerwald«, die Heimat des Prinzgemahls, Albert von Sachsen-Coburg und Gotha. »Es war so still und einsam, es tat einem gut, wenn man umherblickte; die reine Bergluft war sehr erfrischend. Alles schien Freiheit und Frieden zu atmen und einen die Welt und ihre traurigen Unruhen vergessen zu lassen.« 1848: Auf dem Kontinent fielen die Kronen, in London hatte Karl Marx sein ›Kommunistisches Manifest‹ veröffentlicht, und Queen Victoria suchte ein Ferienhaus in den Highlands.

Sie war 29 Jahre alt und seit elf Jahren Königin, sie hatte sechs Kinder und Rheuma. Sir James Clark, Victorias schottischer Leibarzt, empfahl Deeside, wegen der trockenen, reinen Luft. Da es noch keine Reiseprospekte gab, erhielt ein Maler aus Aberdeen, James Giles, den Auftrag, die Gegend zu zeichnen. Unter diesen Bildern war auch ein Aquarell von Balmoral. Als Victoria und Albert es sahen, pachteten sie das Schlößchen ohne vorherige Besichtigung. Vier Jahre später, 1852, kauften sie es, dank einer überraschenden Erbschaft von einer Viertel Million Pfund, die ein wildfremder Junggeselle namens John Camden Nield seiner Königin hinterlassen hatte. Zur Erinnerung an den Kauf von Balmoral wurde auf dem benachbarten *Craig Gowan* ein Gedenkstein errichtet, man tanzte schottische Reels und rief dreimal »Hoch«! Victoria war glücklich: »Ich hätte weinen mögen«, schrieb sie in ihr Highland-Tagebuch. »The view was so beautiful over the dear hills; the day so fine; the whole so gemütlich.«

Noch im selben Jahr 1852, wie zuvor schon bei ihrer Sommerresidenz Osborne House auf der Isle of Wight, begann Prinz Albert auch in Balmoral mit dem Bau eines neuen, größeren Hauses. Denn der Clan Windsor vermehrte sich laufend. Schon waren sieben Kinder da, ein Ende nicht abzusehen. Der Prinzgemahl selbst entwarf den Neubau, zusammen mit William Smith, dem Stadtarchitekten von Aberdeen. Mit seinen Türmchen, Zinnen und Treppengiebeln aus weißem Crathie-Granit wurde Balmoral zum Inbegriff des viktorianischen Baronialstils. Beinahe spielzeughaft liegt das Schlößchen in der Landschaft, ein Privathaus, kein offizieller Palast (Farbt 1). Hier sollte die Natur regieren und nicht das höfische Zeremoniell von Windsor. Albert pflanzte Bäume; die Silberpappel, seinen Lieblingsbaum, ließ er sich als Setzling aus Coburg schicken, und der dunkle Tannenwald, der das Märchenschloß so melancholisch rahmt, geht auch auf den Prinzgemahl zurück. Am 7. September 1855, im Jahr des Krimkriegs, zogen Victoria und Albert im neuen Schloß Balmoral ein; das alte wurde abgerissen. Drei Tage später erreichte sie die Nachricht vom Fall Sewastopols, und so gab es doppelten Grund zu feiern. Auf dem Gipfel des Craig Gowan wurde ein Freudenfeuer entzündet, man trank, sang und schoß wild in die Luft. Es war ein turbulenter Monat. Denn nun kam auch noch Besuch aus Berlin. Prinz Friedrich

Balmoral und Umgebung

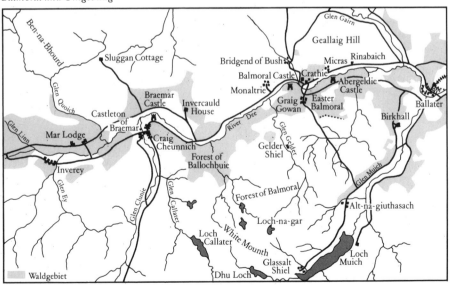

Wilhelm von Preußen hielt bei der Queen um die Hand ihrer ältesten Tochter an, der Prinzessin Victoria Adelaide. »Vicky« war aber gerade erst fünfzehn, und so mußte »dear Fritz«, der spätere deutsche Kaiser, neun Tage auf das Ja-Wort warten. Dann hatte Prinz Alberts dynastische Familienpolitik Victorias Bedenken zerstreut, in Balmoral fand die Verlobung und in Berlin, 1858, die »Preußische Hochzeit« statt. Ein Jahr später war der Thronerbe geboren: Kaiser Wilhelm II.[1]

Victoria und Albert in den Highlands: »Sie leben ohne Aufwand, nicht nur als Privatleute, sondern als sehr einfache Privatleute, kleines Haus, kleine Räume, kleine Gesellschaft«, berichtete Victorias Kabinettssekretär Charles Greville, zum Rapport nach Balmoral bestellt. »Sie verbringen die Tage äußerst einfach und ungezwungen. Er geht morgens auf die Jagd, kommt zum Essen nach Hause, und dann gehen oder fahren sie spazieren. Sie rennt den ganzen Tag raus und rein, geht allein los, besucht die Bauernhäuser, setzt sich und schwatzt mit den alten Weibern.« Queen Victoria, immer in Betrieb (»I love to be employed: I hate to be idle«), ritt, ruderte, wanderte, picknickte, und wenn sie die Gegend pittoresk fand, packte sie ihr Malgerät aus, plazierte sich mitten auf den Weg, ihre Hofdame Jane Churchill spannte den Schirm auf, und Ihre Majestät begann zu zeichnen. Diese Landschaftsaquarelle, auch ihre Skizzen von Balmoral und den Kindern, sind Amateurkunst im besten Sinne. Vor Motiven, die ihre Möglichkeiten überstiegen, pflegte sie zu sagen :»I wished for Landseer's pencil.«

Der Hofmaler Sir Edwin Landseer besuchte sie 1850 zum ersten Mal in Balmoral. »The usual evening costume is the kilt«, hieß es in der Einladung; zur Not dürfe man auch lange Hosen tragen. Landseer porträtierte im Auftrag Victorias ihre Lieblingsdiener und Alberts Jagdgehilfen, die Gillies und Stalkers. Noch heute hängen sie, in Kreide, im Salon von Balmoral. Ein Jahr später vollendete Landseer dort sein berühmtestes Bild, ›The Monarch of the Glen‹. Dargestellt ist nicht Prinz Albert, sondern ein majestätischer Zwölfender: die Apotheose des röhrenden Hirsches in der Nebelkulisse der Highlands. Dies war die Kunst der jagenden Klasse. Keiner hat die Hirsche und die Herzen seiner Zeit besser getroffen als Landseer, die darwinistischen Instinkte und die sentimentalen Gefühle der Viktorianer. Edle Tiere im heroischen Überlebenskampf in einer romantischen Landschaft: Landseers Tierleben sprach Jägern und Gejagten aus der Seele, es gefiel Aristokraten und Arbeitern gleichermaßen. So wurde die Salonmalerei zum Sofabild und Sir Edwin Millionär.

Was Landseer auf der Leinwand unfehlbar traf, ging Prinz Albert auf der Pirsch meist daneben. Er war ein guter Mensch, kein guter Schütze. Statt dessen lernte er von seinem Jäger John Macdonald unterwegs Gälisch. Gelegentlich begleitete die Queen ihn auf der Jagd, und wenn Albert dann doch einmal traf, zeichnete Victoria den toten Hirsch nach der Natur. Prinz Albert starb 1861 in Windsor Castle. Balmoral aber wurde der Ort der Erinnerung. Nun begannen Victorias einsame Reisen nach Norden, jeden Frühling einen Monat, drei Monate im Herbst, vierzig Jahre lang, immer in Schwarz: »A Highland

---

1 1887, ein halbes Jahr vor seinem Tod, besuchte Kronprinz Friedrich noch einmal Balmoral, weil er sich von der reinen Luft im Dee-Tal Besserung für sein Kehlkopfleiden erhoffte.

Sir Edwin Landseer: ›Prinzgemahl Albert mit Hirsch in Balmoral Forest‹, 1860

Widow«. Es schien, als suche sie nun noch mehr als früher Zuflucht im einfachen Leben: »There is so much true and strong faith in these good simple people.« Alles sollte so weitergehen wie vorher: Ross, der königliche Dudelsackpfeifer, spielte zum Frühstück auf, dann ritt Victoria aus, korrespondierte oder konferierte mit angereisten Ministern, und wie immer kam aus Aberdeen George Washington Wilson, »Photographer Royal to Her Majesty in Scotland«[1] Wilson fotografierte ihre prominenten Gäste und ihre pittoresken Lieblingsplätze in der Umgebung von Balmoral: Abergeldie, Birkdale, Lochnagar. Die dramatischen Felswände des *Lochnagar* hatten schon den jungen Lord Byron begeistert:

England! thy beauties are tame and domestic
To one who has roved o'er the mountains afar:
Oh for the crags that are wild and majestic!
The steep frowning glories of dark Lochnagar!

1 G. W. Wilson, einer der schottischen Pioniere der Fotografie, wurde mit Stereofotos und Ansichtskarten zum erfolgreichen Chronisten des viktorianischen Schottland. Rund 27000 Glasnegative von ihm und seiner Firma verwahrt die Universitätsbücherei in Aberdeen.

Sir Edwin Landseer: ›Queen Victoria mit ihrem schottischen Diener John Brown‹, 1863

Nicht weit davon, am einsamen *Loch Muick,* ließ Queen Victoria sich 1868 ein Cottage bauen, *Glassalt Shiel.* »The Widow's House« nannte sie es und zog sich oft alleine dorthin zurück. Heute wird es als Wintersportzentrum von der Universität Aberdeen benutzt, und *Birkhall* am Eingang des *Glen Muick*[1] ist eine der Sommerresidenzen der Queen Mother. Victoria, ein Pionier des Tourismus, reiste auch nach Alberts Tod von Balmoral aus durch die Highlands, meist inkognito als »Countess of Kent«. Nicht eines ihrer neun Kinder übernahm dabei die Rolle des ständigen Begleiters, sondern ein schottischer Diener. »Es gibt einen Menschen, dessen Beistand mir mehr als der jeder anderen Person geholfen hat und noch hilft, und das ist der gute und brave Brown«, schrieb Victoria an ihre Tochter Vicky in Berlin. »Du weißt nicht, was für ein Herz und was für einen Verstand er hat.« John Brown war Prinz Alberts Jagdgehilfe und wurde nach dessen Tod Victorias »starker Mann« für alles, ihr Kutscher, Leibwächter und Vertrauter. Ein Gemälde Landseers machte dies

---

1 Klar abzulesen im *Glen Muick* die dreifache Nutzung des typischen Hochlandtals: am Fluß Weide- und Ackerland, unten am Berghang Wald, auf den kahlen Höhen Schafe, Rotwild und Moorhühner.

Verhältnis, das keines war, in London publik: die Queen zu Pferde, am Zügel John Brown. Die allzeit blühende Phantasie des Volkes hatte ihr Thema. »Mrs. Brown«, witzelte der ›Punch‹; »Kaiserin Brown«, spottete der sozialistische Künstler William Morris. Noch James Joyce greift diese Karikatur im ›Ulysses‹ auf: ». . . die Alte mit dem Schnurrbart auf der Lippe, stockbesoffen in ihrem königlichen Palast jede Nacht, die Gott werden ließ, die olle Vic, von ihrem Pöttchen Schottenwhisky, und ihr Kutscher mußte sie jedesmal aufsammeln . . .« Annähernd richtig an alledem ist nur Victorias Verhältnis zum Whisky. John Brown zeigte ihr, wie man damit den Tee verbessert, und ihr Premierminister Gladstone, auf Dienstreise in Balmoral, beobachtete schaudernd, wie die Queen »ihren Rotwein durch Whisky verstärkt – ich würde ja sagen: verdirbt«.[1]

Unbeirrt von übler Nachrede verlieh Victoria John Brown den offiziellen Titel »Königlicher Schottland-Diener« und schenkte ihm ein Cottage auf ihrem Grundstück, in dem heute der Hausmeister von Balmoral wohnt. 34 Jahre stand John Brown in ihren Diensten, nie machte er Ferien, und mit 56 war er tot. »The devoted and faithful personal attendant and beloved friend of Queen Victoria«: So heißt es, goldgraviert, auf seinem Grabstein auf dem alten Kirchhof von Crathie. Wie für ihren Prinzgemahl, so ließ Victoria nun auch für ihren Diener eine lebensgroße Statue in Highlandtracht errichten. Dies Denkmal stand in der Nähe des Schlosses, aber nach Victorias Tod verbannte es ihr eifersüchtiger Sohn Bertie (Edward VII.) abseits ins Gebüsch. John Browns Schottenrock indes, ein posthumer Triumph, ging 1978 auf einer Auktion für 6500 Mark an das Tartan-Museum in Comrie.

Victoria engagierte nun indische Diener für Balmoral Castle und freute sich über die Exoten »wie ein Kind über ein neues Spielzeug«, kommentierte ihr Privatsekretär, Sir Henry Ponsonby. Bald hatte auch er Grund, eifersüchtig zu werden: Munski Hafiz Abdul Karim hieß Victorias neuer Favorit. Vier Jahre nach John Brown, 1887, starb auch Victorias Lieblingshund, der Collie »Noble«. Auch er bekam eine lebensgroße Bronzestatue in Schloßnähe, auch er auf seinem Grabstein das Epitheton »dear and faithful companion of Queen Victoria«.

»Balmorality«, Melancholie der langen Witwenjahre, Highland-Sehnsucht, Kult der Erinnerung. Immer noch, jedes Jahr kam Victoria nach Balmoral, machte ihre Runde in der Kutsche durch die Umgebung, verteilte Geschenke, legte Blumen auf die Gräber ihrer Lieben und tanzte, nun schon über siebzig, die Quadrille auf dem alljährlichen ›Gillie's Ball‹, den sie schätzte. Am 23. September 1896 feierte Victoria in Balmoral den Tag, an dem sie länger als jeder englische König vor ihr regiert hatte. Mit großem Gefolge traf aus Petersburg Zar Nikolaus II. ein, verheiratet mit ihrer Enkeltochter Alix. »Nicky« und »Alicky« pflanzten einen Baum, und weil Downey aus Newcastle, Victorias zweiter Hoffotograf, den neuen Kinematographen erproben wollte, mußte die ganze Gesellschaft immer auf und ab gehen – der erste Film von einer königlichen Familienfeier. Dies waren die Höhepunkte von Balmoral. Wie es gewöhnlich war, schilderte ihre Hofdame Lady Lytton: langweilig. Nach dem Essen spielten die Herren Billard, die Damen Patience, und die Queen schlief meistens

1 Gladstones Landhaus *Fasque* (nördlich Fettercairn, B 974), mit viktorianischem Interieur, ist noch heute im Familienbesitz und nach Voranmeldung zu besichtigen.

ein. Für Gäste war Balmoral Castle die reinste Tiefkühltruhe: bis November ungeheizt und immer alle Türen offen, denn Victoria liebte die frische Luft. Balmoral sei »kalt wie der Tod«, klagte einer ihrer Minister, zum Rapport achthundert Kilometer aus London angereist – eine Strafexpedition.

Auch ihren letzten, den 81. Geburtstag feierte Victoria in Balmoral, im Mai des Jahres 1900. Der Burenkrieg war ausgebrochen, ihre eigenen Gordon Highlanders standen in vorderster Front. Auf dem Craig Gowan brannten nun keine Freudenfeuer mehr. Queen Victoria starb am 22. Januar 1901 in Osborne auf der Isle of Wight, im Beisein ihres schottischen Arztes James Reid. Balmoral aber wurde zum Begriff: für Schnürstiefel (›Balmoral-Stiefeletten‹), für eine bestimmte Form der Schottenmütze (›Balmoral-Bonnet‹), und auch einen wollenen Unterrock kann man getrost ›balmoral‹ nennen.

Aberdeen: Die Stadt am Öl

Chic Murray, ›Punch‹-Autor, erzählt von seinem Vater, einem Mann aus Aberdeen: »Einen großzügigeren Menschen können Sie sich nicht vorstellen. Ich habe eine goldene Taschenuhr, die meinem Vater gehörte. Er verkaufte sie mir auf seinem Totenbett.« Daß die Aberdonians von allen Schotten die geschäftstüchtigsten seien, ist wahrscheinlich ebenso eine Übertreibung wie die, daß der Aberdeen-Terrier von allen Terriern der sonderbarste sei: Er sehe so streng aus, heißt es, so erfüllt von kalvinistischem Geist, daß jeder gewöhnliche Sterbliche in seiner Gegenwart ein schlechtes Gewissen bekomme. Ausgenommen, vermutlich, Chic Murrays Vater.

Im Hafen von Aberdeen liegen ›Oil Hunter‹ und ›Tough‹, Versorgungsschiffe für die Bohrinseln draußen in der Nordsee. »Oil Capital of Britain«, »boom town«, das sind die neuen Beinamen der Stadt, seit 1969 östlich von Aberdeen das erste britische Ölfeld erschlossen wurde. »Montrose Field« nannten es die Schotten, nach ihrem im Bürgerkrieg hingerichteten Stuart-Anhänger Graf Montrose. Mit Namen wie ›Bruce‹ und ›Tartan‹, ›Distel‹ und ›Dudelsackpfeifer‹ signalisieren auch die anderen Ölfelder nordöstlich von Aberdeen Nationalbewußtsein. Es ist unser Öl, sagen die Schotten. Es ist britisches Öl, sagen die Engländer. Die Aberdonians sagten gar nichts und machten als erste Geschäfte.

Die Manager der internationalen Ölkonzerne, die Techniker, die Arbeiter, sie alle kamen in die Hafenstadt am Fuß der Highlands. Wie Stavanger für Norwegen, so wurde Aberdeen für Großbritannien zur zentralen Operationsbasis der Ölleute. Aberdeen hat den größten Hubschrauberlandeplatz der Welt und die niedrigste Arbeitslosenrate auf den Britischen Inseln (0,3 Prozent). Früher hieß es hier, wenn einer nach der Schule nicht wußte, was er werden sollte: Dann fährst du eben zur See. Heute heißt es: »You go to the oil.« Die Löhne sind in Aberdeen in den letzten Jahren sprunghaft gestiegen, aber auch die Mieten. Ein Ring neuer Siedlungen umgibt die 200000-Einwohner-Stadt, das größte britische Neubauprogramm der siebziger Jahre. Das alles sind Folgen des Ölbooms. Vom Öl selbst, von Tankern und Pipelines sieht man in Aberdeen nichts. Dafür um so mehr, jeden Morgen auf der

Fischauktion im Hafen, von Hering, Dorsch und Schellfisch. Schon im Mittelalter exportierte die Stadt am Dee Lachs und Forellen zum Kontinent. Im 19. Jahrhundert starteten hier die Aberdeen-Klipper zu ihren legendären Chinatee-Rennen mit den amerikanischen Konkurrenten. »Cairngorm« und »Thermopylae« hießen diese schnellsten Segler ihrer Zeit. Aber der Geist von Aberdeen ist nicht im Hafen anzutreffen, sondern in Union Street (Abb. 48).

Eine strengere, schlichtere, eintönigere Hauptstraße gibt es nicht. Grau und nüchtern ihr Anfang, nüchtern und grau ihr Ende; gradlinig, zweckmäßig, ohne Höhepunkte, ohne Abweichungen, ein puritanischer Lebensweg. Union Street ist nicht Princes Street, kein Bellevue für Flaneure, kein Boulevard der Eitelkeit, kein Laufsteg irgendwelcher Lust. In Union Street führt man seinen Aberdeen-Terrier aus und niemanden sonst. Aberdeens Hauptstraße wirkt so korrekt wie die Bügelfalten von Barclay's Bankangestellten und so sauber wie eine viktorianische Sonntagsschule. Woher, bei aller Schlichtheit, diese Wirkung? Die Häuser von Union Street, die Straßen von Aberdeen, fast die gesamte Stadt ist aus Granit. Es war dieses Material, das den Charakter Aberdeens prägte und das dem Charakter seiner Bewohner so sichtbar entsprach; ein Material, dessen Härte zu strengen, puristischen Formen zwang, dem schlichten, puritanischen Geist angemessen, den Aberdonians wie aus der Seele gemeißelt. Darum, trotz internationalem Publikum, wirkt Union Street so kahl, so kalt, so rigoros, etwas steril und sehr solide. Keine Schönheit, aber ein Charakter. Diese Straße fasziniert nicht so sehr wegen ihrer Architektur, sondern durch ihre Atmosphäre. Wenn das kühle Licht auf die Mauern fällt, dann funkelt der silbergraue Granit – Aberdeen, »the Silver City by the Sea«.

Stadtplan von Aberdeen
1 King's College 2 Marischal College 3 Rubislaw Academy 4 Rubislaw Quarries 5 Town House 6 Art Gallery 7 Provost Skene's House 8 Provost Ross's House 9 Mercat Cross 10 Brig O'Balgownie 11 Church of St. Nicholas 12 St. Machar's Cathedral 13 St. Andrew's Cathedral

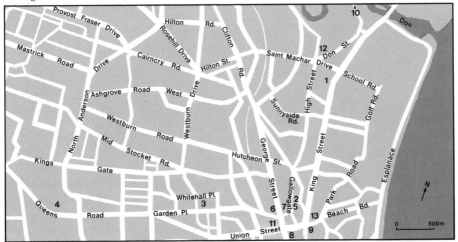

Union Street wurde Ende des 18. Jahrhunderts angelegt, geprägt vor allem durch den strengen, schnörkellosen Stil des einheimischen Architekten Archibald Simpson (Music Hall, 1820). Später, schon verspielter, setzte William Smith Union Street fort, so eindrucksvoll, daß Prinz Albert ihn mit dem Bau von Balmoral Castle beauftragte. Der Granit prägte nicht nur Aberdeens Gesicht, er füllte auch Aberdeens Kassen. Die Nachfrage nach diesem dauerhaften Material, besonders für Straßenpflaster und Grabsteine, stieg im 19. Jahrhundert ständig. Die Rubislaw Quarries (Queen's Road) wurden zum größten Granitsteinbruch der Britischen Inseln. Um 1850 exportierte Aberdeen jährlich rund 30 000 Tonnen Granit – und die entsprechenden Facharbeiter: Über neunzig Steinmetze aus Aberdeen halfen damals beim Bau des Granit-Kapitols in der texanischen Hauptstadt Austin.

Beträchtlichen Anteil an diesem Erfolg hatte der einheimische Steinmetz Alexander Macdonald. An den altägyptischen Skulpturen im Britischen Museum in London studierte er die Kunst der Granitbearbeitung und erneuerte, nach 1820, mit modernen Methoden die Technik des Schneidens und Polierens von Granit. Dadurch wurde Alexander Macdonald, buchstäblich, steinreich. Sein Sohn stiftete der Kunstgalerie seiner Heimatstadt eine hervorragende Sammlung schottischer und englischer Malerei (mit einer Spezialsammlung von Selbstporträts britischer Künstler seiner Zeit). Aus Aberdeen, in der Art Gallery mit guten Beispielen vertreten, stammt der Präraffaelit William Dyce. Er war ein Aktivist der Hochkirche, schrieb lange Abhandlungen über die Einhaltung des Sabbat, entwarf Kirchenfenster (Alnwick, Ely Cathedral) und malte biblische Szenen mit schottischer Umgebung: Christus in den Highlands statt in der Wüste. Durch mehrere Aufenthalte in Rom schloß er Freundschaft mit den Nazarenern, wurde zum Fresko-Spezialisten und Lieblingsmaler von Queen Victorias deutschem Prinzgemahl. Albert beauftragte Dyce 1847 mit Fresken für den Parlamentsneubau in London und für die königliche Sommerresidenz Osborne auf der Isle of Wight.

Ein Jahrhundert vor William Dyce machte ein anderer Aberdonian in London Karriere: James Gibbs, der einflußreichste britische Kirchenarchitekt seit Christopher Wren. Er baute unter anderem St. Martin-in-the-Fields in London und die Radcliffe Library in Oxford. In seiner Heimatstadt Aberdeen hinterließ Gibbs, Katholik und Jakobit, nur ein einziges Werk, die West Kirk von St. Nicholas (1741–55). Dies ist die bessere Hälfte der einst größten Pfarrkirche Schottlands, die nach der Reformation in zwei Kirchen geteilt wurde. Um St. Nicholas konzentriert sich, was von der Altstadt übrig blieb: das Marktkreuz (1686) in Castle Street, das viktorianische Rathaus mit dem Tolbooth-Turm (14. Jh.) und Provost Skene's House (ca. 1545), das älteste Haus Aberdeens, berühmt für die bemalte Holzdecke seiner Kapelle (frühes 17. Jh.). Der Granit-Palast in Broad Street, ein Prunkstück edwardianischer Architektur in Schottland, ist die neugotische Fassade (1905) eines weit älteren Gebäudes: Marischal College, gegründet 1593 von George Keith, 5. Earl Marischal, einem der reichsten schottischen Adeligen seiner Zeit. Das Motto derer von Keith, über dem inneren Torbogen zu lesen: »The haif said. Quhat say they? Lat thame say.« (Sie haben gesprochen. Was haben sie gesagt? Laßt sie reden!)

Marischal College war Aberdeens zweite Universität, eine protestantische Gegengründung zu Bischof Elphinstones King's College (1494), das die Reformation nicht mitmachen wollte. Eine Stadt mit zwei Universitäten? Aberdeen war nicht eine Stadt, es waren zwei Städte mit einem Namen. An der Mündung des Dee der Handelshafen, an der Mündung des Don die Bischofsresidenz, beide im 12. Jahrhundert von David I. mit Stadtrechten versehen, beide erst 1891 zum heutigen Aberdeen vereint. Zwei Kilometer nördlich des Hafenzentrums liegt *Old Aberdeen*, Universitätsviertel, Denkmalschutzgebiet, Idylle abseits der ›boom town‹. Weithin sichtbar eine Laterne aus vier Strebebögen und einer monumentalen Steinkrone als Abschluß: Dieser Turmhelm markiert den erhalten gebliebenen Teil der alten Universität, die Kapelle von King's College (1500–05). Sie hat als einzige der mittelalterlichen Kirchen Schottlands noch ihren ursprünglichen Lettner und das alte Eichengestühl, eine Arbeit flämischer Künstler. In King's College dominieren traditionsgemäß die Geisteswissenschaften, in Marischal College die Naturwissenschaften. Am Ende der High Street, in deren kleinen Granithäusern Studenten und Professoren wohnen, steht das ehemalige Rathaus von Old Aberdeen, ein streng und schön proportioniertes Beispiel des georgianischen Stils (1721). Chanonry, die Fortsetzung der High Street, war die Straße der Kanoniker, die Domfreiheit von St. Machar's.

Als habe er, Anfang des 15. Jahrhunderts, eine Burg und keine Kirche bauen wollen, so wirkt Bischof Lichtons Beitrag zur Kathedrale von Old Aberdeen: eine Westfront mit zwei festungsartigen Türmen, von einer Brustwehr bekrönt (die Turmhelme sind späteren Datums). Zwischen den Türmen ein langgestrecktes, siebenteiliges Fenster, eine Phalanx vertikaler Wandöffnungen, parallel zu den Strebepfeilern. Dies ist die ungewöhnlichste Westfassade einer britischen Kathedrale; um so bedauerlicher, daß der Zentralturm bei seinem Einsturz 1688 Chor und Querschiff zerstörte. So blieb nur das Hauptschiff erhalten: Granit und Eiche, Rundpfeiler und eine Holzdecke mit den heraldischen Emblemen der Könige und Bischöfe Europas um 1520.

Durch Seaton Park führt der Weg von der Kathedrale zur Brig o' Balgownie (ca. 1320), der Brücke über den stillen Don. Der Dee war immer der wildere der beiden Flüsse Aberdeens: »Blutdurstiger Dee, jedes Jahr raubt er drei. / Der hübsche Don bricht nichts entzwei.« Dies sind die Flüsse der Kindheit Lord Byrons, der in Aberdeen zur Schule ging; sein Denkmal steht vor der granitgrauen Grammar School in Skene Street. Byrons Mutter Catherine war eine Gordon, und im zehnten Gesang seines ›Don Juan‹ erinnert sich der Dichter an seine Herkunft, an Aberdeen:

Doch ich bin von Geburt halb Schotte und ein ganzer
Durch Erziehung, und mein Herz steigt mir zu Kopf,
Wenn Auld Lang Syne Schottland beschwört mit allem Drum und Dran,
Mit Schottenkaro, Haarband, blauen Bergen. klaren Bächen,
Mit Dee und Don, der schwarzen Wand im Knast Balgounies,
Dem Fühlen meines Knabenalters ...

Craigievar: Ein Turm flippt aus

Ein Flußtal mit Feldern und Wiesen, an den Hängen dunkle Tannenwälder, auf den kahlen Höhen die Heide: Wenn sie blüht, »die blaue Blume Schottlands« (Fontane), dann hat die Romantik Hochsaison im Tal des Dee. Das Dorf *Braemar*, wo R. L. Stevenson im Sommer 1881 die ›Schatzinsel‹ schrieb, ist Treffpunkt der Moorhuhnjäger, Wanderer und Wintersportler. Am ersten Samstag im September treten hier, unter den Augen ihrer Königin, Schottlands starke Männer zum Braemar Gathering an, dem berühmtesten aller Highland Games. Ihre Wurzeln reichen zurück ins 11. Jahrhundert, als König Malcolm III. in den Braes of Mar seine Clans zum Manöver versammelte, um die kräftigsten Krieger und schnellsten Botenläufer zu ermitteln.

Schirmherr der Braemar Games ist Captain Alwyne Farquharson. Sein Sport, sagt er, sei »grouse shooting, deer stalking, salmon fishing« – die klassischen Disziplinen des Highland-Laird. Mit 480000 Hektar Land belegt Captain Farquharson Platz 6 auf McEwens Top-Großgrundbesitzerliste; seine Nachbarin in Balmoral, die Queen, folgt mit 140000 Hektar weit abgeschlagen auf Platz 56. Gäste empfängt Captain Farquharson auf *Invercauld Castle* in vollem Clan-Wichs: Kilt, Tweedjackett, im Strumpf den Dolch und an der Gürteltasche den Kopf einer fauchenden Wildkatze, das Wappentier des Clan Chattan. Sein Motto: »Touch not the cat but a glove« – Hände weg, ich gehöre zum Clan der Katzen! Das bekam einst auch der Earl of Mar zu spüren, Herr dieser ältesten Grafschaft Schottlands. Sein Jagdschloß, das er sich 1628 nicht weit von Invercauld Castle am River Dee gebaut hatte, *Braemar Castle* wurde 1689 von dem Jakobiten John Farquharson zerstört, dem »Schwarzen Oberst«, der seine Diener mit einem Pistolenschuß zu rufen pflegte. Der Wiederaufbau von Braemar Castle, 1748, demonstriert augenfällig die politische Situation der Highlands nach der Niederlage von Culloden. Die schottische Burg wurde englische Garnison und mit einem sternförmig gezackten Festungswall umgeben. Heute gehört Braemar Castle den Farquharsons. Sie wohnen dort im Winter; im Sommer lassen sie die Burg besichtigen und ziehen um in ihr Nachbarschlößchen, Invercauld Castle. Außerdem besitzen sie noch drei andere Burgen (»we are a little overcastled!«).

Wer Dee sagt, muß auch Don sagen. Beide Flüsse entspringen in den Grampians, beide münden bei Aberdeen in die Nordsee. Um die Zwillingsflüsse nicht zu verwechseln, hat der Volksmund einen Merkvers gemacht: »The river Dee for fish and tree / The River Don for horn and corn.« Der Dee hat die dickeren Lachse und die größeren Wälder, der Don besseres Acker- und Weideland. Was beide verbindet, sind ihre Burgen: eine architektonische Perlenkette im schottischen Hochland. Von den Burgen am Rhein und den Schlössern der Loire unterscheiden sie sich nicht weniger als die Landschaft, in der sie liegen. Balmoral Castle war nur ein populärer Abgesang dieses Stils, Braemar ein karger Vorgeschmack. Sein Höhepunkt heißt Craigievar.

Erster Eindruck: Laßt mich in Ruhe! *Craigievar Castle* hat sich in ein Seitental zwischen Dee und Don zurückgezogen, auf halbe Höhe an einen bewaldeten Hang (Farbt. 43). Steht da wie jemand, der die Arme über der Brust verschränkt hat, selbstsicher, stolz, sehr von

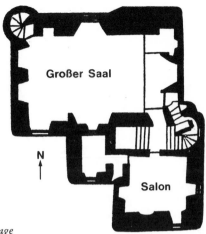

Craigievar Castle, 1610–26, Grundriß der 1. Etage

oben herab. Wie ein Baum scheint die Burg unmittelbar aus der Erde zu wachsen, ein mächtiger kahler Stamm, der plötzlich ausschlägt und eine Krone bildet aus Türmchen, Erkern, Giebeln und Konsolen (Abb. 74). Oben Tanz und unten Stechschritt, unten Soldat und oben Bohemien, halb Asket und halb Verschwender. Ein Turm flippt aus. Dies wuchernde Obergeschoß ist ein bizzarrer Ausbruch aus dem geregelten Grundriß, eine Befreiung aus der architektonischen Wehrpflicht, die Kür des Architekten John Bell. Wie einfach der Entwurf, ein L-förmiger Grundriß, und wie komplex das Ergebnis. Vorne triumphieren die Türmchen, hinten die Giebel, und unbekümmert konkurrieren die einheimischen Kegelhelme mit den exotischen Zwiebeltürmen und beide mit den klassischen Balustraden. Ein Spiel der Kräfte, Lust an Asymmetrien, glückliche Balance der Gegensätze. Jedes Ornament bezeugt noch seine Funktion, jedes pittoreske Detail seine praktische Herkunft. Ein Wehrturm, der zum Wohnturm wurde.

Die Erkertürmchen entstanden als Ausguck an den Ecken der ursprünglich offenen Brustwehr. Damit der Wachtposten nicht im Regen stand, wurden diese Ausbuchtungen überdacht: eine Art Schilderhäuschen. Als die Zeiten friedlicher wurden, waren Brustwehr und Ausguck überflüssig, sie wurden als geschlossene Wohnetage dem Wehrturm aufgepfropft. Unter den Treppen- und Erkertürmchen blieben die Konsolen der Brustwehr zurück: ein konstruktives Element, nun zur dekorativen Bordüre erweitert. Dieser Kragsteinfries ist der Gürtel, der alles zusammenhält. Er verbindet die solide Basis mit dem saloppen Überbau, er führt das Auge rings um das Gebäude. Wir sehen eine Grenze und genießen ihre Überschreitung. Spielerisch droht uns der Turm mit Kanonen aus Stein. Diese Zierkanonen über der Zickzacklinie der Kragsteine ersetzen die Wasserspeier aus der Zeit, als die Brustwehr noch den offenen Turmabschluß bildete. Die Fenster, mehr Kanonenluken und Schießscharten ähnlich, beginnen erst in sicherem Abstand vom Boden, sparsam zunächst und erst in den Turmgeschossen in regelmäßiger Folge. Schließlich die Mauern selbst: Sie haben die gleichen runden Ecken wie der Burgfried von Drum Castle aus dem 13. Jahrhundert (10 Meilen westlich von Aberdeen). Was damals militärische Gründe hatte, wird nun zu einem ästhetischen Motiv: Kurven statt Kanten, weiche Umrisse bestimmen das Bild dieser Burg, als sei sie wie eine Plastik modelliert und nicht aus dem härtesten aller Steine gemauert, aus Granit. Die elegante Kraft des Turms wird durch die sanfte Schwellung seiner Mauern noch gesteigert, vergleichbar der Entasis griechischer Säulen. Daß die Mauern unten dicker sind und sich nach oben hin verjüngen, auch dies war – von statischen Gründen abgesehen – eine militärische Reminiszenz. Mögliche Angreifer sollten keinen Schutz finden unter überhängenden Mauern. So steht die Burg nun in der Landschaft, baumlang, felsenfest, federnd, wie auf dem Sprung. »Stand fast, Craigievar!« könnte ihr Schlachtruf sein.

Dabei war der Burgherr ein friedlicher Bürger aus Aberdeen. Ein Kaufmann , kein Krieger; kein Clan-Chief von altem Adel, sondern ein Neureicher: William Forbes, genannt »Danzig Willie«, weil er sein Vermögen im Ostseehandel gemacht hatte, vor allem im Baltikum. Mr. Forbes ließ sich seinen Landsitz in den Highlands 1610–26 bauen, in einer Zeit des Friedens und der relativen Sicherheit. In England hatte sich die neue Klasse der Großgrundbesitzer Ende des 16. Jahrhunderts in ihren elisabethanischen Landschlössern eben prunkvoll eingerichtet. Longleat, Montacute House, Hardwick Hall: Das war die Blüte der englische Renaissance, die moderne Architektur jener Zeit. William Forbes aber und die Highland-Lairds, weder arm noch schlecht informiert, griffen zurück auf einen mittelalterlichen Bautyp, auf das traditionelle schottische Tower-house. Wenn dies Rückständigkeit war, und in gewisser Weise war es das, so doch in ihrer originellsten Form. Nie wurde in Schottland konservativer und zugleich kreativer gebaut als damals im Nordosten der Highlands. *Midmar Castle, Braemar, Crathes, Castle Fraser* (Farbt. 45), *Craigievar*: Sie alle, Werke der einheimischen Steinmetzfamilie Bell, entstanden in jenem ›Goldenen Zeitalter‹, das kurz vor der Personalunion von 1603 begann und durch den Bürgerkrieg 1642 endete. Es war die exotische Spätblüte des Tower-house, der »Indische Sommer« des schottischen Baronialstils.

Craigievar Castle drängt sich auf engstem Raum in die Höhe, fünf Stockwerke übereinander, als sei in den Highlands so wenig Platz wie in der Altstadt von Edinburgh. Warum so hoch hinaus? Die emphatische Betonung der Höhe hat mehrere Gründe. Wo die militärische Notwendigkeit des Wehrturms entfiel (gegen kleinere Überfälle schützte er freilich immer noch), spürten die neuen Bauherren um so nachdrücklicher den Wunsch, die alte Autorität wenigstens symbolisch zu demonstrieren: ein soziales Hoheitszeichen. Dazu kam ein praktischer Grund. Die Highlands waren zwar nicht gänzlich baumlos, aber arm an geeignetem Bauholz. Für Dielen und Dachstühle wurde vor allem Memel-Kiefer importiert. Die Kunst des Architekten bestand nicht zuletzt darin, unter einem möglichst kleinen Dach möglichst viele Räume zu vereinen; in Craigievar sind es immerhin neunzehn. Man baute vertikal, nicht horizontal; Tower-house statt Hall-house.

Aber »Danzig Willie« mußte darum nicht auf seine Bequemlichkeit verzichten (von den steilen Wendeltreppen einmal abgesehen). Durch den einzigen, schmalen, gitterbewehrten

Eingang trat er in ein erstaunlich weiträumiges, in Maßen sogar prächtiges Haus. Wärmte sich in der Great Hall am Kamin, in dem man leicht einen Ochsen braten könnte, genoß die Dudelsackmusik von der Empore und den Anblick seiner Stuckdecke, Renaissance-Dekor in Vollendung. Wenn es draußen wieder einmal goß, ging William Forbes in der Long Gallery spazieren, oben im fünften Stock. Das war der Höhepunkt von Craigievar: Salon, Bildergalerie, Ballsaal und Bellevue.

Seine Nachbarn, die Burnetts of Leys in *Crathes Castle* am Dee, hatten sogar eine Long Gallery mit kassettierter Eichendecke – für schottische Verhältnisse eine Seltenheit und einer der schönsten Räume seiner Art. Berühmt aber ist der Wohnturm von Crathes (1553–96) seiner bemalten Holzdecken wegen (Farbt. 15). Ihre heraldischen, biblischen, allegorischen und rein ornamentalen Motive geben eine Vorstellung davon, wie farbenprächtig die Räume der Reichen zur Zeit Maria Stuarts dekoriert waren, nicht anders als die bestickten Kleider ihrer Bewohner. Als nach der Union von 1603 Stuckdecken elisabethanischen Stils in Mode kamen, meist von englischen Stukkateuren ausgeführt, wurden viele der von schottischen Künstlern bemalten Holzdecken verputzt und zerstört. Abgerissen, auch in Crathes, der umwallte Burghof, dessen Seitenflügel die Ställe und Wirtschaftsräume enthielten, eine eigene Bäckerei, Brauerei und Molkerei. Zum Vergnügen, Crathes Castle zu besichtigen, gehört auch der geometrische Garten aus dem 18. Jahrhundert.

Crampian, das schottische Burgenland. Hier lebten die Dukes of Gordon und die Earls of Mar, zwei mächtige Familien, zu mächtig für ein Land. Sie bauten, sie zerstörten, sie bauten wieder auf, jahrhundertelang: *Kildrummy Castle* (13. Jh.), *Glenbuchat Castle* (1590), *Huntly Castle* (1597). Ruinen, Geschichten aus den »killing times of the clans«, vom stolzen »Cock o' the North«, von »Old Glenbucket«, dem Jakobitenführer, und von jenem Gordon, dessen Motto war: »Nothing on earth remains but fame.« Ruhm und Ruinen, schottische Geschichte. Im 18. Jahrhundert baute William Adam in diesem nordöstlichen Winkel des Landes zwei ›stately homes‹: Haddo House, ein frühgeorgianisches Meisterwerk, und Duff House, die große Unvollendete der schottischen Architektur. In *Haddo House* (1731–35) lebte Queen Victorias Premierminister Lord Aberdeen und ärgerte sich über die elegante Freitreppe, die dem rauhen Klima so gar nicht angemessen war; trat man doch allzu oft triefnaß direkt in den Salon.[1] Auch *Duff House* brachte seinem Besitzer Verdruß, soviel sogar, daß er gar nicht erst einzog.

Duff House liegt am Rande von *Banff*, und Banff am Ende von Banffshire. Wer sich hierhin verirrt, wird reich belohnt. Was William Adam in dieser schottischen Kleinstadt zu bauen begann, war ein Echo der englischen Schlösser Vanbrughs, eine Variation der Villa Borghese in Rom: ein monumentaler zweigeschossiger Block mit vier Ecktürmen, symmetrische Fassaden mit Mittelrisalit und Tympanon, mit korinthischen Pilastern, Attikageschoß und Balustradenabschluß. Ein Barockschloß für den Whig-Abgeordneten William Duff, das sollte es werden. Nach dreizehnjähriger Bauzeit und systematischer Etatüber-

---

1 Für die Hauskapelle von Haddo hat Edward Burne-Jones ein Fenster entworfen, eine seiner wenigen Arbeiten in Schottland.

schreitung fragte sich William Duff indes, ob dieser Palast nicht eher der Selbstdarstelluung seines Architekten diente. Der hatte bis jetzt schon 70000 Pfund verbaut, nach damaligem Kurs über vier Millionen Mark. Dies sei erst der Anfang, sagte William Adam, er habe noch Größeres im Sinn. Duff aber stoppte den Bau und ging zum Anwalt. Die Verhandlung, halbwegs zivil, fand 1743 in Muirhead's Coffee House in Edinburgh statt. Duffs Klage: Adam sei ein Verschwender. Unbestritten war: Der Architekt ließ die Steinmetzarbeiten in seinem eigenen Betrieb in Leith ausführen und das Baumaterial von dort mit dem Schiff nach Banff transportieren. Dies sei aufwendig, aber angemessen, befanden die Richter: Wer einen Palast baue, dürfe die Nägel nicht nachrechnen. Der Architekt gewann den Prozeß, der Auftraggeber mußte zahlen. William Duff war so verbittert über die Affäre, daß er nie in Duff House wohnte. Noch Jahre später, heißt es, wenn Duff an seinem Schloß vorbeifuhr, habe er die Blenden seiner Kutsche heruntergezogen. Auch William Adam hatte wenig Grund, sein Werk mit Wohlgefallen zu betrachten. Der Plan, den Mittelblock auf beiden Seiten durch geschwungene Kolonnaden mit zwei Flügelpavillons zu verbinden, ähnlich seinem Umbau von Hopetoun House, dieser grandiose Entwurf blieb in der Schublade.

William Adams Haus, als Fragment vollendet, wurde bis 1907 von Duffs Nachkommen bewohnt. Dann war es Hotel, Sanatorium, im letzten Weltkrieg Lazarett. Das Umweltministerium, das Duff House heute verwaltet, arbeitet an der originalgetreuen Wiederherstellung des Innendekors von William Adam, eines der aufwendigsten Restaurierungsprojekte in Schottland.[1] In diesem Zwischenstadium habe ich das Haus besucht. Durch die leeren, verrotteten Räume, sehr leise, klang barocke Cembalomusik. Am Fenster saß eine Frau in Weiß; im Flur, auf der Treppe standen Figuren aus Gips und Tüll, erstarrt in ihren vergangenen Bewegungen (Farbt. 23). Damit uns nicht der Horror vacui überfiele, damit die Gespenster nicht kämen, hat die Gemeinde Banff die toten Seelen von Duff House beschworen. Kein Maskenball, kein Wachsfigurenkabinett, sondern die naive, surreale Inszenierung einer abgetretenen Gesellschaft.

Ossian: Imaginäre Reise mit Johann Gottfried Herder zu James Macpherson

»Als eine Reise nach England noch in meiner Seele lebte – o Freund, Sie wissen nicht, wie sehr ich damals auf diese Schotten rechnete!« Ein junger deutscher Lehrer und Schriftsteller des 18. Jahrhunderts erklärt seinen »Enthusiasmus für die Wilden« in den Highlands: »Die Reste dieser alten Welt in ihren Sitten studieren! Eine Zeitlang ein alter Kaledonier werden... Wie freute ich mich auf den Plan!« Dann fährt er doch nur an Schottland vorbei: Johann Gottfried Herder, auf seiner abenteuerlichen Schiffsreise im Sommer 1769 von Riga

---

1 Dringender Hilfe bedarf ein anderer traditionsreicher Landsitz an der Küste westlich von Banff: *Cullen House* (16./ 18.Jh.), mit Innendekorationen von Robert Adam und Grinling Gibbons. Seit der Earl of Seafield seinen Familiensitz aufgab und 1975 die wertvolle Kunstsammlung versteigerte, steht Cullen House leer – ein ähnlich spektakulärer und bedauerlicher Ausverkauf wie der von Mentmore 1978.

nach Nantes, fährt vorbei und liest, »ganz die Seele damit erfüllet«, den schottischen ›Ossian‹, den Bestseller jener Jahre: »Jetzt von fern die Küsten vorbei, da Fingals Taten geschahen und Ossians Lieder Wehmut sangen, unter ebendem Weben der Luft, in der Welt, in der Stille – glauben Sie, da lassen sich Skalden und Barden anders lesen als neben dem Katheder des Professors… Und das Gefühl der Nacht ist noch in mir, da ich auf scheiterndem Schiffe, das kein Sturm und keine Flut mehr bewegte, mit Meer bespült und mit Mitternachtswind umschauert, Fingal las und Morgen hoffte.«

So, in genialischer Aufbruchstimmung, schildert Herder 1773 in seinem ›Briefwechsel über Ossian und die Lieder alter Völker‹ sein elementares Erlebnis der »Urpoesie«, die er in dieser gälischen Dichtung vor sich zu haben glaubt. Er empfiehlt sie dem jungen Goethe zur Übersetzung, und der läßt 1774 seinen Werther mit Ossians Worten sagen, was er leidet: »Es ist Nacht! – ich bin allein, verloren auf dem stürmischen Hügel. Der Wind saust im Gebirge. Der Strom heult den Felsen hinab. Keine Hütte schützt mich vor dem Regen, mich Verlaßne auf dem stürmischen Hügel.« So klagt Colma am Grab des erschlagenen Salgar, und Werther rezitiert es, kurz vor seinem Selbstmord, der geliebten Lotte. »Die Welt verging ihnen.« Lotte und Werther brechen in Tränen aus, Goethes Leser auch, und das Werther-Fieber verbindet sich mit der Ossian-Begeisterung zur literarischen Droge des Sturm und Drang.

Die deutsch-schottische Empfindsamkeit zieht weite Kreise. Was lesen Helden auf Reisen? Heldengesänge; aber welche? Als man Napoleon Bonaparte 1798 auf der Überfahrt nach Ägypten die ›Odyssee‹ vorlesen will, unterbricht er schon nach wenigen Versen: »Und das nennt ihr erhaben, ihr Dichter? Was für ein Unterschied zwischen Homer und meinem Ossian! Lesen wir ein wenig Ossian!« Lisons un peu d'Ossian: Als Prinz Friedrich Wilhelm von Preußen, zwanzig Jahre alt und sehr romantisch, 1815 gegen Napoleon zu Felde zieht, hat er den Ossian im Tornister. Man siegt und stirbt wie Fingal oder Oscar, man liebt und leidet wie Colma und Darthula. Man lebt ossianisch: »Sei nicht lustig, sondern ein wenig melancholisch«, empfiehlt Bonaparte seiner Frau Joséphine. Damit ihr das besser gelänge, malt Girodet für Joséphines Schloß Malmaison eine ›Huldigung an Napoleon Bonaparte‹: Ossian empfängt gefallene französische Krieger im Elysium der Helden. Napoleon selbst gründet eine keltische Akademie in Paris und läßt sich für den Quirinalspalast in Rom von Ingres ein Nachtstück in Ossians Manier malen. Die Kopenhagener Kunstakademie aber wird zum Zentrum des europäischen Ossianismus.

Bevor der Schottenrock Mode wurde, kam aus den Highlands der Kilt der Seele. Die Barden des ›Göttinger Hain‹ gaben sich Ossian-Namen, Eltern tauften ihre Kinder Fingal, Selma und Malvina, Lehrer stellten ihren Schülern Ossian-Themen zum Examen, Freunde schrieben sich Ossian-Verse ins Stammbuch, Maler wie Runge und Koch zeichneten Ossian-Illustrationen, und ein romantisches Publikum lauschte den Ossian-Liedern von Schubert und Brahms, ›Colma's Klage‹ und ›Darthulas Grabgesang‹. Melancholie, dein Name war Ossian.

Der Mann, der diese europäische Ossian-Welle ausgelöst hatte, war ein Schwindler aus Schottland, ein literarischer Freibeuter aus den Highlands: James Macpherson. Er wurde 1736 als Sohn eines Kleinpächters im Spey-Tal geboren, in *Invertromie* südwestlich von

Aviemore. Er wuchs auf im Schatten von *Ruthven Barracks,* der Garnison General Wades auf dem alten Burghügel des »Wolf of Badenoch«. Als Kind hat er mit Steinen auf die englischen Besatzungssoldaten geworfen. Er sah *Cluny Castle* brennen, die benachbarte Burg des verfemten Jakobitenführers Cluny Macpherson. Er sah auch, 1746, die Zerstörung von Ruthven Barracks durch die Aufständischen, die sich hier nach der Schlacht von Culloden zum letzten Mal sammelten. James Macpherson wuchs auf im Schatten der Niederlage seines Landes. Charles Edward Stuart war geschlagen, alles Gälische verboten und verpönt. Da erschienen, von Macpherson herausgegeben, 1760 in Edinburgh ›Bruchstücke alter Dichtung, gesammelt in den Hochlanden und aus dem Gälischen übersetzt‹ – eine literarische Sensation mit politischem Zündstoff.

Macpherson, nicht anders als heutige Erfolgsautoren, ließ schnell im selben Stil einen zweiten Bestseller folgen: ›Fingal, eine alte epische Dichtung, verfaßt von Ossian, Sohn des Fingal‹. Hatte Macpherson den schottischen Homer wiederentdeckt? Proteste aus Irland: Oisin sei der legendäre altirische Sänger des 3. Jahrhunderts, Ossian eine Fälschung. Skepsis aus Edinburgh: David Hume will die Originalmanuskripte sehen, Macpherson weicht aus.

Philipp Otto Runge: ›Ossian‹,
erster Entwurf, 1804/05

James Macpherson

Polemik aus London: Ein Barde im Land der Barbaren? höhnt Dr. Johnson: »Wenn wir schon wenig von den alten Highländern wissen, laßt uns das Vakuum nicht mit Ossian ausfüllen!« Ein Literaturskandal? Selbst wenn Macpherson den Ossian erfunden habe, meint Herder, dann sei dies ein ›heiliger Schwindel‹. Während die Gelehrten noch streiten, baut sich der umstrittene Autor vom Ossian-Honorar ein Herrenhaus in den Highlands, *Balavil*[1], zwischen Kingussie und Aviemore. Dort stirbt Macpherson 1796, hochberühmt, und wird in der Poets' Corner in Westminster Abbey begraben – ausgerechnet neben dem Ossian-Zweifler Johnson. Dieser bekommt posthum doch recht: Ein Untersuchungsausschuß der Highland Society weist 1805 nach, daß Macpherson zwar gälische Quellen benutzt, indes aus freien Stücken ergänzt und weitergedichtet habe. Ein genialer Schwindel.

Fälschung und Wahrheit: Macpherson hatte nicht den Buchstaben der Vergangenheit, sondern den Geist seiner eigenen Zeit getroffen, das macht seine gälische Maske authentisch. Was Ossian sang, war ein Echo der ›Nachtgedanken‹ Edward Youngs und ein Vorklang der Romantik, es war Rousseaus Utopie der reinen Natur, Chateaubriands Melancholie und die Gräberpoesie des Schauerromans. Es war ein mythisches Echo der Gegenwart: ›Fingal‹, am Ende des Siebenjährigen Krieges erschienen, erzählt die Geschichte eines Sechs-Tage-Krieges, der Invasion Irlands durch den Wikinger Swaran und seiner Vertreibung durch den

---

1 Später bewohnt von Macphersons Schwiegersohn, Sir David Brewster, dem Physiker und Erfinder des Kaleidoskops

Schottenkönig Fingal, der dem Iren Cuthullin zu Hilfe kommt – ein Heldenepos, das die Gemüter auch noch mobilisierte, als Napoleon auszog, Europa zu erobern. Krieg als Naturereignis, Natur als Seelenlandschaft: Aus dieser elementaren Verbindung rührte ›Fingals‹ Faszination und Macphersons Wirkung – am stärksten, nicht umsonst, in Deutschland. »Nordwärts utopisiert sich ein Todeszauber geografisch, der eine ganze Weltvernichtung in sich schließt, aber auch überwinden will, mit paradoxer Heimat«, schreibt Ernst Bloch über Ossians Norden, ein »Paradies ohne Zephyr«.

Nebulös und realistisch verbindet sich bis heute Macphersons literarische Fiktion mit der Landschaft seines Helden, mit den Highlands und ihrer Geschichte. In Conas Tal, in *Glen Coe*, im »Tal der Tränen« saß Ossian, längst bevor hier das historische Massaker stattfand: »Warum brütet der Barde von Cona, sprach Fingal, über seinem verborgenen Strom? Ist jetzt Zeit für Trauer, Vater des gefallenen Oskar?« Eine Frage, die nach der Niederlage von 1746 in schottischen Ohren sehr aktuell klingen mußte. Conas Tal, eine poetische Metapher politischer Resignation. Daß Ossian in der melancholischen Bergwelt von Glen Coe geboren wurde, diese volkstümliche Überlieferung hätte auch Macpherson nicht besser erfinden können. Über Loch Achtriochtan, in der Westwand des Aonach Dubh, liegt *Ossian's Cave* und darin ein Gästebuch für literarische Höhlenbesucher. Mythenland, Kletterland.

Wo, außer in Glen Coe, könnte Johann Gottfried Herder heute auf einer Schottlandreise ossianisch empfinden? Sicher in der *Fingalshöhle*, auf Mendelssohns Hebriden-Ouvertüren-Insel Staffa. Sicher auch am *Loch Ossian*, nördlich von Rannoch Moor und abseits aller Straßen. Vielleicht auch noch bei Dunkeld, wo von der A 9 ein Waldweg abzweigt zur Eremitage des 3. Duke of Atholl (1758). Sein Sohn hatte diesen Pavillon, der auf einem Felsvorsprung über einem Wasserfall liegt, 1783 als *Ossian's Hall* ausmalen lassen. Das zentrale Bild – Ossian und Malvina, am Flusse sitzend – ließ sich mittels Sprungfedern in der Rückwand versenken, und nun sah man durch ein großes Fenster auf das wirkliche, tosende Flußtal. Eine Augenzeugin im Jahre 1802, Herders Freundin Emilie Harmes, war entzückt von diesem Bayreuth-Effekt im schottischen Wald. Ossians Kunstkapelle stand offenbar schon früh auf dem Besichtigungsprogramm, denn ein Jahr später, 1803, wanderte Wordsworth zur Eremitage. »What! Ossian here«: Der romantische Dichter fand den Kulissenzauber abgeschmackt. Man habe den mythischen Sänger zum Hampelmann der Natur gemacht, urteilte Wordsworth und verspürte das gereimte Bedürfnis, »to set free/ The Bard from such indignity!« Dies ist leider geschehen, die Wandbilder wurden zerstört. Die vom National Trust restaurierte Naturklause bleibt, auch ohne Bilder, ein exemplarischer Ossian-Topos des 18. Jahrhunderts.

Johann Gottfried Herder würde nun, im Auto nach Norden, die Stimmen der Völker in der Hitparade hören, und da wäre er voll abgefahren auf der schottischen Pop-Gruppe OSSIAN: elektronische Variationen gälischer Lieder, mit Billy Jackson an der keltischen Harfe. So käme Herder, auf der A 9, ins Spey-Tal bei *Newtonmore*. Hier, im Clan Macpherson Museum, fände er unter anderem eine ›Fingal‹-Erstausgabe und James Macphersons Geige. Die allerdings gehörte einem Namensvetter, der für seine sehr viel handgreiflicheren Diebereien im Jahre 1700 in Banff gehängt wurde, ein poetischer Freibeuter auch er, denn noch unterm Galgen spielte er die Geige. Herder führe nun weiter durchs ›Macpherson Country‹, vorbei am Geburts- und Sterbeort des Dichters (unverändert die grimmigen Ruinen der Ruthven Barracks, wiederaufgebaut das Herrenhaus von Balavil), vorbei am *Ossian Hotel* in Kincraig, durch das weite Tal des lachsreichen River Spey, im Hintergrund die schneebedeckten Gipfel der Cairngorms (Abb. 68), und hier, in der heroischen Felsenlandschaft von *Loch-an-Eilean*, angesichts der Burgruine des »Wolf of Badenoch« auf einem Eiland im einsamen Bergsee, hier könnte Herder noch einmal, käme er nicht zur Hochsaison, ossianisch empfinden: »Thou hast seen the sun retire, red and slow behind the cloud; night gathering round on the mountain, while the unfrequent blast roared in the narrow vales. At length the rain beats hard: thunder rolls in peals. Lightning glances on the rocks. Spirits ride on beams of fire. The strength of the mountain streams comes roaring down the hills.«

Und dann *Aviemore*, das Wintersportzentrum der Highlands, würde er Aviemore Centre besuchen, den Multimillionen-Freizeitkomplex, das schottische Disneyland, Aviemore mit seinem maßlosen Hotelklotz? Dies sind die neuen Orte der Melancholie. »It saddens the soul.« Sicher würde Herder die Whisky-Marke ›Macphersons Mist‹ probieren und abgeschmackt finden. Vielleicht würde er dann noch die berühmten *Parallel Roads* von Glen Roy (unweit *Loch Lochy*) besichtigen, die tief eingekerbten Uferlinien einstiger Gletscherseen der Eiszeit, in denen der Dichter Robert Southey 1819 Spuren ossianischer Helden sah.

Bei seiner Rückkehr fände Herder die Nachricht vor, ihm sei der diesjährige *Ossian-Preis* der Hamburger Stiftung F. V. S. verliehen worden. Er habe sich um »Erhaltung und Förderung eigenständiger, in ihrem Fortbestand gefährdeter Sprach- und Kulturgemeinschaften verdient gemacht«.[1]

Glenfiddich: Take the Whisky Trail!

Ein Museum für moderne Kunst wird man in den Highlands nicht suchen. Nördlich von Aviemore fand ich etwas viel Lebendigeres: Kunst in der Landschaft, den Skulpturenpark von *Carrbridge* (neben einem Informationszentrum des Landmark Trust). An einem Waldweg ein stählerner Schwebebalken von Gerald Laing; zwischen Bäumen ein Baum-Gedicht von Ian Hamilton Finlay, in eine Holzstele geschnitten; auf einer Lichtung, fremd und schön, eine Aluminiumplastik von Paolozzi: Signale der Moderne mitten in einer archaischen Landschaft. Naturlehrpfade gibt es genug; was uns fehlt, sind Wege zur Kunst wie diese, die Spaß machen, Wege, die unsere Phantasie und nicht nur den Kreislauf anregen. Die Werke in Carrbridge sind Leihgaben von Künstlern und Sammlern, der Scottish

---

1 Den Ossian-Preis der Stiftung F. V. S. erhielt 1974 als erster Preisträger Derick Thomson von der Hebrideninsel Lewis, gälischer Dichter, Übersetzer, Herausgeber des ›Historischen Wörterbuchs des schottischen Gälisch‹ und Professor für keltische Sprachen und Literatur in Glasgow (und Mitarbeiter der SNP).

Sculpture Trust verwaltet das Ganze. Die naheliegende Idee des schottischen Künstlers Andrew Mylius, zeitgenössische Skulpturen in den Highlands aufzustellen – wo wäre mehr Platz, wo eine grandiosere Kulisse? – wurde 1975 erstmals an der A 93 zwischen Blairgowrie und Braemar verwirklicht. Da sitzt, am verschneiten Paß von *Glenshee*, auf einem Hügel ein Mann aus Fiberglas im Sessel und sieht den Skifahrern zu (Farbt. 22). Am Hang gegenüber reiben sich die Schafe an einer Leiterplastik mit dem bizarren Titel: »Ein Kind der Liebe des Schmetterlings, der einen Elefanten verführte«.

Nature trail, Sculpture trail, Whisky trail: Wer die letzte Steigerung der schottischen Landschaft dort sucht, wo die Täler Whisky-Namen tragen, der wird spätestens in Carrbridge die A 9 verlassen und dem River Spey flußabwärts folgen. »Take the only Whisky Trail in the world«, heißt die Devise. Die Richtung: *Glen Fiddich, Glen Livet.* Das sind die Täler, wo der Malt Whisky fließt, der berühmte Malzwhisky. 116 verschiedene ›Malts‹ gibt es in Schottland. Wer unter Whisky nur ›Scotch‹ versteht, die populären Mischungen aus Malz- und Kornwhisky, der mag die Anzahl von 116 reinen ›Malts‹ erstaunlich finden. Tatsächlich ist es nur ein verschwindender Rest; denn jahrhundertelang stellten die Highländer an jedem Gebirgsbach ihr Destilliergerät auf und brannten ihren eigenen Whisky. Von den verbliebenen 116 ›Malts‹ werden etwa 60 in Grampian destilliert, einige der besten in Speyside, wo Quellwasser, Torferde und saubere Luft ideale Voraussetzungen zur Whiskyherstellung bieten. Das erkannte auch Major William Grant of Glenfiddich, und am klaren Wasser des Robbie Dubh gründete er mit seinen sieben Söhnen 1886 die heute weltweit florierende Firma ›William Grant & Sons Ltd‹. »Stand fast«, steht auf dem Etikett, der alte Kriegsruf des Clan Grant: »Stand fast, Craigellachie«, sei standfest wie der Felsen bei Aviemore, kurz: sei keine Flasche. Nicht auf dem Etikett steht die Maxime Tommy Dewars, eines anderen schottischen Whisky-Barons der Gründerzeit: »Do right and fear no man, don't write and fear no woman.«

Dufftown, von James Duff als Textilzentrum gegründet, wurde durch die Grants zur ›Whisky-Hauptstadt‹ der Highlands (Farbt. 18). »Rome was built on seven hills,/ Dufftown stands on seven stills«, heißt es, auf die einst sieben Destillerien des Ortes anspielend. »Come, let me know what it is that makes a Scotchman happy«: Wer, wie einst Dr. Johnson, den echten Whisky probieren will, der kann das zum Beispiel in der Glenfiddich Distillery in Dufftown mit einer Besichtigung verbinden. Wie die gemalzte Gerste über einem Torffeuer getrocknet, auf der Mälztenne gewendet, im Maischenfaß mit Wasser aus Moorquellen eingemaischt, im Gärbottich mit Hefe versetzt, in kupfernen Pit-Stills gebrannt und schließlich in Eichenfässer abgefüllt wird, wo ein Malt mindestens drei und oft bis zu fünfzehn Jahren lagert: Das alles ist in Grants Balvenie-Brennerei in Dufftown zu sehen, sogar größtenteils in der Original-Einrichtung des 19. Jahrhunderts. Unverwechselbar wie die Oast Houses, die Hopfentürme in Kent, so prägen die Kilns, die pagodenartigen Darre-Türme der Whiskybrennereien diesen Teil der Highlands. Die Ruine von *Auchindoun Castle* auf einem Hügel über dem River Fiddich (»a Rhineland Räuberburg«), das Dorf *Tomintoul* im Hochmoor nicht weit von Glen Livet: Der Whisky Trail bietet auch Temperenzlern eine berauschende Landschaft. Und immer lockt der Lachs.

Bei Craigellachie über den Spey (Farbt. 42), vorbei an Telfords gußeiserner Brücke von 1814, nach *Elgin.* Die Grafschaftsstadt im fruchtbaren »Garten von Moray« spielte im Mittelalter eine bedeutende Rolle. Davon zeugt, noch mit enthaupteten Türmen, die Ruine von Elgin Cathedral (Farbt. 44). »Meine Kirche«, schrieb einer ihrer stolzen Bischöfe[1], »my church was the ornament of the realm, the glory of the Kingdom, the delight of foreigners.« Dies Loblied Bischof Alexander Burs aus dem Jahre 1390 war ein Klagebrief, geschrieben an König Robert III., dessen Bruder Alexander Stewart (der »Wolf von Badenoch«) die Kathedrale in Brand gesetzt hatte, aus Rache für seine Exkommunikation. Es war nicht das erste und nicht das letzte Mal, daß Elgin Cathedral zerstört und wiederaufgebaut wurde. Erst als fanatische Anhänger des Reformators John Knox sie plünderten, als 1567 das Blei vom Dach geraubt wurde, um die Truppen des Regenten Moray zu besolden, als Cromwells Leute hier hausten, und endgültig erst, als am Ostersonntag 1711 der mächtige Zentralturm einstürzte, da war die »Laterne des Nordens« für immer erloschen. Von den Abteien der Borders bis zur Kathedrale von Elgin: Die Geschichte der schottischen Kirchenarchitektur ist vor allem eine Geschichte ihrer Zerstörung. Wäre es anders, hätte Elgin Cathedral neben den großen englischen Kathedralen des Mittelalters einen eigenen, strahlenden Platz.

Außerhalb der damaligen Stadtmauern im Jahre 1224 gegründet, liegt die Kathedrale von Elgin noch heute am Rande der Stadt. Machtvoll ragen die Stümpfe der Doppelturmfassade empor, eine Westfront nach französischem Vorbild. Das achtstufige Säulenportal, einst reich ornamentiert, führt in das Hauptschiff, dessen Arkaden bis auf den Grund zerstört sind. Ihre Höhe, am Westgiebel ablesbar, ließ nur einen Obergaden ohne Triforium zu. Ungewöhnlich, auch dies eher an französischen als an englischen Vorbildern orientiert: die doppelten Seitenschiffe (nach 1270). Zum ältesten Teil der Kirche gehört das südliche Querschiff mit den charakteristischen Rundbogenfenstern des Übergangsstils um 1230. Unter dem Vierungsturm, der höher war als die Westtürme, stand der Lettner, der das Hauptschiff vom etwa gleichlangen Chor trennte. Relativ gut erhalten ist das südliche Chorseitenschiff mit seinem Rippengewölbe und den Gräbern der Gordons. Wie strahlend aber muß der Hochchor gewesen sein, der von einer Doppelreihe hoher, frühgotischer Lanzettfenster abgeschlossen wird, gekrönt von einer Fensterrose. Auch ohne Maßwerk und Glasmalerei vermittelt die elegant gegliederte Ostwand eine Ahnung von der einstigen Pracht dieser Kathedrale. Baptisterienartig schließt sich das achteckige Kapitelhaus (nach 1390) an der Nordseite des Chors an, mit Mittelpfeiler, Sterngewölbe und Bossen, die die hohe Kunst der Steinmetze von Elgin bezeugen. Als die Kathedrale zerstört war, wurde sie als Steinbruch benutzt, und ringsum begrub man die Toten.[2] So liegt sie nun am River Lossie, »the glory of the kingdom«, eine Ruine unter Gräbern.

---

1 *Spynie Palace,* die Ruine der feudalen Bischofsburg nördlich von Elgin, bezeugt Macht und Einfluß der Bischöfe von Moray. Sie waren oft mehr Politiker als Kleriker: Berater des schottischen Königs, Botschafter am englischen Hof, Gesandte im Ausland.

2 Grabinschrift des Handschuhmachers John Geddes, 1687: »If lyfe were a thing that monie could buy, the poor could not live & the rich would not die.«

Wer von Elgin aus etwa zwei Stunden Richtung Küste geht, kommt auf Landstraßen und Irrwegen nach *Gordonstoun.* Diese Wanderung durch das flachgewellte Wald- und Weideland von Moray – schweigend zurückzulegen, hin und zurück – gilt als härteste Strafe für Schüler der strengsten Internatsschule Großbritanniens. Gordonstoun ist die schottische Verbindung von Eton und Salem, englischer Public School und deutscher Pädagogik. Kurt Hahn, ein gebürtiger Berliner, hat Gordonstoun 1934 gegründet, nachdem er aus Deutschland emigriert war. Was er im badischen Landerziehungsheim Salem, seiner ersten Gründung, begonnen hatte, führte Kurt Hahn im Norden Schottlands zu internationalem Erfolg. Selbstverantwortung und Dienst an der Gemeinschaft sind die wesentlichen Erziehungsprinzipien von Gordonstoun. »The good citizen«, »the whole man«: Der gute Bürger und der ganze Mensch, das ist das Ziel.

In Gordonstoun House, dem einstigen Herrenhaus der Gordons, sind Verwaltung, Küche und Speisesäle der Schule untergebracht. Nebenan liegt eine architektonische Rarität des 17. Jahrhunderts, der Round Square, ein Rundhaus um einen Rasenplatz. In diesem magischen Wohnkreis hoffte Sir Robert Gordon, genannt »Der Hexer«, dem Teufel zu entgehen. Ein Tag in Gordonstoun beginnt mit einem Langlauf vor dem Frühstück und der Morgenandacht für alle (auch für alle Konfessionen). Nach dem sechsstündigen Unterricht sind die Nachmittage, täglich wechselnd, mit Sport, praktischer Arbeit, musischen Übungen, sozialen und anderen ›Diensten‹ ausgefüllt. Der Tag endet damit, stichwortartig in einem Buch, das jeder führen muß, festzuhalten, welche Pflichten man heute erfüllt, welche Regeln man verletzt hat – Selbstkontrolle als sublimierte Form der Schulaufsicht. Eine wichtige Rolle spielen die ›Services‹, die verschiedenen ›Dienste‹. Die Schüler – seit 1972 auch Mädchen – kümmern sich im Rahmen des Sozialdienstes um Alte, Kranke, körperlich und geistig Behinderte in Elgin und Umgebung. Sie bilden eine eigene Küstenwache, einen Bergrettungsdienst und eine Feuerwehrtruppe. Sie lernen beim ›Abenteuer-Training‹ Kartenlesen, Zeltbau, Erste Hilfe und Navigation auf der schuleigenen Yacht ›Sea Spirit‹. Alles nach dem Motto von Gordonstoun: »Plus est en vous«, mehr steckt in euch.

Während der schottische Hochadel seine Söhne meist nach Eton schickt, gingen Englands Prinzen in Schottland zur Schule, Prinz Philip ebenso wie Thronfolger Charles und sein jüngerer Bruder Andrew. Auch arabische Ölmillionäre melden ihre Söhne in Gordonstoun an. Eine Prominentenschule? Gordonstoun, hat Kurt Hahn gesagt, sei ein Ort, »where the sons of the powerful can be emancipated from the prison of privilege«. Gordonstoun ist, nicht zuletzt, ein Zentrum internationaler Gemeinschaftserziehung: Rund ein Viertel der Schüler kommt aus Übersee.

Moray, eine pädagogische Provinz. Nur wenige Meilen westlich von Gordonstoun hat ein erstaunliches Gruppenexperiment seine Basis: die *Findhorn Community,* eine Gemeinschaft von gegenwärtig 260 Menschen aus aller Welt und aller Altersstufen, vom Kleinkind bis zum Neunzigjährigen. Sie leben in Wohnwagen und Schrebergartenhäusern, nicht weit von der *Findhorn Bay,* einem Seglerparadies mit langen Sandstränden. Sie bestellen ihren Garten nach biologischen Gesichtspunkten, sie weben und töpfern, sie haben ihr eigenes kleines Theater. Als ich sie besuchte, bauten sie gerade, in der Form eines Pentagons, ihre

*Piktische Symbolsteine des 7.
bis 8. Jhs. von St. Andrews und
Ronaldsay*

›University of Light‹. Die Findhorn People sind keine Hippie-Kommune, eher eine Arbeitsgemeinschaft Gottes. Sie suchen die Erleuchtung, ein Leben im Einklang mit der Natur und mit der Gemeinschaft. Manche wirken so glücklich, als hätten sie es hier an der kalten Küste Nordschottlands gefunden, das Paradies auf dem Caravanplatz von Findhorn. Peter und Eilean Caddy, die dieses »Erziehungs- und Kulturzentrum eines neuen Zeitalters« 1962 gründeten, haben vorher das Cluny Hill Hotel im Nachbarort Forres geleitet, eines der wenigen Vier-Sterne-Hotels in Schottland. Auch das war ein gutes Werk.

Macbeth: Kein Mord im Haus Lord Cawdors

»Fair is foul, and foul is fair«, schön ist häßlich, häßlich schön: Es war ein Wetter wie im ersten Akt des ›Macbeth‹, Dunst und Nebel und dann, literarischer Hexenregie zum Trotz, die Sonne. Es war ein Tag, um von Findhorn nach Cawdor zu fahren, von der paradiesischen Bucht am Moray Firth nach Cawdor Castle, zur Burg des Macbeth.

Solche Wege haben ihre Vorzeichen. Gleich das erste, *Sueno's Stone* (B 9011), bedeutet nichts Gutes. Krieger zu Fuß und zu Pferde, Körper ohne Köpfe, Köpfe ohne Körper, in Reih und Glied roh in den Stein gehauen: Reliefszenen auf einem sieben Meter hohen Sandstein-Monolith aus piktisch-frühchristlicher Zeit, aus dem 9. bis 11. Jahrhundert. Ein Totenmal? Eine Steinzeitung vom Sieg über die Wikinger, die im Jahre 1014 beim benachbarten Fischerdorf Burghead endgültig vom Festland vertrieben wurden? Und beginnt Shakespeares ›Macbeth‹ nicht mit der Siegesnachricht über »Sweno, Norway's king«? Wie auch immer, Sueno's Stone erinnert an »damned quarrel«, an scheußliches Gemetzel.

Forres ist eine jener Kleinstädte, denen man nichts Böses zutraut außer ihrer tödlichen Langeweile. Forres war die Stadt der Königsmorde. König Donald, Donalds Sohn

Malcolm I., Malcolms Sohn Duff: Sie wurden, einer nach dem andern, in oder bei Forres erschlagen. »A happy hunting ground for botanists«, heißt es im Stadtprospekt rund tausend Jahre später, mit dem Blick auf das romantische Findhorn-Tal. Sieben von neun schottischen Königen wurden zwischen 943 und 1040 ermordet. Thronfolge, Mordfolge. »Um so blutsverwandter / so mehr verwandt dem Tode«, sagt Donalbain zu seinem Bruder Malcolm nach der Ermordung ihres Vaters Duncan: eine schottische Faustregel (›Macbeth‹, II,4). Der historische König Duncan hielt im frühen 11. Jahrhundert in Forres Hof, und der literarische Macbeth bittet als König nach dem Königsmord zum Bankett ins Schloß von Forres. Da erscheint ihm, als ungeladener Gast, der Geist des ermordeten Banquo.

> Rosse: *Steht auf, ihr Herrn, dem König ist nicht wohl.*
> Lady Macbeth: *Bleibt sitzen, Herrn, der König ist oft so.*

Wo die Königsburg stand, am Ende der High Street, steht nun ein Obelisk für einen Helden des Krimkriegs. Etwa neun Kilometer hinter Forres verzeichnet die Landkarte, nördlich der A 96, *Macbeth's Hill*. »Rundum dreht euch so, rundum: / Dreimal dein und dreimal mein, / Und dreimal noch, so macht es neun – / Halt! Der Zauber ist gezogen.« So singen »the Weird Sisters«, die drei Unheilsschwestern, die Macbeth im ersten Akt auf dem Weg nach Forres trifft, »upon this blasted heath«. Statt der »dürren Heide« sehen wir nun eine Fichtenschonung, umgeben von Weideland. Aber sahen wir nicht in Forres, neben der Polizeiwache, »The Witches' Stone«? An dieser Stelle kam das Faß zum Stillstand, in dem wegen Hexerei verurteilte Frauen den Cluny Hill hinuntergerollt wurden. Das war 1668, aber der Stein ist viel älter, und der blutige Aberglaube dauerte noch weitere hundert Jahre. In *Dornoch*, nördlich von Inverness, markiert ein anderer »Witches' Stone« den Platz, auf dem 1772 die letzte Hexenverbrennung in Schottland stattfand. Das Opfer hieß Janet Horne, und die Anklage lautete: Sie habe ihre Tochter in ein Pony verwandelt, sei damit zum Treffpunkt der Hexen geritten und habe es dort vom Teufel beschlagen lassen – eine satanische Kuppelei, wie sie bizarrer auch im ›Macbeth‹ nicht stehen könnte. Hexen waren ja für Shakespeare und seine Zeitgenossen noch leibhaftige Realität[1], kein Nebelspuk, und die »dürre Heide« ein Topos, wo die Volksphantasie um so wilder blühte. Das also war der Ort, wo die »Schicksalsschwestern« Macbeth prophetisch als »Than von Cawdor« und »künft'gen König« begrüßten. Auch der Lyriker Peter Huchel läßt »die Weiber aus Cawdor« in seinem Gedicht ›Schottischer Sommer‹ noch einmal auftreten, nun eher Klageweiber vergangenen Unheils:

> *Dürr und düster*
> *vor der goldenen Naht des Abends*
> *hocken sie auf zerrissenen Fellen.*

---

1 James I., Maria Stuarts Sohn und Mäzen der Shakespeare-Truppe, war Hexenspezialist und Autor einer ›Daemonology‹ (Edinburgh, 1597).

Wenn der Mond
die Zeiger verrückt am Turm,
starren sie mit erloschenen Augen.
Unbewohnbar die Trauer,
die an den Klippen verebbt.

Cawdor Castle liegt nur wenige Meilen von der »dürren Heide« entfernt, abseits der Hauptstraße nach Inverness. »Dies Schloß hat eine angenehme Lage«, sagt König Duncan, als er die Burg seines Mörders Macbeth betritt. »Gastlich umfängt die leichte, milde Luft / Die heitern Sinne« (I,6). Park und Wald umgeben die Burg; ein Flüßchen auf der einen, ein Burggraben auf der andern Seite; eine Zugbrücke, ein umwallter Burghof, die Mauern des mächtigen Turms: Hier könnte es gewesen sein. Ein cleverer Burgherr hätte leicht neben dem Himmelbett einen dunklen Fleck auf dem Fußboden präparieren können. Aber Lord Cawdor (Abb. 80) und seine Familie haben touristische Faxen so wenig nötig wie literarische Anleihen. »Duncan starb nicht in unserer Burg«, sagt Lord Cawdor ohne Bedauern. »Er starb auch nicht meuchlings im Bett, sondern Macbeth erschlug ihn in der Schlacht bei Elgin im Jahre 1040. Im übrigen stammt der älteste Teil unserer Burg, der Zentralturm, erst aus dem 14. Jahrhundert.« Aus für Macbeth, den »Than von Cawdor«.

Lord Hugh, 25. Than von Cawdor, hat eine Familiengeschichte, als sei's ein Potpourri aus Shakespeares Gesammelten Werken, eine Ahnengalerie voller komischer und tragischer Helden. Der 4. und der 11. Than von Cawdor wurden ermordet, der 12. machte bankrott, der 13. wurde verrückt, der 16. ertrank, und der 21. war ein notorischer Rennplatzhengst, von dem es hieß, er werde sich ruinieren, weil er »drei langsame Pferde und zwei schnelle Frauen« hatte. Der 24. Than von Cawdor schließlich, der Vater des jetzigen, wurde durch seine Lieblingsziege Albert bekannt: Albert bekam jeden Sonntag ein Päckchen Zigaretten (Capstan Full Strength), die der Ziegenbock samt Silberpapier vernaschte; er starb, vor seiner Zeit, nach dem Genuß einer Gallone Rostschutzfarbe und bekam »ein schlichtes, aber bewegendes Begräbnis«.

Angesichts dieses Stammbaums beweist der regierende 25. Than von Cawdor Kontinuität, indem er neben den Bildern und Waffen der Ahnen seinen schwarzen Aikido-Gürtel ausstellt (»eine der jüngeren Kriegskünste«). Nicht Lady Macbeth, eine Kerze in der Hand, geht in Cawdor Castle um, sondern der ironische Geist eines modernen Burgherrn. Ihn quält kein Eulenschrei, kein Pochen an der Tür, kein »Wimmern in der Luft«, er verbringt auch die stürmischen Nächte mit Cathryn Lady Cawdor in unzerrütteter Verfassung. Der 25. Than von Cawdor, Architekt und passionierter Moorhuhnjäger, trägt der populären Shakespeare-Verbindung immerhin mit einigen Ausstellungsstücken Rechnung: mit einer Macbeth-Zeichnung von Dalí und einer Vitrine voll Shakespeare-Literatur. Macbeth hat seine Schuldigkeit getan, das Publikum kann kommen. Fast 100 000 Besucher im Sommerhalbjahr sind genug, im Winter wollen Lord und Lady Cawdor ihre Ruhe haben. »Glamis mordet den Schlaf«, heißt es von Macbeth, der ja auch Than von Glamis war. Wenn nun alles dort stattgefunden hätte, am anderen Ende der Highlands: in *Glamis Castle?*

Auch diese Burg »hat eine angenehme Lage«, in einem Landschaftsgarten von Capability Brown (um 1770). In einer Talsenke am Ende einer langen Eichenallee liegt »the noble palace of Glames« (Defoe), die Krönung schottischer Burgenromantik (Abb. 78). Im Kern des L-förmigen Gebäudes ist das mittelalterliche Tower-house noch gut zu erkennen. Es wurde nach 1606 von den Earls of Strathmore »beautified« mit Türmen, Zinnen und den typischen Pfefferbüchsentürmchen des Baronialstils. Keine Hollywood-Kulisse für den Film ›The Macbeth Murder‹ könnte schottischer sein: hallende Wendeltreppen, stumme Verliese, ein Geheimkabinett im meterdicken Mauerwerk, hinter dem manchmal Kartenspielgeräusche zu hören sind, zehn Prunkgemächer und hundert leere Zimmer, in denen die Ratten rascheln, als seien es die Seidenroben einstiger Gäste von Glamis. Sir Walter Scott verbrachte hier 1793 eine unruhige Nacht: »Ich muß gestehen, daß, als sich Tür nach Tür hinter mir schloß, als mein Führer sich zurückgezogen hatte, ich begann, mich zu weit entfernt von den Lebenden zu fühlen und etwas zu nah den Toten.«

Der 17. Earl of Strathmore and Kinghorne lebt mit seiner Familie im ehemaligen Dienerflügel. Wenn die Gräfin von Glamis nach nebenan ins Familienmuseum geht, empfindet sie manchmal »so ein Gefühl von Schrecken, vibrations of the past« (Farbt. 40). Das ist ganz unbegründet, zumindest was Macbeth betrifft. Denn Duncan's Hall, wo man noch im 19. Jahrhundert Besuchern das Mordbett zeigte, selbst dieser älteste Teil der Burg wurde erst ein Jahrhundert nach Duncans Tod gebaut. Für die Figur der Lady Macbeth aber stand vielleicht eine Lady Glamis Pate, die eine Generation vor Shakespeare lebte und der Planung eines Giftmordes an James V. bezichtigt wurde, zu Unrecht, und 1540 in Edinburgh als Hexe auf dem Scheiterhaufen endete. Heute strömen die Besucher von Glamis ins Schlafzimmer der Queen Mother, Tocher des 14. Grafen von Glamis und Mutter von Königin Elizabeth. Deren Schwester, Princess Margaret, wurde 1930 in Glamis Castle geboren – die erste königliche Prinzessin seit 300 Jahren, die in Schottland zur Welt kam.

»Aus! Kleines Licht! – /Leben ist nur ein wandelnd Schattenbild«: Im Schloß von *Dunsinane* spricht Macbeth seinen letzten Monolog, bevor sich auch die letzte Prophezeiung der Hexen erfüllt und *Birnam Wood* »zum Dunsinan / Feindlich emporsteigt«. *Macbeth's Castle* heißt ein Hügel in einem Wald südwestlich von Glamis, wo die Tragödie endet. Der historische Macbeth floh nach der Schlacht gegen Siward und wurde erst drei Jahre später, 1057, bei *Lumphanan* getötet. Dort, südlich Craigievar (A 980), sind noch Reste alter Erdwälle erhalten, und Macbeth's Cairn, von Bäumen umgeben, markiert die Stelle, wo er vermutlich fiel. Von diesem »Teufel Schottlands«, wie Shakespeares Macduff ihn nennt, von König Macbeth heißt es in einer Chronik von 1577, er habe zehn der siebzehn Jahre redlich regiert. Für damalige Verhältnisse vielleicht gar kein so schlechter Prozentsatz.

Culloden Moor: »Sie liegen tief in Sand und Blut«

Die Landkarten verzeichnen zwischen Cawdor Castle und Inverness noch den alten Namen Drummossie Muir, ein Wort wie schwerer Trommelwirbel. Im Jahr der Schlacht von 1746 war dies ein ödes Moorland. Heute ist es weitgehend trockengelegt. Im Tal der River Nairn, in der leicht ansteigenden Ebene Bauernhäuser und kleinere Wälder, im Hintergrund die kahlen Berge der Highlands: *Culloden Moor*. Die Straße führt mitten durchs Schlachtfeld. Etwa dort, wo Onslow's 8th King's Foot Regiment Aufstellung genommen hatte, liegt der Parkplatz. Daneben, auf dem linken Flügel der englischen Armee, das Informationszentrum des National Trust. Die Schlacht verläuft audiovisuell und ohne Zwischenfälle. Nach den lauten Bildern die Steine am Waldrand neben der Straße, Feldsteine mit lapidaren Namen: Clan Cameron, Clan Mackinthosh, Clan Fraser, Mixed Clans. Dies sind die Massengräber der Highländer, die hier 1746 für Prinz Charles Edward Stuart fielen. Zwischen Heidekraut und Stechginster blinken die Reste des einstigen Moors.

Drumossie moor, Drumossie day,   *For there I lost my father dear,*
A waefu' day it was to me;   *My father dear and brethren three.*

So läßt Robert Burns ›The lovely lass o' Inverness‹ um ihre Toten klagen. Culloden Moor war die bitterste Niederlage der Highländer, das Ende einer schottischen Hoffnung. Es war der letzte Versuch der Jakobiten, den Thron für die Stuarts zurückzuerobern. Drei vergebliche Expeditionen hatte der Sohn des abgesetzten Königs James II., »The King over the Water«, vom französischen Exil aus unternommen; die letzte 1715. Dann, als er den Thron nicht bekam, wollte er wenigstens für einen Thronfolger sorgen: 1720 wurde Prinz Charles Edward Stuart geboren. Er wuchs in Rom auf, sprach fließend Italienisch, Französisch, Spanisch und Englisch, spielte Golf und Geige gleich gut, war ein brillanter Schütze und sah blendend aus (Umschlagklappe vorn). »Bonnie Prince Charlie« wäre wohl ein Playboy im Exil geworden, wenn er kein Schotte gewesen wäre. So ergriff er, von den Tories unterstützt, 1745 die erste und nicht einmal schlechteste Gelegenheit, seine Familie wieder an die Macht zu bringen. England lag mit Frankreich im Krieg, das war die Chance für Schottland.

Als Theologiestudent verkleidet, segelte Prinz Charles auf der französischen Fregatte ›Du Teillay‹ mit Waffen und Geld an Bord, aber ohne Truppen in seine Heimat. Am 25. Juli (St. James' Day) betrat er das schottische Festland in der Bucht von *Loch nan Uamh* bei Arisaig. Silbern glitzernder Sand zwischen den Felsen, safranfarbener Seetang, ein weiter Blick über die Inseln der Westküste: Es ist noch heute wie damals. Keine Landung hätte euphorischer sein können, keine Flucht bitterer. Denn von derselben Stelle aus verließ Charles Edward Stuart ein Jahr später wieder Schottland, geschlagen, gejagt, ein Prinz ohne Krone und ohne Land, Emigrant für immer.

»Das Jahr des Prinzen« begann in *Glenfinnan*, nur wenige Meilen von seinem Landeplatz entfernt. Hier, am Ende des Loch Shiel, rief er die Clans zu den Waffen und richtete die Standarte der Stuarts auf, ein Banner aus roter Seide mit einem weißen Feld in der Mitte, dessen gesticktes Motto nicht mehr rechtzeitig fertiggeworden war: »Tandem Triumphans«, endlich im Triumph. An jenem 19. August 1745 wurde der letzte Stuart zum Prinzregenten proklamiert, sein Vater, »The Old Pretender«, zum König James VIII. Über tausend Highländer jubelten: »Scotland and no Union!« Das war, im wesentlichen, schon das

*Antonio David: ›Bonnie
Prince Charlie‹, 1732*

Programm der Scottish National Party. Hätte sie dafür je einen attraktiveren Spitzenkandi-
daten und für seinen ersten Auftritt einen geeigneteren Platz finden können? Stuart-Prinz
und Hochlandsee, jugendlicher Held und romantische Heimat – eine patriotische Inszenierung. Was nach dem Abgang des Prinzen und nach der Auflösung der Clans davon
übrigblieb, steht nun wie ein Ausrufezeichen in der Landschaft: das Glenfinnan Monument
von 1815. Ein Turm mit der Figur eines einsamen Highländers auf der Spitze, dahinter die
Kulisse des einsamen Bergsees: »What a scene it must have been in 1745!« notierte Queen
Victoria 1873, trotz des »scheußlichen Denkmals« tief berührt: »And here was I, the
descendant of the Stewarts and of the very king whom Prince Charles sought to overthrow,
sitting and walking about quite privately and peaceably.« Ein viktorianischer Friedens-
schluß mit dem rebellischen Ahnen, die Queen zückt ihren Zeichenstift, die Szene wird zum
Aquarell.

Was im Rückblick zum pittoresken Motiv erstarrt, zur Ansichtskarte, zum Erinnerungsfoto vom Glenfinnan Gathering jedes Jahr im August: 1745 war es ein politisches Fanal, ein
schottischer Rütli-Schwur. Die Clans, nicht alle freilich, formierten sich, der Prinz heftete

74 CRAIGIEVAR CASTLE Tower-house in den Highlands, 1610–26

75 BLAIR CASTLE Die Privatarmee des Herzogs von Atholl ▷

76 EILEAN DONAN CASTLE   13.Jh., wiederaufgebaut 1912–32

77 DUNROBIN CASTLE   Stammschloß der Herzöge von Sutherland, 13./19.Jh.

78　GLAMIS CASTLE　Hochlandschloß im Baronialstil, nach 1606

79　LINLITHGOW PALACE　Maria Stuarts Geburtsort, 1425–1620

80 CAWDOR CASTLE   Lord Cawdor

81   Gainsborough: John, 4. Duke of Argyll

82 FLOORS CASTLE   Der Herzog und die Herzogin von Roxburghe vor ihrem Schloß am Tweed

83 INVERARY CASTLE Wärter mit historischem Butler des Duke of Argyll

84 Touristen und Dudelsackbläser ▷

85 LEWIS Der Steinkreis von Callanish, 2000–1500 v. Chr.

86 LEWIS Der Broch von Carloway, 1.–4. Jh.

87 IONA Kathedrale und Abtei des heiligen Columba, 16./20. Jh.

88 STAFFA Die Fingalshöhle   89 HEBRIDEN Paul Strand: Tir A Mhurain, South Uist, 1954 ▷

90 ORKNEY Die Steinzeitsiedlung Skara Brae

91 NORTH UIST Bauernhaus auf den Äußeren Hebriden

92 HARRIS Die Tweedweberin Mrs. Macdonald vor ihrer Werkstatt

93 SHETLAND Ponies im Bootsstall

94 SHETLAND Küste bei Esha Ness

95 SKYE Loch Leathan und The Storr

die weiße Kokarde, das Symbol des Hauses Stuart, an sein blaues Barrett, seine Dudelsackpfeifer spielten »The king shall come into his own again«, die Kampagne begann. Schon
einen Monat später zog Bonnie Prince Charlie siegreich in Edinburgh ein. Er residierte in
Holyrood Palace, er tanzte, er feierte, vielleicht etwas zu lang. Im November blies er zum
Marsch auf London. Im Dezember standen die Jakobiten in Derby, nur noch 130 Meilen
von der Hauptstadt entfernt. George II. packte seine Koffer zur Rückkehr nach Hannover.
Da kehrte der Stuart-Prinz um. Knapp entging er der befürchteten Einkreisung durch die
englischen Truppen, noch einmal, schon wieder jenseits der Borders, siegte er bei Falkirk,
vergebens belagerte er Stirling Castle, immer weiter zog er sich nach Norden zurück, noch
unbesiegt und längst verloren, bis hinauf nach Inverness. *Culloden House* hieß sein letztes
Quartier.

Warum, nach so bravourösem Beginn, dieses katastrophale Ende? Es war eine jakobitische Rebellion, kein schottischer Volksaufstand. Die Highländer erhoben sich aus alter
Stuart-Treue, aus Abneigung gegen die protestantische Religion, aus Furcht vor dem Verlust
der eigenen, gälischen Kultur. In den Lowlands zögerten die Sympathisanten schon, denn
hier hatte die Union mit England einen wirtschaftlichen Aufschwung eingeleitet. In England
schließlich saß das Haus Hannover längst fest im Sattel. So stießen die Jakobiten ins Leere, je
weiter sie nach Süden vordrangen. Bonnie Prince Charlie aber war von Anfang an ein
Abenteurer, kein Analytiker, und er blieb es bis zum Ende.

Culloden, 16. April 1746. Als der Duke of Cumberland anrückte, hatte Prinz Charles
nicht einmal mehr Zeit zum Frückstück (Lammbraten und Geflügel). Vergebens rieten seine
Generäle zu einem Ausweichmanöver: Dies sei der falsche Ort und der falsche Tag; die
Truppen seien erschöpft, das flache Terrain begünstige den Feind. Aber Charles Edward
Stuart suchte die Entscheidung. Erstmals übernahm er persönlich das Kommando. Sein
Gegner, der Herzog von Cumberland, war ein Sohn Georges II. Beide waren 25 Jahre alt,
zwei Prinzen, zwei Draufgänger. Knapp 5 000 Jakobiten standen einer beinahe doppelten
Übermacht von Regierungstruppen gegenüber, gut ausgeruhten und besser ausgerüsteten
Berufssoldaten. Es war ein Uhr mittags, ein heftiger Graupelschauer ging über dem Moor
von Culloden nieder. David Morier, ein Schweizer Schlachtenmaler am englischen Hof, hat
den Moment des Zusammenpralls beider Armeen gemalt, mit jakobitischen Gefangenen als
Modellen: die Highländer in Kilt und Kniestrümpfen, mit Rundschild und Säbel, die
Regierungstruppen mit Bajonetten, in roten Röcken und weißen Gamaschen; hier die
disziplinierten Reihen, dort die wilde Horde; man hört die Schreie, und man sieht, wer siegt.
Der Haß und der Schrecken in den Gesichtern haben eine lange Geschichte. Sie reicht von
Culloden zurück bis Bannockburn. Darum wohl, als Symbol jahrhundertealter, vergange-
ner Feindschaft, hängt dieses blutige Bild heute in Windsor Castle über dem Bett Prinz
Philips, des Herzogs von Edinburgh.

Nach einer halben Stunde hatten Cumberlands Artillerie und Kavallerie die Schlacht
entschieden. Was dann folgte, brachte dem Sieger den Beinamen »The Butcher« ein, »Der
Schlächter«. Nicht genug, daß der Herzog von Cumberland den verwundeten Highländern
jede ärztliche Hilfe verweigerte; er gab Befehl, keinen zu schonen (»to have some of the

David Morier: ›Die Schlacht von Culloden‹, 1746

sweets of victory«). Seine Soldaten erstachen mit Bajonetten alles, was sich auf dem Schlachtfeld noch regte. Seine Dragoner verfolgten die Fliehenden bis hinein nach Inverness; sogar völlig Unbeteiligte am Straßenrand, auch Frauen und Kinder, wurden niedergemetzelt. In jenem Lied von Robert Burns singt ›Die schöne Maid von Inverness‹ die Totenklage:

> *Sie liegen tief in Sand und Blut,*   *Weh, Sieger, dir, der nach der Schlacht*
> *Im ersten Grün die Gräber stehn,*   *Noch die Geschlagnen niedertrat,*
> *Der beste Bursch daneben ruht,*   *Du hast manch Herz betrübt gemacht,*
> *Den Mädchenaugen je gesehn.*   *Das dir doch nichts zuleide tat.*

Noch drei Tage nach der Schlacht spürten Cumberlands Leute achtzehn Überlebende im Keller von *Culloden House* auf; sie wurden draußen im Gehölz erschossen. (Das georgianische Landhaus, 1772 wiederaufgebaut, ist heute ein Luxushotel.) So endete die Schlacht von Culloden, und so begann das Schreckensregiment des Duke of Cumberland. Prinz Charles Edward Stuart entkam nach einer fünfmonatigen, abenteuerlichen Flucht durch die Highlands und über die Hebriden zu Schiff nach Frankreich (siehe Seite 354 ff.). Viele seiner Anhänger gingen wie er ins Exil, weit mehr wurden gefangen, gehängt oder nach Westindien deportiert. Zur Abschreckung wurden achtzig Köpfe hingerichteter Jakobiten auf Pfähle gespießt und in den Borders zur Schau gestellt. Solche Bluturteile und die politischen Sanktionen, die noch folgten, nicht so sehr die Schlacht selbst, brannten den Namen

Culloden in das Gedächtnis der Schotten ein als Zeichen ihrer tiefsten Demütigung durch England.

George II. stationierte eine Besatzungsarmee von zwanzig Bataillonen in Schottland, ließ General Wades Festungen aus der Zeit der Rebellion von 1715 verstärken und neue errichten, allen voran *Fort George* (1748–69). Diese monumentale Artilleriefestung auf einer Halbinsel im Moray Firth östlich von Inverness demonstriert das Ausmaß der englischen Okkupation, militärisch und psychologisch. Die ganze Anlage, von der berühmten Edinburgher Firma William Adam & Sons errichtet, ist von so hervorragender architektonischer Qualität, daß sie heute noch als Garnison und Militärmuseum dient. Nachdem im 19. Jahrhundert Fort Augustus zur Benediktinerabtei und Fort William zum Lokomotivdepot umgerüstet wurden, blieb Fort George als einziges vollständig erhalten, eines der großen Beispiele europäischer Festungsarchitektur des 18. Jahrhunderts.

Indes hätte es so monströser militärischer Abschreckung gar nicht mehr bedurft. Denn die Gesetze, die noch im selben Jahr 1746 erlassen wurden, waren weitaus wirkungsvoller. Zuvor hatte das Londoner Parlament unter anderem folgende Vorschläge für Strafaktionen diskutiert: Sterilisierung aller Jakobiten-Frauen; Vernichtung der Saat; Deportation aller Highländer und Ansiedlung »ehrbarer, gottesfürchtiger Menschen aus dem Süden«. Diesen barbarisch-bigotten Geist atmete auch das Gesetz von 1746. Verboten wurde das Tragen der Hochlandtracht, der Clan-Kennzeichen und aller Waffen; dazu zählte man auch den Dudelsack. Katholiken wurden von allen öffentlichen Ämtern ausgeschlossen. Ein Jahr nach diesem »Disarming Act« wurde auch die spezifisch schottische Erbgerichtsbarkeit abgeschafft. Damit war der lokalen Selbstverwaltung in Schottland die Grundlage entzogen, das Clan-System zerschlagen, eine ganze Lebensform zerstört.

In Culloden Moor wurde mehr zertreten als die Weiße Rose der Stuarts. Die Jakobiten hatten eine Schlacht verloren, die Highlands aber ihre eigene Kultur. Dreißig Jahre später reiste der Engländer Samuel Johnson durch das verödete, verarmte Hochland und faßte das Ergebnis der Londoner Politik in einem Tacitus-Zitat zusammen: »Sie haben eine Wüste geschaffen und nennen es Frieden.« Was der Duke of Cumberland mit Blut und Eisen begonnen hatte, »the harrying of the glens«, die Verwüstung der Täler, führte nach 1800 der Duke of Sutherland mit Sanierungsplänen und Gerichtsvollziehern zu Ende: die ›Clearances‹, die Räumung der Highlands (siehe Seite 329). Der Herzog von Cumberland kehrte im Triumph nach England zurück, und George II. ernannte seinen Sohn zum Baron Culloden (ein Titel, der noch heute in der königlichen Familie getragen wird). Auch ein deutscher Komponist in London, Georg Friedrich Händel, trug musikalisch zu den Ovationen bei: »Hail, the Conquering Hero Comes«. Für die Schotten aber blieb er »The Butcher«. Weniger zweifelhafte Verdienste erwarb sich der »Schlächter Cumberland« mit der Gründung der Pferderennen von Ascot.

Loch Ness: Wo ist das Monster?

Für die frühen Reisenden muß es eine Erlösung gewesen sein, nach den Strapazen der Highlands, auf den kahlen Höhen des Drummossie Moors: endlich der Blick auf *Inverness*. Schöner kann eine Stadt kaum liegen: in einem fruchtbaren Flußtal, an einer geschützten Meeresbucht und rings von Bergen umgeben. Die natürliche Gunst der Lage und ihre strategische Bedeutung hat Inverness schon früh zum Handels- und Verwaltungszentrum der Highlands gemacht. Nicht ohne englische Überheblichkeit schreibt Macaulay: »Inverness war eine angelsächsische Kolonie unter den Kelten, ein Bienenstock von Handelsleuten und Handwerkern inmitten einer Bevölkerung von Lungerern und Plünderern, ein einsamer Vorposten der Zivilisation in einer Gegend von Barbaren.«

So wie sieben antike Städte als Geburtsort Homers auftreten, so rivalisieren drei schottische Burgen als Schauplatz der Ermordung Duncans durch Macbeth. Nach Cawdor und Glamis Castle hätte auch die Burg von Inverness »eine angenehme Lage« aufzuweisen, allein sie steht nicht mehr. Sie stand östlich des jetzigen Burgbergs, und auch dort sehen wir nicht das alte Castle, sondern ein viktorianisches Nachspiel (1834/46). Bei der Statue Flora Macdonalds, der Highland-Heldin, bläst im Sommer jeden Abend »The Scottish Welcome Piper« den Dudelsack. Ruhig fließt der River Ness am Burgberg vorbei, von zwei alten Hängebrücken überspannt, dem Moray Firth entgegen. Weiß schimmern im Norden die schneebedeckten Berge von Ross. »The Capital of the Highlands« ist eine sehr ländliche Kapitale, eine Kleinstadt mit rund 30000 Einwohnern. Im Neubau-Boom der sechziger Jahre wurden in Inverness viele historische Häuser bedenkenlos abgerissen. Abertarff House in Church Street, das älteste Gebäude von Inverness (1593), ist mit seinem Treppenturm ein gutes Beispiel für die Stadtwohnung eines Highland-Laird jener Zeit. Heute hat die Hochland-Gesellschaft (An Comunn Gaidhealach) hier ihr gälisches Kulturzentrum (siehe Seite 341).

Mitten in der Stadt sah ich das Ungeheuer von *Loch Ness* zum ersten Mal, heruntergekommen zur Plakatwerbung für saubere Straßen: »Look for Nessie... but don't be messy!« (Farbt. 20). Das schottische Weltwunder lebt südlich von Inverness, im legendärsten See der Britischen Inseln. Der erste, der das Ungeheuer publik machte, war ein Zugereister, der irische Missionar Sankt Columba. Sein Biograf Adamnan berichtet, wie im Jahre 565 ein »Wasser-Monster« (aquatilis bestia) einen Mann im Loch Ness »mit einem grausamen Schlag« getötet hatte und sich eben einem zweiten zuwandte, als der Heilige einschritt: »Er schlug ein Kreuz, rief den Namen Gottes aus und gebot dem Monster: 'Go thou no further, nor touch the man. Quick! Go back!'« Das Wunder geschah, der Mann wurde gerettet, die Heiden waren bekehrt. St. Columbas Bann beeindruckte das Ungeheuer so nachhaltig, daß es erst 1933 wieder auftauchte. Damals wurde die Straße entlang dem Nordufer des Sees angelegt, die A 82. Seitdem wollen Hunderte das seltsame Wesen gesichtet haben, darunter so respektable Zeugen wie Juristen, Ärzte, Offiziere und Parlamentsabgeordnete. Auch ein Benediktiner, Pater Gregory Brusey vom Kloster Fort Augustus am Südende des Loch Ness, beobachtete im Oktober 1971 ungewöhnliche Dinge: »Es war ein lieblicher Morgen,

Luis Murchetz: ›Loch Ness‹, 1973

die Sonne schien warm, und der See war spiegelglatt«, da sah er plötzlich »eine starke Bewegung auf dem See, und dann erschien ein schwarzer Hals, etwa fünfzehn Zentimeter im Durchmesser und zwei bis drei Meter lang, gefolgt von einem Höcker. Es erhob sich, dann tauchte es schräg nach hinten unter. Es war kein Boot, kein Holzklotz und kein Fisch. Es war ein anderes Tier.«

Ein »Phänomen« nannten es die Wissenschaftler, und die meisten rechneten Nessie zur Spezies der Zeitungsente, vorzüglich anzutreffen in der Sauregurkenzeit, die im Englischen so treffend »silly season« heißt. Aber der Schwimmende Holländer der Highlands ließ sich sogar fotografieren. Bei einem Sonntagsspaziergang in der Foyers Bay gelang einem Mr. Hugh Gray im November 1933 der erste bekannte (und nachweislich nicht manipulierte) Schnappschuß von Nessie. Tim Dinsdale, ein ehemaliger Flugzeugingenieur, ließ sich von Experten der britischen Luftaufklärung die Echtheit seiner Aufnahmen bestätigen: 1960 filmte er den Rücken, 1970 den Hals des Monsters – so lange muß man als Nessie-Jäger schon warten können. Fotos und Berichte häuften sich. Anglerlatein, sagten die Fachleute, Begegnungen der dritten Art, Public-Relation-Aktionen geschäftstüchtiger Einheimischer. Der Londoner Zoodirektor E. G. Boulanger nannte die »Monstermania« ein »schlagendes Beispiel von Massen-Halluzination«. Aber G. K. Chesterton, ein Mann der exakten

Phantasie, gab zu bedenken: »Man hat schon Menschen hingerichtet aufgrund geringfügiger Beweise als denen, die es für die Existenz des Ungeheuers von Loch Ness gibt.«

Das Rätsel beginnt mit dem See selbst. Er ist 36 Kilometer lang, nur eineinhalb Kilometer breit und ungewöhnlich tief: 325 Meter betrug die größte bisher gemessene Tiefe. Aber keiner kennt die wirkliche Tiefe des Sees. Loch Ness ist Bestandteil des Great Glen, des großen Grabens, der in Urzeiten aufbrach und seitdem die Highlands von Nordosten nach Südwesten diagonal durchschneidet. Vor zwölftausend Jahren war der See wahrscheinlich noch eine Meeresbucht. Als sich das vom Gletschereis befreite Land bei Inverness hob und den Zugang zum Meer abschnitt, saß Nessie in der Eiszeitfalle: Dies die populäre Theorie, derzufolge das Monster ein von der Erdgeschichte vergessener, eigentlich längst ausgestorbener Plesiosaurier ist.

Die Überlebensbedingungen waren denkbar gut. Loch Ness, einer der fischreichsten Seen Großbritanniens, bietet Nahrung genug, Lachse, Aale und Forellen zu Millionen, außerdem ideale Verstecke in Felsspalten und Höhlen. Das Wasser, mit Torfpartikeln durchsetzt, ist braun wie Ochsenschwanzsuppe. Selbst bei blauem Himmel bleibt der See grau und dunkel. Taucher sehen schon nach wenigen Metern kaum noch die Hand vor Augen. Darum ist Nessie auf Fotos von Unterwasserkameras so gut getroffen wie eine schwimmende Untertasse. Loch Ness ist lausekalt, auch im Sommer konstant sechs bis sieben Grad, nie friert er zu, nie hat er die Leiche eines Ertrunkenen wieder freigegeben. Alles sinkt in den tiefen Schlick am Grund des V-förmigen Grabens. So wundern sich die Experten auch nicht, daß sie von Nessie noch nie einen Kadaver, ein Skelett oder auch nur ein Ei gefunden haben. Mit etwas Kot wären sie ja schon zufrieden. Aber das Monster ist diskret.

Das kann man von seinen Jägern nicht behaupten. Sie stellten ihm raffinierte Fallen, sie stiegen ihm mit Teleobjektiven, Infrarotkameras und Spezial-Echoloten nach. Ein ehemaliger US-Marinesoldat jagte Nessie mit dem Ein-Mann-U-Boot ›Viperfish‹, ein Elektronik-Experte strahlte als Köder unter anderem Beethovens fünfte Sinfonie mit Hochfrequenzschallwellen ins Wasser – vergebens, nur Schwärme von Aalen kamen. 1972, nach zehnjähriger erfolgloser Tätigkeit, gab das am See gelegene »Büro zur Erforschung des Phänomens von Loch Ness« die Suche auf. Gegründet hatten es ein Abgeordneter der Konservativen und ein Biologe, Sir Peter Scott. Er war es auch, der zusammen mit dem amerikanischen Patentanwalt Dr. Robert Rines dem »Phänomen« einen seriösen Namen gab: Nessiteras rhombopteryx, rhombenflossiges Ness-Wunder. In Fachkreisen salonfähig wurde Nessie erst 1976 durch zwei amerikanische Expeditionen, an denen über dreißig Wissenschaftler teilnahmen, Zoologen, Paläontologen, Ozeanologen, Mikrobiologen, Gewässerökologen, Kapazitäten aus so renommierten Häusern wie dem Massachusetts Institute of Technology, der Harvard University und der Smithsonian Institution in Washington. Ihr Hauptquartier war Temple Pier, der kleine Hafen von *Drumnadrochit* in der Bucht von *Castle Urquhart* (16. Jh.; Abb. 65), wo sich die Lachse sammeln, bevor sie zum Laichen flußaufwärts schwimmen.

Einer der prominentesten Teilnehmer war der Elektroingenieur Harold E. Edgerton, Spezialist für Stroboskop-Aufnahmen. Aber im trüben Wasser von Loch Ness scheiterte

PREPARING FOR THE TOURIST SEASON
ALONG THE SHORES OF LOCH NESS

Zeitgenössische Nessie-Karikatur

selbst »Papa Flash« mit seinen Wunderlampen. Nur die Sonargeräte orteten »große sich bewegende Objekte«. Für den kanadischen Paläontologen Dr. Christopher McGowan war das endlich der Existenzbeweis: »Nach diesen Sonarbildern können wir nicht mehr so tun, als handele es sich um einen Mythos oder ein Fabelwesen. Irgend etwas lebt im See.« Heiliger Columba, wußten wir das nicht längst? Ergebnis der fast viermonatigen Forschungskampagne: Das unbekannte Wesen ist ein Wirbeltier, etwa zehn bis fünfzehn Meter lang, Kiemenatmer, wahrscheinlich ein Riesenmolch oder Riesensalamander. Im übrigen müsse es viele Nessies geben, nicht nur eine, sondern etwa zwanzig bis fünfzig, um die Spezies über die Jahrtausende am Leben zu erhalten. Dann gingen die Experten wieder, und zurück blieb Nessies einsamer Jäger: Frank Searle, »Monster Hunter Extraordinary«. Der ehemalige Fallschirmjäger lebt seit 1969 am Südufer des Sees, hat Nessie achtundzwanzigmal gesehen, achtmal fotografiert und unterhält in *Foyers* ein Informationszentrum. Frank Searles Erfolgsrezept: »Zur richtigen Zeit am richtigen Ort sein, Deckel vom Objektiv, Entfernung auf Unendlich, und alle paar Minuten die Belichtung kontrollieren!« Irgend etwas muß ich falsch gemacht haben.

In einem Laden in Drumnadrochit habe ich mir schließlich, angesichts etlicher Nessie-Monster in Plüsch und Porzellan, für dreißig Pence eine Urkunde gekauft: »Ich habe Nessie gesehen«, steht darauf; das Gegenteil ist, auch hier, nicht zu beweisen. Wer Nessie fängt, erhält von der Guinness-Brauerei eine Prämie von 500000 Pfund. Das ist lohnend, aber gesetzwidrig. Denn schon 1934 haben die Highländer, damit ihnen keiner ihre Attraktion wegfische, das Ungeheuer von Loch Ness unter Tierschutz gestellt. Das Problem bewegte im selben Jahr sogar den Philosophen Ernst Bloch: »Wird der wässrige Lindwurm gefangen, dann ist er bewiesen. Wird er nicht gefangen, dann ist er dadurch nicht widerlegt, sondern bläht sich vermutlich desto größer auf. Um mindestens später, immer wieder, durchs Gemüt zu schwimmen.« Unterdes spielt Nessie eine Hauptrolle in dem Ballett ›The Water's Edge‹ von Ian Anderson[1], und seit 1979 gibt es in Egestorf bei Hamburg den »Nessie-Club Lüneburger Heide, Gesellschaft zur Förderung der Existenz des Ungeheuers von Loch Ness«.

So wird Nessie weiter unsere Phantasie beschäftigen wie Yeti, der legendäre Schneemensch vom Himalaja. Denn groß ist die Sehnsucht nach dem Ungeheuren.

Sutherland: Die Einsamkeit des Großgrundbesitzers

Nördlich von Inverness beginnt die Einsamkeit. Theodor Fontane machte hier, nach seiner Verachtung für Glasgow, den zweiten Fehler seiner Schottlandreise: Er kehrte um. Ross, Sutherland und Caithness, diese nördlichen Grafschaften, meinte Fontane, seien ohne Geschichte, ohne Romantik, und auch die Landschaft sei nur eine Wiederholung der Highlands. Daß der Norden Schottlands landschaftlich noch einmal eine Steigerung bedeutet, daß sich in Sutherland ein exemplarisches Kapitel schottischer Sozialgeschichte abspielte, das entging Fontane und den Vielen nach ihm, die den Kaledonischen Kanal entlang an die Westküste und zurück nach Süden fuhren.

Black Isle heißt die Halbinsel zwischen den Buchten von Beauly und Cromarty. Hier, bei Conon Bridge, hat der Bildhauer Gerald Laing 1969 eine Burg des 16. Jahrhunderts als moderne Atelierwohnung wiederaufgebaut: *Kinkell,* »a working castle«. Inzwischen wird die ländliche Ruhe durch eine neue Trasse der A 9 empfindlich gestört. An der Bucht von *Cromarty* entsteht das größte Industriegebiet im Norden Schottlands, einer notorisch schwachen Wirtschaftsregion, das sogenannte Invergordon-Projekt. Petrochemische Industrie, Aluminium- und Bohrinsel-Fabrikation: Andrew Carnegie, schottischer Emigrant und amerikanischer Großindustrieller, würde sich wundern, wenn er heute am Cromarty Firth entlang zu seiner Sommerresidenz nach Norden führe. 1898 baute er sich am Nordufer des Dornoch Firth *Skibo Castle,* und bis zum Ersten Weltkrieg kam er jedes Jahr von Amerika herüber in sein schottisches Ferienschloß. Auf dem Turm weht noch heute Carnegies Doppelfahne: auf der Vorderseite die Stars and Stripes, auf der Rückseite der Union Jack.

Hinter Skibo Castle beginnt Sutherlands Golfküste: Strände und Golfplätze in den Dünen, von Dornoch über Golspie bis Helmsdale. An Tradition und landschaftlicher Schönheit steht der Königliche Golfplatz von *Dornoch* dem von St. Andrews kaum nach. Die einstige Bischofsresidenz Dornoch ist mit knapp neunhundert Einwohnern die ›Hauptstadt‹ von Sutherland. Den Namen »Südland« hat die nördlichste Grafschaft Schottlands von Siedlern erhalten, die noch weiter nördlich wohnten, von den Wikingern

---

1 Der schottische Pop-Star und Flötist der Rock-Band ›Jethro Tull‹ lebt auf Skye.

auf den Orkney-Inseln. In diesem weiten Land zwischen drei Küsten leben weniger Menschen als in einer Kleinstadt wie Buxtehude. Mit rund 13 000 Einwohnern ist Sutherland die am dünnsten besiedelte Grafschaft Großbritanniens – zweieinhalb Einwohner pro Quadratkilometer. Die Einsamkeit von Sutherland hat ihr Denkmal auf den kahlen Höhen über *Golspie*. Weithin sichtbar steht dort, von Chantrey 1833 entworfen, die monumentale Statue des 1. Duke of Sutherland – Symbolfigur der Einsamkeit, die er selber schuf.

Dies ist die Geschichte einer leeren Landschaft, die Geschichte der verödeten Felder und der verlassenen, zerstörten Häuser in den schönen Tälern von Sutherland (Farbt. 3). Um die »Sutherland Clearances«, die »Räumung« einer ganzen Region zu verstehen, müssen wir noch einmal an Culloden erinnern. Fünf Jahre nach der verlorenen Schlacht von 1746 machte ein englischer Patriot zur Lösung der Schottlandfrage einen praktischen Vorschlag: Man solle, forderte General Wolfe, für den Krieg in den amerikanischen Kolonien auch etliche Hochland-Kompanien aufstellen, die Highländer seien tapfere Männer, und es sei »kein großes Unglück, wenn sie fielen«, denn »was kann man mit einem geheimen Feind Besseres tun, als ihn dem allgemeinen Wohl opfern?« Mit dem politischen Haß verband sich eine ökonomische Rechnung. Viele Güter geflohener oder verurteilter Jakobiten wurden von neuen, oft englischen Besitzern übernommen. Als während der Napoleonischen Kriege der Preis für Wolle rapide stieg, stellten sie ihre landwirtschaftlichen Kleinbetriebe um auf Schafzucht im großen Stil. Schafe waren rentabler als Pächter, die Pächter mußten gehen. Wer nicht freiwillig ging, den vertrieben die Gerichtsvollzieher. Wer auch dem Gerichtsvollzieher trotzte, dem zündete man das Dach über dem Kopf an. Mit unerhörter Brutalität wurden Häuser zerstört, Familien ruiniert, Clans auseinandergerissen, ganze Täler entvölkert. Eine Bäuerin, die sich weigerte, ihre Hütte zu verlassen, wurde eingemauert, bis ihr die Vorräte ausgingen und sie nachgab.

Die große Emigration begann. Sie erreichte ihren Höhepunkt nach zwei schweren Hungersnöten im Winter 1836 und 1846. Die »Highlands and Islands Emigration Society« wurde gegründet, der Staat zahlte sogar Prämien für Auswanderer. So verdankt eine ganze Provinz in Kanada, Neuschottland, den Highland Clearances ihre Entstehung. Es war ein nationales Trauma. In diesem bitteren Kapitel der schottischen Geschichte wurden die Sutherland Clearances zu einem eigenen Begriff. Waren sie anders, waren sie noch radikaler als die ›Flurbereinigungen‹ in den übrigen Highlands?

Fast die gesamte Grafschaft gehörte einer einzigen Familie, den Earls of Sutherland. Ihre Macht wuchs noch, als eine Tochter des Hauses 1785 einen der reichsten Männer Europas heiratete, den Engländer George Granville, Marquis von Stafford. Er, der seinen Reichtum der frühindustriellen Revolution in England verdankte, sah sich nun den Problemen eines unterentwickelten Agrarlandes gegenüber. Er löste sie, indem er die alte Lebensform auflöste. Schafzüchter von den Borders übernahmen die Äcker und Viehweiden, ihre Pächter wurden enteignet und vom Hochland an die Küste umgesiedelt – die Bauern sollten Fischer werden und Seetang sammeln für die aufblühende Kelp-Industrie. Entwicklungshilfe Anno 1810, der Unternehmer als Philantrop. Lord Stafford wollte seine Untertanen zu ihrem Glück zwingen, er selbst investierte dabei hohe Summen, baute neue Häuser, Straßen und Brücken. Einer seiner Berater schrieb: »Die Fleißigen sollen gefördert und beschützt werden, die Faulen müssen umziehen oder vor Hunger sterben« – Puritanismus und Profit, John Knox und Robert Malthus in einem Satz. Rund 15 000 Highländer verließen im Laufe dieser Zwangsumsiedlung ihre Heimat, Sutherland war saniert. Für seine Verdienste als Reformpolitiker ernannte König William IV. Lord Stafford 1833 zum 1. Duke of Sutherland. Eine etwas abweichende Beurteilung über den ›liberalen‹ Lord veröffentliche Karl Marx 1853 in der ›New York Herald Tribune‹ unter dem Titel ›Sutherland und Sklaverei‹.

»Es ist, als hätten sie Dschingis Khan zum Urgroßvater«: Lord Strathnaver, Nachfahre des 1. Duke, führt mich durchs Stammschloß der Sutherlands, *Dunrobin Castle* (Farbt. 38). Distanziert wie ein Historiker, engagiert wie ein Betroffener spricht der junge Lord über »the trouble with my family«. »Die Clearances waren eine schlimme Idee, sie wurden schlecht ausgeführt von Leuten, die teils dumm, teils brutal und habgierig waren. Die ganze Geschichte war ein Desaster.« Ist das inzwischen nicht längst vergessen? »Nein, die Erinnerung an die Clearances ist in Sutherland noch sehr lebendig. Ich bin 32, das alles geschah also nur rund 130 Jahre vor meiner Geburt. Es beunruhigt mich, daß der alte Haß hier immer noch zu spüren ist. Es hemmt, es lähmt den Fortschritt. Dabei gibt es ungeheuer viel, was unsere Familie für das Land tun könnte. Wir haben soviel Energie, wir haben soviel Geld!«

In Sutherland sind immer noch die Sutherlands die größten Grundbesitzer (in Schottland die viertgrößten). Lord Strathnavers Mutter, die »Queen of Sutherland«, besitzt mit rund einer halben Million Hektar Land heute nur noch ein Zehntel dessen, was ihre Familie vor hundert Jahren besaß: Ländereien, eineinhalb Mal so groß wie das Ruhrgebiet. Die Sutherlands waren damals Westeuropas größte Grundbesitzer. Mit ihren Eisenbahnen, Kanälen und Kohlegruben waren sie selbst für viktorianische Verhältnisse unmäßig reich. »Ich komme aus meinem Haus in Ihren Palast«, sagte Queen Victoria, als sie 1872 Dunrobin Castle besuchte[1], den Landsitz der Herzogin von Sutherland. Die schöne Lady Harriet war Oberkämmerin des königlichen Hofstaats in London, aber zu Hause in Dunrobin Castle verfügte die Duchess über siebzig Diener und sechzehn Gärtner. Auf den Gütern der Sutherlands muß Queen Victoria, von Balmoral kommend, sich wie eine Kleingärtnerin im Park von Versailles gefühlt haben. Heute wohnen zwei Hausmeister mit ihren Familien in Dunrobin Castle und kümmern sich um 150 Räume, aber für wen eigentlich? »Schon meine Eltern«, sagt Lord Strathnaver, »haben nicht mehr im Schloß gewohnt, es ist viel zu groß für uns.« In den sechziger Jahren war Dunrobin Castle Internat, die jüngste Public School in Großbritannien. Aber die Konkurrenz von Gordonstoun war zu stark, die Sutherlands mußten schließen. »What shall we do with the castle?«

Nun haben sie ihr Familienschloß zur Besichtigung geöffnet. Es liegt, unvergleichlich schön, auf einer natürlichen Terrasse am Meer, zwischen Golspie und Brora (Abb. 77). Spektakulär wie seine Lage ist die Architektur selber. Mit spitzen, überlangen Kegelhelmen

---

1 Ein Satz, der ihr auch beim Betreten von Stafford House zugeschrieben wird, der Londoner Stadtresidenz der Sutherlands, die heute unter dem Namen Lancaster House der britischen Regierung für Repräsentationszwecke dient.

weisen die Ecktürme in die Höhe: Hier leben wir, die Sutherlands. Für den Neubau ihrer mittelalterlichen Stammburg verpflichteten sie, ihrem gesellschaftlichen Status entsprechend, den Architekten des Londoner Parlamentsgebäudes, Sir Charles Barry.[1] Er entwarf ihnen eine asymmetrische, repräsentative Mischung aus französischem Château- und schottischem Baronialstil. »Die Viktorianer, diese Clowns«, stöhnt Lord Strathnaver. Er würde am liebsten das ganze Prestigeobjekt wieder abreißen und nur den alten Kern stehenlassen: »Darin könnte man wenigstens wohnen!« Im übrigen sei es ein solider Bau, von dem »nur ab und zu ein Turm herunterfällt«. Den einstigen Glanz der Salons spiegelt am schönsten der Drawing Room: Möbel im Louisquinze-Stil, Mortlake-Gobelins, Canalettos über dem Kamin. Und dann die Porträts der Herzoginnen von Sutherland: was für Beauties, was für Bilder! Reynolds, Lawrence, Hoppner, Romney, Ramsay, Landseer, de Laszlo – es ist, als hätte jeder Duke seinen Vorgänger mit einer schöneren Frau, jede Duchess ihre Vorgängerin mit einem eleganteren Porträt übertreffen wollen. Lord Strathnaver, Eton-Schüler, Oxford-Absolvent, der künftige Clan-Chief der Sutherlands läßt sich, souverän, inmitten der Hirschgeweihe von Earl Williams Trophäenkabinett fotografieren.

Hier erlaubt sich der junge Lord seine letzte, für einen Sutherland höchst ketzerische Bemerkung: »Ob es gut ist, das Rotwild für einige wenige Reiche zur Jagd zu halten, weiß ich nicht; im Augenblick läuft es noch so.« Diesen Satz, nur noch entschiedener, hätte auch der Labour-Politiker John McEwen sagen können. Für ihn sind die Sutherlands und ihre riesigen Jagdreservate ein Musterbeispiel der »Acreocracy« und ihres fortgesetzten Land-mißbrauchs. Tatsächlich erlebte Sutherland – und das übrige Hochland – seine zweiten Clearances, als in den siebziger Jahren des 19. Jahrhunderts der Preis für Wolle und Hammelfleisch rapide fiel. Erst wurden die Menschen durch Schafe, jetzt die Schafe durch Rotwild ersetzt: Jagdpachten waren lukrativer als Schafzucht. Deer-stalking war der große Freizeitsport der Viktorianer, Prinz Albert der erste Jäger seines Staates (wenngleich nicht der beste). Zum viktorianischen Sozialprestige gehörte ein Jagdhaus in den Highlands; manche davon sind heute Hotels in der schönsten Lage. Deer-stalking war verbunden mit dem Bau von Straßen und Häusern, ein Wirtschaftsfaktor. Aber je mehr Wild graste, desto weniger Forst wuchs nach. Die Hügel wurden immer kahler, der Boden noch ärmer. Die Verödung der Highlands schritt fort. Vor hundert Jahren kam ein Fünftel von Schottlands Agrarprodukten aus den Highlands, heute nur noch ein Zehntel. Ende des 19. Jahrhunderts waren rund 14 Millionen Hektar Land Wildreservate, fast ein Viertel der Gesamtfläche Schottlands; entsprechend gering die Zahl der Arbeitsplätze. Wer heute einen Hirsch schießen will, muß 100 bis 500 Pfund dafür zahlen. König Alfonso, 1928 vom Duke of Sutherland zur Jagd in das schönste und entlegenste seiner Reviere eingeladen, an den Loch Choire, Spaniens König hatte die Hirsche gratis, und er schoß gleich sieben an einem Tag.[2]

---

1 Barry, ›Hofarchitekt‹ der Sutherlands, baute für den 2. Duke auch Cliveden House in Buckinghamshire und entwarf den Neubau seines Hauptsitzes, Trentham Hall in Staffordshire.

2 Bevor die Fleisch-Einfuhrbestimmungen vor einigen Jahren strenger wurden, importierte die Bundesrepublik 85 % der gesamten Wildbret-Produktion Schottlands.

Die Wildkatze ist das fauchende Wappentier der Sutherlands, deren Land einst Teil der piktischen Provinz *Caithness* war, der Grafschaft der Katze (Cat-ness). Heute ist der nordöstliche Teil Schottlands durch einen relativ jungen Exportartikel zum Begriff geworden: Caithness Glas, ein leicht getöntes Kristallglas, hergestellt in der Hafenstadt *Wick*. Von hier aus kann man auf die Orkney- und Shetland-Inseln fliegen, von *Thurso* aus verkehrt eine Fähre über den *Pentland Firth* nach Orkney. An diesem nördlichsten Rand des britischen Festlandes finden sich, in respektvollem Abstand, zwei sehr unterschiedliche Wiederaufbereitungsanlagen: das Ferienschloß der Queen Mother, *Castle of Mey*, und der Atomreaktor von *Dounreay*. Sein kugelförmiger Kessel liegt wie ein gigantischer Golfball in der Landschaft – der erste Schnelle Brüter der Welt (begonnen 1955), der das Stromnetz durch das Verbrennen von Plutonium mit Energie versorgte. Inzwischen ist die Anlage stillgelegt und soll, nach ihrer Entseuchung, Atom-Museum werden. In der Provinz der wilden Katze schreckt man vor nichts zurück. Gleich neben der künftigen Touristenattraktion ist schon der zweite Schnelle Brüter geplant. In den Klippen sind die Probebohrungen für eine Atommüll-Deponie in vollem Gange. Dounreay, ein lohnendes Fahrtenziel für Kernkraftgegner? Anders als in *Torness Point*, dem geplanten Atomreaktor an der Küste von Lothian, gab es in Caithness kaum Proteste der Bevölkerung, keine Demonstrationen, keine Prozesse. Die britische Atomenergiebehörde wußte, warum sie diesen entlegensten, ärmsten Teil des Landes als Standort ihres ersten Reaktors wählte. Den Leuten von Caithness, an denen der Ölboom vorüberging, ist der nukleare Golfball in der Landschaft lieber als die Aussicht auf erneute Arbeitslosigkeit und Auswanderung wie in den Jahrhunderten zuvor.

An derselben Küste wie der Schnelle Brüter von Dounreay liegt auch der Eingang zum Hades. Jedenfalls glaubt das der Homer-Amateur Hans Steuerwald. Bei seiner Rekonstruktion der Route des Odysseus läßt er den mythischen Helden um die schottische Nordküste segeln und in einer Bucht bei *Durness* (vgl. Farbt. 41) den Eingang zur Unterwelt finden: die Kalksteinhöhlen von *Smoo*. Hier, im »modrigen Haus des Hades«, hätte Odysseus mit den Schatten der Toten gesprochen? Ein drehbuchreifer Schauplatz; aber der Held heißt Ossian und nicht Odysseus. Draußen vor der Höhle von Smoo üben sich die Möwen in homerischem Gelächter. Nicht weit von hier, in der Bucht von *Balnakeil*, hatte die Royal Air Force eine Frühwarnstation. Heute ist dort ein ganzes Kunsthandwerkerdorf, mit Webern, Töpfern, Holzschnitzern, Boots- und Instrumentenbauern.

Von *Cape Wrath*, den grandiosen Klippen in der nordwestlichsten Ecke des Festlandes, führt die Küstenstraße zurück nach Süden, immer zwischen Meer und Moor, Fels und Wasser, eine elementare Strecke. Noch wilder, noch einsamer sind die Highlands hier – aber schon vor rund 11 000 Jahren besiedelt: In den Höhlen von *Inchnadamph* am *Loch Assynt* fanden Archäologen die wohl frühesten Spuren der prähistorischen ›Schotten‹. Im Fischerdorf *Ullapool*, dem Fährhafen zur Hebrideninsel Lewis, hat Oskar Kokoschka von seinem Londoner Exil aus gelegentlich Zuflucht gesucht.[1] Er malte die weite Bucht von *Loch Broom*

---

1 Kokoschkas Selbstbildnis als ›Degenerierter Künstler‹ (1937) hängt in der Gallery of Modern Art in Edinburgh.

und aquarellierte, was seine Gastgeber jagten, Fasane und Moorhühner – Pastoralen mitten im Krieg, in leuchtenden, leidenschaftlichen Farben. Dies ist die Küste der großen Kontraste. Wer würde in dieser kahlen Bergwelt einen subtropischen Garten vermuten, Palmen und Bambus auf dem Breitengrad von Labrador und Sibirien? *Inverewe* heißt der Ort und Osgood Mackenzie der Mann, der 1862 am *Loch Ewe* ein Stück Land kaufte. Er fand eine einzige Zwergweide vor, und als er 1922 starb, hinterließ er einen Garten, der seinesgleichen in Schottland sucht: Eukalyptus, Rhododendron, Korsische Kiefern und eine Fülle subtropischer Gewächse, die hier trotz der atlantischen Stürme gedeihen, dank des verhältnismäßig milden Golfstrom-Klimas.

»Ich erinnere mich nicht, zehn Schritte gemacht zu haben ohne einen Ausruf, der sich nicht unterdrücken ließ«, schrieb der englische Dichter Thomas Gray 1763 auf seiner Reise durch Wester Ross. Er war, südlich von Ullapool, durch die Schlucht von *Corrieshalloch* gekommen, vor sich die Wasserfälle von *Measach* und im Hintergrund die Gipfel des *An Teallach:* »Die Berge sind ekstatisch und sollten einmal jährlich Ziel einer Pilgerfahrt sein. Einzig diese riesenhaften Geschöpfe Gottes verstehen es, so viel Schönheit mit so viel Grauen zu verbinden. Keinen Deut für eure Dichter, Maler, Gärtner und Pfarrherren, die nie unter ihnen geweilt haben; ihre Phantasie kann nur aus Rasen fürs Bowlingspiel, Blütensträuchern, Stadtgräben, Muschelgrotten und Chinoiserien bestehen. Wie schade, daß ich weder zeichnen noch schildern kann.«

Loch Maree und *Gair Loch, Glen Torridon* und die Meeresbucht *Loch Torridon:* Dies sind die vielgepriesenen landschaftlichen Höhepunkte der Nordwestküste Schottlands. In ihrem Schatten, den Inseln Skye und Raasay gegenüber, liegt die Halbinsel *Applecross.* Erst 1976 wurde sie durch eine Straße mit der Außenwelt verbunden – zu spät für die Bauern, die hier im Jahrhundert der Clearances in ärmlichen Verhältnissen lebten. 1836 waren es 503, heute sind es noch knapp 30. Nun läßt die Tabakfamilie Wills, denen fast die gesamte Halbinsel Applecross gehört, neben den verfallenen Bauernhäusern Ferienwohnungen bauen. Nach den Schafen das Rotwild und jetzt die Touristen: So schließt sich der Kreis der Clearances in den Highlands.

Campbell: Die Suppe, der Clan und der Herzog von Argyll

Wer den Norden Schottlands nicht umrunden will, kann sich in Inverness ein Motorboot mieten und auf dem *Kaledonischen Kanal* quer durch die Highlands tuckern, von der Nordsee in den Atlantik (Höchstgeschwindigkeit 9 km/h). Ein Kanal durchs Gebirge? Die Grundlage zu diesem ungewöhnlichen Unternehmen war das *Great Glen,* ein vor Millionen Jahren aufgebrochener Graben, der von Loch Linnhe im Südwesten bis zum Moray Firth im Nordosten verläuft. Um Loch Ness, Loch Oich und Loch Lochy, die drei langgestreckten Beckenseen in diesem ›nassen Graben‹, durch einen Kanal zu verbinden, unternahm James Watt 1773 erste Vermessungen. Im Jahre 1803 begann der Ingenieur Thomas Telford mit dem Bau des Kanals, 1822 wurde er eröffnet. Zusammen mit seinen Seen neunzig Kilometer lang, sollte der Kaledonische Kanal den Heringsfischern den Umweg durch den stürmischen Pentland Firth ersparen. Mit über sechs Metern Tiefe und einer Breite von rund dreißig Metern war der Kanal damals sogar groß genug für Handelsschiffe zwischen dem Baltikum und Amerika.

Fünf der insgesamt 29 Schleusen des Kaledonischen Kanals liegen in *Fort Augustus*, einem kleinen Ort am Südende von Loch Ness (Abb. 66, 67). Die Reste von General Wades Festung übernahmen 1876 Benediktiner, die hier eine Abtei und eine Klosterschule gründeten, in der Nachfolge der kurz zuvor aufgelösten Benediktinerabtei St. Jakob in Regensburg.[1] Am anderen Ende des Kaledonischen Kanals liegt wieder eine Schleusentreppe, »Neptune's Staircase«, kurz vor *Fort William*. Die ehemalige Garnison am Ufer des Loch Linnhe und am Fuß des Ben Nevis hat sich zum Industrie- und Touristenzentrum entwickelt. Über die Schlote der Aluminiumfabrik erhebt sich mit breitem Buckel Großbritanniens höchster Berg, der *Ben Nevis* (1343 Meter). Wenn die Sonne tief im Westen steht, leuchtet das Granit- und Porphyrmassiv wie Alpenglühn in Kodachrom. Der Romantiker John Keats war offenbar leichtsinnig genug, den Berg im Nebel zu besteigen, denn in seinem ›Ben Nevis‹-Sonett wird ihm die verwehrte Aussicht zum Symbol beschränkter menschlicher Erkenntnis: »... all my eye doth meet / Is mist and crag, not only on this height, / But in the world of thought and mental might!« Jährlich im September findet ein Wettrennen zum Gipfel des Ben Nevis statt; der Rekord steht bei einer Stunde, 45 Minuten, 55 Sekunden.

Nach Westen, an die Küste, zu den Hebriden: Von Fort William führen Eisenbahn und Straße am Loch Eil entlang über Glenfinnan nach *Mallaig*, der Fähre nach Skye. Wenn diese Route in ihrer Verbindung von Schlucht und See, Meer und Bergen noch zu übertreffen wäre, dann weiter nördlich durch den klassischen Weg zu den Inseln. »The Road to the Isles« zweigt in Invermoriston am Loch Ness nach Westen ab, durchs einsame Glen Moriston, an Loch Cluanie entlang, durchs wilde *Glen Shiel:* Eiszeitlandschaft mit Hochspannungsmasten, Wildwasser mit Kraftwerken. Bei der Bergkette der *»Five Sisters of Kintail«* öffnet sich die Schlucht zum *Loch Duich.* Und dann die Burg. Wo die drei Meeresbuchten zusammentreffen – Loch Duich, Loch Long und Loch Alsh –, auf einem Felsvorsprung, von Wasser umgeben: *Eilean Donan Castle* (Abb. 76). Es ist, wie so oft in den Highlands, ein dramatischer Schnittpunkt von Natur und Geschichte. Im Frühjahr 1719 wurde die Festung der MacRaes von spanischen Söldnern besetzt, die Kardinal Alberoni zur Unterstützung des »Old Pretender«, des exilierten Stuartkönigs James II. ausgesandt hatte. Zu den Führern der Jakobiten zählte James Keith, der später das Land verlassen mußte und Feldmarschall Friedrichs des Großen wurde. Der Aufstand endete mit der Niederlage von Glen Shiel, englische Kriegsschiffe bombardierten Eilean Donan Castle, die Burg sank in Trümmer. Erst 1912–32 wurde sie von einem MacRae originalgetreu wiederaufgebaut. »The Road to the Isles«, die Straße zu den Hebriden, die schon Johnson und Boswell benutzten, endet in *Kyle of Lochalsh*, dem Fährhafen nach Skye.

---

1 Das bayerische »Schottenkloster« mit seinem berühmten romanischen »Schottentor« war indes eine Gründung irischer Benediktiner (»Scotus« hießen im Mittelalter auch die Iren).

Wer von Fort Augustus am Loch Linnhe entlang weiter nach Süden fährt, passiert jenen Teil der schottischen Westküste, der mit seinen Buchten, Inseln und Halbinseln der Traum aller Segler ist. *Oban* heißt der zentrale Ausflugshafen zu den Inneren Hebriden, McCaig's Tower das Wahrzeichen auf dem Hügel über der Stadt. Ein einheimischer Bankier hat diesen riesigen Rundturm mit einem Park im Innern 1897 errichtet, um die Arbeitslosen zu beschäftigen und um seiner Familie ein Denkmal zu setzen – ein viktorianisches Folly, ein schottisches Kolosseum. *Loch Etive, Loch Awe, Loch Fyne:* Lange Meeresbuchten und Seen durchziehen diese südwestliche Grafschaft der Highlands. *Argyll* ist die Heimat des Clan Campbell, ihr Stammschloß Inveray Castle. Als Archibald Duke of Argyll Mitte des 18. Jahrhunderts seine alte Burg am Loch Fyne abriß und einen Neubau plante, riß er auch gleich das Fischerdorf mit ab, weil es seinen Schönheitssinn störte, und ließ es, in angemessener Entfernung zu seinem Schloß, großzügiger als zuvor wieder aufbauen. *Inverary* war die erste geplante Stadt in Schottland, kein Zeugnis feudaler Willkür, sondern Bestandteil eines genialen Gesamtentwurfs, der Schloß und Stadt, Architektur und Landschaft umfaßte. »Sogar die Berge und der See selbst erscheinen in einer Art fürstlicher Festlichkeit«, notierte Dorothy Wordsworth bei ihrem Besuch 1803. Inverary liegt auf einer Landzunge am Loch Fyne, noch genauso wie es Robert Mylne, der Architekt des Herzogs, zwischen 1760 und 1790 baute. Von John Adam stammt das Rathaus, ebenso das heutige Argyll Arms Hotel; von Robert Mylne die klassizistische Kirche (1795) im Zentrum der breiten Hauptstraße. Eine Mauer teilt die Pfarrkirche in zwei Hälften; die eine war für englischsprachigen Gottesdienst dem Herzog und seinem Haushalt vorbehalten, die andere der Bevölkerung für gälischen Gottesdienst – zwei Sprachen, zwei Klassen.

Etwas abseits von ihrem Residenzstädtchen, in einem Landschaftsgarten an der Mündung des River Aray in den Loch Fyne liegt das Schloß der Herzöge von Argyll (Farbt. 34). Seltsam schillernd paßt sich der blau-grüne Chlorit der Mauern dem Grün der Umgebung an. Ein quadratischer Block mit runden Ecktürmen und spitzen Kegelhelmen, überragt von

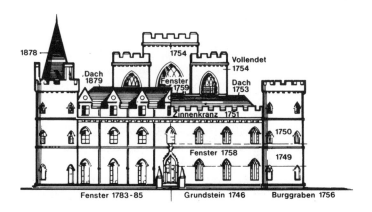

Inverary Castle,
Aufriß Südfassade:
Chronologie der
Baugeschichte

J. Clark: ›Inverary, Stadt und Schloß‹, 18. Jh.

einem massigen, zinnenbewehrten Zentralturm, der mit großen Spitzbogenfenstern über Schloß und Landschaft blickt: Dieses bizarre Kastell – Kegelhelme und Attikageschoß sind viktorianische Zutaten – entwarf der englische Architekt Roger Morris 1744 für den 3. Duke of Argyll. Wie Culzean Castle und andere gotisierende Bauten der georgianischen Zeit ist auch *Inverary Castle* eine klassizistische Komposition mit mittelalterlichen Elementen, ein pittoreskes Beispiel des Gothic Revival – früher als Horace Walpoles berühmtes Strawberry Hill (1760). Inverary Castle, von allen Burgen der Highlands die am wenigsten schottische (aber oft kopiert, zum Beispiel Taymouth Castle), verbindet Symmetrie und Exzentrik, englische Neugotik und französischen Innendekor. »Was ich hier am meisten bewundere, ist die völlige Mißachtung der Kosten«, schrieb Samuel Johnson 1773 als Gast des 5. Duke of Argyll. Der hatte eben begonnen, sein Hochlandschloß so einzurichten, als sei es ein Pariser Salon.

Sehr schottisch zunächst, sehr martialisch das Entrée, die zentrale Halle mit ihren waffenstarrenden Wänden: Gewehre, Piken und Hellebarden, zu Kreisen und Halbkreisen dekoriert, Trophäen der kriegerischen Vergangenheit, ähnlich den nur noch ornamentalen Türmen und Zinnen der Kastell-Architektur. Die Armoury Hall erstreckt sich über die ganze Höhe des Zentralturms. Sie wird von Treppen flankiert, von Galerien begleitet und von den Spitzbogenfenstern des Obergadens bekrönt – ein Meisterwerk der Lichtregie und

Raumgestaltung, inspiriert von Vanbrughs Treppenhäusern in Castle Howard und Eastbury. Aus der Rüstungshalle in den Rokokosalon, nach den Gewehren die Gobelins: Solche Kontraste gehörten zum Stil der Zeit, ebenso wie die zwischen neugotischer Architektur und klassizistischem Interieur, architektonischer Symmetrie und wilder Landschaft. Der Schotte Robert Mylne wußte sehr genau, was er seinem nach London und Paris orientierten Auftraggeber schuldig war: den neuesten, französischen Geschmack. So entwarf er 1780 die beiden prunkvollsten Räume von Inverary Castle, den Gobelin- und den Speisesaal, weniger bekannt als Robert Adams etwa gleichzeitige Arbeiten für Culzean Castle, aber kaum weniger elegant (Farbt. 35; Abb. 83). Die Wand- und Deckenornamente stammen von einem schottischen Stukkateur und zwei französischen Dekorationsmalern: von Guinand die Grisaillefiguren, von Girardy die farbigen Arabesken und Blumengirlanden. Verblüffend die Trompe l'oeil-Verbindung von Stuckreliefs und Grisaillemalerei. Die Sessel im Speisesaal wurden von Edinburgher Möbeltischlern nach französischem Vorbild angefertigt und von einem französischen Handwerker vergoldet. Die großen Beauvais-Gobelins mit ihren Pastoralen im Stil Watteaus gab der Herzog 1785 in Auftrag. Sie hängen auch zweihundert Jahre später noch am selben Platz, für den sie entworfen wurden. Eine Louis-Seize-Welt in den Highlands.

Wer waren diese schottischen Herzöge, daß sie sich solche Pracht erlauben konnten? In den Salons von Inverary Castle sehen wir sie, porträtiert von den besten Malern ihrer Zeit, von Gainsborough (Abb. 81) und Reynolds, Ramsay und Raeburn, Hoppner und Opie. Nachdem der 8. und der 9. Earl wegen Hochverrats enthauptet worden waren, unterstützte der 10. Earl den Oranier William, der ihn zum 1. Duke of Argyll ernannte. Seitdem vertraten die Argylls, wie die Sutherlands, eine englandfreundliche Politik: für die Union von 1707 und gegen die Jakobiten. »Wir waren die Macht hinter dem Thron, wir waren die inoffiziellen Könige von Schottland«, sagt Ian Campbell, 12. Duke of Argyll. Der Herzog trägt Blue Jeans, ist zweiundvierzig Jahre alt, Elektronik-Spezialist und Direktor einiger Computer-Firmen. »Ich bin entschieden gegen die Politik der Scottish National Party. In einem Europa, das sich gerade vereinigen will, können wir keinen Separatistenverein gebrauchen.« Als Konservativer im House of Lords vertritt der Duke, aufgewachsen in Frankreich, Portugal und der Schweiz, eine europäische Politik. »Unsere Familie hatte neun Jahrhunderte lang eine erfolgreiche Geschichte, auf der Seite der Sieger und der Herrscher. Wir waren ziemlich brutal«, sagt der Lord von Inverary. »Es gibt da einige Vorfälle, die ich bedaure, some diabolic mistakes. Zum Beispiel das Massaker an den Lamonts, 1646 in Dunoon: Wir räucherten sie aus wie Ratten und schlachteten sie ab, alle 350, nachdem wir ihnen freies Geleit versprochen hatten. Aber mit dem Massaker von Glen Coe hat meine Familie nichts zu tun!«

Die Dokumente der Familiengeschichte im Schloßarchiv, rund fünf Millionen Manuskripte, reichen zurück bis ins Jahr 820. Nichts dokumentiert Macht und Einfluß der Campbells besser als die offiziellen Titel des heutigen Herzogs von Argyll. Er ist, unter anderem, Marquess of Kintyre and Lorne, Viscount of Lochow, Lord of Inverary, Mull, Morven and Tiree, Master of the Royal Household in Scotland, Admiral of the Western

Coasts and Isles, Keeper of the Royal Castles of Dunstaffnage, Carrick, Tarbert and Dunoon. »Titel beeindrucken mich nicht«, sagt Ian Campbell, der sie hat, »nur auf einen bin ich stolz, und das ist mein gälischer Name: MacCailein Mór, Campbell der Große. Wenn morgen eine Revolution käme, könnte man mir alle Titel nehmen, außer diesem einen: Chief of Clan Campbell.« Bei der letzten Volkszählung des Clans, 1963, wurden in der ganzen Welt 12,5 Millionen Campbells registriert – »we are a worldwide family!« Als Mitglied einer Familie, deren Faden ich schon im 19. Jahrhundert verloren habe und deren Angehörige selten die Norddeutsche Tiefebene verließen, komme ich mir in solchen Momenten wie ein Findelkind vor. »The clan connection? Well, it's either you feel it or you don't!« Seine Geschäftsreisen verbindet der 26. Chief der Campbells immer mit dem, was er »clan business« nennt (»it's a constant PR-job«). Dabei hat er festgestellt, daß die Campbell-Suppe der Vettern in Amerika »sehr viel besser geht als meine Geschäfte«.

Hoher Erbschaftssteuern wegen mußte der Herzog kürzlich eine Hebrideninsel verkaufen, ausgerechnet Iona (siehe Seite 361 f.). Bei dem verheerenden Brand von Inverary Castle 1975 haben Campbells aus aller Welt mit Spenden in Millionenhöhe zur Rettung ihrer Stammburg beigetragen, die wohl aufwendigste Restaurierung eines Projekts dieser Größe durch einen Privatmann. Oft sitzt der Herzog nun wieder am Kiosk unter dem gußeisernen Eingangsbaldachin, der eigens für den Besuch Queen Victorias 1875 angebaut wurde, und plaudert mit den Touristen. Wer ihn nicht kennt, hält den unauffälligen Blue-Jeans-Typ leicht für einen Angestellten des Duke of Argyll.

Von Inverary führt die A 83 am Loch Fyne entlang nach Süden, auf die Halbinsel *Kintyre*, die wie ein langer Finger nach Nordirland zeigt. In diesem entlegenen Winkel von Argyll hat der Beatle Paul McCartney einen Bauernhof. Hier, zwischen grünen Hügeln und schroffen Klippen, entstand der größte Hit der britischen Pop-Musik, in mehr als zwei Millionen Platten verkauft: »Mull of Kintyre, oh mist rolling in from the sea, my desire is always to be here, oh Mull of Kintyre.«

Die Hebriden

Im Jahre 1764 besucht der schottische Schriftsteller James Boswell Voltaire und erzählt ihm von seinem Plan einer Reise zu den Hebriden: »Er sah mich an, als ob ich davon gesprochen hätte, zum Nordpol aufzubrechen, und sagte: 'Sie bestehen nicht auf meiner Begleitung?' – 'No, Sir.' – 'Dann habe ich nichts dagegen, daß Sie reisen'.« Erst neun Jahre später ist es soweit, Boswell hat den idealen Partner gefunden: Samuel Johnson, den literarischen Entertainer seiner Zeit. »I have now the pleasure of going where nobody goes, and of seeing what nobody sees«, schrieb Johnson am 6. September 1773 von der Insel Skye an seine Freundin Hester Thrale. Londons wandelndes Lexikon, vierundsechzig Jahre alt, macht mit Boswell die Reise seines Lebens (vgl. Fig. S. 2). »Schottland sehen, Madam, heißt nur, ein schlechteres England sehen. Es bedeutet, die Blüte mählich welken zu sehen bis zum bloßen Stiel. Die Hebriden sehen, heißt indes, ein ganz anderes Land sehen.« Was ist so anders an diesem Teil Schottlands, daß sogar ein Engländer und allzeit kühler Kopf wie Dr. Johnson ins Schwärmen geriet?

Wo Dr. Johnson seinen Spazierstock verlor

Hebriden: Das kommt von weither, das klingt so magisch und versunken wie Atlantis. Der Name »Hebrides« beruht indes auf einem mittelalterlichen Schreibfehler: »Hebudes« nannte sie Plinius, nach dem nordischen »Havbredey«, und das heißt: »Inseln am Rande des Meers«. Die Hebriden, auch Western Isles genannt, bestehen aus mehr als fünfhundert größeren und kleineren Inseln, von denen nur noch rund dreißig bewohnt sind. Auf einer der kleinsten, *Pabay* bei Skye, lebt eine einzige Familie, Ted und Anne Gerrard mit ihren Kindern. Man unterscheidet zwischen den Inneren Hebriden – den vorgelagerten Inseln, von Skye im Norden bis hinunter nach Islay – und den Äußeren Hebriden, die bis zu 75 Kilometer vom Festland entfernt liegen. Diese, die eigentlichen Hebriden, von Barra Head im Süden bis hinauf zum Butt of Lewis, erstrecken sich über eine Länge von rund zweihundert Kilometern: »Long Isle«, ein atlantischer Wellenbrecher vor der Nordwestküste Schottlands.

Der ständige Wind, die Stürme, die vielen Orkane haben die Inseln kahl gefegt. Erst in den letzten Jahrzehnten wird an geschützten Stellen aufgeforstet. Als Dr. Johnson auf der

Dr. Johnson und James Baswell in einem Pub auf ihrer Hebridenreise 1773

damals fast völlig baumlosen Insel *Mull* seinen Spazierstock verlor, zweifelte er, ihn von einem ehrlichen Finder zurückzubekommen: »Consider, Sir, the value of such a piece of timber here!« Von Schiffbrüchen abgesehen, war hier nichts zu holen. Ein kahles Land, ein karges Leben. Ihr Acker ernährte sie nicht, sie gingen auf Krabben-, Hummer- und Heringsfang, sie sammelten Seetang für die Kelp-Industrie[1], und sie züchteten Schafe. Die Wolle, die sie woben, wurde zum Begriff: Harris-Tweed. Aber die Armut blieb.

Die Clearances, die Zwangsumsiedlungen, trafen die Hebriden härter noch als die Highlands. Wenn Botaniker und Geologen heute *Rhum* als menschenleeres Naturschutzge-

---

1 Aus Kelp, der Asche von Seetang, gewann man seit der Mitte des 18. Jahrhunderts Kaliumsalze und Jod, u. a. zur Herstellung von Seife.

biet genießen können, so nur deshalb, weil 1826 die gesamte Bevölkerung der Insel (rund vierhundert Bauern) nach Kanada auswandern mußte. Die Macht der Landlords war damals fast unbegrenzt. Der Eigentümer von Skyes Nachbarinsel *Raasay*, George Rainy, der Mitte des 19. Jahrhunderts so viel Ackerland wie möglich in einträglichere Schafweiden umwandeln wollte, verband Agrar- und Bevölkerungspolitik, indem er jungen Leuten die Heirat untersagte – wer Kinder haben wollte, konnte ja auswandern! Sein Nachfolger, Edward Wood, vertrieb auch die Schafe, weil das Land nun als Jagdgebiet mehr Profit brachte. Als Samuel Johnson in *Raasay House* (»a good gentleman's house«) zu Gast war, 1773, hatte die Insel rund neunhundert Einwohner. Als das Highlands and Islands Development Board von dem Engländer John Green, einem »absentee landlord«, die Insel für 135 000 Pfund erwarb, 1979, hatte Raasay noch einhundertfünfzig Einwohner, und Raasay House war ruiniert. Ein trauriges, klassisches Beispiel.

Heute leben noch rund dreißigtausend Menschen auf den Hebriden, zwei Drittel weniger als vor hundert Jahren. Immer noch sinkt die Einwohnerzahl, und das Durchschnittsalter steigt. Die Arbeitslosigkeit ist hoch, fast 15 Prozent, doppelt so hoch wie im übrigen Schottland (1979). Die Jungen, die das harte Leben ihrer Väter nicht fortsetzen wollen, wandern ab aufs Festland. Die meisten kommen irgendwann einmal zurück, für einen kurzen Sommer, für die Jahre im Ruhestand, für ein Grab auf der Insel ihrer Geburt. Vor allem aber kommen die zurück, die nie hier gelebt haben, die Macdonalds und Macleans aus Amerika, Australien oder Neuseeland, deren Vorfahren irgendwann ausgewandert sind und deren Nachfahren nun das Land ihrer Sehnsucht besuchen und rechtzeitig vor Beginn der Winterstürme wieder verlassen. Nicht die Realität der Arbeit und der Armut hat das populäre Bild der Hebriden geprägt, sondern eine unwiderstehlich romantische Mischung: die grandiose Natur und die abenteuerliche Love Story von Bonnie Prince Charlie und Flora Macdonald. Sie hat einen historischen Kern und einen aktuellen, gälischen Hintergrund.

Ghàidhealach: Man spricht wieder Gälisch

Seit dem 9. Jahrhundert waren die Hebriden, ebenso wie die Orkney- und Shetland-Inseln, unter norwegischer Herrschaft. Ende des 11. Jahrhunderts verwüstete König Magnus (genannt Barfuß, weil er Kilt trug) die Hebriden und zwang Schottlands König Edgar, ihn anzuerkennen. Erst als König Haakon nach der Schlacht von Largs einen großen Teil seiner Flotte im Oktobersturm verlor, trat Norwegen die Hebriden an Schottland ab (1266). Durch Kampf und Heirat wurden die Macdonalds zum mächtigsten Clan der Inseln und ihre Führer zu »Lords of the Isles«. Ihr Hauptsitz war die Insel *Islay*, auf der Margaret Thatcher im Sommer 1979 ihre ersten Ferien als Premierministerin verlebte. Die Macdonalds regierten die Hebriden praktisch als Königreich im Königreich. Erst 1493 gelang es James IV., ihre Macht zu brechen. Ihr stolzer Titel »Lord of the Isles« bestand noch bis 1748 und wurde durch Walter Scotts gleichnamigen historischen Roman (1815) eher begraben als wiedererweckt.

Seit der Ankunft der irischen Missionare im 6. Jahrhundert und trotz der langen norwegischen Herrschaft sind die Hebriden das Land der Gälen, das Kernland des »Ghàidhealach«. Gälisch und Irisch bilden zusammen mit Manx, der Mundart der Insel Man, die eine Gruppe der keltischen Sprache; die andere besteht aus Bretonisch, Walisisch und Cornisch. »Ciamar a tha sibh an diugh?« – »How are you today?« Gälisch ist eine indogermanische und doch ganz andere Sprache als Englisch, mit einem eigenen Wortschatz und einer eigenen Syntax. Ein gälisches Wort versteht man auf der ganzen Welt: Whisky, die Kurzform von »uisge beatha«, Lebenswasser.

Gälisch ist nicht nur eine eigene Sprache, eine der nuancenreichsten in Europa, Gälisch war eine eigene Kultur. Ihre ersten schriftlichen Zeugnisse sind in den Chroniken irischer Mönche in Deutschland erhalten, in den ›Schottenkirchen‹ des 10. Jahrhunderts. Es gab eine blühende gälische Literatur. Dann kam die Reformation und mit dem neuen Glauben eine neue Sprache: Englisch. Im Kloster von Iona, der Wiege des Christentums auf den Britischen Inseln, gingen Bücher und Archive in Flammen auf. Die gälischen Barden in Schottland und Irland wurden erbarmungslos unterdrückt. Ihr eigener König, Maria Stuarts Sohn James I., dekretierte 1616 in einem Gesetz des Geheimen Staatsrats, »daß die englische Sprache allgemein verbreitet und die gälische Sprache, die eine der wichtigsten und hauptsächlichsten Ursachen für das Fortbestehen von Barbarei und Unbildung unter den Bewohnern der Inseln und der Hochlande ist, ausgerottet und abgeschafft wird«. Selbst Dr. Johnson, Literat und Lexikograf, bewies eine ungewöhnliche Ignoranz: »Es ist die rohe Sprache von barbarischen Menschen, die wenige Gedanken auszudrücken hatten und zufrieden waren, wenn man sie, selbst schwer von Begriff, in groben Zügen verstand.«

Auch William III., kaum an die Macht gekommen, setzte diese kolonialistische Bildungspolitik fort. So ließ er die Einkünfte des aufgehobenen katholischen Bistums Argyll zugunsten der protestantischen Synode dieser Grafschaft konfiszieren, um »die gälische Sprache auszurotten, englische Schulen einzurichten, und für andere fromme Zwecke«. In diesem Sinne, missionarisch und disziplinarisch, operierte auch die »Gesellschaft zur Förderung christlichen (= englischen) Wissens in Schottland«. Zwischen den Jakobiteraufständen von 1715 und 1745 hatte sie 128 Armenschulen in den Highlands und auf den Hebriden eingerichtet, in denen ausschließlich und ausdrücklich in englischer Sprache unterrichtet wurde. Angesichts dieser Maßnahmen mußte nun auch Samuel Johnson, politisch kein Freund der schottischen Sache, auf seiner Hebridenreise feststellen: »Von dem, was die Hochländer vor der jüngsten Eroberung ihres Landes besaßen, sind nur noch ihre Sprache und ihre Armut übrig. Die Sprache wird von allen Seiten angegriffen.«

Im entlegenen Norden und Westen Schottlands, vor allem auf den Hebriden, hat sich das Gälische am längsten behauptet. Queen Victorias Hochlandromantik, die der Gegend um Balmoral einen wirtschaftlichen Aufschwung bescherte, gab auch der gälischen Kultur neuen Auftrieb. So äußerte sie 1849 in einem Brief an den Staatsratspräsidenten Lord Lansdowne den Wunsch, »daß künftig im schottischen Hochland das Gälische neben dem Englischen gelehrt werden möge ... Da die Königin, was ihre loyalen und guten Hochländer angeht, sehr parteiisch ist, interessiert sie sich sehr dafür, weil dies mehr als alles andere geeignet ist, deren natürliches Wesen zu bewahren, was sie in dieser Zeit für ein großes Verdienst hält.« Aber selbst Queen Victorias Enthusiasmus konnte nicht verhindern, daß im Erziehungsgesetz von 1872 das Gälische als Unterrichtssprache verboten wurde. Erst seit 1958 wird in den Grundschulen wieder offiziell Gälisch gesprochen. Ende des 19. Jahrhunderts sprach noch knapp eine Viertel Million Schotten gälisch; der Volkszählung von 1971 zufolge waren es nur noch 88 892, weniger als zwei Prozent der Bevölkerung. Englisch war der erste Schritt zum sozialen Aufstieg, die Sprache der akademischen und politischen Oberschicht, Gälisch die Sprache der Bauern, ein Relikt der Armen, Alten, Zurückgebliebenen. Diese Einstellung hat sich in den letzten Jahren grundlegend geändert.

Man lernt wieder Gälisch, für die meisten eine Fremdsprache im eigenen Land. Am Gymnasium von Portree (Skye) können die Schüler zwischen Französisch und Gälisch wählen; in *Sabhal Mór Ostaig,* dem Gälisch-College von Skye, finden in einem umgebauten Bauernhof auf der Halbinsel Sleat seit 1973 regelmäßig Sprachkurse statt. In Sabhal Mór Ostaig gibt es auch gälische Musik- und Tanzklassen, Unterricht im Dudelsackspiel, ein gälisches Literaturfestival und einen ›Filidh‹, das Amt eines gälischen Inseldichters. Hier kann man eine der alten, noch nicht gänzlich verschwundenen Kulturen am Rande Europas kennenlernen: die Lieder der Gälen[1], die sie bei der Arbeit sangen, beim Weben, Rudern oder beim heimlichen Whiskybrennen, Lieder der Liebe, des Kampfes und der Emigration; die großen gälischen Volksdichter, deren Namen schon in England keiner mehr kennt: Duncan Bàn MacIntyre, Robert Mackay, genannt Rob Donn; und die letzten gälischen Sänger, die nun auch gestorben sind: Mary Morrison von der Insel Barra, Nan Mackinnon von Vatersay.

Das meiste ist verloren, vieles noch zu konservieren, zu aktivieren nur wenig. Sabhal Mór Ostaig, das ist die Suche nach einer Tradition, um die eigene Identität zu finden. »If you can't believe in your past you're lost«, sagt Ian Noble, der das gälische College von Skye maßgeblich gefördert hat. »Wenn man die Volkssprache wiederbeleben könnte, würde auch der alte Enthusiasmus wiederkehren. Dann hätten wir den ersten Schritt zu einem wirtschaftlichen Aufschwung in diesem Gebiet getan.« Ian Noble hat das für seinen Teil erfolgreich praktiziert: 1973 kam er nach Skye, kaufte Land, lernte Gälisch, beschäftigte nur Gälisch sprechende Schäfer, eröffnete eine Strickwarenfabrik und ein Hotel, in dem vom Menü bis zur Wetterfahne alles gälisch ist. Allerdings hatte er nicht nur Enthusiasmus, sondern auch Kapital: Ian Noble, in Berlin zur Welt und in Edinburgh zu Geld gekommen, ist einer der einflußreichsten Großgrundbesitzer von Skye.

Die Gesellschaft, die das Gälische vertritt, heißt ›An Comunn Gaidhealach‹, gegründet 1891. Von *Inverness* aus, ihrem Hauptquartier in Abertarff House, verbreitet sie gälische Literatur und Autoaufkleber (»Keep Skye bilingual«), veranstaltet Sprachkurse und, jedes Jahr an einem anderen Ort Schottlands, das ›National Mòd‹, ein gälisches Musik- und Literaturfestival, nach dem Vorbild des ›National Welsh Eisteddfod‹. Wie die Waliser

---

1 Was als ›Céilidh‹ in Pubs der Hebriden und Highlands gelegentlich noch anzutreffen, oft aber schon touristisch verwässert ist, war ursprünglich (céilidh = ein Besuch) eine Geselligkeit im Freundeskreis, wo gesungen wurde, ursprünglich ohne Instrumentalbegleitung.

kämpft auch die gälische Minderheit für eine angemessene Berücksichtigung ihrer Sprache in den Schulen, in den Medien, im öffentlichen Leben. »Wir sind nicht anti-englisch, sondern pro-gälisch. Gälisch identifiziert uns besser als jeder Tartan. Gaelic distinguishes Scotland.« In den meisten schottischen Zeitungen gibt es eine Kolumne in Gälisch; die einzige rein gälische Zeitung, ›Cruisgean‹, verlegt Reverend Ruairidh MacLeod auf North Uist. Seit 1979 haben die Äußeren Hebriden eine eigene gälische Rundfunkstation der BBC, Radio Nan Eilean in *Stornoway*. Das Fernsehen aber ist Englisch, und das hat die gälische Kultur weit wirksamer verdrängt als alle Zwangsmaßnahmen des 18. Jahrhunderts.

Sorley Maclean, der auf Gälisch Somhairle Macgill Eain heißt und als Schneiderssohn auf *Raasay* aufwuchs, gilt als bedeutendster lebender Dichter der Hebriden. Seit Jahrzehnten vertritt er als Lehrer und Schriftsteller die Sache der Gälen: »Sehr viel mehr Leute lernen heute Gälisch als je zuvor. Vielleicht hat das etwas mit einem neuen Nationalgefühl zu tun.« Durchaus, wenn man Murdo Morrison fragt, einen Mann aus Paisley, der am 12. Juni 1979 in einem Leserbrief im ›Glasgow Herald‹ schrieb: »Ich möchte, daß sich die gälischen Hebriden von dieser Satelliten-Provinz, genannt Schottland, trennen und zu einer kräftigen, unabhängigen, Gälisch sprechenden Nation entwickeln.«

Das ist nun freilich die Meinung einer Hebriden-Minderheit innerhalb der gälischen Minderheit der schottischen Minderheit in Großbritannien. Auf Orkney und Shetland hatte die Scottish National Party nie eine Chance; auf den Äußeren Hebriden stellt die SNP auch nach ihrem Debakel bei den letzten Wahlen noch einen eigenen Abgeordneten.[1] Und in den Stadträten der Inseln werden zunehmend Reden in gälischer Sprache gehalten.

Vielleicht das Paradies

Nach gälischer Überlieferung war Gälisch die Sprache des Paradieses. Eine schöne, ursprüngliche Sprache, die Einheimischen beherrschten sie, Fremde gab es nicht im Paradies: Soweit stimmt die Geschichte. Auch formt sich jedes Land das Paradies nach seinem Bilde: Warum also nicht die Hebriden? Daß inzwischen allerorten das Wetter umgeschlagen ist, wissen wir, und daß im Paradies immer die Sonne schien, ist keine biblische, sondern eine touristische Vorstellung. Der sintflutartige Regen, von dem diese Inseln so nachhaltig heimgesucht werden, unterstützt eher die Paradies-Theorie der Gälen: Wo tüchtig gesündigt wurde, muß es auch tüchtig regnen. Und wenn wir schon den Gedanken der Strafe ins Auge fassen: Deutet nicht auch das Übermaß an Schweiß und Tränen, die fortgesetzte Vertreibung auf ein verlorenes Paradies?

Kreuz- und Quer-Gedanken auf den langen Fährenfahrten zwischen den Hebriden. Wo die Ferne so fern ist und die Nähe so steinig; wo überall nichts ist außer Wasser, Wolken und Wind: Da sind die Orte der Utopie, da ist der Gedanke ans Paradies ganz natürlich. Dies

---

1 Erst 1975 wurden die Äußeren Hebriden ein eigenes County. Die Inneren Hebriden gehören zu den gegenüberliegenden Regierungsbezirken des Festlandes.

Feuer hat hier schon gebrannt, bevor die Missionare von Irland kamen, und die Glut ist bis heute nicht erloschen. John Knox hat sie auf eine Weise geschürt, daß man frieren muß, sonntags auf den Hebriden. Wenn es landschaftliche Dispositionen für bestimmte Formen der Religion gibt, so waren diese Eiszeitfelsen geradezu prädestiniert für den Kalvinismus. Aber die Gälen, dieses fröhliche, saftige Volk: Was haben sie mit dem heiligen Strohsack John Knox zu schaffen und mit seiner freudlosen Lehre? Mich wundert, daß sie so fröhlich sind, immer noch.

Mag der gälische Paradiesgedanke so entlegen sein wie die Hebriden selbst, er hat seine Spuren hinterlassen bis heute. Nicht ohne Grund taucht schon in frühen Reiseberichten die Metapher von den »verlorenen Kindern eines Goldenen Zeitalters« auf, wie Martin Martin 1695 die Bewohner von *St. Kilda* nannte, der einsamsten dieser einsamen Inseln. »The hospitality of this remote region is like that of the golden age«, lobte Samuel Johnson, und das gilt noch heute. Obwohl sie die Härte des Hebriden-Lebens sahen und realistisch beschrieben, fühlten sich die Besucher in einer anderen, besseren Welt. »Wir glauben wirklich«, so der Schriftsteller Anderson Smith 1870 auf Lewis, »daß es eine glücklichere Art von Menschen, ein Volk, das weniger an morgen und mehr an den Genuß der Gegenwart denkt, nicht gibt.« Paradoxes Glück jenseits von Besitz und Sicherheit. Carpe diem, wer weiß, ob der Sturm nicht morgen die Netze zerreißt.

Man hat hier noch Zeit für einander, viel Zeit. Nachbarschaft zählt und Geselligkeit, Solidarität statt Konkurrenz. Man ist hilfsbereit und freundlich zu Fremden, in einem ungewohnten Maß. Das alles spürte auch der amerikanische Dichter Archibald MacLeish, als er vor einigen Jahren die Äußeren Hebriden besuchte: »Wenn wir unser Leben zurückgewinnen wollen, müssen wir unser Gemeinschaftsgefühl wiedergewinnen; und wie sollen wir unser Gemeinschaftsgefühl wiedergewinnen, wenn wir nicht ein Beispiel haben, das uns zeigt, was eine Gesellschaft in humanen Begriffen sein könnte. Das einzige Beispiel, das ich in diesem Jahrhundert gesehen habe, ist hier auf diesen Inseln.«

Sie zu bereisen, ist heute kaum noch ein Problem. »Except Sundays«. Sonntags können Sie die Äußeren Hebriden nicht verlassen und nicht erreichen, weder mit der Fähre noch mit dem Flugzeug: Sabbat, am siebten Tage sollst du ruhn. Möge Reverend Angus Smith den Inseln diesen Rest von Unerreichbarkeit erhalten! Im Kampf für den geheiligten Sonntag wurde der Pfarrer von *Skeabost* (Lewis) ein Begriff: 1965 protestierte er gegen die erste Fähre, die an einem Sonntag zwischen dem Festland und Skye verkehren sollte, indem er sich buchstäblich querlegte, mitten auf den Kai – vergebens. Die Sonntagsblockade der Äußeren Hebriden indes hält an. Dieser Umstand ist vorzüglich geeignet, um Dr. Johnsons Tagebuchnotiz vom 8. Oktober 1773 voll auszukosten: »I want to be on the mainland, and go on with existence. This is a waste of life«, zürnte der Doktor, als er auf der Insel *Coll* festsaß (allerdings weil Sturm herrschte, nicht Sonntagsruhe).

Aber Respekt, Dr. Johnson, Respekt: Schwerhörig, erkältet, mit Rheuma in den Knien, zu Melancholie und Bequemlichkeit neigend, in einem Alter, wo andere heute nur noch nach Mallorca fliegen, da ritt und wanderte der Vierundsechzigjährige durch die Hebriden. Im 18. Jahrhundert gab es zum Beispiel auf Skye noch keine Straßen; zu rudern oder zu segeln war allemal schneller, wenn auch nicht immer sicherer, als übers Moor zu gehen. Weit jünger als Dr. Johnson und Jahre nach ihm, schilderte der neunzehnjährige John Spencer-Stanhope seiner Mutter die Strapazen einer Hebridenreise Anno 1806: »Sprich mir nicht von schlechten Straßen! Was weiß der vom Reisen, der nie Hunger, Kälte und Schlaflosigkeit kannte, nie wirklich in Lebensgefahr schwebte in Sümpfen, Wolkenbrüchen und durch andere Unbilden der Witterung. So ist die Reise zu den Hebriden, und nur Abgehärtete sollten sie unternehmen.«

Skye

»The Road to the Isles«, die Straße zu den Inseln endet so grandios, wie sie begann, in *Kyle of Lochalsh,* an der Spitze der Halbinsel *Balmacara.* Vor uns die schroffen, kahlen Berge von Skye, nur durch eine schmale Meerenge vom Festland getrennt. Fünf Minuten braucht die Autofähre über den Isthmus von *Kyle Akin,* der »Straße Haakons«, der hier 1263 mit seiner Flotte ankerte. »Over the Sea to Skye«, das ist die kurze Fahrt zu einer langen Geschichte. Ein mythischer Augenblick, zu fünf Fährminuten geschrumpft. Schon geraten wir zwischen Scylla und Charybdis.

Als Odysseus auf seiner Irrfahrt »des tiefen Stroms Okeanos Ende« erreichte, kam er nach Schottland, ins Land der Kymrer, der »Kimmerer« Homers. Daß der Forscher Hans Steuerwald bei seinem nicht weniger abenteuerlichen Versuch, den Mythos zu lokalisieren, in der Meerenge von Skye eine weitere Station einlegt, wer wollte ihm das verdenken.[1] Diese Landschaft sucht Fabelwesen und Helden, Odysseus was here, und nicht in der Straße von Messina, sondern in der Meerenge von *Kyle Rhea* lauert die »männermordende Scylla«, das poetische Pendant zum touristischen Ungeheuer von Loch Ness. Die tief ins Urgestein eingeschnittene Meerenge von Kyle Rhea, an der engsten Stelle nur 420 Meter breit, ist bei den Fischern berüchtigt wegen ihrer tückischen Strudel und Strömungen. Wo, wenn nicht hier, haust auch die »gewaltig einschlürfende und ausspeiende Charybdis«, mit einem Tidenhub von viereinhalb Metern.

Auch meteorologisch paßt Skye nebulös in eine schottische Odyssee. Von einer der hohen Bergspitzen im Land der Scylla heißt es, im zwölften Gesang: »... eine Wolke umgibt sie, eine dunkle. Diese weicht niemals, und niemals umfängt Himmelsheitre ihr Haupt.« Skuyö, Wolkeninsel, nannten die Wikinger Skye. Eilean à Cheo, Nebelinsel, lautet die populäre gälische Version.[2] Dazu der Wetterbericht des Schriftstellers Alexander Smith, der im Sommer 1862 vier Wochen auf Skye verlebte: »Während dieser Zeit hatte ich nur vier Tage streckenweise Regen – die restlichen siebenundzwanzig Tage regnete es ununterbrochen.«

---

1   Nachdem er zuvor die seit 1901 unbewohnten *Shiant Islands,* zwischen der Westküste und den Äußeren Hebriden, zur Insel der Sirenen erklärt hatte.

2   Anschaulich auch die etymologische Anspielung auf die sechs großen Halbinseln von Skye: Eilean Sgiathanach, ›Geflügelte Insel‹

Aber Alexander Smith gewann dem notorischen Regenwetter von Skye besondere Reize ab: »Ich sah gewisse Wirkungen von Wind und Regen und Lichtstrahlen, die, wäre ich ein Maler und fähig sie wiederzugeben, die Kritiker der nächsten Ausstellung der Royal Society in Erstaunen versetzen würden.« Skye und die Äußeren Hebriden liegen auf demselben Breitengrad wie Labrador, aber sie haben, dem Golfstrom sei Dank, ein gemäßigtes Klima: verhältnismäßig milde Winter, lange Winternächte und eine norwegische Mitsommernacht. Im übrigen gilt die Wetterregel der Hebriden: »Five seasons a day!«

Die Macdonalds: Herren der Inseln und der Imbißstuben

Skye, die nasse Insel. Die Sonne scheint, und zwischen den Heidebüscheln blinken die Granitfelsen, als habe die Bank of Scotland hier ihre Tenpence hinterlegt. Das Wasser im Hotel kommt wie Tee aus der Leitung, braun vom Torf. Auch der Talisker, der berühmte Malt-Whisky von Skye, verdankt sein Aroma dem Torf, der zum Trocknen des Malzes benutzt wird. Zwei Schafhirten hatten 1830 damit begonnen, aus dem Gebirgsbach Talisker, dem Torf der umliegenden Hügel und vererbter Brennerei-Begabung das Beste zu machen: Talisker Whisky.

Nächst Regen und Whisky spielt auf Skye die Rangordnung der Clans eine Rolle. »An erster Stelle stehen immer noch die Macdonalds, dann kommen die MacLeods und dann die Mackinnons«, erläutert mir Lachie Mackinnon in der Bar des Kinloch Lodge Hotel. Das steht einsam zwischen Moor und Meer, ein ehemaliges Jagdhäuschen auf der Halbinsel *Sleat*. Im grünkarierten Kilt seines Clans serviert der Herr des Hauses, Lord Macdonald aus dem Geschlecht der Lords of the Isles. Bei seinem Vorfahren Sir Alexander in Armadale hatten Johnson und Boswell »an illdressed dinner«, eine Bemerkung, die sich die Familie zu Herzen nahm. Heute ist das Kinloch Lodge das beste Restaurant von Skye. Der junge Godfrey James Macdonald of Macdonald ist Chef des Clan Donald, des wahrscheinlich ältesten und größten aller Clans. Seine Sippe, weltweit verbreitet, hat so viele Mitglieder wie Schottland Einwohner: rund fünf Millionen. Natürlich kennt Sir Godfrey nicht jeden Macdonald persönlich. Doch will er jeden durch das Clan Donald Centre ansprechen, eine Art Familienbildungsstätte mit Ahnentafeln und Clan-Souvenirs. Das Stammhaus *Armadale Castle* aber, 1815 von Gillespie Graham neu erbaut, liegt in Ruinen, ebenso der alte Familiensitz *Duntulm Castle*. »Wir sind der einzige Clan, der sein Land gemeinschaftlich besitzt«, sagt Lord Macdonald, »wir kehren also zu dem alten System zurück.« Vor hundert Jahren besaßen die Macdonalds auf Skye noch 480 000 Hektar, heute sind es nur noch 160 000. Über den Ruhm der alten Lords of the Isles hat sich längst der Bratenduft der Imbißstuben-McDonalds aus der Neuen Welt gebreitet.

Am anderen Ende der Insel, hinter drei Meter dicken Burgmauern, leben die einstigen Intimfeinde der Macdonalds, die MacLeods of MacLeod. Ihr Stammsitz *Dunvegan Castle* (15.–19. Jh.), romantisch an einer Meeresbucht gelegen, wirkte auf Dr. Johnson in der Einöde von Skye so überraschend, »als sei es an allen vier Seiten vom Himmel heruntergelassen, damit ein Herrscher in ihm wohne«. Aber schon damals hatten die MacLeods nichts mehr zu bestellen außer ihrem kargen Land. Dreimal machte die Familie seit 1745 bankrott. Darum sind auch keine kostbaren Möbel und Gemälde mehr zu besichtigen, aber immerhin noch Schwert und Trinkhorn des Haudegens Rory Mor und »Fairy Flag«, die Zauberfahne. Der jetzige Hausherr und 29. Chef des Clans, John MacLeod, hat sich als Sänger und Schauspieler einen Namen gemacht.

Künstler und Hotelier: So friedlich wie ihre heutigen Häuptlinge lebten die beiden führenden Clans der Hebriden nicht immer. Führend waren sie ja unter anderem durch ihre Grausamkeit. Im Winter 1577 landeten die MacLeods von Skye zu einer Strafaktion auf *Eigg*.[1] Die gesamte Bevölkerung der Insel, 395 Macdonalds suchten Zuflucht in einer Höhle, wo die MacLeods sie bis auf den letzten Mann zu Tode räucherten. Unter diesen Umständen war nicht zu erwarten, daß sich die Macdonalds im Mai 1579 an die Sonntagsruhe halten würden. Sie umstellten die Kirche von *Trumpan* auf der Halbinsel Vaternish, wo sich die MacLeods der Umgebung zum Gottesdienst versammelt hatten, und verbrannten sie bei lebendigem Leibe. Den »lament«, den Trauermarsch für die toten MacLeods aber komponierte ein MacCrimmon, und er blies ihn auf dem Dudelsack.

Die MacCrimmons: Eine Karriere aus dem Geist des Dudelsacks

Es ist kein Zufall, daß der Schauplatz des Clan-Massakers und die klassische Schule der Dudelsackpfeifer dicht beieinander liegen auf derselben Insel. Von der Ruine der Trumpan Church führt die Straße um Loch Dunvegan herum nach *Boreraig*, einem Dorf fast an der Spitze der Halbinsel Duirinish. Hier, ein Cairn erinnert daran, war das Piping College der MacCrimmons. Diese Familie verfügte offenbar in besonderem Maße über die drei elementaren Voraussetzungen des Dudelsackpfeifers: eine gute Lunge, Fingerfertigkeit und eine angeborene Leidenschaft für schrille Töne. So bestellten die MacLeods of MacLeod die MacCrimmons of Duirinish zu ihren offiziellen Dudelsackpfeifern; ein Ehrenamt, das erblich war. Durch diese Auszeichnung wurde ihre Tätigkeit, an sich schon unüberhörbar, im ganzen Land bekannt. Bald schickten auch die Führer entlegener Highland-Clans ihren musikalischen Nachwuchs nach Skye, in die Schule der MacCrimmons. Da ihre Hütte zu klein war und die Töne, zumal die ungeübten, nicht jederman zuzumuten, zogen Lehrer und Schüler ins Freie, in eine Mulde in den Klippen von Boreraig. So begann, um 1500, das Piping College der MacCrimmons, eine Art Sommerakademie der Sackpfeife. Sieben Jahre dauerte ein volles Studium. Wer Meisterpfeifer werden wollte, mußte rund 300 Melodien auswendig spielen können: »pibrochs«, die kriegerischen Märsche der Clans; »laments«, die Totenklagen für die gefallenen Helden; »reels«, die Tanzmusik der Highlands.

---

1 Seit 1974 gehört das Eiland Keith Schellenberg, einem Mann, der im Bentley die Sahara durchquerte und in Generaluniform Kaiser Wilhelms Yacht durch einen Nordseesturm steuerte.

Da sie oft tanzten, noch öfter kämpften und meistens verloren, darum mischen sich Blut und Tränen in der Geschichte der Clans so unverwechselbar mit dem Klang des Dudelsacks. Und da ihnen in Ausübung ihres martialischen und musikalischen Temperaments Schottland zu klein wurde, marschierte schon im Dreißigjährigen Krieg in der Armee Gustav Adolphs von Schweden Sir Donald Mackay mit zweitausend Schotten; von seinen 36 Dudelsackpfeifern überlebte den Feldzug nur einer. 1690, im Jahr nach Killiecrankie, blies ein Hochländer in einem Gefecht mit den Rotröcken stundenlang ohne Pause den Dudelsack, um seine ermattenden Kameraden anzufeuern, bis er selber fiel. The Piper's Stone in den Hügeln von *Cromdale* erinnert an dieses musikalische Opfer. Da die Engländer selbst nach dem Sieg von Culloden die Fortsetzung des Widerstands aus dem Geist des Dudelsacks fürchteten, verboten sie die gefährliche Waffe. Es herrschte Ruhe im Land. Nach 1755 erhielten auch die MacCrimmons auf Skye Berufsverbot.

Aber der Dudelsack ist ein wahrer Wechselbalg; wenn man ihn preßt, jault er am lautesten. Als die ersten Highland-Regimenter ausgehoben wurden und die Schotten die Kolonien der Engländer verteidigten, da nahmen die Pfeffersäcke aus dem Süden auch den Dudelsack wieder in Kauf. Seit der Auswanderungswelle im 19. Jahrhundert ist sein Klageton Erkennungssignal des schottischen Heimwehs in aller Welt. Im »New Zealand Scottish Regiment Pipes and Drums« in Auckland spielt selbstverständlich auch ein MacLeod, Sohn einer Emigrantenfamilie aus Skye. Als Fortsetzung der Schule von Boreraig betrachtet sich das 1945 gegründete College of Piping in Glasgow. »Heute gibt es mehr Dudelsackpfeifer in mehr Ländern als je zuvor«, sagt Seumas MacNeill, Direktor der Schule, die Sommerkurse sogar in Amerika und Kanada veranstaltet. So beliebt sind diese Kurse, daß ein Landarzt in Montana/USA ein Schild in seiner Praxis anbrachte: Vom Geschlechtsverkehr im Oktober sei abzuraten, da er im darauffolgenden Juli einen Dudelsackpfeiferkurs besuche und die Praxis schließe.

Die Renaissance des Dudelsacks erklärt ein Schüler des College of Piping so: »Du kannst ausspannen dabei, völlig abschalten. Es ist unmöglich, beim Dudelsackspielen das Telefon zu hören.« Inzwischen hat sich eine kleine Spezialindustrie auf den Massenbedarf eingestellt. Nach wie vor besteht der Dudelsack aus imprägniertem Schafsleder, die Pfeifen aus afrikanischem Hartholz. Die weißen Schmuckringe, ursprünglich aus Elfenbein, sind heute meist aus Plastik, made in Germany. Für Herzkranke, Lungenschwache und kaledonische Kilt-Rocker gibt es seit 1978, dank John MacCinnon, den elektronischen Dudelsack. Schottlands lautester Exportartikel ist indes weder eine schottische Erfindung noch eine rein schottische Eigenart. Der Dudelsack war ein uraltes Blasinstrument nahöstlicher Hirtenvölker, auch die Bretonen spielen ihn, und das größte Dudelsackmuseum liegt nicht in Schottland, sondern in England, in Newcastle upon Tyne.

Als der Maler und Hebriden-Liebhaber Manfred Bluth 1976 in Berlin seinen 50. Geburtstag feierte, ließ er eigens einen Dudelsackpfeifer von der Insel Jura kommen und zum Tanz aufspielen. Was dem deutschen Künstler eine schöne Ausnahme bedeutet, gehört im Haushalt des Duke of Argyll noch heute zur täglichen Regel. Frühmorgens spielt des Herzogs Dudelsackpfeifer Ronald McCallum, Ex-Pipe Major der Royal Army, eine

Viertelstunde unter den Fenstern von Inverary Castle. Wer je vom ungleich melodischeren Krähen des Hahnes geweckt wurde, weiß, was das bedeutet. Eine gänzlich unschottische Einstellung zu diesem Zeremoniell äußert Dougal Campbell of Inverary, fiktiver Vorfahre des heutigen Duke of Argyll, in Smolletts Roman ›Humphry Clinker‹: Er hatte »eine unüberwindliche Antipathie gegen den Ton der hochländischen Sackpfeife, welche stark durch die Nase singt, sehr widrig heult und einem, auch nicht einmal zartgewöhnten Ohre, völlig unausstehlich ist, wenn er durch den Widerhall eines gewölbten Vorplatzes noch verstärkt wird«. Vergebens bat der Herzog seinen Dudelsackpfeifer, vom erblich verbrieften musikalischen Morgengruß abzulassen: »Es half alles nichts. Herr Campbell, der sich die Sache gefallen lassen mußte, wie sie war, ist froh, daß er seine Ohren mit Baumwolle verstopfen, seinen Kopf mit drei oder vier Nachtmützen beschützen und alle Morgen in das entlegenste Zimmer seiner Wohnung fliehen kann, um dieser täglichen Plage zu entgehen.«

Meine eigenen Beziehungen zum Dudelsack sind, wie dessen Töne, eher gebrochener Natur (Abb. 84). Seitdem ich einmal in Edinburgh in eine Gruppe dudelsackblasender Festivalschotten geriet, hatte das Instrument auf mich jahrelang eine unwiderstehliche Wirkung: Ich lief davon. Anders in Nordirland, 1975, mitten im Bürgerkrieg: Beim Begräbnis eines von der IRA erschossenen Protestanten im County Armagh habe ich erlebt, zu welchem Ausdruck Dudelsackmusik fähig ist. Im übrigen halte ich es mit Lachie Mackinnon von der Insel Skye: »I hear it best from a distance«, ich höre es am liebsten von weitem. Darum habe ich es auch nicht lange im Piping Centre in Boreraig ausgehalten, einem kleinen Museum am historischen Ort. Ist Dudelsackmusik in geschlossenen Räumen schon problematisch, wie kläglich aber klingt's vom Kassettenrecorder! Vielleicht zieht ja der Hausherr, Hugh MacCrimmon, noch Zoologieprofessor in Kanada, nach seiner Pensionierung wieder mit dem Dudelsack hinaus auf die Klippen von Boreraig.[1]

Die Cuillins: Felsen für Künstler, Kletterer und Kletterkünstler

Over the Sea to Skye: Man fährt nicht nach Skye der alten Clan-Geschichten wegen, auch nicht für ein paar Echos des Dudelsacks. Beides liegt am Weg, ins Auge aber fällt etwas anderes: eine grandiose Natur, ein Moorland mit bizarren Bergen. Jeder von ihnen hat seine Geschichte, keiner eine so schöne wie *Healaval Bheag,* der Tafelberg auf der Halbinsel Duirinish. Alasdair MacLeod war zu Gast in Holyrood Palace, Anfang des 16. Jahrhunderts. Da spottete ein Earl der Lowlands, auf Skye gäbe es wohl keinen Saal, der so weiträumig wäre wie dieser, mit einer so hohen Decke, einer so reichen Tafel und so glänzenden Kandelabern. Doch, sagte MacLeod, und schöner als dieser. Wochen später reiste der Earl nach Skye. MacLeod führte seinen Gast auf den Healaval Bheag. Das grüne

---

1 Grabschrift eines Dudelsackpfeifers des 18. Jahrhunderts auf dem Friedhof von *Kilmuir:* »Here lye the remains of Charles MacKarter whose fame as an honest man and remarkable piper will survive this generation for his manners were easy & regular as his music…« Charles MacKarter bezog um 1726 als Dudelsackspieler bei Lord Macdonald ein jährliches Gehalt von rund 66 Pfund.

William Daniell: ›Loch Coruisk‹, 1819

Plateau des Tafelbergs war mit Speisen und Wein bedeckt, ringsum an den Felsrändern standen Männer mit Fackeln. Als das Bankett endete, nach Mitternacht, zeigte MacLeod in den Sternenhimmel: »Sie werden mit mir übereinstimmen, Sir, daß mein Dach luftiger ist als das von Holyrood, daß diese Tafel größer ist als jede andere in den Städten, und daß meine Gefolgsleute prächtiger sind als Kandelaber!«

Nicht »MacLeod's Table«, sondern die wilde Bergkette der *Cuillins* gilt indes bis heute als Inbegriff von Skye. Ihre gezackte Silhouette sei »wie von einer Hand gezeichnet, die von Entsetzen oder Wahnsinn geschüttelt ist«, schrieb Alexander Smith mit viktorianischer Emphase. Die Cuillins sind von jedem Punkt der Insel aus zu sehen, vorausgesetzt, es ist überhaupt etwas zu sehen. Gipfel, die meist hinter Wolken liegen, Berge, die so unmittelbar dem Meer entsteigen, erscheinen größer als sie wirklich sind (rund 900 Meter hoch). Black Cuillins: Die Basaltlava, die hier vor siebzig Millionen Jahren erkaltete und dann, vergleichsweise kürzlich, von der Eiszeit ihren letzten Schliff erhielt, die Schwarzen Cuillins gehören zu den berühmten Bergsteigerrevieren Europas. *Sligachan* heißt das Wirtshaus der Wanderer, *Glen Brittle* das Zentrum der Kletterer und *Sgurr Alasdair* der höchste Gipfel der Cuillins. Maler und Dichter aber zog es zum *Loch Coruisk*.

Ein tiefer, dunkler Gletschersee, rings von den Felsen der Cuillins umschlossen. Ein Gebirgssee, der am leichtesten vom Meer her zugänglich ist, mit einem Boot von *Elgol* am

Loch Scavaig. Im Sommer 1814 ließ sich Walter Scott hinausrudern in die äußerste Einsamkeit: »Nie sah ich einen Ort mit weniger Anzeichen irgendeiner Vegetation. Das Auge ruhte auf nichts als braunem, nacktem Fels, und die Klippen, auf denen wir am See entlanggingen, waren so kahl wie das Pflaster von Cheapside.« Eher indigniert von soviel nackter Natur zeigte sich Dr. Johnson beim Anblick der Cuillins: »Ein Auge, gewöhnt an blühende Weiden und wogende Kornfelder, ist überrascht und abgestoßen von diesem Ausmaß hoffnungsloser Unfruchtbarkeit. Das Aussehen ist das einer Sache, die zu keiner Form und keinem Nutzen taugt, von der Natur aus ihrer Acht entlassen und ihrer Gunst enthoben.«

Was der Rationalist Johnson als öde, ungehobelte Natur ablehnte, gefiel den Romantikern als Inbegriff wilder, ungezähmter Ursprünglichkeit. Und es gefiel bald auch den ersten Abenteuer-Reisenden, nachdem Walter Scott in den kahlen Kulissen der Cuillins die ›Lords of the Isles‹ hatte auftreten lassen. Das machte die Einsamkeit des Wanderers vollends romantisch: Man war allein, in einer heroischen Landschaft und in gehobener Gesellschaft. Was heute Fernseh-Expeditionen dem Publikum erschließen, leisteten damals die Künstler. Spätestens seit William Turner den See 1831 besuchte und zur Illustration von Scotts Roman malte, war Loch Coruisk kein Geheimtip mehr. Turner wählte einen fast imaginären Blickpunkt in schwindelnder Höhe über dem Südostende des Sees. Wie riesige Wogen schlagen die Berge über dem See zusammen, ein elementarer Wirbel von Felsen, Licht und Nebelfetzen. Sie, die Natur, ist »Herr der Inseln«, und Turners Aquarell eine Vision der Landschaft, die über die Illustration einer Geschichte weit hinausgeht. »Ich fand keine Szenerie in der Schweiz so geeignet für Bilder wie diesen Teil Großbritanniens«, schrieb Sidney Cooper und empfahl den Landschaftsmalern vor allem den Weg nach Sligachan. So wurden die Cuillins auch für viktorianische Maler ein Magnet, und die pittoresken Motive zum Auslöser für die malerischen Ferienfotos von heute.

Die Cuillins sind indes nicht die einzigen Felsformationen von Skye, und die Künstler und Kletterer waren nicht die einzigen, die von ihnen angelockt wurden. Auch die Geologen kamen, sahen und staunten. Zunächst, weil sich auf Skye offenbar die Freaks der geologischen Vorzeit zu einem Open-Air-Spektakel versammelt haben: »*The Old Man of Storr*«, der bizarre, fast fünfzig Meter hohe Basaltmonolith nördlich von Loch Leathan (Abb. 95); der »*Kilt Rock*«, die tartangemusterten Klippen der Ostküste; vor allem aber, im Norden von Trotternish, der *Quiraing* mit seinen phantastisch geformten Säulen, Türmen und Tischen aus Basalt. Was da für jedermann sichtbar so spektakulär zutage tritt, sind für den Geologen nur die Pointen einer Erdgeschichte, die sich selten so geschlossen auf engstem Raum ablesen läßt wie auf Skye: vom Tertiär, dem rund siebzig Millionen Jahre alten Basalt und Granit der Cuillins, über die Jura-Ablagerungen der Nord- und Ostküste, einhundertfünfzig Millionen Jahre alt, bis zurück zum Torridonian-Sandstein und Lewis-Gneis, dem Urgestein der Halbinsel Sleat und der Äußeren Hebriden, das sich vor rund dreihundert Millionen Jahren bildete.

Mitte der fünfziger Jahre des 19. Jahrhunderts besuchte der Geologe Sir Archibald Geikie die Insel Skye. Er beobachtete nicht nur die Steine: »Eines Nachmittags, als ich von meinem

Ausflug zurückkehrte, erreichte ein seltsam klagender Ton mein Ohr. Von der Spitze eines Hügels auf der Südseite des Tals konnte ich sehen, wie sich eine lange, ungeordnete Prozession den Weg entlangschlängelte, der von *Suishnish* nach Norden führte ... Alte Männer und Frauen waren darunter, zu schwach zum Laufen, die auf Karren transportiert wurden. Die jüngeren Mitglieder der Gemeinschaft waren zu Fuß und trugen Bündel mit Kleidern und Haushaltsgerät, während die Kinder mit verängstigten Blicken nebenhergingen ... Ein Schrei des Schmerzes stieg zum Himmel, und der lange Klageton wurde wie ein Begräbnischoral aufgenommen, und als der letzte der Auswanderer hinter dem Hügel verschwunden war, schien der Klang durch das ganze weite Tal von Strath widerzuhallen in einem einzigen langen Ton der Verlassenheit.« Emigranten auf dem Weg zur Küste, um nach Kanada verschifft zu werden: Archibald Geikie war Augenzeuge der Clearances geworden. Wo die Auswanderer lebten, in Suishnish, stößt der Wanderer heute auf die überwachsenen Mauerreste ihrer Hütten. Der »Canadian Boat Song« wurde eines der berühmtesten Auswandererlieder:

From the lone shieling in the misty island
Mountains divide us, and the waste of seas –
Yet still the blood is strong, the heart is Highland
And we in dreams behold the Hebrides.

Suishnish gegenüber, an der Ostküste von Skye, liegt *The Braes,* Schauplatz eines folgenreichen Bauernaufstandes. Als 1882 die hungernden Crofter von Braes sich weigerten, ihre Pacht zu zahlen, schickte die Regierung ein Kanonenboot. »The Battle of the Braes«, der Zusammenstoß Glasgower Polizisten mit den Hebridenbauern, führte zur Einsetzung einer parlamentarischen Untersuchungskommission. Die Napier Commission von 1884 sprach erstmals offiziell von einem »Zustand des Elends, der Ungerechtigkeit und langer, geduldig ertragener Leiden, ohne Parallele in der Geschichte unseres Landes«. Zwei Jahre später trat ein Gesetz in Kraft, das den Pächtern größere Rechte gegenüber den Gutsherren garantierte, ohne die Schwierigkeiten der Landwirtschaft zu beheben.

Die Auswanderung, wenngleich nicht mehr so dramatisch wie damals, geht weiter. Lebten 1841 rund 23000 Menschen auf Skye, so waren es 1924 nur noch 13000; heute sind es knapp 8000.[1] Einige freilich, zivilisationsmüde, naturhungrig, wandern ein. Zum Beispiel die Lehrerin Christel Gaus: Vor Jahren kehrte sie dem Ruhrgebiet und dem Schulstress den Rücken, heute unterrichtet sie in Portree Deutsch und lernt Gälisch, sticht ihren Torf und schert ihre Schafe wie die Einheimischen. Oder die Weberin Eva Lambert aus Dresden: Seit 1971 lebt sie auf der Halbinsel *Vaternish* und entwickelt aus alten Webtraditionen eine neue, faszinierende Kunst der Tapisserie. Das dunkle Grün und Braun des Moors, der blühende Purpur der Heide, das Grau der Wolken und die weiße Gischt der Brandung: Die Farben ihrer Teppiche sind die Farben von Skye.

---

1 In den letzten hundert Jahren sind rund zwei Millionen Schotten ausgewandert – fast sechzehnmal mehr als im selben Zeitraum Engländer und Waliser aus ihren Heimatländern.

Der Prinz und das Mädchen: Flora Macdonald

Ihr Porträt hängt in der Nationalgalerie in Edinburgh, ihre Statue steht vor der Burg von Inverness, ihr Name in jedem Baedeker. Und wäre Friedrich Schiller nicht jener anderen schottischen Heldin verfallen, dann hätten wir in der Schule nicht ›Maria Stuart‹ gelesen, sondern ›Flora Macdonald‹. Jene war eine Stuart-Königin, die nicht zu retten war, diese rettete einen ungekrönten Stuart, und so dramatisch diese Rettung war, ein Drama wäre erst daraus geworden, wenn etwas schief gegangen wäre: Wenn die Heldin wegen Hochverrats auf dem Schafott und nicht hochverehrt im Bett gestorben wäre, oder wenn der Held sich zwischen Liebe und Krone hätte entscheiden müssen. Aber Bonnie Prince Charlie entkam zu Schiff nach Frankreich, von Liebe keine Spur, und im Exil verlor sich sein Griff nach der Krone im Brandy und unter den Röcken der Mätressen. Und Flora? Aus der jugendlichen Heldin wurde eine Hausfrau, Mrs. Macdonald heiratete, bekam sieben Kinder und ein Grab in der Heimat: Requiescat in pace.

Auch die Volksseele, dieses unerschöpfliche Autorenkollektiv, muß sehr bald gespürt haben, daß hier ein Regiefehler der Geschichte vorlag. Da half nur die Legende. Denn ein geflohener Prinz, der alt und fett wird im Exil, ist für sein Volk kein erhebender Anblick,

Richard Wilson: ›Flora Macdonald‹,
nach Allan Ramsay

und eine Heldin, die häuslich wird, nur noch erbaulich. Darum mußte Flora ewig jung bleiben und Charlie ihr Prince for ever. Darum konzentrierte sich alle Erinnerung, alle Phantasie auf die zwölf Tage, die sie zusammen waren, der Prinz und das Mädchen. Aber was keine Tragödie sein konnte, durfte auch keine Bettgeschichte werden. Es war eine puritanische Romanze, ihr Schauplatz die Insel Skye.

Nach der Niederlage von Culloden im April 1746 war Prinz Charles Edward Stuart auf der Flucht. Mehr als fünf Monate lang verfolgten ihn die Engländer: durch die Highlands und auf die Hebriden, von Insel zu Insel und wieder zurück aufs Festland. Erbitterter wurde kein Thronprätendent gejagt. Auf seinen Kopf waren 30 000 Pfund gesetzt, nach damaligem Kurs rund zwei Millionen Mark. Aber nicht einmal ein Tagelöhner verriet ihn für diese unerhörte Summe. Die Highländer, selbst die gegnerischen, hielten der alten Stuart-Linie die Treue – nicht dem »wee German lairdie«, dem kleinen Hannoveraner Grundbesitzer George II. Mitte Juni 1746, auf der Äußeren Hebriden-Insel South Uist, schien der Prinz endgültig eingekreist. Nur ein kühner Schachzug konnte noch helfen. Ein vierundzwanzig-jähriges, unverdächtiges Mädchen sollte ihn ausführen: Flora Macdonald. Sie organisierte, widerstrebend erst und dann bravourös, die berühmteste Flucht in der schottischen Geschichte. Es gelang ihr, den Stuart-Prinzen, verkleidet als irisches Dienstmädchen Betty Burke, sicher durch alle Kontrollen zu schmuggeln. Dank Floras energischer Regie hatte der Prinz sogar darauf verzichtet, seine Pistole unterm Petticoat zu tragen. So kam das ungleiche Paar, nach fünfzehnstündiger stürmischer Überfahrt, im Ruderboot von Benbecula nach Skye. Sie landeten bei Monkstadt nördlich von *Uig,* dem heutigen Fährhafen zu den Äußeren Hebriden.

Eine romantische Flucht? Der Prinz war von Läusen und Mücken zerstochen, hatte seit Wochen die Ruhr, und bei jeder Aufregung bekam er Nasenbluten. Bonnie Prince Charlie war nicht mehr der unwiderstehliche Beau von einst. Aber wenn es darauf ankam, trank er sie immer noch alle unter den Tisch, und das will auf den Hebriden was heißen. An der Küste bei *Portree,* der dörflichen Kapitale von Skye, nahm der Prinz am 1. Juli 1746 Abschied von Flora Macdonald: »I believe, madam, I owe you a crown of borrowed money.« Es war aber, wie sorgfältig nachrechnende schottische Historiker festgestellt haben, nur eine halbe Krone, und die zahlte Charles Edward ihr zurück, keinen Penny mehr. Dann sagte er noch: »Nach allem, was geschehen ist, Madam, sehen wir uns hoffentlich einmal im Königspalast von St. James wieder.« Das war alles. Sie hat nie mehr von ihm gehört. Kein Brief aus Paris, keine Belohnung aus Rom, nichts. Die Stuarts, heißt es, waren noch nie berühmt für ihre Dankbarkeit.

Als der Prinz zwei Wochen später auf der französischen Fregatte ›L'Heureux‹ Schottland für immer verließ, war Flora Macdonald schon verhaftet und als Staatsgefangene auf dem Weg nach London. Aber sie hatte Glück. Während 120 führende Jakobiten enthauptet oder gehängt wurden, stand Flora nur unter Hausarrest. Ihr Salon-Gefängnis wurde zum Treffpunkt der High Society. Der Champagner floß, die Legende nahm ihren Lauf. Flora Macdonald war die Heldin der Stunde, die Romanze einer schottischen Fluchthelferin das Tagesgespräch von London. Nach der Generalamnestie vom Juli 1747 kehrte Flora auf die

Insel Skye zurück, heiratete und wurde Bäuerin. Ihr Cottage steht noch in *Flodigarry* im Norden von Trotternish, mit dem Blick auf die Staffin Bay.

Erinnerungen an eine Sternstunde auf der Insel Skye, beim Tee auf der Terrasse des Flodigarry Hotel. Aber wie ging es weiter? Während sich in Rom Bonnie Prince Charlie, nun auch schon über fünfzig, an der Seite der achtzehnjährigen Prinzessin Louise von Stolberg vergebens um männliche Nachkommenschaft bemühte, bekam Flora Macdonald auf Skye ihr siebtes Kind. Auch der Besucherstrom riß nicht ab, und am 12. September 1773 stand Dr. Johnson in der Tür. »A wonderful romantic scene«, kommentierte Boswell die Begegnung der beiden in *Kingsburgh House* am Loch Snizort, wohin die Macdonalds inzwischen gezogen waren. Boswell erwähnt auch das Vergnügen des Reisenden, in Betten berühmter Leute zu liegen: Floras Ehrengast aus London durfte im selben Bett übernachten, in dem ihr Märchenprinz geschlafen hatte, und er schlief gut. Auch war das Dinner besser als befürchtet: gerösteter Puter, Portwein und Punsch. Beim Abschied nuschelte Dr. Johnson eine Artigkeit, Boswell schnappte sie auf, und heute steht der Satz auf Floras Grab in Kilmuir: »Ihr Name wird in die Geschichte eingehen und, wenn Mut und Treue Tugenden sind, ehrenvoll in die Geschichte eingehen.«

Während der Stuart-Prinz im Exil immer dicker wurde, wußte Flora Macdonald nicht, wie sie ihre neunköpfige Familie auf Skye satt bekommen sollte. 1774 wanderte sie mit ihrem Mann und einem Teil der Kinder nach North Carolina aus. Fünf Jahre später – zwei ihrer Söhne waren im Amerikanischen Unabhängigkeitskrieg gefallen – kehrten sie nach Skye zurück. 1790 starb Flora Macdonald. Zwölf Dudelsackpfeifer bliesen den »coronach«, den Trauermarsch der Highlands. Mehr als eine Meile lang war der Leichenzug, der sich über die Hügel von Trotternish nach *Kilmuir* bewegte, zum Friedhof am Meer. Charlie for ever:

H. D. Hamilton (?):
Bonnie Prince Charlie als alter Mann im Exil

Flora Macdonald wurde in dem Leintuch jenes Bettes beigesetzt, in dem der Prinz geschlafen hatte und das sie seither immer mit sich trug. Ihr Grabstein, ein keltisches Kreuz, überragt alle anderen. Es ist schon die dritte Fassung: Die ersten beiden, Stein für Stein, haben Touristen als Souvenir mitgenommen. Bei meinem Besuch lagen frische Narzissen auf Flora Macdonalds Grab. Charles Edward Stuart starb 1788 in Rom, ein Alkoholiker, der den Traum nie aufgegeben hatte, doch noch König von England zu werden. In einem gemieteten päpstlichen Palast in Rom geboren, fand er auch unter Päpsten seine letzte Ruhe. Sein Grabmonument im Petersdom gab George III. bei Antonio Canova in Auftrag.

Staffa

Wenn Fingal kommt oder Felix wurde seekrank

Wundern Sie sich nicht, wenn der Ausflug teuer ist. »Staffa you see is a fashionable place«, klagte der Dichter John Keats schon 1818, als ihm die Fischer vom schottischen Festland sieben Guineen für die Überfahrt abknöpfen wollten. Ich habe 1979 für eine Drei-Insel-Fahrt (Mull, Staffa, Iona) vierzehn Pfund bezahlt und keinen Penny bereut.

Staffa, fünfzehn Meilen westlich von Mull, verdankt ihr Entstehen einem bizarren Schluckauf der Natur. Unter ungeheurem Druck war hier im Tertiär vulkanische Lava an die Oberfläche getreten und zu Basaltsäulen von ungewöhnlicher Schönheit erstarrt – zum Entzücken der Geologen und des Schottischen Fremdenverkehrsverbands. Erst 1772, vier Jahre nach seiner Weltumseglung mit James Cook, entdeckte der Naturforscher Sir Joseph Banks Staffa für die Zeitgenossen: »Was sind, im Vergleich dazu, die Kathedralen oder Paläste von Menschenhand! Wo bleibt jetzt der Ruhm der Architekten!« Seitdem galt Staffa, die »Stabinsel«, als geologisches Weltwunder, und John Keats schwärmte: »Stellen Sie sich vor, die Giganten, die gegen Zeus rebellierten, hätten eine ganze Menge schwarzer Säulen ergriffen, wie Streichhölzer gebündelt und dann mit ungeheuren Äxten ein Loch in diesen Säulenkörper geschlagen. Das ist Fingals Höhle.« (Abb. 88)

Wir hatten uns mit der ›Countess of Pembroke‹ bis auf einige hundert Meter dem Eiland genähert. Kein Baum, kein Strauch, nur die gigantischen Felsen. Wir steigen, zur Landung, in Schlauchboote um. Über uns kreisen Schwärme von Vögeln und spielen Hitchcock. Sensiblere Besucher summen indes auf dem Weg zur Fingalshöhle die ›Hebriden-Ouvertüre‹. Dies ist wohl von allen Höhlen der Welt die einsamste und die lauteste. Aus Meeresrauschen und Möwenkreischen, Mendelssohns Memory und dem Klicken der Kameras wird zuweilen ein wahres Höllenspektakel. Wenn die Höhle wieder leer ist, die Flut abgelaufen, der Besucherstrom verebbt; wenn Fingal kommt, der mythische Vater des Barden Ossian; wenn Fionn MacCoul, der irische Held des 3. Jahrhunderts, zurückkehrt in seinen Palast: Dann hört man von den dunklen Felswänden die Feuchtigkeit tropfen wie im Tertiär. Darum heißt Fingals Höhle im Gälischen An Uaimh Binn, »die klingende Höhle«.

FELIX
MENDELSSOHN
BARTHOLDY.

A B

Aubrey Beardsley: ›*Mendelssohn‹, 1896*

Wie taub muß man gewesen sein und wie populär Fingal's Cave, daß im 19. Jahrhundert ein Dudelsackpfeifer in der Höhle für zusätzliche Stimmung sorgte. Schon damals gehörte Staffa zum Besichtigungskanon, zur Grand Tour des Gentleman. Und schon William Wordsworth ärgerte sich über die Touristen: »a motley crowd, hurried and hurrying, volatile and loud«. Aber es waren ja gerade die Romantiker, die mit Versen wie diesen »die Kathedrale des Meeres« populär machten: »This was architectured thus / By the great Oceanus! / Here his mighty waters play / Hollow organs all the day.« So reimte Keats und ähnlich Wordsworth, so beschrieb sie Scott und später Tennyson, so malte sie William Turner, und Queen Victoria besuchte sie (»die Männer brachten drei Hurras aus, was sehr eindrucksvoll widerhallte«). Staffa war ›in‹. Auch ein junger deutscher Komponist wollte nach seiner Rückkehr in Berlin sagen können, er sei dagewesen: Felix Mendelssohn-Bartholdy, zwanzig Jahre alt und zum ersten Mal in Schottland, im August 1829.

Nichts von ›Meeresstille und glücklicher Fahrt‹, damals, im Dampfschiff nach Staffa. »Je tiefer das Barometer fiel, desto höher stieg die See«, berichtet Mendelssohns Begleiter, sein Freund Carl Klingemann: »Die Ladies fielen um wie die Fliegen, und ein und der andere Gentleman tat's ihnen nach; ich wollte, mein Reisepechbruder Felix wäre nicht unter ihnen gewesen, aber er verträgt sich als Künstler mit dem Meere besser denn als Magen...« Im Klartext: Mendelssohn wurde seekrank. So ist auch zu bezweifeln, daß er die obligate

Besichtigung der Fingalshöhle sonderlich genossen hat. Jedenfalls schrieb er, ungewöhnlich wortkarg, nur zwei Zeilen darüber nach Hause: »Um Euch zu verdeutlichen, wie seltsam mir auf den Hebriden zumute geworden ist, fiel mir eben folgendes bei.« Es folgt, in sauberer Notenhandschrift, das berühmte Eingangsmotiv der ›Hebriden-Ouvertüre‹, allegro moderato – die melodischste Beschreibung einer Seekrankheit in der Musikgeschichte. Als Mendelssohn anderntags auf dem Klavier die ersten Takte des neuen Themas anschlagen wollte, unterbrach ihn sein schottischer Gastgeber; es war Sonntag, und da spielt man hier nicht. Erst bei seiner Rückkehr nach Deutschland arbeitete Mendelssohn die Ouvertüre aus, nannte sie zunächst ›Die einsame Insel‹ und später ›Die Hebriden‹.

Eine schöne, eine romantische Entstehungsgeschichte, der romantischen Musik so recht angemessen. Indes haben kürzlich zwei schottische Musikwissenschaftler auf gewisse Unstimmigkeiten hingewiesen: Mendelssohn habe seiner Familie in einem Brief vom 7. August die Eröffnungstakte mitgeteilt, aber erst einen Tag später die Fingalshöhle besucht; mithin scheide sie als ursprüngliche Inspirationsquelle aus. Das tut freilich der Höhle keinen Abbruch und der Musik auch nicht. Mendelssohns Thema, sein romantisches Motiv ist die Einsamkeit des Menschen in der unendlichen Natur, und darin haben auch Ebbe und Flut, die Töne von Möwe und Albatros, der Kampf der Wellen und der Felsen in der Fingalshöhle ihren lautmalerischen Platz. Bevor Richard Wagner der Elementarmusik seines Rivalen mit dem ›Fliegenden Holländer‹ folgte, lobte er ›Die Hebriden‹ als Meisterwerk eines »erstklassigen Landschaftsmalers«: »Die Passage, wo die Oboe sich allein wehklagend über alle anderen Instrumente erhebt, wie der Wind über den Wellen des Meeres, ist von außerordentlicher Schönheit...«

Staffa, die Fingalshöhle: eine schottische Insel, eine deutsche Sehnsucht, eine nordische Faszination. Ossians Melancholie liegt über den Wassern, Macphersons literarischer Nebel. Mit der genialen Fälschung des schottischen Dichters begann ja 1762 der ›Fingal‹-Rausch. Seine malerische Apotheose erfolgte genau siebzig Jahre später. Im selben Sommer 1832, in dem Mendelssohns Staffa-Komposition das Londoner Musikpublikum begeisterte, verblüffte die Besucher der Royal Academy William Turners ›Staffa‹-Bild durch seine elementare Lichtmalerei. Daß beide Werke im Untertitel ›Fingalshöhle‹ hießen, daß Turners Bild mit Versen aus Scotts ›Lords of the Isles‹ ausgestellt wurde, dies alles macht die romantische Begegnung von Natur und Musik, Malerei und Literatur vollends zum Gesamtkunstwerk.

William Turner hatte im Juli 1831, von Scotts Landsitz Abbotsford kommend, in Glasgow einen Dampfer nach Skye bestiegen und erreichte, »in a strong wind and head sea«, die Insel Staffa: »Als die Sonne sich schon neigte, brach sie noch einmal durch die Regenwolken, als ob sie den Sturm ankündigte.« So hat Turner die Szene später in einem Brief beschrieben, und so hat er sie gemalt: den Aufruhr der Elemente, in den Regenböen die Silhouette der Felsen, den schwarzen Qualm aus dem hohen Schornstein des Dampfers, zwischen dunkel wogendem Meer und dunklen Wolken die untergehende Sonne, den Triumph der Farbe über die Mächte der Finsternis. ›Staffa, Fingal's Cave‹ war das erste Bild Turners, das nach Amerika verkauft wurde, 1845, für 500 Pfund.

Tourist (landing on small island in Hebrides—to old resident). "Who lives here, my friend?"
"Oh, just me and the wife and my brither-in-law."
"And what sort of place is it?"
"Oh, an awfu' plaçe for scandal."

Viktorianische Touristenkarikatur

Staffa: Auf den Felsen hocken die Vögel, Trottellummen, und beäugen die seltsamen Kamerawesen, die in der Saison hier einfallen, ausschwärmen und wieder abziehen. Zugvögel, Larus touristicus. Man müßte sie beringen. Man könnte, überlegte der letzte Eigentümer von Staffa, die Insel quadratmeterweise an Amerikaner verkaufen. Aber Alistair de Watterville, der Staffa 1972 für 20000 Pfund erstanden hatte, verkaufte sie kürzlich doch lieber en bloc, für 50000 Pfund an Ronald Milhench, einen Geschäftsmann aus den Midlands. Der erwarb damit zugleich das Recht, Staffa-Briefmarken herauszugeben. Seit 1969 die erste erschien, natürlich mit einem Mendelssohn-Porträt, haben die bunten Vogel- und Fischmotive die Komponisten-Insel auch zum Philatelisten-Sammelgebiet gemacht.[1] Seit der Londoner Geschäftsmann Clive Feigenbaum Staffa-Briefmarken mit 23 Karat Goldauflage herausbrachte, für 20 Pence pro Stück in England herstellte und für 20 Dollar in Amerika verkaufte, mit reißendem Absatz, seitdem sind Staffa-Stamps eine Geldanlage und ein Rechtsfall. Denn die amerikanische Regierung will mit 20 Prozent Einfuhrumsatzsteuer von dem Handel profitieren: Dies seien keine Briefmarken mehr, sondern Goldwaren. Wenn Clive Feigenbaum klug ist, nimmt er sich einen schottischen Rechtsanwalt.

---

1 Eine weitere Hebriden-Rarität für Philatelisten: die Sonderbriefmarke ›Western Isles Rocket Post‹, gedruckt für die Raketenpost des Herrn Zucker, der am 28. Juli 1934 versuchte, die Post mittels einer Rakete vom Eiland *Scarp* nach Harris zu befördern; indes explodierte die Rakete beim Aufprall.

Staffa, hundertfünfzig Jahre nach Mendelssohn. Die ›Countess of Pembroke‹ hat uns wieder eingesammelt. Die Saison war kurz und gut, eine Jubiläumssaison. Die Schafe auf dem grünen Felsplateau sind froh, daß sie endlich ihre Ruhe haben. Wenn Fingal kommt, gibt's wieder Sturm, und irgendein Felix wird immer seekrank. Mendelssohn besuchte Schottland nie wieder. Es war nicht nur das Wetter, das ihm in den Highlands mißfiel: »Das Elend, die unwohnliche, ungastliche Einsamkeit des Landes zu beschreiben, reicht aber Raum und Zeit nicht zu«, berichtete er am 13. August 1829 nach Berlin. »Wir wanderten zehn Tage, ohne einem einzigen Reisenden zu begegnen; was auf der Karte als Städte oder doch Dörfer angegeben, sind einzelne Ställe nebeneinander, in denen Tür, Fenster und Schornstein aus *einer* Öffnung bestehen, die Menschen, Vieh, Licht und Rauch zugleich ein und aus läßt, in denen Ihr auf alle Fragen ein dürres Nein hört, in denen dunstiger Branntwein das einzig bekannte Getränk ist, ohne Kirche, ohne Straße, ohne Gärten, die Stube pechfinster am hellen Tag, Kinder und Hühner auf einem Strohlager, viele Hütten ohne Dach, viele noch unfertig daliegend, mit zerbröckelten Mauern, viele Brandstellen... der Rest ist Heide mit rotem oder braunem Kraut, abgestorbenen Fichtenästen und weißen Steinen dazwischen oder schwarzes Moor, in dem sie Trappen schießen.«

Nie wieder nach Schottland also, aber noch zehnmal nach England: Mendelssohn fand in London ein aufmerksameres Publikum als in Berlin, und im Buckingham Palace eine Königin, deren Lieblingskomponist er wurde. Am 16. Juni 1842 empfing ihn die dreiundzwanzigjährige Queen Victoria: Prinz Albert improvisierte auf der Orgel, Victoria sang »Laß dich nur nichts dauern« (»wirklich ohne einen Fehler«), Mendelssohn spielte die österreichische Nationalhymne mit der rechten und ›Rule Britannia‹[1] mit der linken Hand (»poor Mendelssohn was quite exhausted«), und am Ende der musikalischen Audienz bat der Komponist die Königin um die Erlaubnis, ihr seine eben vollendete Sinfonie Nr. 3 widmen zu dürfen, die ›Schottische‹.

Iona

Die Insel des Heiligen und der Toten

Am 24. Mai 1979 stand die für viele Schotten aufregendste Zeitungsmeldung im Immobilienteil. Der Duke of Argyll hatte eine Insel zu verkaufen: 7600 Hektar groß, mit zwei Bauernhöfen, acht Häusern und fünfzehn Pachtgrundstücken, Preis: drei Millionen Pfund (inklusive Baronstitel). Diese Offerte, unter anderem in der ›New York Times‹ und im ›Wall Street Journal‹ erschienen, brachte die Nation auf die Palme. Während die Generalversammlung der Church of Scotland ihre Betroffenheit formulierte, während der National Trust

---

1 Das patriotische Lied ›Rule, Britannia‹ (1740) stammt von einem Schotten, dem Pfarrerssohn James Thomson, der als Dichter der Aufklärung von Voltaire, Klopstock u. a. gepriesen wurde.

einen internationalen Spendenaufruf startete, sortierten die Makler des Herzogs, Smiths Gore in Edinburgh, befriedigt die Angebote. Ein Geschäftsmann aus Australien, mehrere Millionäre aus Kalifornien und eine Gruppe von Schotten in Hongkong wollten die Insel kaufen. Der National Trust blieb mit seinem Angebot von 600000 Pfund kläglich auf der Strecke, und Colonel David Baird faßte zusammen: »a disaster«. Es war, als sollten die Glasgow Rangers geschlossen an Cosmos New York transferiert werden.

Warum die Aufregung? Ein Grundstück wurde verkauft, eine Insel, wie es Hunderte gibt vor der schottischen Westküste. Aber es war nicht irgendeine Hebrideninsel, die da auf den Markt kam. Es war »a place of pilgrimage«, »the cradle of Christianity in Scotland«: Es war Iona, die »Wiege des Christentums in Schottland«. »Iona of my heart, Iona of my love«: die Heilige Insel auf dem Immobilienmarkt? St. Columbas Eiland, von einem Campbell-Herzog versilbert? Alte Clan-Emotionen wurden wieder wach, dunkle Erinnerungen: Hatten die Campbells nicht für ihre Beteiligung am Massaker von Glen Coe 1693 Iona als Belohnung erhalten? Bevor Inverary Castle, die Stammburg des 26. Campbell-Chiefs, von aufgebrachten Schotten belagert wurde, sprang Sir Hugh Fraser in die Bresche: Der Chef des Londoner Luxus-Warenhauses Harrods stiftete dem National Trust die erforderlichen 1,5 Millionen Pfund zum Kauf von Iona, und alles war wieder gut.

Iona? Wer den Namen nie gehört und die Insel nie zuvor gesehen hat, ist auf den ersten Blick vielleicht enttäuscht (Abb. 87). Keine spektakulären Klippen wie auf Staffa, keine romantische Klosterruine wie in Melrose. Eine flache, baumlose Insel, kaum fünf Kilometer lang und zwei Kilometer breit; das einzige Dorf heißt The Village, die Hauptstraße The Street; etwas abseits eine Kirche mittlerer Größe, die sich bei grauem Wetter kaum abhebt vom grauen Gneis der Hügel. An klaren Tagen aber, wenn die Sonne über den Sund von Iona kommt, wenn das Licht der Hebriden so intensiv ist wie an den Küsten der Ägäis: Dann leuchten die Steine, der rote Granit und der crèmefarbene Sandstein der Abtei, der »Weiße Strand der Mönche« und der grüne »Hügel der Engel«, dann ist der Himmel über Iona so hoch und das Meer ringsum so blau, Delphi, denkt man dann, oder Korinth, dann versteht man, daß St. Columba mit allen Sinnen diese Landschaft liebte und diese Insel suchte: »Blessed the eye that see-eth it!«

Er sah, vom höchsten Punkt der Insel, Dun-I, im Norden die Cuillins von Skye, im Süden die Paps of Jura, hinter sich die Felsen von Mull und vor sich den Atlantik. Irland aber, über achtzig Meilen entfernt, seine Heimat sah er von hier aus nicht mehr. Columba, heißt es, fühlte sich am Tod von dreitausend Gefolgsleuten schuldig, und zur Buße ging er freiwillig ins Exil. Der Heilige war aus königlichem Hause, ein irischer Prinz mit schlechtem Gewissen, der Priester wurde, ein Druiden-Magier mit einer christlichen Mission. Im Jahre 563 landete er auf Iona, in biblischer Idealbesetzung (mit zwölf Mann) und zur besten Jahreszeit (im Mai). Die Insel hatte fruchtbaren Boden und ein verhältnismäßig mildes Klima, sie lag isoliert und dennoch leicht zugänglich: ein idealer Ort für eine Klostergründung.

Mission in jenen frühen Jahrhunderten und entlegenen Regionen hieß ja, wie heute noch in der Dritten Welt, vor allem Entwicklungshilfe. Columba und seine Mönche legten Felder an, bauten Geräte, Häuser und Boote, sie kümmerten sich um die Kranken und um den Unterricht. Religion war Leben, Arbeit ein Teil des Gebets, Gottesdienst praktische Nächstenliebe. Nur darum konnte Columbas Mission im wilden Norden Schottlands überzeugen, bei den Pikten, auf den Orkney- und Shetland-Inseln, sogar bis Island. Als Columba im Jahre 597 auf Iona starb, war Englands Missionar Augustinus eben in Kent gelandet und im Begriff, seine Abtei in Canterbury zu gründen. Columbas ursprüngliches Kloster, seine Kirche aus Holz und Lehm ist nicht erhalten. Auf dem Felsvorsprung von Tor Abb, gegenüber dem Westportal der heutigen Abtei, haben Archäologen Fundamente freigelegt, vielleicht die der Zelle des Heiligen. Immer wieder zerstörten Wikinger die Siedlung, immer wieder bauten Mönche sie auf. Anfang des 9. Jahrhunderts, bei einem der schlimmsten Überfälle, wurden 68 Mönche in der Martyrs' Bay erschlagen; die Überlebenden flohen nach Irland, in das Kloster von Kells.

Iona aber wurde die lebendigste Toteninsel der Hebriden. Zwei Jahrhunderte lang ließen sich Schottlands Herrscher hier begraben. Seit Kenneth Macalpine, der erste König der Pikten und Schotten, Anno 860 im Trauerzug über den Sund von Iona geleitet wurde, galt ein Grab in Columbas geweihter Erde als letzte Krönung der irdischen Laufbahn. »Wo ist der Leichnam Duncans?« fragt Rosse im ›Macbeth‹. Macduffs Antwort schien mir immer nebulös: »Fort gen Westen, / Nach Icolmkill, dem Beinhaus seiner Ahnen.« Damals in der Deutschstunde verlor sich Duncans Spur im Reich der poetischen Freiheit. Aber Icolmkill, »Insel der Zelle Columbas«, ist der alte Name Ionas, und dort ruht Duncan seit dem Jahre 1040 in Frieden neben seinem Mörder Macbeth. Seit dem 11. Jahrhundert scheute man die weite Reise nach Iona, Staatsbegräbnisse fanden fortan in Dunfermline Abbey statt; schließlich war der Hof längst von Dalriada nach Scone umgezogen. *Reilig Odhrain*, der »Friedhof der Könige« auf Iona, ist der älteste christliche Friedhof in Schottland, ein Prominentenfriedhof, auf dem 48 schottische, vier irische und acht norwegische Könige beigesetzt wurden. Die verwitterten, überwucherten, geborstenen Steine rings um die romanische St. Oran's Chapel markieren indes Gräber von Clan-Chiefs der Hebriden aus späteren Jahrhunderten. Einige der schönsten dieser mittelalterlichen Grabskulpturen sind im Abteimuseum ihrem natürlichen Verfall fürs erste entzogen.

Wo die toten Könige landeten, neben der Martyrs' Bay, legt heute die Fähre von Mull an, und Pilger und Touristen ziehen auf der »Street of the Dead«, der alten Begräbnisstraße zur *Abtei*. Ein Teil ihres ursprünglichen roten Marmorpflasters ist vor der Kathedrale freigelegt. Dort steht das *St. Martin's Cross* (12. Jh.), ein keltisches Kreuz mit Ornamenten und Passionsszenen, vor denen der Priester zu den Pilgern predigte. Das benachbarte St. John's Cross ist eine Replik aus Fragmenten des 10. Jahrhunderts. Die Form des keltischen Kreuzes entstand aus der Verbindung von Kreuz und Kreis, dem Zeichen der Christen und dem Symbol des Sonnengottes der Druiden. Das St. Martin's Cross und das Kreuz von *Kildalton* auf *Islay* (8. Jh.) sind die beiden einzigen Kreuze mit Radkronen in Schottland, die noch aufrecht an ihrem ursprünglichen Platz stehen. Solche Predigtkreuze kennen wir aus Irland, und von zwei irischen Steinmetzfamilien, den Ó Brolcháns und Ó Cuinns, stammen die meisten der inzwischen weitgehend zerstörten Skulpturen von Iona. Die Lords of the Isles, zu deren Einflußbereich ein Teil Irlands gehörte, waren bis zum Ende des 15. Jahrhunderts die Mäzene dieser mittelalterlichen Handwerker. Columbas Kirche in ihrer heutigen Gestalt geht zurück auf das Jahr 1203, als Reginald Macdonald, Lord of the Isles, eine Benediktinerabtei gründete und wenig später auch ein Augustinerinnenkloster (heute Ruine). Für kurze Zeit, von 1507 bis zur Reformation, war Iona Bischofssitz und die Abteikirche Kathedrale der Hebriden. Dann, nach ihrer Aufhebung, schien sich die Prophezeiung Columbas zu erfüllen: »Instead of monks' voices shall be the lowing of cattle.«

Iona Abbey verfiel. »Die Leuchte Kaledoniens, von welcher wilde Clans und schweifende Barbaren die Wohltaten des Wissens und den Segen der Religion empfingen« (Samuel Johnson), Iona lag brach. Erst als der 8. Duke of Argyll 1899 die Abtei der Church of Scotland schenkte, wurde die Kathedrale wiederaufgebaut (1910). Die entscheidende Wende kam 1938, mit der Gründung der *Iona Community*. In diesem Priester- und Laienorden haben sich rund 150 Männer und Frauen, Katholiken und Protestanten, Studenten und Handwerker zusammengeschlossen. Ihr Ziel: ein Leben im Geist des Heiligen Columba, Seelsorge als soziales Engagement. Darum arbeiten sie auf dem Festland vor allem in Industriegebieten, Neubausiedlungen und Arbeitervierteln: »industrial evangelism«. Nicht umsonst war der Gründer der Iona Community, George MacLeod, in den »hungry thirties« Arbeiterpriester in Govan, einem der elendesten Viertel von Glasgow. Und nicht umsonst hat die Iona Community heute in Glasgow ihr Gemeindezentrum auf dem Festland. Vorbildlich auch ihre Arbeit auf Iona selbst, die Restaurierung des Klosters und des Kreuzgangs, mit modernen Blattkapitellen von Christopher Hall (1959).

Die Iona Community hat Columbas Insel wieder, wie vor fast 1400 Jahren, zu einem Zentrum des religiösen Lebens gemacht. Statt der Wikingerschiffe landen heute MacBrayne's Ausflugsdampfer. Rund eine halbe Million Besucher jährlich zerstören die Ruhe, die sie suchen. Die achtzig Einwohner – 1842 waren es noch fünfhundert – machen das Beste daraus: Geschäfte. Einsam standen Johnson und Boswell am Ufer, tiefbewegt, und umarmten sich, am 19. Oktober 1773. Boswell nahm sich vor, künftig »ein exemplarisches Leben zu führen«, und Johnson produzierte wieder ein Zitat, nachzulesen auf einer Bronzetafel am Weg zur Abtei: »Der Mann ist zu bedauern, dessen Patriotismus nicht stärker wird in der Ebene von Marathon oder dessen Mitgefühl nicht wärmer wird zwischen den Ruinen von Iona.«

Lewis und Harris

Die Sonne wollte nicht untergehen. Es war neun Uhr abends und taghell, ein langer Juniabend auf der letzten Fähre von Skye zu den Äußeren Hebriden. Kein Wind, kaum Wellen; eine ungewöhnlich ruhige See. Wir fahren nach Westen, hinter der Sonne her. Die geht in Ruh' und Fotos unter. Nach zwei Stunden tauchen die Hügel von Harris auf, Scherenschnitte in der Dämmerung. Zwischen graue Felsen geduckt die wenigen Häuser (Farbt. 50, 52). Die einzigen Bäume weit und breit wachsen im Garten des Harris Hotels in

Tarbert, dem Naturhafen an der Landenge von East und West Loch Tarbert. Eine Insel mit zwei Namen: Zwischen Harris und Lewis liegt nicht etwa die See, sondern ein Gebirge. Die rund 800 Meter hohe Bergkette von Clisham war jahrhundertelang eine so starke Barriere, daß Harris als eigene, von Lewis getrennte Insel empfunden wurde. Man spricht ein weicheres Gälisch auf Harris, und auch die Landschaft ist anders als auf Lewis, noch wilder, noch einsamer.

Der Stoff, aus dem die Jacken sind: Harris Tweed

Zwischen Moor und Felsen, wie durch einen verlassenen Steinbruch, schlängelt sich die Straße entlang der Ostküste von Harris. »Golden Road« heißt diese Straße, nicht weil sie so schön ist, sondern weil ihr Bau so teuer war. Sie führt von Tarbert nach *Rodel,* einem Fischerdorf an der Südspitze von Harris. In St. Clement's Church, um 1500 aus dem grauen Gneis der Hügel erbaut, hat sich Alastair Crotach MacLeod, siebter Führer seines Clans, angemessen begraben lassen: unter einem Giebelbaldachin mit einer Fülle von Reliefszenen (1528). Ganz anders der Weg zurück nach Tarbert an der Westküste: *Horgobost Beach, Nisabost Beach* – weite Buchten, türkisblaue See und Sandstrände fast ohne Menschen. Hier ist es oft selbst im Sommer so kühl, daß man am besten auch im Wasser jene Wollsachen trägt, die den Namen dieser Halbinsel zum Begriff gemacht haben: Harris Tweed.

Der »tweed« ist, zunächst einmal, ein etymologischer Webfehler: ein englisches Mißverständnis des schottischen »tweel«, einer Lehnübersetzung des französischen »toile« (Tuch, Stoff). Am Anfang der Erfolgsgeschichte des schottischen Tweed steht in jedem Fall ein Schaf: das schwarzköpfige Schaf der Highlands, dessen Wolle mit der des Cheviot- und des Crossbred-Schafs gemischt wird. Aus dieser relativ groben Wolle wird das Garn gesponnen und in der typischen Tweed-Textur gewoben: Schuß und Kette, die beiden Gewebefäden, kreuzen sich nicht wechselweise einmal über, einmal unter dem andern, sondern überspringen immer zwei Fäden auf einmal, vertikal wie horizontal. So entstand ein idealer Stoff für jedes Wetter, warm im Winter, kühl im Sommer, in hohem Maße wind- und wasserundurchlässig.

Diesen Tweed produzierten die Inselbewohner zunächst nur für den Eigenbedarf. Um den hungernden Hebridenbauern zu helfen, boten Lord und Lady Dunmore 1840 erstmals Tweed auf dem Festland zum Verkauf an. Bald wurde die Alltagskleidung der Inselbauern und Fischer zur Freizeitmode viktorianischer Gentlemen bei ihren Jagdausflügen in den Highlands. Im Jahre 1909 schlossen sich die Weber der Äußeren Hebriden in der Harris Tweed Association zusammen und ließen sich ihr Produkt patentieren. Das Qualitätssiegel – eine Erdkugel, gekrönt von einem Malteserkreuz –, nur diese »Orb Mark« garantiert Ihnen, daß Sie echten Harris Tweed gekauft haben: hergestellt aus hundertprozentiger, reiner schottischer Schafwolle, handgewoben in Heimarbeit auf den Inseln Lewis, Harris, Uist oder Barra. Ursprünglich mußte die Wolle auch mit der Hand gereinigt, gefärbt und gesponnen werden und nicht, wie heute üblich, maschinell in der Fabrik. Selbst wenn Ihr

Harris-Tweed-Jackett das Echtheitszeichen im Innenfutter trägt, selbst wenn Sie es auf Harris gekauft haben, verarbeitet wurde es von einem Schneider auf dem Festland, in der Regel in Manchester.

Die einzige, die bis vor kurzem ihre Wolle noch selber wusch und mit Pflanzenstoffen färbte, die älteste Weberin von Harris traf ich in *Drinishadder* am East Loch Tarbert (Abb. 92). Schon als Kind hat Joan Macdonald ihrem Vater beim Weben geholfen; heute ist sie siebzig Jahre alt und steht noch täglich am Webstuhl. Ihre Werkstatt ist ein winziger Schuppen mit Wellblechdach. Hier, verkündet eine stolze Tafel, »wurden zwei Längen echter Harris Tweed für Ihre Majestät die Königin gewoben und ihr am 17. August 1956 von Mrs. Alexander Macdonald geschenkt.« Das war auf der ersten Hebridenreise Queen Elizabeth's nach ihrer Krönung, und später, erzählt Mrs. Macdonald zufrieden, »hat die Königin noch weitere sechzehn yards bei mir gekauft für Kleider, die sie in Balmoral trägt«. Solcher Gunst- und Qualitätsbeweis verfehlt selten seine Wirkung, und so fühle auch ich mich der Königin aufs demokratischste verbunden durch ein Jackett aus Mrs. Macdonalds Harris Tweed, das ich in Hamburg trage.

Rund neunhundert Weber stellen heute auf den Äußeren Hebriden Harris Tweed her, fast siebzig Prozent für den Export. Längst haben chemische Farben die Pflanzenfarben ersetzt und die traditionelle Skala von Moorbraun, Moosgrün, Felsgrau und Oatmealbeige auf über fünftausend Muster erweitert. Herren mit Harris-Tweed-Krawatten sitzen neben Damen mit Harris-Tweed-Kostümen auf den Harris-Tweed-Polstern des Erste-Klasse-Salons der ›Queen Elizabeth 2‹. Gewoben aber wird auf den Hebriden immer noch wie vor Jahrhunderten in Heimarbeit. Der modernen Konfektionsindustrie ist das ein Dorn im Auge. Sie will breiteres Tuch, hergestellt auf Doppelwebstühlen in Fabriken. Diesen sicher nicht letzten Rationalisierungsversuch lehnten die Weber der Hebriden 1976 ab. Sie wollen Herr ihrer eigenen Produktionsmittel bleiben, Herr ihrer eigenen Zeit und ihres eigenen Arbeitstempos. Solange die Weber ihre sympathisch anachronistische, vorindustrielle Haltung in einer hochindustrialisierten Gesellschaft behaupten können, wird in den Häusern der Hebriden das rhythmische Klappern der alten Hattersley-Webstühle zu hören sein, die Lord Leverhulme aus Lancaster 1920 einführte.

Im Kreis der Stehenden Steine: Lewis Gneis

Keine Fähre und keine Brücke verbindet Harris und Lewis, sondern die A 859. Die gut ausgebaute Straße, von den Einheimischen »unsere M 1« genannt, läßt vergessen, wie unwegsam die Berge im Norden von Harris lange Zeit waren. Telegrafenmasten, die Bäume der Hebriden, markieren bis zum Horizont den Verlauf der Straße. Vorbei an jungen Kiefernschonungen, vorbei an *Loch Seaforth,* der meilenweit ins Land schneidenden Meeresbucht, vorbei am schwarzen Hochmoor von *Balallan,* das von unzähligen Seen und Tümpeln durchsetzt ist wie ein riesiger, löchriger Schwamm. Mit 22000 Einwohnern – 1911 waren es noch fast 30000 – ist Lewis der bei weitem größere Teil der Doppelinsel. In *Stornoway*, der Hauptstadt von Lewis und dem Verwaltungszentrum der Äußeren Hebriden, leben 5500 Menschen, fast doppelt soviel wie auf ganz Harris. Um die Jahrhundertwende war Stornoway einer der großen europäischen Fischereihäfen. Alte Fotos zeigen noch, wie es im Hafen auf dem Höhepunkt der Heringssaison von tausend Masten wimmelte. Nach dem Ersten Weltkrieg erwarb Lord Leverhulme, der englische Seifenbaron und Philanthrop, Lewis und Harris für 56000 Pfund. Vergebens versuchte er, Fischerei und Landwirtschaft der Insel zu modernisieren. »Stornoway Kippers« (gewürzte Räucheringe) sind ein Begriff geblieben, aber seine alte Bedeutung als Fisch-Umschlagplatz hat Stornoway nicht wiedererlangt. Nun bringt der Bau von Bohrinseln der Stadt neue Arbeitsplätze. Die Landwirtschaft aber wird nur durch hohe staatliche Subventionen am Leben erhalten.

Lewis, »The Lews«, heißt Marschland. Die einst fruchtbaren Felder und Weiden im Nordwesten der Insel liegen größtenteils brach. Hier wie fast überall auf den Hebriden werden heute nur noch etwa sieben Prozent der »crofts« bestellt. Ein »croft«, ein Stück Pachtland, ist durchschnittlich zwanzig Hektar groß – zu klein, um ökonomisch zu sein. Es reicht für ein paar Hühner und Schafe und zum Kartoffel- und Kohlanbau für den Eigenbedarf. *Arnol* zum Beispiel, ein typisches Dorf an der Westküste von Lewis: Von den 82 Männern der Gemeinde waren 1960 nur noch acht im Hauptberuf Bauern, zwölf bei der Handelsmarine, dreizehn Weber, der Rest arbeitslos oder auswärts beschäftigt. Seitdem ist die Arbeitslosigkeit noch gestiegen[1], die Abwanderung nicht gestoppt, und eine Fahrt nach Arnol eine Fahrt in eine vergangene Welt. Nirgendwo sonst auf Lewis ist die Struktur und die Architektur eines alten Bauerndorfs so geschlossen erhalten wie hier.

Rings um Arnol sind die Felder durch lose geschichtete Steinmauern (»drystone walls«) abgegrenzt; Steine gab es immer genug. Entlang der Straße liegen die Häuser, die neuen neben den alten, die mit Schiefer oder Wellblech gedeckten neben den verlassenen, verfallenden Strohdachhäusern. *Blackhouse* heißen diese typischen Bauernkaten der Hebriden. Ihre Mauern, ohne Mörtel geschichtet, sind 1,5 bis 1,8 Meter hoch und fast ebenso breit – Doppelwände, mit einer isolierenden Torf- oder Erdschicht dazwischen. Die Häuserecken sind oft abgerundet, um dem Wind möglichst wenig Angriffsfläche zu bieten. Das niedrige Strohdach ist wie eine Sturmhaube aufs Haus gezurrt, mit Seilen vertäut und mit Ankersteinen beschwert. Der Dachstuhl liegt auf den Innenmauern; die Außenmauern bleiben frei, mit Grassoden bewachsen und leicht begehbar bei Dachreparaturen. Noch im späten 19. Jahrhundert wurde das vom Torfrauch vollgesogene Stroh alljährlich abgedeckt und als Dung auf die Felder verteilt. Mensch und Vieh benutzten denselben Eingang und lebten stallwarm unter einem Dach, nur durch Holzverschläge getrennt. Erst in den dreißiger Jahren des 19. Jahrhunderts konnte Lord Seaforth seine Pächter überreden, feste Wände zwischen sich und das Vieh zu ziehen. Noch 1947 hatten rund vierzig Prozent aller Bauernhäuser auf Lewis Wohnung und Stall unter einem Dach. Das Schlafzimmer hatte als

---

1 Lewis und Harris haben mit rund 15 Prozent eine der höchsten Arbeitslosenquoten in Großbritannien.

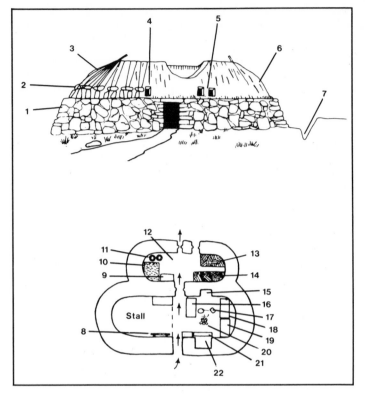

Blackhouse in
Arnol, Ansicht
und Grundriß

1 Wände aus unbe-
  hauenen Steinen
2 Steinanker
3 Hanfstricke
4 Flugloch
5 Fenster
  vielleicht verglast
6 Strohdach
7 offener Abfluß
8 Geflügel
9 Heu
10 Kartoffeln
11 Pökelfässer
12 Scheune
13 Hafer
14 Gerste
15 Milchvorrat
16 Bett
17 Stuhl
18, 19 Betten
20 offenes Feuer
21 Bank
22 Wandbett
23 Petroleum

einziger Raum ein kleines Fenster in der Wand, sonst gab es nur Dachluken. Auch einen Schornstein hatte das Blackhouse ursprünglich nicht. Das Feuer brannte auf dem Steinfußboden in der Mitte des Raumes, der Rauch des Torfs zog einfach nach oben und imprägnierte das Strohdach. Blackhouses, »Schwarze Häuser« aber hießen sie nicht deshalb, weil sie so dunkel und verqualmt waren. Der Name entstand erst Mitte des 19. Jahrhunderts im Unterschied zu den »White houses«, den neuen, verputzten Häusern, die ohne Doppelmauern gebaut wurden (Abb. 91). Die Scheune schließlich lag parallel zum Haus auf der Rückseite, mit einem eigenen Dach, aber durch eine gemeinsame Wand mit Stall und Wohnung verbunden.

In ähnlicher Form ist dieser charakteristische Haustyp der Hebriden auch in Grönland und Island anzutreffen, unter ähnlichen klimatischen Bedingungen. Die Blackhouses von Arnol sind nicht älter als hundert Jahre. Kaum vorstellbar, daß sie vor wenigen Jahrzehnten noch bewohnt waren. Während die Feuchtigkeit in die Wände und in die Glieder zog, saßen sie ums Torffeuer und waren zufrieden, wenn das Dach dicht blieb im Novembersturm, wenn die Familie genug zu essen hatte, und wenn der Nachbar eine neue Geschichte erzählte, abends am Torffeuer. Das Blackhouse No. 42 in Arnol vermittelt auch als Museum noch einen authentischen Eindruck vom Leben der Hebridenbauern in den »Schwarzen Häusern«. Ringsum verrotten nun ihre Dächer, und die Mauern stürzen ein; einige werden noch als Stall oder Schuppen benutzt. Geblieben aber sind die großen Torfstapel, auch neben den neuen Häusern. »Going to the peats«, Torfstechen war auf den Hebriden, wo es kein Holz zum Heizen gibt, schon immer selbstverständlich, erst recht angesichts steigender Strompreise (Farbt. 51). »Gu mo fada beo thu, is ceo as do thaigh«, hieß der alte gälische Gruß auf den Hebriden: »Mögest du lange leben, mit Rauch aus deinem Haus!«

An die frühen Bewohner von Lewis erinnern wenige Spuren, die eindrucksvollsten südwestlich von Arnol an der A 858: *Dun Carloway Broch* (1.–4. Jh; Abb. 86), die Ruine eines piktischen Rundturms mit doppelten Mauern, wahrscheinlich zur Verteidigung gegen Wikinger-Überfälle errichtet (siehe Seite 385), und der Steinkreis von *Callanish* (2000 – 1500 v. Chr.; Abb. 85). Das Stonehenge der Hebriden liegt an der Spitze von East Loch Roag, weithin sichtbar auf einer Halbinsel, umgeben von Wasser und Feldern. Den Blick ringsum grandioser zu finden als die Kultstätte selbst, ist kein Sakrileg, sondern wahrscheinlich im Sinne der Erbauer. Die Natur ist wesentlicher Bestandteil eines Rituals, das gleichermaßen Sonnenkult und Himmelsbeobachtung war und das sich in monumentalen Steinsetzungen wie diesen manifestierte, Tempel und Observatorium in eins. Hier kamen die Siedler der Jungsteinzeit zum Totenkult zusammen, aber auch zu Ernte- und Hochzeitsfesten. Dreizehn Monolithen bilden den Hauptring um einen riesigen Mittelstein. Zu diesem Kreis führt eine über achtzig Meter lange Allee, flankiert von fast zwei Meter hohen Monolithen. Drei kleinere Steinreihen gehen strahlenförmig vom Hauptkreis ab und bilden mit diesem, prähistorisch verfrüht, die Form eines keltischen Kreuzes.

Herodot erwähnt das megalithische Monument von Callanish als den »großen Flügeltempel der Nördlichen Inseln«, die Einheimischen nannten die steinerne Versammlung Na Fir Breige, »Die falschen Männer«. Tatsächlich wirken manche dieser von Regen und Sturm bearbeiteten Steine wie Skulpturen von Henry Moore. Ein anderer britischer Bildhauer, der im Norden Schottlands lebende Gerald Laing, hat 1974 auf dem Campus der Strathclyde University in Glasgow ein plastisches Äquivalent zu dem prähistorischen Steinkreis geschaffen, mitten in der modernen Großstadt ein archaisches Zeichen der Erinnerung, der Evokation und der Meditation. Gerald Laings ›Callanish‹ ist ein Geviert von sechzehn geometrisierten Figuren, jede dieser Stahl-Stelen fast fünf Meter hoch – rostige Ikonen des Technischen Zeitalters, Kultsignale der Computergesellschaft.

Das Material, aus dem die prähistorischen Künstler die Monolithen von Callanish schlugen, hat selbst schon eine mythische Qualität. Es ist Urgestein, Lewis-Gneis, genannt »The Old Boy«. Seine spektakulärsten Kulissen bilden die Klippen am *Butt of Lewis*, an der Nordspitze der Insel. Diese ältesten Felsformationen der Erde, etwa 1500 Millionen Jahre alt, treten nur noch in Sutherland und im kanadischen St. Lawrence-Gebiet so sichtbar zutage wie auf den Äußeren Hebriden. Schottland war ja einmal, geologisch, ein Teil von Nordamerika und kam erst vor Millionen Jahren durch eine gewaltsame Union mit England zusammen. Daß diese prähistorische Bruchlinie im schottischen Unterbewußtsein nachwirkt, erklärt manches.

THE SABBATH
Tourist. "Beautiful day!"
Highlander. "Ay, but it's no the day tae be talking aboot it."

Viktorianische Sabbat-Karikatur

Baden, Kochen, Autofahren: Sonntags nie

Und dann die Sonntage. Ein Sonntag auf Lewis ist so trostlos wie zehn Sonntage auf dem Festland. Es fängt damit an, daß die Sonne scheint und kein Mensch sich draußen blicken läßt. Die Felder leer, die Straßen totenstill. Es ist wie bei einem Giftgasalarm, es ist Sonntag. Nur die schwarzweißen Sheepdogs liegen vor den Haustüren; aber da Sonntag ist, bellen sie nicht einmal, sondern verziehen nur gequält das Gesicht. Picknick am Strand, harmloses Familienvergnügen, gar nicht zu reden vom Wochenendausflug: Das alles ist auf Lewis am Tag des Herrn verpönt. Wer sonntags Auto fährt, ist Tourist oder gottlos.

»Remember the Sabbath Day to keep it holy«, steht auf einem Schild an der Küste von Upper Halistra auf Skye, und darunter zwei drohende Bibelzitate. Der Sabbat wird auf den

Hebriden mit jüdischem Eifer eingehalten, zumindest noch von den Älteren. Selbsternannte Sonntagswächter haben früher sogar Leute vom Strand gewiesen, die offensichtlich nicht an Gott, sondern ans Baden dachten. »It never rained on Sunday«, erinnert sich der Journalist Derek Cooper. Die Sonne schien mehr als sonst, »aber Spielen war verboten«. Eine Kindheit auf Skye: »Der Sonntag kam mir immer wie ein geeigneter Tag vor, um sich beerdigen zu lassen – jedermann war schon richtig angezogen und in der richtigen Stimmung.«

Ich wollte mich aber nicht begraben lassen, sondern essen gehen. Am Ende meiner sonntäglichen Restaurantsuche auf Lewis sah ich ein, daß ich ebensogut auf einen Friedhof hätte gehen können. Nun muß man der Gerechtigkeit halber sagen, daß die Einheimischen es sich auch nicht leicht machen mit ihrem Sonntagsessen. Am siebten Tage sollst du ruhn: Also wird das Essen schon am Samstag gekocht und das Geschirr erst am Montag abgewaschen, wenigstens in strenggläubigen Familien. Manche zünden sonntags nicht einmal ihr Kaminfeuer an, und auch das Fernsehen wird nicht angerührt. Daß einige an diesem Tag sogar ihr Bed & Breakfast-Schild mit Sackleinen verhüllen, ist allerdings nur noch eine rigorose Legende. Allerdings soll es noch Bauern auf Lewis geben, die darauf achten, daß selbst im Stall am Tag des Herrn kein sündhaftes Vergnügen stattfindet: Hüpfige Hähne werden in Krabbenkörbe gesperrt.

»Closed on Sundays«: Natürlich war auch das Blackhouse-Museum in Arnol geschlossen. Aber als ich durch *Barvas* fuhr, schien plötzlich die ganze Gemeinde auf den Beinen: Kirchgang. Die Jungen trugen weiße Kniestrümpfe, die Mädchen helle Sommerhüte, und in der Hand die Bibel. Die presbyterianische Free Church ist die größte und strengste Religionsgemeinschaft auf Lewis. Kein Gottesdienst auf dem Festland ist so gut besucht wie hier, nirgendwo der Einfluß der Kirche so ungebrochen wie auf den Hebriden. Am nächsten Tag fragte ich einen Tankwart in Stornoway, was er sonntags mache. »Nichts«, sagte er. »Zur Kirche gehen, sonst nichts. Sechs Tage arbeiten wir und verdienen Geld, am siebten Tag sollten wir Gott dafür danken.«

Selbst wer über den Zusammenhang von Arbeit, Kapital und Religion anders denkt, wird die beruhigende Wirkung eines Sonntags auf den Hebriden nicht leugnen. Freilich macht die rigide Moral des Puritanismus manchen auch melancholisch, und der hohe Anteil Depressiver auf den Hebriden ist sicher nicht nur eine Folge der langen Wintermonate mit Regen, Sturm und Dunkelheit. Nicht von ungefähr ist auch die Zahl der Alkoholiker auf den Hebriden und an der Westküste viermal so hoch wie im übrigen Schottland und um das Zwölffache höher als in England. »Sunday is the real drinking day now«, sagte mir ein Zugereister. Vielleicht trinken sie sonntags mehr als sonst, um ihr Schuld- und Sündenbewußtsein zu verdrängen. Wer »the Scottish Sickness« hat und ›trocken‹ werden will, geht nach *Craig Dunain* bei Inverness, Trinkerheilanstalt und psychiatrische Klinik in eins.

Irgendwann und irgendwo habe ich mich an jenem Sonntag auf Lewis in einer windgeschützten Bucht an den Strand gelegt und versucht, nicht an das Sabbat-Schild von Skye zu denken. Es war ein trostlos heiterer Sonntag. Ich freute mich auf Montag, wo es wieder Regen geben würde und lachende Gesichter auf den Straßen.

North und South Uist

Auch diese Überfahrt dauert zwei Stunden, von Harris nach Uist, zwei Stunden und ein Buch. Das Buch heißt ›Land der Gräser‹, sein Autor Paul Strand. Der Titel ist eine Übersetzung von Tîr a' Mhurain, dem alten gälischen Namen für South Uist. Mit diesen Worten beginnt auch das Lied der Auswanderer[1] von Uist:

Tîr a'mhurain, tîr an eòrna,   *Far am bi na gillean òga*
Tîr 's am pailt a h'uile seòrsa,   *Gabhail òran 's 'g òl an leanna...*

Hören muß man das, nicht lesen; der gälische Klang stirbt in der deutschen Übersetzung:

Land des Riedgrases, Land der Gerste,   *Wenn ich nur zwei Anzüge hätt'*
Land, wo alles reichlich vorhanden ist,   *Und auch ein Paar Schuhe*
Wo die jungen Männer Lieder singen   *Und das Fahrgeld in der Tasche,*
Und Ale trinken...   *Gleich würd' ich segeln nach Uist.*

Dieses gälische Lied hat der amerikanische Fotograf Paul Strand seinem Buch von Uist vorangestellt, und auch das letzte Bild des Buches hat er ›Tîr a' Mhurain‹ genannt (Abb. 89). Es schien mir immer der Inbegriff der Hebriden: Eine weite Küstenlandschaft, am Horizont ein einsames Haus, ein paar andere im Schatten eines Hügels. Keine Menschen, keine Bäume, aber zwischen den Steinen die Gräser. Vier Pferde sind von der Weide hinuntergegangen ans Wasser; es ist Ebbe, die Stille zwischen den Stürmen. Graue Wolken, silbergraue See, schwarzgerandete Helligkeit, vom Wasser reflektiert, ein unvergleichliches Licht. Eine rätselhafte Ruhe, Zauber jenseits der Idylle, Land am Rande der Zeit. Ein Morgen, ein Abend an den dunklen Küsten des Lichts. Mit diesem Bild fuhr ich von Tarbert nach Lochmaddy, ins Land der Gräser. So fand ich die Inseln, die Stille und das Licht. Aber die Pferde waren gegangen.

Raketen im Labyrinth der Lochs

Eine lange Straße läuft das lange Ende von Long Island entlang nach Süden, siebzig Kilometer von *Lochmaddy* nach *Lochboisdale*. Was dem Autofahrer leicht zu einer einzigen Insel gerinnt, sind tatsächlich drei, und zwei davon so entgegengesetzt wie die Himmelsrichtungen vor ihrem Namen: North Uist ist die protestantische, South Uist die katholische Insel; Benbecula, dazwischen, überlegt es sich noch. Dominierend aber ist nicht der Eindruck von einer oder von drei Inseln, sondern der von hundert Seen und tausend Buchten.

---

1   Vor den Clearances hatte South Uist 7300 Einwohner (1841), heute nur noch etwa die Hälfte.

Ich ging an Land und wurde das Gefühl nicht los: Noch ein paar Schritte, und du liegst wieder im Wasser. Das Land scheint aus lauter Lochs zu bestehen, die See aus lauter Inseln. Zur Orientierung empfehle ich die relativ mühelose Besteigung des 190 Meter hohen *Beinn Mhor* nördlich von Lochmaddy. Ein Labyrinth von Lochs und Buchten breitet sich vor uns aus; die finnische Seenplatte ist dagegen übersichtlich wie ein Teesieb. Der Gott, der Land und Wasser trennte, hat bei der Schöpfung der Hebriden hier offenbar die Lust verloren und dem Chaos seinen Lauf gelassen. Das hat sich höchst phantasievoll entfaltet, nehmen wir nur *Loch Scadavay:* ein See, nicht größer als drei Quadratkilometer, aber das dreht und wendet, dehnt und windet sich zu einer Uferlinie von 75 Kilometern. Daher denn auch, unterwegs zwischen North Uist und Benbecula, die anhaltende Verwirrung, ob dies nun ein Binnensee oder eine Meeresbucht, jenes die Küste oder eine Insel sei.

Eine Seetangfabrik bei Lochmaddy, Hummerfang, etwas Tweedweberei, etwas Landwirtschaft im Westen der Insel: Davon leben die rund 1 900 Bewohner von North Uist (1821 waren es noch 5 000). *Benbecula,* die kleine Zwischeninsel, ist mit North Uist seit 1960 durch einen Damm und mit South Uist durch eine Brücke verbunden. Den kaum weniger wichtigen Brückenkopf bilden die beiden Wirtshäuser an jedem Ende der acht Kilometer langen Straße quer durch die Insel. Benbecula heißt »Hügel zwischen den Fjorden«, aber das Hügelland ist so flach und so windig, daß die Einheimischen sagen: Man lebt hier wie auf dem Deck eines Schiffes. Eines Kriegsschiffes, im Ernstfall, denn auf Benbecula und der Nordspitze von South Uist sind eine Reihe von Raketenbasen installiert.[1]

Die Radarschirme der Royal Air Force am Horizont und eine monumentale Madonnenstatue neben der Straße, »Our Lady of the Isles«: Das ist das Entrée von *South Uist.* Auf der katholischen Hebrideninsel sind die alten Lieder und Bräuche lebendiger geblieben als auf der protestantischen Nachbarinsel. Es war ja nicht die englische Sprache allein, sondern vor allem der Puritanismus, der die sinnenfrohe, ›heidnische‹ Kultur der Gälen verdrängt hat. Vorbei am Flora-Macdonald-Cairn bei ihrem Geburtsort *Milton* führt die A 865 nach Süden, von Pub zu Pub rund dreißig Kilometer. Östlich der Straße ödes Moor- und Bergland, auf der Westseite fruchtbare Felder, Dünen und Sandstrände. Hier, zwischen Moor und Meer, liegt jene Kette von Seen, aus denen die Forellen kommen, die Queen Elizabeth am liebsten ißt. Hier, längs der Küste, erstreckt sich das Machair, das Grasland, das der Insel ihren Namen gab: Tìr a'Mhurain. Diese Landschaft hat Paul Strand fotografiert, und diese Aufnahmen haben unser Bild der Hebriden so nachhaltig geprägt, wie das Tagebuch von Dr. Johnsons Hebridenreise den Blick seiner Zeitgenossen bestimmte, noch bis weit ins 19. Jahrhundert.

Drei Monate lang wanderte Paul Strand mit seiner Frau Hazel im Jahre 1954 durch South Uist. Er fuhr nicht mit dem Auto, er ging zu Fuß. Er fotografierte auch nicht gleich, er beobachtete: Wie das Licht die Landschaft veränderte; wie das Wasser und der Wind die Insel und wie die Natur die Menschen geformt hatte; wie sie arbeiteten und wie sie wohnten. »Ich suche die Zeichen einer langen Partnerschaft, die jedem Ort seine besondere Qualität

---

1 Hinweis für Taucher: Im Sund von Raasay (Skye) testet die Britische Marine ihre Atom-U-Boote.

geben und die Eigenart seiner Menschen prägen.« So entstanden elementare Aufnahmen einer elementaren Landschaft, ein differenziertes Bild des ›einfachen Lebens‹, ein großes Porträt der ›kleinen Leute‹ von South Uist. Paul Strand fotografierte die Fischer und Bauern, die alte Weberin und den Hütejungen mit seiner zerschlissenen Jacke. Er porträtierte sie vor ihren Häusern, die wettergegerbten Gesichter vor den verwitterten Steinen. Härte, Enge und Isolation ihres Daseins werden in doppelter Nähe greifbar. Nah und groß erscheinen die Dinge ihres Alltags: Spaten, Netze, Schiffstaue, der Torfstapel vorm Haus. Monumental auch die Formen der Natur: Felsen, Tang, Heidekraut, der weiße Schädel eines Stiers im Sand. Und immer wieder der hohe Himmel und die weiten Horizonte, die tiefen Wolken und die kahlen Felsen, und irgendwo dazwischen ihre Häuser.

South Uist, fünfundzwanzig Jahre nach Paul Strand: Ich sehe andere Gesichter, aber dieselbe Freundlichkeit. Ich sehe bessere Straßen, aber dieselben kargen Felder. Die Sozialhilfe ist größer, die Armut geringer geworden, aber die Arbeit ist geblieben. Der Tang wird nun mit Greiffahrzeugen am Strand gesammelt, aber der Torf noch immer mit dem Spaten gestochen und mit der Hand vorm Haus gestapelt. Viele Häuser haben noch Strohdächer und die Strohdächer Ankersteine, aber auch hier hat das Wellblechzeitalter längst begonnen. Ich habe die tiefen Wolken gesehen, die kahlen Felsen und den weißen Schädel eines Stiers im Sand. Ich habe die Küste von Tìr a'Mhurain wiedergefunden, aber die Pferde waren gegangen.

Muschelbus im Land der Gräser

Es waren Autos in der Landschaft. Autowracks mitten auf einem Feld, neben einem Haus, im Moor, zwischen den Felsen. Wahrscheinlich fällt das nur Fremden auf, die in den Kategorien von Straße, Schrottplatz und Umweltschutz denken. Auf den Äußeren Hebriden, wo noch so wenig Verkehr auf den wenigen Straßen ist, wo Handzeichen mehr als Verkehrszeichen die Vorfahrt regeln, da geht man auch mit seinem Wagen ganz unbekümmert um, wie mit einem alten Pflug: Man stellt ihn ab, egal wo. Nur ins Meer, was naheläge, kippen sie ihre Wracks nicht. »Wir sind Fischer« sagt einer, und ein anderer: »Je mehr Wracks jemand auf seinem Grundstück hat, desto angesehener ist er, weil er sich so viele Autos leisten kann.«

Bemerkenswert auch ihre Vorliebe für Wohnwagen. Schon auf Lewis und Harris war mir das aufgefallen: Fast neben jedem Bauernhaus ein Caravan – zusätzlicher Wohnraum, Unterkunft für Touristen, mobile Zimmer für Arbeiter vom Festland, Behelfsquartiere, wenn das alte Haus abgerissen und das neue gebaut wird. Caravan Country, Inseln im Umbruch. Bis zu drei Wohnwagen darf man, laut Gesetz, auf seinem Grundstück abstellen. Da stehen sie nun, mit Stricken verschnürt wie Objekte von Christo und mit Steinen beschwert wie die Strohdächer, damit sie nicht wegfliegen. Das alles wirkt so natürlich wie eine Landschaft ohne Bäume, befremdend nur für Fremde. Vor 25 Jahren, auf Paul Strands Fotografien, war davon noch nichts zu sehen.

374

Das bizarrste Autowrack fand ich im Garten von Flora Johnstone: den Muschelbus von *Bualadubh*, die Pop-Art-Phantasie einer achtzigjährigen Bäuerin auf South Uist (Farbt. 53). Es ist ein alter Omnibus, völlig mit Muscheln bedeckt, mit Ornamenten aus Herz- und Miesmuscheln und Austernschalen, von Muscheln überzogen auch Fahrersitz und Armaturenbrett, Mucheltiere und Muschelmenschen überall, als sei dies Neptuns Unterwasserspielzeug gewesen und nicht ein Überlandbus für Schüler. Volkskunst? Kitsch? Monströse Touristenattraktion? »Ich wollte keine Kunst machen, ich brauchte Wohnraum.« Flora Johnstone führt mich in ihre strohgedeckte Bauernkate, wo sie seit fünfzig Jahren lebt. Ein schmaler Flur, eine winzige Küche, zwei kleine Zimmer – eine ideale Junggesellenwohnung. Acht Kinder hat sie hier zur Welt gebracht, zusammen mit ihrem Mann ein Zehn-Personen-Haushalt. Sie hatten etwas Land, zwei Kühe, ein Pferd und acht Schafe; davon lebten sie. Ein schweres Leben? »You get used to it.« Irgendwann kam sie auf die Idee mit dem alten Bus. Damit das Schrottgehäuse etwas wohnlicher würde, begann Flora Johnstone es auszuschmücken. »Muschelschalen lagen gleich hinterm Haus, die Reste vieler Mahlzeiten. Ich habe die Muscheln an den Bus geklebt, wie es mir gefiel. Man kann seine eigenen Formen und Ornamente entwerfen, ohne Vorbilder.« Art brut, Naive Kunst einer Hebridenbäuerin.

Inzwischen ist ihr Mann gestorben, von ihren acht Kindern sind zwei nach Amerika ausgewandert, die anderen leben auf dem Festland – »they all got a job away«, es gab keine Arbeit für sie auf der Insel. Wenn Flora Johnstone mit ihrer Tochter in New York telefoniert, unterhalten sie sich auf Gälisch. »Alle meine Kinder sprechen Gälisch; meine Enkel schon nicht mehr.« Seit Jahren lebt sie allein in ihrer Bauernkate und im Muschelbus ihrer Phantasie, Flora Johnstone in Bualadubh im Land der Gräser.

Die Straße durch South Uist endet am Pub von *Pollachar*. Hier kann folgendes passieren: Sie stehen an der Küste, genießen die Aussicht auf die Insel *Barra*, den »Garten der Hebriden«, da steigt vor Ihnen ein Taucher aus dem Meer und schwenkt triumphierend eine Flasche. Sie vermuten mit Recht, daß Sie nicht den Flaschenpostboten von Barra vor sich haben, sondern einen Amateurtaucher, der eine volle Whiskyflasche gehoben hat. Solches Finderglück ist an dieser Stelle keine Seltenheit. Denn hier, in der Meerenge zwischen South Uist und der kleinen Insel *Eriskay*, ereignete sich der hochprozentigste Schiffbruch in der Geschichte der christlichen Seefahrt. In einer Februarnacht des Jahres 1941 machte das britische Handelsschiff ›Politician‹ einen überaus wohltätigen Navigationsfehler und landete nicht in Amerika, sondern auf einem Felsen im Sund von Eriskay und sank. Die ›Polly‹, wie sie seitdem von den Insulanern zärtlich genannt wurde, hatte zwanzigtausend Flaschen feinsten schottischen Whiskys an Bord. Sogar die Hühner von Eriskay, heißt es, waren tagelang betrunken. Der Schiffbruch der ›Politician‹ ließ die Inselbewohner so begeistert am Strand zusammenlaufen wie am 23. Juli 1745, dem Tag, als Bonnie Prince Charlie auf der Insel Eriskay erstmals seinen Fuß auf schottischen Boden setzte. Ein kurzer Rausch, in beiden Fällen. Compton Mackenzie hat den Schiffbruch in seinem Roman ›Whisky Galore‹ beschrieben. Über dessen Verfilmung (1948) hat die halbe Welt gelacht, und so den sympathischsten Eindruck von den Hebriden und ihren Bewohnern gewonnen.

Die Orkney–Inseln

Im Wetterbericht treten sie gewöhnlich unliebsam in Erscheinung, als nordatlantisches Tiefdruckgebiet. Im britischen Ölrausch machten sie Schlagzeilen, als künftige Goldgruben der Nation. Und immer haben die Kartographen Schwierigkeiten, sie unterzubringen, und rücken sie meist rechts oben in ein Extra-Kästchen, jenseits von Schottland, out of the world: die Orkney- und die Shetland-Inseln.

Was haben wir, außer Öl und schlechtem Wetter, dort zu erwarten? Daniel Defoe lebte und reiste immerhin vier Jahre in Schottland, aber die Orkney- oder gar die Shetland-Inseln zu besuchen, hat er strikt abgelehnt: Warum »eine so halsbrecherische Überfahrt riskieren, wenn dort so wenig Sehenswertes zu finden ist?« Auch die Viktorianer, scharenweise auf der Suche nach Einsamkeit, hatten von ihren nördlichsten Inseln andere Vorstellungen. »Gibt es hier Zeitungen?« fragt in einer alten ›Punch‹-Karikatur eine englische Touristengruppe ihren Bootsmann vor der Küste von Orkney. »Ou aye«, sagt der, »ja, wenn das Dampfschiff kommt. Bei gutem Wetter kommt es einmal die Woche. Aber bei Sturm oder im Winter kriegen wir es manchmal drei Monate lang nicht zu sehen.« – »Dann erfahren Sie ja gar nicht, was in London passiert!« – »Nein, aber Sie in London sind genauso schlecht dran wie wir, for ye dinna ken what's gaun on here – denn Sie erfahren ja auch nicht, was hier los ist!« Daran hat sich nicht viel geändert: Versuchen Sie einmal, an einem Londoner Kiosk ›The Orcadian‹ zu kaufen, die Wochenzeitung der Orkneys! Die Reisebedingungen sind seit den Tagen Defoes besser geworden: Linienflüge von Aberdeen und Wick, Autofähren täglich von Scrabster nach Stromness. Gibt es dort doch mehr zu sehen, als Defoe vermutete?

Wikingerland: Die verpfändete Mitgift

»Komische Sache, sich umzusehen und leere Landschaft vor sich zu haben – und keinen einzigen Baum. Verstehst du, das sieht irgendwie nicht natürlich aus«, sagt Jim Peace bei seiner Rückkehr aus Kanada auf die Heimatinsel in A. H. Blackwoods Horrorgeschichte ›Die Wölfe Gottes‹. Knapp zwanzigtausend Menschen leben auf den Orkney Islands, auf den zwanzig noch bewohnten von rund siebzig Inseln. Wenn die Loganair, der Inselhüpfer, durch die Wolken stößt, im Anflug auf Mainland, die Hauptinsel, überrascht uns ein baumloses, aber grünes, sanft gewelltes Weide- und Ackerland. Die karge Fels- und Moor-Szenerie der Highlands oder der Hebriden finden wir auf Shetland wieder, nicht auf Orkney. Hier sind die Hügel »so small and smooth and green«, wie Edwin Muir sie beschrieb, der schottische Schriftsteller und Kafka-Übersetzer von den Orkney-Inseln. Auf den Koppeln weidet bestes Beef, das schwarze Aberdeen-Angus-Rind; dazwischen Schafe. Buntbemalte schmiedeeiserne Viehzeichen vor den Bauernhöfen signalisieren den Haupterwerbszweig der Orkadier (Abb. 71–73). Fischfang steht erst an zweiter Stelle (Orkney-Hummer für den Gourmet freilich an erster). Der Orkadier, heißt es, bestellt seinen Acker und hat ein Boot; der Shetländer hat Boote und hält eine Kuh. Darum, wegen überwiegend landwirtschaftlicher Interessen, stimmte Orkney für den Beitritt Großbritanniens zur Europäischen Gemeinschaft, Shetland dagegen, aus Sorge um den Schutz seiner Fischgründe vor ausländischen Trawlern. Zusammen ergriffen Orkney und Shetland, die auch einen gemeinsamen Parlamentssitz haben, im Kabeljaukrieg Partei für Island und gegen Großbritannien. Was die beiden Inselgruppen indes mehr verbindet als der Kabeljau ist ihre gemeinsame Kultur, und die war jahrhundertelang nicht schottisch und noch weniger britisch, sondern skandinavisch.

»Peace and Tranquillity in Viking Britain«, werben die Prospekte. Friedliche Inseln waren dies nicht, als die Wikinger kamen, im 8. Jahrhundert, und sie zur Operationsbasis für ihre Raubzüge machten. Orkney und Shetland wurden Mittelpunkt einer einflußreichen norwegischen Grafschaft, die unter Earl Thorfinn dem Mächtigen einen großen Teil Schottlands, die Hebriden und Teile von Irland umfaßte. Bis 1468 gehörten Orkney und Shetland zu Norwegen. Schottisch wurden sie erst durch eine Heirat oder besser: durch eine Pfändung. Als James III. Margaret heiratete, konnte ihr Vater Christian I., König von Dänemark und Norwegen, die vereinbarte Mitgift nicht bezahlen und verpfändete Orkney und Shetland an seinen schottischen Schwiegersohn. Im Jahre 1472 fielen die Inseln endgültig an Schottland.

Noch im späten 17. Jahrhundert wurde auf den Orkneys und Shetlands ›Norn‹ gesprochen, eine dem Altnordischen verwandte Sprache. Das ganze 18. Jahrhundert hindurch herrschten rege Handels- und Schmuggelverbindungen zu Norwegen, und im 19. Jahrhundert feierten Orkadier und Shetländer eine nordische Renaissance: Angesichts von Hunger und Armut verklärte sich ihnen die Wikinger-Zeit zum Goldenen Zeitalter. Norwegische Widerstandskämpfer schließlich operierten von Orkney und Shetland aus gegen die nationalsozialistische Besetzung ihres Landes. Noch heute gibt es, von Ortsnamen ganz abgesehen, viele skandinavische Wörter im schottischen Dialekt der Inseln. Der Name Orkney selbst stammt wohl von den Pikten und ihrem Wahrzeichen, dem Orc, dem wilden Bären.

Die abenteuerliche Geschichte der norwegischen Grafen von Orkney ist in der ›Orkneyinga Saga‹ überliefert. Das altnordische Versepos, um 1220 auf Island entstanden, ungefähr zur selben Zeit wie das ›Nibelungenlied‹, schildert die Heldentaten von Einar Schiefmaul, Thorfinn dem Schädelspalter und anderen Recken. Im 12. Jahrhundert zogen die Männer von Orkney auch ins Heilige Land, mehr Piraten als Pilger, Wikinger eben.

Einer der heimkehrenden Kreuzritter baute sich eine kleine Kirche an der Bucht von Scapa Flow, nach dem Vorbild der Grabkirche von Jerusalem: *Orphir Church*, die einzige mittelalterliche Rundkirche Schottlands (Ruine, erste Hälfte 12. Jh.). Mächtig und unzerstört aber steht eine andere Wikingergründung, die Kathedrale von *Kirkwall* (»Kirkjuvagr«, Kirchbucht).

Ihren Gründer, Earl Rognvald den Heiligen, preist die ›Orkneyinga Saga‹ als Dichter und Krieger, der mit der Streitaxt so gut umgehen konnte wie mit der Harfe des Skalden. Rognvald weihte die Kirche seinem Onkel Graf Magnus, der um 1117 von einem Rivalen auf der Insel Egilsay ermordet und bald in ganz Skandinavien als Heiliger verehrt wurde. Heute erinnert das St. Magnus-Musikfestival an diesen ungewöhnlich pazifistischen Wikinger. Glücklich verbinden sich in St. Magnus Cathedral einheimisches Baumaterial und anglonormannische Bautradition, der Geist von Durham und der rote Sandstein von Orkney. Wuchtig, romanisch der Beginn (1137): die mächtigen Rundpfeiler, die Rundbögen der Arkaden und des Triforiums. Frühgotisch die Fortsetzung: Spitzbögen im Obergaden, im Chor Blattkapitelle mit Tiergrotesken. Wie gewinnt da der schwere Anfang Leichtigkeit, der Raum Licht und Höhe, die strenge Grundform spielerisches Leben. Proportion ist alles, und Rhythmus: im Abstand der Pfeiler, in den graziös sich überschneidenden Bögen der Blendarkaden, im Wechselspiel von rotem und goldgelbem Sandstein an den drei Säulenportalen der Westfront. Sie wurden im 13. Jahrhundert begonnen und, bruchlos, im 15. Jahrhundert vollendet. Einheimische und wandernde Steinmetze, vielleicht aus Durham, haben hier im äußersten Norden Großbritanniens, weitab von den Zentren der Kultur, ein erstaunliches Werk hinterlassen. Als einzige schottische Kathedrale – auch das ist erstaunlich – hat St. Magnus die Reformation ebenso wie Cromwells Truppen heil überstanden.

Die Bischöfe von Orkney, bis 1472 dem Erzbischof von Trondheim unterstellt, residierten fürstlich im Bishop's Palace neben der Kathedrale. Hier starb 1263 Norwegens König Haakon IV. nach der Schlacht von Largs. War den Orkadiern das schottische Feudalsystem ohnehin zuwider, verhaßt wurde ihnen erst die Herrschaft eines Stewart: Earl Patrick, genannt »Black Pate«. Ihm, dem schlimmsten Tyrannen der Orkneys, verdanken sie ihren schönsten Palast, Earl's Palace (1600–07). Ästhetik und Gewalt eines schottischen Renaissancefürsten: Diesen Bau, verbunden mit dem Bischofspalast, preßte der »Schwarze Patrick« seinen Untertanen in Fronarbeit ab – »ohne Essen, Trinken oder Lohn«, wie es später in den Prozeßakten heißt. Earl Patricks Hinrichtung in Edinburgh, 1615, mußte um eine Woche verschoben werden, damit er das Vaterunser noch lernen konnte.[1]

In den Ruinen des Earl's Palace läßt Walter Scott seinen Piratenkapitän Clement Cleveland auftreten und die riesigen Kamine des Festsaals bewundern, Zeichen der »alten nordischen Gastfreundschaft der Grafen von Orkney«. Das Vorbild für den Helden seines Romans ›The Pirate‹ (1821) fand Scott in dem Piraten John Gow aus *Stromness*. Mit Steinplatten gedeckte Häuser, die Stufengiebel zur Straße gekehrt, die Straße wiederum mit Steinplatten gepflastert: Diesen kargen, eigenartigen Reiz der Hauptstraße von Kirkwall

---

1 Auch der Earl's Palace in *Birsay* und Noltland Castle auf *Westray* zeigen Earl Patricks Handschrift.

finden wir in Stromness wieder. Beide historischen Stadtkerne, ebenso die von Lerwick und Scalloway auf Shetland, stehen inzwischen unter Denkmalschutz. Stromness, der alte Hafen der Heringsfischer und Walfänger, machte 1979 einen unerwarteten Fang: Werke von Barbara Hepworth, Ben Nicholson, Alfred Wallis und anderen. Die Engländerin Margaret Gardiner, jahrelang glücklicher Feriengast auf den Orkneys, hatte ihre Sammlung moderner Kunst der Gemeinde Stromness geschenkt – zum Befremden der Einheimischen und zur Freude der Fremden (Pier Gallery).

Skara Brae: Der vollmöblierte Steinzeitmensch

Ein Orkan wie dieser war selbst auf den Orkneys ungewöhnlich. Als der Bauer William Watt im Winter 1850 seinen Strand an der Westküste der Hauptinsel abschritt, glaubte er an einen bösen Scherz der »Sturmhexen«: *Skara Brae*, die hohe, grasbewachsene Düne an der Skaill Bay lag abgedeckt vor ihm wie ein riesiger Kehrrichthaufen. Mr. Watt stocherte zwischen Knochen, Muscheln und Asche und stieß auf Mauerreste. Für eine archäologische Entdeckung war das kein ungewöhnlicher Anfang.

Als man aber in den zwanziger Jahren systematisch nachgrub in Skara Brae, kam aus dem Abfallhaufen der Geschichte ein komplettes Steinzeitdorf zum Vorschein, vom Sand verweht und rund fünftausend Jahre später von einem ähnlichen Sturm wieder freigelegt (Abb. 90). Wir gehen auf den grasüberwachsenen Mauern der Hütten und blicken hinunter in die Wohnungen, als sei dies eine unterirdische Modellsiedlung, von der die Archäologen der besseren Anschauung wegen die Dächer abgenommen hätten. Das Dorf besteht aus sieben Hütten, dicht aneinandergebaut und durch Passagen verbunden. Diese überdachten Gassen und die Dächer der Häuser waren ursprünglich mit einer ständig wachsenden Schicht von Abfall und Erde bedeckt. So wohnten sie, warm und windgeschützt, in ihrem eigenen Komposthaufen. »Like the rabbits«, sagt der Wärter, wie die Kaninchen lebten die Leute hier in ihren Steinhöhlen und Gängen.

Die Häuser von Skara Brae sind rechteckig mit abgerundeten Ecken. Jedes Haus ein einziger Raum, siebzehn bis vierzig Quadratmeter groß. Die Mauern, bis zu zweieinhalb Meter hoch und über einen Meter dick, aus flachen Steinplatten geschichtet, ohne Mörtel, außen wohl mit Lehm verputzt. Das Baumaterial aus dem nächsten, natürlichen Steinbruch, von den Klippen der Bucht. Die Dächer vorkragende Steinplatten, auf denen ein Gerüst aus Walfischknochen ruhte, bespannt mit Tierfellen und mit Grassoden bedeckt; in der Mitte eine Öffnung als Rauchabzug. Solche zeltähnlichen Fellkonstruktionen über Steinmauern gibt es noch heute bei Hirten und Bauern in Tibet.

Dies alles wäre nur halb so aufregend, stünden nicht in den Häusern von Skara Brae die ältesten Möbel der Britischen Inseln. Möbel aus Stein, denn Holz war offenbar schon damals auf den Orkneys rar. An den beiden Seitenwänden stehen die Betten oder besser: Bettverschläge aus Steinplatten, die mit Strohbündeln gefüllt und mit Fellen ausgelegt waren. Sollten die bettpfostenartig hochgestellten Steine eine Art Baldachin getragen haben? Vielleicht sah es so aus, das rauhe Himmelbett des Steinzeitmenschen. Nun stehen die kahlen Bettkästen da wie leere Sarkophage. Schlaf und Tod, als hätten sie nicht schon immer dasselbe Bett geteilt. Für die persönlichen Dinge, viel wird es nicht gewesen sein, fand sich überm Bett eine Nische in der Mauer. Die Steinkonstruktion an der Stirnwand – drei ›Beine‹, zwei Reihen mit je zwei Fächern – dies, sagen die Archäologen, war nicht der Hausaltar, sondern die Anrichte: das Vertiko des Steinzeitmenschen. Aber auch Altar und Vertiko, wie Bett und Sarg, haben ja nicht nur formale Verwandtschaft. Die Einbaumöbel gruppieren sich um den Herd, das Feuer, die Mitte des Hauses. In diesem Gemeinschaftsraum fand alles statt: Kochen und Essen, Unterhaltung und Schlaf. Die Vertiefungen im Fußboden dienten als Vorratsraum, die kleinen Kammern in der Wand wohl als Safe; in einer entdeckte man einen Schatz von 2400 Perlen. Was die Archäologen noch fanden[1]: verstreute Perlen in Gang C, gleich neben Haus Nr. 7 – hier müsse, schlossen sie, eine Frau, die nicht schnell genug durch die enge Tür kam, mit ihrer Kette hängengeblieben sein.

So also sahen sie aus, Häuser der Steinzeit auf den schottischen Inseln, so waren sie möbliert, und vielleicht galt, was wir für primitiv halten, damals als Komfortwohnung. Jedenfalls lebten andere Völker noch in Blockhäusern, Binsenhütten oder Lederzelten, als die Megalither von Orkney bereits Häuser aus Stein bauten. Wer hat hier gelebt, und wie? Vermutlich wohnten in diesem Dorf nicht mehr als dreißig Leute gleichzeitig, Viehzüchter, die gelegentlich auf Jagd gingen, kaum Fischfang betrieben und keinen Ackerbau. Nichts, was man fand, stammt von außerhalb; sie waren autark. Sie aßen Lamm- und Kalbfleisch, kein Schweinefleisch. Und wenn man die Knochen noch weiter deuten darf, mittels Radiokarbon, dann lebten sie hier etwa vom Jahre 3100 bis 2450 vor Christus[2], bis eine Naturkatastrophe sie vertrieb. Zwei Bewohner, einem Knaben und einem Greis, gelang nicht mehr rechtzeitig die Flucht; man fand ihre Leichen im Sand über den Häusern.

---

1   Die besten Ausgrabungsfunde verwahrt das National Museum of Antiquities in Edinburgh.

2   Als ältestes Steinzeithaus Schottlands gilt *Balbridie* Timber Hall am River Dee (westlich von Aberdeen).

Da stehen wir nun, Einfamilienhausbesitzer, Hochhäusler, auf Stippvisite im Steinzeit-dorf, und sehen, wo wir herkommen und wie wir es doch so herrlich weit gebracht, vollklimatisiert, vollautomatisiert. Bequemer wohnen wir gewiß; mitunter auch schöner; aber sicherer? Steinzeit, Atomzeit: Der Fortschritt ist mit Händen zu greifen. Wer unsere Häuser einmal besichtigen wird, wenn es dann noch etwas zu besichtigen gibt, der mag vielleicht finden, wir hätten doch recht primitiv gewohnt, damals, in der Atomzeit.

Maes Howe: Graffiti aus einem Totenhaus

Die Orkneys, mehr als die Shetlands und mehr als jede andere Landschaft Großbritanniens, sind von Prähistorie geprägt wie ein archäologisches Freilichtmuseum. Diese Inseln am Rand Europas hatten eine Geschichte vor der Geschichte, ein Vorspiel auf dem Welttheater, das dann ganz woanders stattfand. Warum ausgerechnet hier, weitab von den Zentren der (heutigen) Zivilisation, diese Fülle prähistorischer Fundstellen?

Der Vorzeitmensch war nicht auf der Suche nach einsamen Ferieninseln, sondern nach fruchtbaren Siedlungsplätzen. Das Landesinnere von Schottland bestand damals weitgehend aus undurchdringlichem Wald und Moorland. Man siedelte entlang der Küste und stieß auf die Orkneys: kaum Bäume, sanfte Hügel, fruchtbarer Boden – ideale Bedingungen für Ackerbau und Viehzucht, zumindest nach prähistorischen Maßstäben. Dazu kam die halbwegs sichere Insellage und geeignetes Baumaterial, Steine. Damit hängt am Ende alles zusammen: die Qualität und Fülle der prähistorischen Monumente und – nicht weniger erstaunlich nach rund viertausend Jahren – ihre gute Erhaltung. Umweltzerstörung ist auf den Orkneys noch ein Fremdwort; auf den Shetlands schon nicht mehr.

An der Straße von Kirkwall nach Stromness, zwischen Kühen und Schafen, steht ein seltsamer, konischer Hügel, fast acht Meter hoch und mit Gras bewachsen: Maes Howe, mestr haugr, »größter Hügel«. In seinem Innern, unter Lehm und Steinen, liegt eines der ältesten Kammergräber der Megalithkultur. Wir müssen uns tief bücken, um durch einen schmalen Stollen in das unterirdische Totenhaus der Steinzeitmenschen zu kommen. Von diesem elf Meter langen, engen Gang geht ein letaler Sog aus, der geradewegs hineinführt in

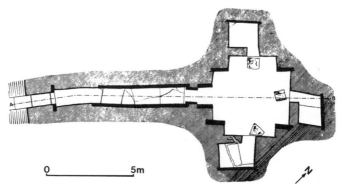

Maes Howe,
Kammergrab der
Steinzeit, Grundriß

0 _____ 5m

381

die zentrale Grabkammer. Raum ohne Rückkehr? Wie modern, wie arm gedacht. Rückkehr vielmehr in einen Raum, den der Vorzeitmensch, ganz plastisch, als Schoß der Mutter Erde empfand und so auch für seine Toten baute, eine physische und metaphysische Einheit. Er baute einen Raum zum Schutz vor Räubern, Sturm und bösen Geistern, einen Raum der Ruhe und der Dauer, einen Raum aus Stein.

Die magische Kraft, die ästhetische Wirkung dieses Kammergrabs beruht nicht zuletzt auf seiner technischen Vollendung. Maes Howe gehört zu den frühen, großen Leistungen der Steinarchitektur in Europa. Wir sehen dieselbe, handwerklich noch perfektere Verbindung von Monolithen und Bruchsteinmauern wie in Skara Brae. Die Plazierung der tonnenschweren, bis zu fünfeinhalb Meter langen Seiten- und Deckplatten des Eingangsstollens; die Schichtung der Steine, ohne Mörtel und so exakt, daß oft keine Messerklinge mehr zwischen die Fugen paßt; die Konstruktion der zentralen Halle mit Strebepfeilern und Kragsteingewölbe, ähnlich den Scheinkuppeln der kretisch-mykenischen Kuppelgräber: Dies alles sind Zeichen einer erstaunlich hohen Ingenieurkunst auf den Orkney-Inseln.

Maes Howe: Schattenreich, Steinzeittod. Aber wo sind die Toten? Als die Archäologen 1861 den Hügel untersuchten, ging es ihnen wie den Jüngern am Ostersonntag: Das Grab war leer. Leer auch die drei Nebenkammern. Bevor die Wissenschaftler in sublimerer Form das Mausoleum von Maes Howe plündern konnten, waren die Wikinger im 12. Jahrhundert hier eingebrochen. Sie haben ihre Anwesenheit und Absicht lapidar dokumentiert: »Ein großer Schatz ist im Nordwesten versteckt« – »Glücklich, wer den großen Schatz findet« – »Haakon allein schaffte den Schatz aus diesem Hügel.« Solche Sätze, in die Wände geritzt, haben Schatzsucher wie Runenforscher elektrisiert. Die reichen Grabbeigaben, vielleicht eines Inselfürsten, den Schatz fand bisher keiner. Aber nirgendwo, nicht einmal in Skandinavien, entdeckte man an einem einzigen Ort eine so große Sammlung von Runen-Inschriften wie in Maes Howe. Die schottische Grabführerin übersetzt noch eine weitere frohe Runen-Botschaft: »Ingibiorg ist das schönste Mädchen – that's the way the vikings did their pin-ups!« Leider haben die Nordmänner die Umrisse ihrer Dame nicht auch in Stein geritzt; statt dessen Drache, Walroß und Schlangenknoten. Kreuzritter haben um 1150 im Grabgewölbe von Maes Howe überwintert; Schneestürme fegten über sie hinweg, die Heere der Toten in den Tagen der Wintersonnenwende. Zwei Mann verloren in der Katakombe den Verstand, berichten die Runen, »und das behinderte ihre Reise sehr.« Noch heute ist Maes Howe im Aberglauben der Einheimischen bewohnt: von Haug Bui, dem Geist der Ahnen und Hüter des Schatzes. Mit Milch und Ale, heißt es, könne man den Troll »Hogboy« bei Laune halten.

Geschichten aus einem Totenhaus. Für die Prähistoriker ist noch vieles unklar. Wer war hier begraben? Wer konnte sich solchen Aufwand leisten? Nur Fürsten, glaubte man lange, reiche Familien. Bis man, 1972, die Grabkammern von *Quanterness* bei Kirkwall öffnete: kein Fürsten-, sondern ein Massengrab. Gefunden wurden Knochen von rund vierhundert Menschen, über einen längeren Zeitraum beigesetzt, ohne Unterschiede ihrer sozialen Herkunft: eine demokratische Steinzeitgesellschaft, zumindest im Grab. Das Leben dieser Menschen war sehr kurz; nur sieben Prozent wurden älter als dreißig Jahre. Die Radiokar-

Ritzzeichnung eines jungen Wikingers auf einer Steinplatte

bonanalysen brachten auch für die Datierung der Kammergräber neue, sensationelle Erkenntnisse: Die ältesten vom Typ Maes Howe müssen schon zwischen 3 500 und 3 700 vor Christus entstanden sein – fast tausend Jahre früher als die ersten Pyramiden. Demnach wären die Kammergräber der Orkneys so alt wie die mesopotamischen Zikkurat-Tempel, manche sogar älter. Dies, folgert der Archäologie-Experte Harald Steinert, widerlege auch eine andere Theorie: »daß die Anregungen für die Bauten der Megalithiker aus dem Mittelmeerraum gekommen sein müssen, und nur von hier die Kultur ausging«. Die Erforschung der orkadischen Kammergräber[1], zusammen mit verwandten irischen Grabhügeln wie Newgrange, beweist etwas anderes: die Existenz einer autochthonen Megalithkultur im äußersten Norden Europas. Auch die Barbaren konnten bauen.

Ring of Brodgar: Rätsel im Steinkreis

Auf einer kahlen Anhöhe stehen sie im Kreis zusammen und schweigen. Aus einem Kornfeld zeigen sie mit großer Geste in den Himmel: die Monolithen im Ring von Brodgar und die Stehenden Steine von Stenness. Sie liegen am Weg von Maes Howe nach Skara Brae, zwischen den Wohnungen und den Gräbern der Steinzeitmenschen: ihre rätselhaftesten Plätze, ihre magischen Steine. Wir sind auf den Orkney-Inseln und das heißt: auf dem besten Weg, Megalithomanen zu werden. Machen wir uns nichts vor: Die Steine von Brodgar und Stenness stehen eigentlich nur noch in der Gegend herum. Und wir können nur noch wie ein Tier auf dürrer Heide an den Steinen schnuppern und spekulieren.

Sie stehen in der Gegend herum: Eben nicht bloß, prähistorisch, auf dem weiten Feld der Wissenschaft und ihren weißen Flecken, sondern zunächst einmal, ganz unmittelbar, in der grünen, grauen Landschaft. Von der elementaren Wirkung der Steinkreise erfahren wir nur etwas, wenn wir sie im größeren Umkreis der Natur erleben. Alles andere ist gut zu wissen, aber nicht das Wesentliche. Ein sanft gewellter Felsbuckel, mit Gras und Heidekraut bedeckt, in einiger Entfernung die Lochs von Harray und von Stenness, Hügel und dahinter

---

1 Neben Maes Howe und Quanterness: *Unstan* und *Cuween Hill* (Mainland), *Quoyness* (Sanday), *Midhowe* und *Taversoe Tuick* (Rousay) u. a.

das Meer: bei schönem Wetter ist der *Ring of Brodgar* ein schöner Picknickplatz und Aussichtspunkt; bei schlechtem Wetter kein schlechter Platz, um alle Wetter dieser Insel zu beobachten und zu spüren, am eigenen Leib und an den Steinen: das Klatschen des Regens, die Wärme der Sonne, Wind und Sturm; über den Steinen die Sterne zu sehen, den Untergang der Sonne und den Aufgang des Mondes; zu sehen, wie die Schatten der Steine kürzer werden und wieder länger; Tageszeiten, Jahreszeiten, Zeit zu erfahren, den Kreislauf der Natur am Kreis der Steine.

Beobachtung und Beschwörung, war es das? Uns bleibt, hauptsächlich, die Besichtigung. Wir sehen auf die Digitaluhr, über uns kreisen die Wettersatelliten, im Kreisverkehr haben wir eigene Zeichen gesetzt, und selbst unsere Kreislaufschwächen sind anderer Natur. So erleben wir, im Bannkreis von Brodgar, das Elementare als exotisch, Natur als Naturromantik, die Steine als Kulissen eines Freilichttheaters, in den Hauptrollen Ossian, Mendelssohn, Sir Walter Scott und nach wem uns sonst noch zumute ist. Die Steine der Frühzeit als Reibsteine für späte Empfindungen. Sie lösen immer noch viel in uns aus. Sie stehen uns nah und bleiben uns ganz fern. Sie stehen für sich und für etwas ganz anderes. Wir stören ihre Kreise nicht.

Was können wir sehen, was sagen uns die Archäologen? Der Ring von Brodgar ist ein kreisförmiger Kromlech der Steinzeit, umgeben von einem breiten, in den Felsboden gehauenen Graben. Einen äußeren Erdwall scheint es, anders als bei den Steinkreisen von Stonehenge oder Avebury, hier nicht gegeben zu haben. Sechsunddreißig Steine befinden sich noch in ihrer Position, aufrecht oder als Fragment. Diese Monolithen aus örtlichem Sandstein sind zwischen drei und viereinhalb Meter hoch, an ihrer Spitze schrägkantig, sonst fast unbehauen, in ihrer eigenen Struktur belassen, schwer und roh wie die Existenz ihrer Erbauer. Sie zogen einen Kreis aus Steinen; ursprünglich waren es sechzig. Teilen Sie einen Kreis mit einem Durchmesser von 104 Metern in sechzig gleiche Kreisbögen: heute, auf dem Papier und mit einem Wert π, eine Grundschulaufgabe. Für Steinzeitverhältnisse, auf unebenem Felsgrund und ohne Hebekran, eine Herausforderung an Geometrie und Geschicklichkeit. Denn bei der Aufstellung der tonnenschweren Steine am berechneten Ort half ja nicht etwa der Erdmagnetismus, mit dem die Theosophin Annie Besant 1899 die Wunder des Megalithzeitalters erklärte: »Die Steine verloren ihre Schwerkraft und schwebten in der Luft, so daß der Druck eines Fingers genügte, sie zu bewegen und genau an den ihnen bestimmten Ort zu setzen.«

Mathematisches Kalkül und magische Erfahrung: So schließt sich der Kreis von Brodgar. Eine geometrisch begriffene Figur, eine plastisch greifbare Form gegen die ungreifbaren, unbegriffenen Kräfte ringsum. Steine, die ein Maß setzten zur Berechnung von Raum und Zeit und einer unberechenbaren Natur. Steine, gesetzt wie zur Akupunktur der Erde. Gerichtet wie Antennen zu kosmischem Empfang, kreisrund wie riesige Weltraumteleskope. Sonnentempel, Mondobservatorium, Energiespeicher, Kalenderbau zur Errechnung der Saat- und Erntezeiten: die Steinkreise der Megalithkultur sind hermetische Kreise, verschlossen und offen für viele Deutungen. Daß der Ring von Brodgar auch als Totenkultstätte diente, lassen die zahlreichen kleinen Grabhügel der Umgebung vermuten.

Dr. Johnson, der Rationalist, hatte für derart prärationale, prähistorische Dinge keinen Sinn. Sein Kommentar, als Boswell ihm einen Steinkreis bei Inverness vorführte: »Ohne Kunst und Kraft; einen einzigen zu sehen reicht völlig.« Muten wir uns noch einen zweiten zu, denn hier irrte Johnson.

Weithin sichtbar, nicht nur vom Ring of Brodgar, mit dem sie vielleicht durch eine Zeremonienstraße verbunden waren: *The Standing Stones of Stenness*. Nur vier der zwölf Menhire dieses Steinkreises aus dem frühen 3. Jahrtausend vor Christus stehen noch, archaische Zeichen im Feld. Isoliert von ihrer Funktion, reduziert auf eine große, einfache Form erinnern sie an Skulpturen der Minimal Art: Meditationssteine reiner Anschauung. Der Rückgriff auf archetypische Ausdrucksformen in der modernen Kunst ist nichts Neues. Aber so prähistorisch wie diese war noch keine Avantgarde: Künstler gehen auf Spurensicherung, kultivieren mit künstlichen Ruinen eine Archäologie der Erinnerung, errichten ganze Steinkreise und Steinreihen neu und überführen sie in die rituellen Räume der Kunst – ästethischer Ersatzdienst für die verlorene Magie.

Scapa Flow: Die Flotte, die sich selbst versenkte

Am *Loch of Stenness* stehen die Angler, unbeweglich wie die Menhire hinter ihnen, und warten auf ihr tägliches Wunder: Forellen von erstaunlicher, geradezu prähistorischer Größe. Die Orkneys sind ja nicht nur ein Paradies für Archäologen; auch Angler, Ornithologen und Wandervögel kommen hier auf ihre Kosten – und kommen dabei immer wieder zurück zur Prähistorie, oder zumindest (nicht) daran vorbei. Auf einer Küstenwanderung im Norden der Hauptinsel stieß ich auf die Ruinen eines seltsamen Turmes, auf den Broch von *Gurness*.

»Brochs« nannten die Pikten ihre Wehrtürme der späten Eisenzeit, vom 1. Jahrhundert vor bis zum 4. Jahrhundert nach Christus. Die Eisenzeit war eine aggressive Zeit; es gab nun Waffen aus Eisen, aber der beste Schutz dagegen war nicht aus Eisen, sondern immer noch aus Stein: ein Broch. Diese Rundturmburgen, bis zu fünfzehn Meter hoch, hatten keine Fenster, über drei Meter dicke Mauern und, als sei dies nicht sicher genug gewesen, sogar Doppelmauern: eine innere, senkrechte, und eine äußere, glockenähnlich geschwungene Mauer; in den Doppelwänden Treppen und Kammern. Diese ungewöhnliche Konstruktion, ganz ohne Mörtel gebaut, gab dem Broch seine unverwechselbare Form, wie auf der Töpferscheibe gedreht: ein graziöser Klotz, ein Bunker, der es sich auf halbem Weg anders überlegt hat und sich elegant nach oben verjüngt wie der Kühlturm eines Kernreaktors. Mit Recht sprechen die Archäologen von einem Höhepunkt prähistorischer Trockensteinarchitektur. In dieser Form außerhalb Schottlands unbekannt, sind die Brochs als Archetypen des späteren Tower-house anzusehen, des spezifisch schottischen Wohn- und Wehrturms.

Rund fünfhundert Brochs hat man in Schottland nachgewiesen, vor allem an der Nordküste, davon allein hundert auf den Orkney-Inseln. Ob sie hier oder auf den Hebriden entstanden sind, ist noch ungeklärt. Der neben dem Broch von *Mousa* (Shetland) am vollständigsten erhaltene, der Broch von *Carloway* (Abb. 86), steht auf der Hebriden-Insel Lewis; einer der frühesten, der *Midhowe Broch*, auf der Orkney-Insel Rousay. Der Broch von Gurness wurde wohl im 1. Jahrhundert vor Christus erbaut, in Küstenlage wie die meisten Brochs, im späten 2. Jahrhundert nach Christus verlassen und als Steinbruch für spätere Siedlungen benutzt (bis 9. Jh.), deren Grundmauern sich wie labyrinthische Jahrhundertringe um den alten Wehrturm legen.

Es ist ein großer Sprung, auf den Orkneys ein Katzensprung, zu den Resten einer anderen, späteren Eisenzeit: zum Schiffsgrab der deutschen Flotte in der Bucht von *Scapa Flow*. Wir fahren von Kirkwall auf der Küstenstraße nach Süden. Vor uns eine weite Bucht, fast schon ein Binnensee. Im Dunst die Hügel von Hoy, auf den Weiden ringsum Schafe und Kühe. Pastorale mit martialischer Vergangenheit. Was sich hier an einem Junitag des Jahres 1919 abspielte, ist längst ein Mythos der modernen Kriegsgeschichte, und die Alten der Insel, die es noch mit eigenen Augen gesehen haben, erzählen es wie das letzte, spannendste Kapitel ihrer ›Orkneyinga Saga‹.

Scapa Flow war der Hauptstützpunkt der britischen Hochseeflotte im Ersten Weltkrieg, eine ideale Operationsbasis für die Fernblockade Deutschlands. Hier ging am 23. November 1918, nach dem Waffenstillstand, auf Befehl der Alliierten die immer noch unbesiegte Flotte eines besiegten Reichs vor Anker. Sie lagen im Westteil der Bucht, 74 Linienschiffe, Schlachtkreuzer, Zerstörer und Torpedoboote mit rund 4700 Mann an Bord. Sie waren interniert und warteten auf den Friedensvertrag, der auch den Verbleib der Kaiserlichen Hochseeflotte regeln sollte. Sie warteten sieben Monate. Keiner durfte an Land, Zeitungen kamen mit tagelanger, Briefe aus der Heimat mit wochenlanger Verspätung. Sie aßen ihre rationierten Graupen, Hartbrot und Dörrgemüse, veranstalteten Englisch- und Algebra-kurse und Kakerlaken-Wettrennen auf den Tischen. Aber die Zeit war so wenig totzuschla-gen wie die Ratten an Bord. Lange Nächte, trübe Tage, Kälte, Regen, grauer Himmel, graue Hügel, graues Wasser. Wer nicht Skorbut bekam, bekam den »Scapa-Fimmel«. Auf dem Linienschiff ›Friedrich der Große‹ brach eine Meuterei aus. Soldatenräte bildeten eine Rote Garde mit dem Ziel einer »Sonderrepublik Internierungsverband«. Dann kam der 21. Juni 1919.

Es war ein Samstag, die Sonne schien, Windstille, ein schöner Tag für einen Schul-ausflug. Der Dampfer ›Flying Kestrel‹ aus Stromness kreuzte mit Hunderten von Kin-dern an Bord in der Bucht von Scapa Flow. Plötzlich, kein Schuß war gefallen, begannen ringsum die riesigen Schiffe zu sinken, ganz langsam, fast lautlos, eine gespenstische Szene, ein Untergang ohne Schlacht und bei schönstem Kaiserwetter. Um 10 Uhr 30 hatte Konteradmiral von Reuter das verabredete Signal zur Selbstversenkung der deutschen Flotte gegeben. Seine Männer öffneten die Ventile und Bullaugen, setzten die Kriegsflagge, brachten drei brausende Hurras auf Deutschland aus, gingen in die Boote und ruderten an Land. Es war ihr erster Landgang seit 230 Tagen. ›Friedrich der Große‹, Admiral Scheers Flaggschiff in der Skagerrakschlacht, sank als erstes. Zurück blieben ein paar Luftblasen, Holztrümmer und Ölflecken. So kenterte ein Schiff nach dem andern: die Schlachtkreuzer ›Seydlitz‹, ›Von der Tann‹, Kaiser Wilhelms ganzer Stolz und Admiral Fremantles stolze

Beute, da sank sie hin. Hilflos, planlos fuhren die wenigen zur Bewachung zurückgebliebenen Engländer mit ihren Booten zwischen den sinkenden Schlachtschiffen herum und schossen wild in die Gegend. Ihr eigenes Geschwader war am Vormittag zu Torpedoübungen in die Nordsee ausgelaufen.

Als die britische Flotte zurückkam, war die deutsche gesunken. Nur wenige Schiffe konnten noch rechtzeitig ans Ufer geschleppt werden. Als letztes, nachmittags um fünf, sank die ›Hindenburg‹, aufrecht; ihre Masten und Schornsteine ragten noch jahrelang aus dem Wasser. Auf seinem Flaggschiff ›Revenge‹ sah Admiral Fremantle fassungslos zu, in Paris tobte Ministerpräsident Clémenceau, in Berlin tat man ahnungslos und war es auch wirklich. Admiral von Reuter, im Glauben, seine Regierung habe das Ultimatum der Alliierten zur Unterzeichnung des Friedensvertrags an diesem 21. Juni ablaufen lassen und es sei wieder Krieg, gab »als Offizier und Mann von Ehre« den Befehl zur Selbstversenkung, damit seine Flotte nicht in die Hände des Feindes fiel. Was Ludwig von Reuter nicht wissen konnte, da ihn die Zeitungen gewöhnlich erst vier Tage nach Erscheinen erreichten: Die Unterzeichnung des Friedensvertrages war um zwei Tage verschoben worden.

Scapa Flow: Nach dem jähen Untergang der deutschen Flotte begann die lange Geschichte ihrer Bergung, spektakulär auch dies. Nie zuvor waren so viele und so riesige Schiffe gehoben worden. Noch ihr Schrottwert ging in die Millionen; die Bergungskosten freilich auch. Sie betrugen allein für den 27000 Tonnen-Schlachtkreuzer ›Hindenburg‹ fast eineinhalb Millionen Mark. Die Firma Cox & Danks Ltd., die 1923 von der britischen Admiralität die Wracks erworben hatte, hob mittels Preßluft ein Schiff nach dem andern, in den Jahren der Depression willkommene Arbeit für viele Orkadier. Als letztes, kurz vor dem Zweiten Weltkrieg, wurde die ›Derfflinger‹ aus vierzig Meter Tiefe gehoben. Heute liegen noch sieben deutsche Schlachtschiffe auf dem Grund von Scapa Flow, geschätzter Schrottwert zehn Millionen Mark. Im Heimatmuseum von Stromness hängt eine zerfetzte kaiserliche Kriegsflagge über den Vitrinen, in denen die Geschichte dieser Bergung mit Fotos und Taucher-Souvenirs dokumentiert wird.

Noch einmal erlebte Scapa Flow eine böse, eine deutsche Überraschung. Die Bucht, auch im Zweiten Weltkrieg Stützpunkt der Grand Fleet, galt mit ihrem Sperrgürtel aus Schiffen und Minen als absolut sicher. In der Nacht zum 14. Oktober 1939 nutzte Kapitän Prien mit seiner U 47 die Hochflut, drang in die Bucht ein und versenkte das Schlachtschiff ›Royal Oak‹ mit 824 Mann an Bord. Daraufhin ließ Churchill die Einfahrt auf der Ostseite abriegeln, mit vier Dämmen aus Tausenden tonnenschwerer Zementblöcke, gegossen von italienischen Kriegsgefangenen. Ihre Lagerkapelle, die Italian Chapel hinter St. Mary's, ist ein Stück Volksfrömmigkeit in der Fremde. Über die *Churchill Barriers* führt heute die Straße zu den Inseln *Burray* und *South Ronaldsay*. Rechts und links der Dämme ragen noch die Wracks der britischen Schiffe aus dem Wasser, die vormals die Zufahrt sichern sollten. In den rostigen, aufgerissenen Rümpfen stehen nun Krabbenkörbe. Auf den Mastspitzen dösen die Möwen. Leer liegt der große Kriegshafen da. Ein paar Hochseeangler versuchen ihr Glück über dem Grab der kaiserlichen Flotte in der Bucht von Scapa Flow.

Die Shetland-Inseln

Waren sie uns nicht immer hautnah, schon als Kind ein Begriff: Shetlandpony, Shetlandwolle? Insel der Markenzeichen, zottelige Idylle, stürmisch und irgendwo im Norden. Ultima Thule nannten sie die Römer, Inseln am Ende der Welt. Wie fern uns die Shetlands immer noch sind, fern auch von unsern Klischees, habe ich erst an Ort und Stelle erfahren.

Ich war mit einer Loganair von den Orkneys gestartet und hatte ein schlechtes Gewissen. Inseln sollte man nur mit dem Schiff ansteuern. Acht Stunden braucht die Fähre von Kirkwall nach Lerwick; vierzehn Stunden von Aberdeen. Edinburgh liegt vierhundertfünfzig Kilometer südlich der Shetlands, und London, wie weit erst ist London entfernt: über tausend Kilometer. Für den Shetländer sind das auch politische, nicht nur geografische Entfernungen. Fliegend stellen wir Nachbarschaften her, die Jahrtausende keine waren, eine flüchtige Nähe. Wenn ein Shetländer das Schiff nach Aberdeen besteigt, spricht er nicht von einer Fahrt aufs Festland, sondern nach Schottland. Und wenn er die Distanz, die doppelte, noch deutlicher machen will, sagt er auch gerne, sein nächster Bahnhof sei Bergen. Norwegen liegt ihm näher, auch wenn es nach Bergen ein paar Kilometer weiter ist als nach Aberdeen. Entfernungen wie diese setzen sich nicht aus Zahlen zusammen. Historische Sympathien sind im Spiel und mehr noch aktuelle Antipathien. Shetland-Fischer schenken dem norwegischen Wetterbericht größeres Vertrauen, selbst wenn sie den von der BBC besser verstehen.

Wieder landen wir auf Wikingerinseln, aber wir landen nicht in der Vergangenheit. Unmittelbar neben dem Rollfeld von Sumburgh Airport liegt der *Jarlshof*, eine der bedeutendsten prähistorischen Fundstellen Großbritanniens. Seit der Jungsteinzeit, über eine Spanne von dreitausend Jahren, haben Menschen hier Häuser gebaut, runde, ovale, rechteckige, um- und übereinander, ein prähistorisches Puzzle. Im Rundhaus der Eisenzeit ist es totenstill, kein Sturm, kein Flugzeuglärm; Gefühl pränataler, leicht unterkühlter Geborgenheit. »Jarlshof« ist ein fiktiver altnordischer Name, mit dem Walter Scott nach seinem Besuch 1816 die Ruine von Earl Patrick's Herrenhaus (um 1600) in seinem Shetland-Roman »Der Pirat« bezeichnete. Seitdem, so populär war Scott, heißt die ganze erst Ende des 19. Jahrhunderts entdeckte prähistorische Siedlung Jarlshof.

Aber die Ausgrabungen, die das Gesicht der Shetlands prägen, sind anderer Natur und jüngeren Datums. Es ist das schwarze Gold, das jahrtausendelang unter den Kielen der

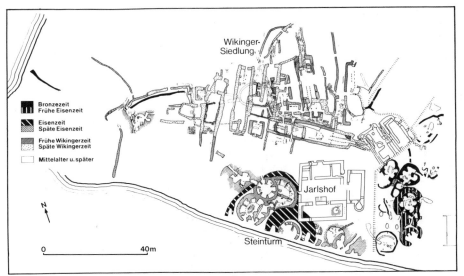

Jarlshof, prähistorische Siedlung und Wikinger-Dorf

Fischerboote lag. Wikingerinseln im Ölrausch: eine Landschaft im Umbruch, eine Gesellschaft im Aufbruch. Es ist die Ölzeit, nicht die Steinzeit, der wir auf den Shetlands begegnen. Verheißungsvoller als jeder Heringsboom zuvor, verheerender als mancher Orkan tauchten in den siebziger Jahren die ersten Bohrinseln vor der Küste auf. »Now, once again, it is a time for heroism«, sagt der Historiker Magnus Magnusson, ein gebürtiger Isländer. Vielleicht schreibt er sie schon, die Geschichte des Öls im East Shetland Basin. Der Kampf der Techniker mit der Natur, der Umweltschützer gegen die Geschäftemacher, die Strategie einer kleinen Inselgruppe gegen die internationalen Ölkonzerne, die Verteidigung einer Region gegenüber den Interessen einer Nation, in London so und in Edinburgh anders beschworen, dieser ungleiche Kampf, bei dem es längst um mehr geht als um das Öl im East Shetland Basin: Dies ist die Geschichte, die den Inseln bisher fehlte, das moderne Gegenstück zur »Orkneyinga Saga« – die Shetland Saga.

Ödland: Schafe in Shetlandpullovern

Der Flug von Orkney hat zwanzig Minuten gedauert. Unter uns liegt ein Archipel von hundert Inseln. Sechzehn sind noch bewohnt, 22 000 Menschen leben hier. Die Loganair landet auf der Südspitze der langgestreckten Hauptinsel, auf einem unverhältnismäßig großen Rollfeld. Gleich daneben *Bristow*, der Landeplatz der Hubschrauber von den

Bohrinseln. *Sumburgh Airport*, eine riesige Baustelle, ist Großbritanniens am schnellsten wachsender Flughafen. Ende der sechziger Jahre landete hier pro Woche ein halbes Dutzend Maschinen, heute sind es dreihundert. Ölzeit, Boomzeit. Kein Shetlandpony weit und breit, aber nagelneue Volvo-Taxis in Fülle. Die Straße nach Norden ist frisch asphaltiert, ungewöhnlich breit und viel befahren. Es ist die Straße des Öls, der Weg nach Sullom Voe.

Ein kahle, karge Landschaft, mehr Hügel als auf den Orkneys und noch weniger Bäume. Gneis, Schiefer und darüber eine dicke Torfdecke. Hochmoor mit vielen kleinen Seen, vor allem im Westen und Norden der Insel. Auf der Heide Odinshühnchen und Regenbrachvögel. Ödland, genug für Schafe, zu wenig für reine Landwirtschaft. Kleinpachtbetriebe, keine Großbewirtschaftung wie auf den Orkneys. Wer auf diesem Land leben wollte, mußte auf See. Fast jeder Bauer hatte früher sein Boot hinterm Haus, oder besser: Jeder Fischer hatte nebenher auch sein Stück Acker. Wenn man einen Shetländer nach seinem Beruf fragt, wird er selten nur einen angeben: Sie sind Bauer und Taxifahrer, Fischer und Handwerker und nun auch im Ölgeschäft.

Mit langen, kalten Fingern sticht die See ins Land; »Voe« heißen die Fjorde hier (Farbt. 48). Die Insel wehrt sich mit Stein und Bein und hohen Klippen; wo sie am höchsten sind, weiß ich nicht. Aber schön sind die Klippen von *Noss*, der Vogelinsel, grandios die Felsen von *Foula* weit draußen im Meer, phantastisch die Porphyrklippen der nördlichen Halbinsel *Esha Ness*, wo die Brandung ein Tor in die Felswand geschlagen hat, Gate of the Giants, einen Triumphbogen für die Riesen vom Meer und ihre Windsbräute. Von den schäumenden Klippen landeinwärts zu den stillen Lochs, zur sanften Bucht des Heiligen Ninian. Sandstrand, wer hätte das hier erwartet, eine Lagune, ein Blau, und nur die Kälte verschlägt uns den Südseevergleich. Die Shetlands, da hilft auch der Golfstrom wenig, liegen nun einmal auf demselben Breitengrad wie Sibirien und die Südspitze Grönlands. Auf der kleinen Insel *St. Ninian*, in den Ruinen einer mittelalterlichen Kapelle fanden die Archäologen 1958 einen keltischen Silberschatz, St. Ninian's Treasure.[1] Wahrscheinlich hatten Mönche ihn hier vor plündernden Wikingern vergraben. Im frommen Glauben an neue Schätze ist auch die größte Bohrinsel vor der Küste nach dem frühchristlichen Missionar Schottlands benannt, die 600 000 Tonnen Plattform-Ninian Central.

An den Küsten des Öls. Natur, so weit das Auge reicht. Vereinzelt Häuser, mit Steinplatten gedeckt, ohne Namen und Nummern. Jeder kennt hier jeden. Niemand kann auf diesen Inseln anonym bleiben; wer einsam sein will, findet gleichwohl Gelegenheit genug. Nach *Walls* und *Sandness* im Westen von Mainland. Vorbei am *Weisdale Voe*, über dessen Inselkette der Regen mit Riesenschritten an Land springt. Da trifft dich der Sturm mit der Wucht einer nassen Matratze. »If you hae your health an your oilskin you're aa richt«, sagen die Shetländer. Im übrigen gilt hier die Regel: Es kann auf der einen Straßenseite regnen, und auf der anderen scheint die Sonne. Torfhänge, von denen die Bäche rinnen. Im Juni wird der Torf gestochen; hinter den Häusern türmt sich der »peat« in hohen,

---

1 Heute im National Museum of Antiquities in Edinburgh; Repliken im Museum von *Lerwick*. Dort auch der Papil Stone, ein keltischer Grabstein des 7. Jhs. von der Insel *Burra*

winddurchlässigen Stapeln. Die Shetländer haben den modernsten Ölhafen Europas, aber viele heizen immer noch mit Torf wie vor Jahrtausenden. Das wärmt ganz anders, und es riecht nach Erde.

In den Torfgräben am Hang suchen die Schafe Windschutz. Sie sind kleiner als auf dem Festland, aber ihre Wolle ist so fein, heißt es, daß ein Paar Socken durch einen Goldring passen. Die feinste, weichste Wolle kommt von der Insel *Unst*.[1] Da werden die Schafe noch von Hand gerupft, nicht maschinell geschoren. Shetlandwolle ist ein Begriff, aber im Unterschied zu Harris-Tweed nicht durch ein Echtheitszeichen geschützt. So stammen denn auch die meisten Pullover, Jacken, Mützen und Shawls, Marke Shetland, nicht von den Shetlands, sondern aus Fabriken vom Festland. Was indes den Neuseeländer Sir Edmund Hillary 1953 auf dem Mount Everest warm hielt, war reinste Wolle von den Shetlands, von der kleinen Firma James Adie in Lerwick. Ich habe mir bei einer Strickerin auf dem Weg nach Esha Ness einen Shawl gekauft. In ihren Hals- und Schultertüchern ist die rauhe Landschaft verwoben und ganz leicht geworden: in geometrischen, nicht naturalistischen Mustern die Wellen von Meer und Hügel, in Naturfarben das Weiß der Gischt, das Grau des Himmels und das dunkle Braun der Torferde. Die alte Kunst, Natur in Ornamente zu fassen, stirbt als Handwerk auch auf den Shetlands langsam aus. Noch, sagt die Weberin, stricken und häkeln etwa ein Dutzend Frauen in Heimarbeit für sie, »aber die jungen Mädchen wandern ab zum Öl, das bringt mehr Geld.« In der Wollverarbeitung waren 1973 noch über vierhundertfünfzig Shetlander vollbeschäftigt; schon fünf Jahre später waren es weniger als zweihundert.

Ölrausch: Die Straße nach Sullom Voe

Grau wachsen die Häuser aus dem grauen Wasser heraus und die grauen Hügel hinauf; die Giebel zur Seeseite, wegen der kalten Nordostwinde. *Lerwick*, altnordisch Leir-vik, »Lehmbucht«, ist die Hauptstadt der Shetland-Inseln[2], Großbritanniens nördlichste Stadt. King Hakon Street, King Harald Street: Die Straßen sind nach Königen benannt, die nie die schottische und noch weniger die englische Krone trugen. ›Thule Bar‹ heißt ein Pub, ›Viking Vision‹ ein Fernseh- und Radiogeschäft. Altnordisch ist auch der Name Shetland: Hjaltland, »Hochland«. Ihr großes Wikingerfest feiern die Inseln am letzten Dienstag im Januar: Up-Helly-Aa. Da ziehen die Männer als Affen, Pudel und Frauen verkleidet durch die Straßen Lerwicks, auf dem Höhepunkt der Lichterprozession wird ein Wikingerlangschiff verbrannt, und das Ganze endet in Tanz und allgemeiner Trunkenheit. Ein Nordist von den

---

1 R. L. Stevenson besuchte *Unst*, die nördlichste der britischen Inseln, als sein Onkel den Leuchtturm von Muckle Flugga baute. Die ›Schatzinsel‹, die er danach in Braemar schrieb (1883), hat gewisse topografische Ähnlichkeiten mit Unst.

2 Das Fischerdorf *Scalloway* westlich von Lerwick, noch vor 200 Jahren Inselmetropole, war im Zweiten Weltkrieg Basis des ›Shetland bus‹ der norwegischen Resistance.

Färöern, Jakob Jakobsen, hat in seinem ›Dictionary of the Norn Tongue in Shetland‹ noch rund fünftausend Wörter altnordischer Herkunft registriert. Auch sonst ist die alte skandinavische Verbindung lebendig: In der Schule gibt es Norwegisch-Unterricht, viele Geschäftsleute sprechen norwegisch, man sieht norwegische Holzhäuser, und die Fähren zwischen den Inseln sind auf den Färöern gebaut und von Norwegern entworfen.

Noch hat Lerwick das Langschiff der Wikinger im Wappen und keinen Supertanker. Schon heißt sie »boom town«, aber das imponiert den Shetländern wenig. Sie hatten längst vor der Ölzeit ihren Boom, und nicht nur einen. Im 17. Jahrhundert war Lerwick der Hafen für Tausende holländischer Heringsfischer, im 18. Jahrhundert florierte der Grönland-Walfang und der Gin-Schmuggel mit Holland, und Ende des 19. Jahrhunderts erlebten die Inseln noch einmal einen Heringsboom ohnegleichen. Allein 1905 wurden über eine Million Faß Hering auf den Shetlands eingesalzen, vor allem für den Export nach Deutschland; gegenwärtig sind es rund zehntausend Faß. Dann kam die Depression der zwanziger Jahre, Arbeitslosigkeit, Auswanderung. 1870 hatten die Shetlands 31 000 Einwohner, 1970 waren es nur noch 17 000.

Die Heringsschwärme, der Walfang, das alles waren kleine Fische, verglichen mit dem, was folgte. 1971 wurde östlich der Shetlands Öl entdeckt. Öl in der Nordsee: Die Welt staunte, Großbritannien freute sich, nur die Shetländer blieben kühl. »Das Öl kann uns nichts bringen als Geld und Probleme«, sagte Ian Clark, Chef der Shetland-Verwaltung, »und ich glaube nicht, daß das Geld uns für die kommenden Probleme entschädigt.« Die Ölvorkommen im East Shetland Basin, auf 4500 Millionen Tonnen geschätzt, würden Großbritanniens Eigenbedarf beim gegenwärtigen Verbrauch rund fünfundvierzig Jahre lang decken. Die Ölkonzerne, die Energie- und Wirtschaftspolitiker in London, die Separatisten in Edinburgh, sie alle sahen, was sie zu gewinnen hatten; die Shetländer wußten aber auch, was sie zu verlieren hatten. Denn an ihrer Küste würden die Pipelines an Land kommen, in ihren Gewässern würden die Öltanker manövrieren. Welche Mitspracherechte bei der Planung gab es für sie? Welche Beteiligung am Gewinn? Welchen Schutz vor Umweltverschmutzung?

Die Planungen waren gigantisch, mögliche Pannen auch: zwei Pipelines, die in den achtziger Jahren siebzig bis hundert Millionen Tonnen Rohöl jährlich anpumpen sollten; ein Terminal für Tanker bis zu 300 000 Tonnen, die über fünfhundert Mal im Jahr hier anlegen werden. Eine kleine Inselgemeinde, unerfahren in Planungen solcher Art und Größe, die Fischer, Schafzüchter und Strickwarenhersteller von Shetland informierten sich und verhandelten. Erst mit Westminster, dann mit den Ölkonzernen. Die versprachen ihnen den »saubersten Ölhafen der Welt«. Aber den Shetländern kann keiner einen Wolf als Schaf verkaufen. Wo Öl fließt, fließt es auch aus, mehr oder weniger, früher oder später. Jede Woche, rechneten ihnen Experten vor, sei mindestens eine Tonne auslaufendes Öl zu erwarten, pro Jahr wenigstens ein Leck oder Unfall mit mehr als 135 Tonnen Ölverlust; ganz zu schweigen vom täglichen Abfall und möglichen Katastrophen. In Westminster, durchaus im eigenen Interesse, erkannte man denen, die das Risiko trugen, auch das Recht auf weitgehende Selbstbestimmung zu. Ein politisches Lehrstück lief ab.

Die Shetländer erhielten mehr Befugnisse als eine britische Regionalbehörde sonst. Sie erreichten die Vollmacht, mit den Ölgesellschaften – es waren nicht weniger als 34 – direkt zu verhandeln. Ihr Ziel: kleinstmöglicher Schaden, größtmöglicher Gewinn. Die Verhandlungen zogen sich über Jahre hin. Die Shetländer, notfalls bereit, ihr Öl in der Nordsee liegen zu lassen für die Generationen nach ihnen, die es auch noch brauchen würden: Sie stellten die Bedingungen. Die Konzerne erfüllten sie. Der Gemeinderat gründete mit ihnen eine nichtgewinnorientierte Gesellschaft, die über Konstruktion und Bau des Terminals entschied. In dieser Gesellschaft besitzt die Kommune das Vetorecht und die Hälfte der Anteile. Der Gemeinde gehören die Hafenanlagen. Pro Tonne Öl, die in den Tanker fließt, kassiert sie, je nach Ölpreis, vier oder mehr Pfennige. Diese Abgabe wird den Shetländern mehr einbringen als die bisher im Inselhaushalt budgetierten Gesamteinnahmen. Erst als alle Auflagen erfüllt waren, öffneten sie den Ölgesellschaften die Bucht von Sullom Voe. Shetlands Ölzeit begann.

Die Straße nach *Sullom Voe* ist nicht für Touristenautos so großzügig angelegt, sondern für Schwertransporter. Wir fahren auf der A 970 von Lerwick nach Norden. Wir wissen, was uns erwartet, aber wir sehen meilenweit nur Hügel, Schafe und kleine Ortschaften. Wer nicht auf eine Nebenstraße in östlicher Richtung abbiegt (B 9076), fährt glatt dran vorbei: Europas größter Ölhafen, der rund zwei Drittel der britischen Ölproduktion abwickelt, liegt fast versteckt in der Bucht von Sullom Voe, eine Fata Morgana der Technik mitten in der Natur. Um das Landschaftsbild so wenig wie möglich zu stören, wurden die Öltanks teils unterirdisch angelegt und »shetlandgrün« angestrichen. Worüber alle Tarnfarben und Vorsichtsmaßnahmen nicht hinwegtäuschen können: Ein Eingriff wie dieser in die Landschaft gefährdet in weitem Umkreis die reichen Vögel- und Fischbestände. Nicht umsonst haben die Ölgesellschaften den Shetländern bisher schon rund dreißig Millionen Mark Entschädigung für Belästigungen aller Art gezahlt (»compensation for disturbance«), ein Umwelt-Schmerzensgeld, das bis zum Jahr 2000 über hundert Millionen Mark betragen soll. Der Schaden ist einkalkuliert und im Gewinn inbegriffen. Schon jetzt haben die Pipelines östlich von Unst und im Fetlar Firth einige der ergiebigsten Fischgründe der Shetlands zerstört. Tausende von Vögeln, die in die riesigen Erdgasfackeln über den Bohrinseln geraten und brennend ins Meer stürzen, sie sind die ungezählten Opfer des Fortschritts. Sullom Voe gilt bei den Fischern als schwieriger Hafen. Der Tanker, fürchten sie, der hier havariert, ist schon gebaut. Aber jeder hofft, daß sich vor den Shetlands keine »Torrey Canyon«-Katastrophe wiederholt.

Der Bau des Hafens, die Versorgung der Bohrinseln, das Öl hat den Shetländern neue Arbeitsplätze gebracht und höhere Löhne denn je. Die britische Wirtschaftskrise der siebziger Jahre, hier fand sie nicht statt. Nur vier Prozent beträgt die Arbeitslosenquote auf den Shetlands – vierzehn Prozent auf den Hebriden, knapp neun Prozent in ganz Schottland. Das Öl hat aber auch alte, weniger lukrative Arbeitsplätze zerstört: in der Strickwarenherstellung, in Fischerei und Fischverarbeitung. Um die traditionellen Wirtschaftszweige der Shetlands wiederzubeleben, hat die Kommune einen Reservefond von mehreren Millionen Pfund angelegt – für die Zeit nach dem Boom.

Mit dem Öl kamen indes Probleme, die mit Geld nicht zu lösen waren. Es begann, wo alles beginnt, im Pub. Plötzlich fanden die Einheimischen ihren Stammplatz an der Theke besetzt von Gastarbeitern aus dem Süden, Schotten und Engländern. Die zeitweise über fünftausend Ölleute brachten der Insel erhebliche soziale Gleichgewichtsstörungen, obwohl die Arbeiter in Baracken-Camps weitgehend isoliert wurden. Der Alkoholismus stieg und mit ihm (um 40%) die Kriminalität. Früher verriegelte keiner seine Haustür, heute fast jeder.

Wenn das Öl versiegt ist und auch die letzten Ölleute gehen, wenn ihre Barackenlager leer stehen wie die Goldgräberstädte im Wilden Westen: Was bleibt den Shetländern dann? Straßen, Flugplätze, viel zu groß für die kleine Insel, Telefon- und Rundfunkverbindungen, die Infrastruktur und die Erinnerung. Dann werden sie sich, am Torffeuer, die Ölgeschichten erzählen: die Shetland Saga des 20. Jahrhunderts.

Autonomie: Träumereien am Torffeuer

Der Mann, der diese Geschichte der späten Industrialisierung einer Insel der Fischer und Schäfer besser kennt als viele Einheimische, ist ein »Southerner«, ein Zugereister: John Button. Er kam aus Glasgow, vor dem Ölboom, die Shetlands gefielen ihm: »Das Leben hier macht unabhängig.« John Button blieb und gründete, 1973, Großbritanniens nördlichsten

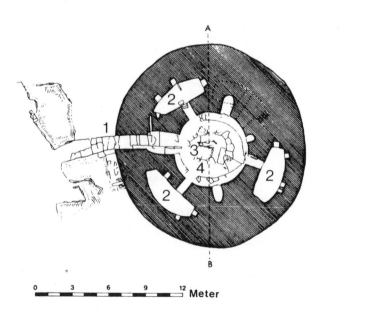

1 Eingang
2 Wohnräume
3 Herd
4 Ställe

Mousa Broch, 1. Jh. v. Chr.–1. Jh. n. Chr., Grundriß

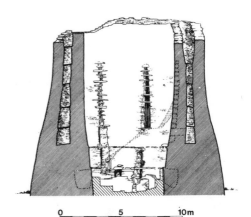

Mousa Broch, Querschnitt 0 5 10 m

Verlag, Thuleprint. Ein Familienbetrieb, Wohnung und Verlag im selben Haus in *Sandwick*, gegenüber der Insel *Mousa* mit ihrem berühmten Broch[1]. Diese Nachbarschaft prägt einen Teil von John Buttons Programm: Inselhistorie, ein Shetland-Kochbuch, Geschichten vom Wikingererbe »west over sea« und von »Lowrie the fiddler«. Träumereien an shetländischen Kaminen? Auch das, aber dann und vor allem: »The Shetland Way of Oil.«

Thuleprint wurde zum Diskussionsforum, ein Kleinverlag mit wachsender Bedeutung für die kulturelle Selbstdarstellung und das politische Selbstbewußtsein der Shetländer. John Button zitiert einen seiner Autoren: »Wir sind keine Schotten, wir waren es nie, und wir werden es nie sein.« Erinnern wir uns an die Earls of Stewart, unter denen im 16. Jahrhundert die Orkneys zu leiden hatten? Seitdem heißt es auch hier: »Alles, was Shetland je von Schottland bekam, war teures Mehl und habgierige Pfaffen.« Auf die Wogen der alten Abneigung wurde nun Öl gegossen, und das hat sie nicht gerade geglättet. Fast drei Viertel des britischen Nordseeöls liegen im Küstenbereich Shetlands, nicht Schottlands. Aber die schottischen Nationalisten taten ganz so, als gehörte es ihnen. Endlich glaubten sie, ein ökonomisches Faustpfand für ihre politischen Forderungen an Westminster zu haben.

Während viele Schotten die Unabhängigkeit von London erstrebten, wollten die meisten Shetländer indes nicht von Schottland abhängig werden und steuerten einen eigenen Kurs. Das geplante Parlament in Edinburgh bespöttelten nicht wenige als »tartan monstrosity«. Als die Schotten 1979 in einer Volksabstimmung die »Devolution«, die Teilautonomie ihres Landes ablehnten, war dies eine schwere Niederlage für die Schottische Nationalpartei, aber noch kein Sieg für die Shetländer. Als sechstgrößte Öl produzierende ›Nation‹ der Welt wollen sie nicht länger der politische Fußball zwischen London und Edinburgh sein, weder

1 Der Broch von *Mousa*, mit dem Boot von Sandwick zu erreichen, ist der am vollständigsten erhaltene Broch in Schottland (1.Jh.v.–1.Jh.n.Chr.). Im Innenhof war vermutlich das Vieh untergebracht, in den Galerien zwischen den Mauern der Haushalt. Der Broch diente u. a. einem ausgerissenen, schiffbrüchigen Paar aus Norwegen um 900 als Zuflucht. Archäologisch aufschlußreich auch der Broch von *Clickhimin* bei Lerwick mit prähistorischen Siedlungsresten (7.Jh.v.–6.Jh.n.Chr.).

Hätschelkind des einen noch Stiefkind des anderen. Aber was wollen sie, was können sie erreichen?

John Button berichtet von der Gründung der jüngsten ›Shetland-Bewegung‹. Ihre Forderung: Teilautonomie für die Shetlands, ein Sonderstatus ähnlich dem der Isle of Man oder der Kanalinseln, Selbstverwaltung mit beschränkter Gesetzes- und Finanzhoheit und einem eigenen Regionalparlament (das den altnordischen Namen »Althing« haben soll). Autonomie also innerhalb von Großbritannien. Dies scheint von den neun möglichen Verfassungsmodellen, die der kürzlich veröffentlichte Nevis Report ausgearbeitet hat, die vernünftigste und aussichtsreichste Lösung. »The End of Britain«, wie der schottische Labour-Abgeordnete Tom Dalyell befürchtet, wäre dies sicher nicht. Es ist der berechtigte Ruf nach Home rule, unüberhörbar auch in anderen Regionen: militant in Ulster, zunehmend radikaler in Wales. Auch ohne zweisprachige Schilder und erst recht ohne Bomben bestehen die Shetländer auf ihrer Eigenart. Sie sind, mit einem Ausdruck T. S. Eliots, »a satellite culture«, und das ist mehr als ein folkloristisches Spielzeug des großen britischen Bruders.

Diese Inselgruppe am Rand Europas ist eine vorbildlich europäische Gemeinschaft. Sie betont, bei allen Unterschieden, mehr die Gemeinsamkeiten als die Gegensätze. Shetland pflegt viele Nachbarschaften. John Button und sein Verlag Thuleprint sind ein Beispiel für diese kulturelle Mittlerrolle zwischen Großbritannien und Skandinavien. Er, der gebürtige Engländer und Wahl-Shetländer, verlegt skandinavische Literatur in englischer Übersetzung. Daß man über Thuleprint auch die »Faroe Isles Review« beziehen kann, ist beinahe selbstverständlich: Die Färöer, die dänische Inselgruppe zwischen Schottland und Island, sind seit Jahren ein Vorbild für die Autonomiebestrebungen der Shetlands, freilich nicht ohne Probleme eigener Art.

Fair Isle: Wo Odysseus die Kirke traf

An den Küsten des Öls. Natur, so weit das Auge reicht. Landschaft, Landschaft. Noch einmal weit draußen auf der Halbinsel *Esha Ness* (Abb. 94). Ein einsamer Bauernhof, drei Boote am Strand. Schafe in Shetlandpullovern. Regen, Sonne, auf dem Regenbogen sitzt ein Kormoran. Ein Strand voller Steine und Treibholz. Früher, sagt der Bauer, lebten hier über vierhundert Fischer, Heringsfischer, ein ganzes Dorf. Jetzt stehen nur noch einige Ruinen da und stemmen sich gegen den Wind. Auch das Öl ist nur ein Zwischenspiel und nicht das letzte Kapitel.

Die Shetlands sind mehr als ihre Hauptinsel. Wer das alte Zeitmaß der Shetländer sucht, ihr »plenty of time«, sollte sich auf eine der neunundneunzig anderen Inseln zurückziehen. Wer, endlich, Shetlandponies sehen will (Abb. 93), mag die Inseln *Unst* und *Fetlar* besuchen: Da sind sie noch in Fülle, geduldige Reittiere für Kinder, nicht mehr Lasttiere in Kohlebergwerken wie noch im 19. Jahrhundert. Wer aber die Insel der Kirke sucht, der segelt nach *Fair Isle*.

Aber nachdem wir die Flut des Okeanosstromes verlassen,
Kam das Schiff in die Woge des weithinwogenden Meeres,
Und zur Insel Aiaia ...

Wenn wir noch einmal an Ossians Küsten die ›Odyssee‹ zitieren, den Anfang des zwölften Gesangs, so deshalb, weil wir uns gerne bezirzen lassen von der neuesten Homer-Forschung. Wenn Odysseus bis Schottland kam, wie sein Spurenleser Hans Steuerwald annimmt, warum dann nicht auch bis Fair Isle als nördlichstem Punkt seiner Reise? Die ›Odyssee‹ war ja eine Irrfahrt im Unbekannten und keine Kreuzfahrt im Mittelmeer (freilich war sie auch ein Epos und kein Logbuch). Fair Isle, eine Felseninsel, rings vom »unendlichen Meer« umgeben; mehrere Buchten, aber nur ein einziger sandiger Landeplatz inmitten der Klippen; die schroffe Anhöhe, der Bach: alles so oder ähnlich, wie Homer die Insel Aiaia beschrieb. Eine einsame Insel im Ozean – warum, wenn nicht verzaubert von Kirke, dem Urbild der Verführerin, wäre Odysseus hier ein Jahr lang geblieben? Die Schweine, in die »die flechtenschöne, die furchtbare Göttin« seine Gefährten verwandelte, die armen Schweine sind immer noch da.

Fair Isle, zwischen Shetland und Orkney gelegen, hat als Insel der Schiffbrüche Geschichte gemacht: von ›El Gran Griffon‹, dem Flaggschiff der Armada, bis zur Dreimastbark ›Lessing‹, die 1868 mit fast fünfhundert Auswanderern an Bord auf der Fahrt von Bremen nach New York hier strandete. Das Boot, das Fair Isle mit der Außenwelt verbindet (neben der Loganair), trägt den beruhigenden Namen ›The Good Shepherd‹. ›Der Gute Hirte‹ bringt die Post und im Sommer Touristen. Wer in den Sandsteinklippen das Verhalten der Vögel beobachten will oder das der Vogelbeobachter, der bleibt für Tage und Wochen. Fair Isle, die »schöne Insel«[1], gehört seit 1954 dem National Trust. Ohne seine Unterstützung hätten die rund siebzig Einwohner – Bauern, Fischer und Strickerinnen – das Schicksal der Leute von St. Kilda teilen und ihre Insel verlassen müssen.

Bit years gaed by as aye der geen,
Da winter white da simmer green,
Da voars aye sawn, da hairsts aye shorn,
Aye some een dead, aye some een born.[2]

Ein Leben im Rhythmus der Natur, wie Basil R. Anderson es noch einmal in der Sprache seiner Heimat poetisch beschwor, ist auch auf den Shetlands selten geworden, selbst auf der Insel der Kirke.

---

1 Wahrscheinlicher ist die Übersetzung des altnordischen Faerey als »Schafinsel« (wie Färöer); oder Fara, »the far Isle«.

2 »Aber die Jahre vergingen, wie sie immer vergingen,/ Der Winter weiß, der Sommer grün,/ Im Frühling die Saat, im Herbst die Ernte,/ Immer einige gestorben, immer einige geboren.«

Zeittafel der Thronfolge in Schottland

Verbreitung des Christentums, die Vier Königreiche, die Geburt Schottlands (208–1034)

843– 860	Kenneth I. MacAlpine
863– 879	Constantine I.
892– 900	Donald I.
900– 943	Constantine II., III. und Donald II.
943– 954	Malcolm I.
954– 994	Kenneth II.
1005–1034	Malcolm II.

Ausbreitung des englischen Einflusses (1034–1286)

1034–1040	Duncan I.
1040–1057	Macbeth
1057–1093	Malcolm III., Canmore
1093–1094	Donald Bane
1094	Duncan II.
1094–1097	Donald Bane und Edmund
1097–1107	Edgar
1107–1124	Alexander I.
1124–1153	David I.
1153–1165	Malcolm IV.
1165–1214	William I., the Lion
1214–1249	Alexander II.
1249–1286	Alexander III.

Erbfolge-Kriege und Unabhängigkeit (1286–1371)

1286–1290	Margaret von Norwegen, te Maid
1290–1292	Interegnum
1292–1296	John Balliol
1296–1306	Interregnum
1306–1329	Robert I., the Bruce
1329–1371	David II.

Die frühen Stewart (1371–1542)

1371–1390	Robert II.
1390–1406	Robert III.
1406–1437	James I.
1437–1460	James II.
1460–1488	James III.
1488–1513	James IV.
1513–1542	James V.

Maria Stuart, Mary, Queen of Scots (1542–67)

Von der Union der Kronen (1603) zur Union der Parlamente (1707)

1567–1625	James VI./I.
1625–1649	Charles I.
1649–1651	Charles II.
1651–1660	Commonwealth
1660–1685	Charles II. wieder eingesetzt
1685–1688	James VII./II.
1688–1694	William III. of Orange und Mary
1694–1702	William III.
1702–1714	Anne

Nach der Union mit England

1714–1727	George I.
1727–1760	George II.
1760–1820	George III.
1820–1830	George IV.
1830–1837	William IV.
1837–1901	Victoria
1901–1910	Edward VII.
1910–1936	George V.
1936	Edward VIII.
1936–1952	George VI.
1952 ff.	Elizabeth I./II.

Literaturhinweise

Button, John: *The Shetland Way of Oil.* Sandwick 1978

Cooper, Derek: *Hebridean Connection.* London 1977

ders.: *Road to the Isles. Travellers in the Hebrides 1770–1914.* London 1979

Defoe, Daniel: *A Tour through England and Wales (1724–26).* Harmondsworth 1971

Duff, David: *Victoria in the Highlands. The personal journal of Her Majesty Queen Victoria.* London 1968

Dunnett, Alastair M.(Hg.): *Alistair Mac Lean introduces Scotland.* London 1972

Fontane, Theodor: *Jenseit des Tweed. Bilder und Briefe aus Schottland.* (1860) Ost-Berlin 1977, 2. Aufl.

Fraser, Duncan: *Edinburgh in Olden Times.* Montrose 1976

Fraser, G. S.: *Scotland. Photographed by Edwin Smith.* London 1955

Hardie, William: *Scottish Painting 1837–1939.* London 1976

House, Jack: *The Heart of Glasgow.* London 1972

Jenkins, David and Mark Visocchi: *Mendelssohn in Scotland.* London 1978

Johnson's Journey to the Western Islands of Scotland and Boswell's Journal of A Tour to the Hebrides with Samuel Johnson. (1775 und 1785) Reprint, hg. von R.W. Chapman. London 1965

Kington, Miles (Hg.): *Punch on Scotland.* London 1977

Laing, Gerald: *Kinkell. The Reconstruction of a Scottish Castle.* London 1974

Lockhart, John Gibson: *The Life of Sir Walter Scott (1837 ff.).* London 1971

Macaulay, Thomas Babington: *Die Geschichte Englands.* Leipzig 1860

Mackie, J. D.: *A History of Scotland.* Harmondsworth 1978, 2. Aufl.

McEwen, John: *Who Owns Scotland? A study in Land Ownership.* Edinburgh 1977

McWilliam, Colin: *Lothian. The Buildings of Scotland,* hg. von Nikolaus Pevsner. Harmondsworth 1978

Murray, W. H.: *The Islands of Western Scotland. The Inner and Outer Hebrides.* London 1973

Piehler, H. A.: *Schottland für jedermann.* Fellbach bei Stuttgart 1977

Prentice, Robin: *The National Trust for Scotland Guide.* London 1976

Scott-Moncrieff, George: *Edinburgh.* Edinburgh 1965

Simpson, W. Douglas: *The Highlands of Scotland.* London 1976

Smith, Edwin (Fotos): *Schottland.* Zürich 1968

Smith, Hance D.: *The Making of Modern Shetland.* Lerwick 1977

Strand, Paul (Fotos): *Land der Gräser. Die Äußeren Hebriden. Mit einem Text von Basil Davidson.* Dresden 1962

Tomes, John (Hg.): *The Blue Guide to Scotland.* London 1975

Wordsworth, Dorothy: *Journals. Edited by E. de Selincourt.* London 1952

Wylie, Gus (Fotos): *The Hebrides.* Glasgow 1978

Praktische Reisehinweise

Scotland is the country above all others that I have seen, in which a man of imagination may carve out his own pleasures. *(Dorothy Wordsworth, 1803)*

Schottland von A bis Z

Angeln Mit seinen Flüssen, Seen und Küsten ist Schottland einer der reichsten Fischgründe Europas. Saison für Lachse: Anfang Febr. bis Ende Okt., für Forellen: Mitte März bis Anfang Okt. Fischereikarten vermitteln die örtlichen Fremdenverkehrsbüros. Angelunterricht z. B. in der Hunter's Lodge in Bankfoot (nördl. Perth, A 9) bei Ian Blagburn, Weltmeister im Lachsangeln. Weitere Adressen in ›Angler's Guide to Scottish Waters‹, zu beziehen beim British Bookshop, Börsenstr. 17, 6 Frankfurt 1, Tel. 0611/280492

Anreise Schnellste Verbindung: *Flugzeug* von London nach Edinburgh oder Glasgow (1 Std.), Aberdeen u. Inverness, von dort Weiterflüge mit Loganair zu den Hebriden, den Orkney- u. Shetland-Inseln. Abwechslungsreichste Verbindung: *Autofähre*, von Norddeutschland: Esbjerg (Dänemark)–Newcastle, 18 Std. (DFDS, Seatours International, Weissfrauenstr. 3, 6 Frankfurt, Tel. 0611/280951) oder Fähre Hamburg bzw. Bremerhaven–Harwich, mit längerer Reise durch England (Prinzenlinien, HADAG, Johannisbollwerk 6–8, 2 Hamburg 11, Tel. 040/31961); von Westdeutschland:

Fähre Rotterdam–Hull (North Sea Ferries, Postfach 1123, NL 3180 Rozenburg, ZH, Tel. 0031 1819/62077). Bequemste Verbindung: *Eisenbahn* ›Flying Scotsman‹ London–Edinburgh (4½ Std.), Schlafwagen London–Inverness (11 Std.), Autoreisezüge von Dover oder London nach Edinburgh, Stirling, Perth, Aberdeen u. Inverness (Motorail). *In Schottland selbst:* Günstige Allround-Fahrkarten für die Highlands & Islands: ›Travelpass‹, 8–12 Tage gültig für Bahn, Bus u. Schiff, März–Okt. (Travelpass, PO Box 7, Inverness)

Antiquitäten In Schottland weniger verbreitet als in England, in der Qualität selten besser, im Preis oft günstiger. Gute Antique-Shops in Edinburgh (Altstadt, George St, Dundas St), Glasgow (Antiquitäten-Supermarkt in Bath St, Wochenend-Straßenmarkt in The Barrows, Gallowgate und The Victorian Village, 57 West Regent St) und in Kilbarchan, einem Dorf südwestl. Glasgow.

Auskünfte Britische Zentrale für Fremdenverkehr (BTA), Neue Mainzer Str. 22, 6 Frankfurt, Tel. 0611/236428/9. – Scottish Tourist Board (STB), 23 Ravelston Terrace,

Edinburgh EH4 3EU, Tel. 031/3322433.
British Tourist Authority, 64 St. James's St,
London SW1A 1NF, Tel. 01–6299191

Autofahren Links fahren, rechts überholen; rechts vor links im Kreisverkehr. *Geschwindigkeitsbegrenzung:* in Ortschaften 30 Meilen (48 km/h), auf Landstraßen 50 Meilen (80 km/h), auf Autobahnen 70 Meilen (112 km/h). *Benzin:* Normal (91 Oktan), Economy oder Premium (95–97), Super (101). 1 Gallone = 4,5 Liter. *Reifendruck:* 1 atü = 17 psi, 2 atü = 28,5 psi usw. Mitglieder deutscher *Automobilclubs* können die Hilfe des R.S.A.C. oder A.A. in Anspruch nehmen: Royal Scottish Automobile Club, 11 Blythswood Square, Glasgow, Tel. 041–2213850; Automobile Association, Leicester Square, London WC2.

Banken Geöffnet Montag bis Freitag 9.30–12.30 und 13.30–15.30 Uhr.

Besichtigungen Adressen u. Öffnungszeiten der Museen, Galerien u. historischen Landsitze in den jährlichen Broschüren ›Museums and Art Galleries in Great Britain and Ireland‹ und ›Historic Houses, Castles and Gardens‹ (ABC Historic Publications, Oldhill, London Rd, Dunstable, Bedfordshire). Gartenliebhabern gibt das Spezialverzeichnis ›Scotland's Gardens‹ Adressen von rund 1000 öffentlichen u. privaten Gärten, die zu bestimmten Zeiten zu besichtigen sind (Scotland's Gardens Scheme, 26 Castle Terrace, Edinburgh EH1 2EL, Tel. 031/229187). Eine preisgünstige Pauschal-Eintrittskarte für alle dem National Trust u. dem Department of the Invironment unterstellten Herrenhäuser, Burgen u. Schlösser

ist das einen Monat gültige Open to View-Ticket (c/o BTA London oder STB Edinburgh).

Curling Das Spiel auf dem Eis mit Stein und Besen ist die schottische Variante des englischen Rasenspiels Bowling (verwandt mit dem bayerischen Eisschießen). ›The Roaring Game‹ entstand in den Highlands, wo es genug gefrorene Lochs und herumliegende Felsbrocken gab. Aus dem 1833 gegründeten Royal Caledonian Curling Club ging der Weltverband in Edinburgh hervor. Nach den Regeln dieser International Curling Federation wird heute gespielt: mit einer vierköpfigen Mannschaft, deren Kapitän skip heißt; auf 6 Meter breiten und 42 Meter langen Bahnen (rinks); mit flachrunden Steinen aus porenfreiem Granit, nicht mehr als 91 Zentimeter im Umfang und höchstens 44 Pfund schwer. Der Granit stammt von den Orkney-Inseln, aus den Steinbrüchen von Ailsa Craig, neuerdings auch aus Wales. Die Kunst besteht darin, diesen Stein gefühlvoll ins Rutschen zu bringen, möglichst nah an den dolly, den Mittelpunkt des tee, des Zielkreises (3,85 Meter Durchmesser). Die Curling-Saison beginnt im September. Ein traditioneller Wettkampfplatz ist der Lake of Menteith in den Trossachs. Den Curling-Klassiker hat der schottische Pfarrer John Kerr geschrieben (History of Curling, Edinburgh 1890). Historisch-praktische Einführung neueren Datums: ›The Beginner's Guide to Curling‹ von Robin Welsh (London 1969).

Einreisebestimmungen Personalausweis genügt; Reisepaß erforderlich bei mehr als sechsmonatigem Aufenthalt. Kinder unter 16 Jahren benötigen einen Kinderausweis.

Eisenbahn Schottland bietet einige der schönsten europäischen Eisenbahnstrecken, durch Berg- und Moorland und entlang der Küste. Besonders reizvolle Routen: Glasgow–Oban, Fort William–Mallaig, Inverness–Kyle of Lochalsh. Das preisgünstige *Freedom of Scotland*-Ticket ermöglicht unbegrenzte Bahnbenutzung in ganz Schottland für 7 oder 14 Tage. Empfehlenswert auch der *BritRail Pass,* der unbegrenztes Reisen auf dem gesamten Netz der britischen Eisenbahnen erlaubt (1, 2, 3 oder 4 Wochen lang, verbilligte Jugendfahrkarten von 14–25 Jahren). Der BritRail Pass muß vor Fahrtantritt im Heimatland erworben werden (über jedes Reisebüro oder über das British Rail Office, Neue Mainzer Str. 22, 6 Frankfurt, Tel. 06 11/23 23 81).

Essen Zur Standardklage, die Landschaft sei zwar hinreißend, das Wetter aber miserabel, gehört meist noch der Zusatz, das Essen sei dem Wetter ebenbürtig. Indes gibt es eine Reihe Good-Food-Restaurants, für die sich längere Umwege lohnen (S. 421 ff.). Zu berücksichtigen ist, daß in den Highlands & Islands der karge Boden, das in der Tat feuchte Wetter und hohe Transportkosten nicht eben günstige Voraussetzungen für eine gute Küche sind. Dennoch gibt es genug empfehlenswerte einheimische Gerichte: Lachs und Forelle, Seefische (Arbroath Smokies u. a.), Wildspezialitäten (Rebhuhn in Sherry, Roast grouse u. a.). *Scotch Broth,* eine kräftige Gemüsesuppe, *Partan Bree,* eine reichhaltige Fischsuppe, und vor allem *Cock-a-Leekie,* Hühnersuppe mit Lauch, gehören zu den traditionellen schottischen Gerichten. Ein nationaler Mythos aber und weit mehr als eine Mahlzeit ist der *Haggis:* Innereien des Schafs, durch den Fleischwolf gedreht, mit Hafermehl gemischt, pikant gewürzt und in der Haut des Schafmagens gekocht und serviert. Dieses schottische Nationalgericht, »great chieftain o' the puddin-race« (Burns), war ein in Burg und Bauernhütte gleichermaßen beliebtes, durch und durch ›demokratisches‹ Essen, zugleich ein Zeugnis der Kunst, aus geringen Mitteln das meiste zu machen. Der ›Punch‹ erklärt den nationalen Haggis-Mythos so: »Die Schotten machen Haggis von Innereien, die alle anderen Nationen außer den Barbaren wegwerfen. Als sie sahen, daß sie ihr ganzes gutes Fleisch für gutes Geld an die Engländer verkaufen konnten, zwangen sie sich, den Abfall selbst zu essen. So machten sie aus einer ökonomischen Notwendigkeit eine nationale Delikatesse«. Dank schottischer Selbstironie und PR-Begabung gibt es sogar eine »Weltmeisterschaft im Haggis-Werfen«. Zum schottischen *Frühstück* gehören Kippers (geräucherte Heringe) und Porridge. Zum *Tee* gibt es im »Land of Cakes« eine atemberaubende Fülle von Gebäck: bannocks, butteries, biscuits, baps und buns, shortbread und gingerbread, scones und oatcakes aller Art. Zum *High tea* gibt es zusätzlich noch Fleisch, Fisch oder Eierspeisen.

Fotografieren Ich gebe hier nur den guten Rat von Mr. Little weiter, Verwalter von Bowhill House: »Bei schlechtem Wetter Blende weit öffnen, dann wirkt es wie Sonnenschein ohne Schatten!«

Geschäftszeiten 9–17.30 Uhr, samstags wird meist gegen 16 Uhr geschlossen.

Golf gehört zu Schottland wie das Salz zum Porridge, sagen die Schotten. Ihr Nationalsport ist, wie in England und anders als in Deutschland, auch ein Volkssport. Es gibt rund 350 Golfplätze, die meisten in Südwestschottland und an der Ostküste. Auf den weltberühmten Plätzen von St. Andrews (siehe S. 225), Turnberry und Gleneagles muß man in der Saison mit Wartezeiten rechnen. Man zahlt, je nach Platz, pro Tag 3–20 Mark, für eine geliehene Golfausrüstung etwa 10 Mark. Bei Dundee gibt es ein Golf-Museum (Camperdown Park). Golfreisen veranstalten u. a. ›Golftours‹, Neuer Wall 38, 2 Hamburg 36 und ›Birdie Golfreisen‹, An der Alster 81, Hamburg 1. Weitere Informationen bei Cary Middlecoff (Das Große Buch vom Golf, München 1978) und in ›Scotland Home of Golf‹, zu beziehen über BTA Frankfurt.

Jagen Grouse shooting: Die Saison für Moorhühner, Wildenten, Fasane und Rebhühner dauert vom 12. Aug.–10. Dez. Deer stalking: für Hirsche vom 21. Okt.–15. Febr., für Rehe vom 14. Juli–20.Okt. Nähere Informationen: BTA Frankfurt.

Jugendherbergen In Schottland gibt es rund 90 Jugendherbergen. Adressen und Mitgliedschaft: Scottish Youth Hostels Association, 7 Glebe Crescent, Stirling FK8 2JA, Tel. Stirling 2821.

Kunsthandwerk In Schottland arbeiten über 1200 Kunsthandwerker. Eine kleine, qualitativ gute Auswahl bietet das Scottish Craft Centre in *Edinburgh* (Canongate), das Scottish Design Centre in *Glasgow* (St. Vincent St) und die Stirling Gallery in *Stirling* (Broad St). Das *Balbirnie Craft Centre* bei Glenrothes (Fife) vereinigt die Werkstätten von acht Kunsthandwerkern. Ein eigenes

kleines Kunsthandwerkerdorf ist *Balnakeil* bei Durness an der Nordwestküste von Sutherland. Durch Ausstellungen über Schottland hinaus bekannt sind u. a. der Glasbläser Ed Iglehart (North Glen Gallery, Palnackie bei Castle Douglas, Galloway) und die Textilkünstlerin Eva Lambert (Carnoch, Vaternish, Skye). Weitere Adressen in: A Visitor's Guide to Scottish Craft Workshops, zu beziehen über die Scottish Development Agency, 102 Telford Rd, Edinburgh.

Landkarten Neben den detaillierten Generalkarten (Ordnance Survey, 12 inches = 1 mile) gute Auto- und Wanderkarten von Bartholomews & Sons Ltd.

Maße und Gewichte
1 inch (in.) = 2,54 cm
1 foot (ft.) = 12 inches = 30,48 cm
1 yard (yd.) = 3 feet = 91,4 cm
1 mile (mi.) = 1,61 km
1 pint (pt.) = 0,57 Liter
1 quart (qt.) = 2 pints = 1,14 Liter
1 gallon = 4 quarts = 4,5 Liter
1 ounce (oz.) = 28,35 g
1 pound (lb.) = 16 ounces = 453,6 g

National Trust for Scotland Gegründet 1931, assoziiert mit dem 1895 gegründeten englischen National Trust for Places of Historic Interest or Natural Beauty und mit demselben Ziel angetreten: »Zum Wohl der Nation die dauernde Erhaltung von Land und Gebäuden zu fördern, die sich durch besondere Schönheit oder historisches Interesse auszeichnen.« Der National Trust ist eine nationale, aber keine staatliche Einrichtung, sondern eine privat finanzierte Stiftung, in Schottland mit rund 90000 Mitgliedern. Diese einzigartige Institution besitzt, verwaltet und restauriert Burgen, Schlösser und Bauernhäuser, Gärten, Wälder und Küstenstreifen, Schlachtfelder und Vogelschutzgebiete, Industriedenkmäler und ganze Inseln – »for the benefit of the nation«. Der National Trust, drittgrößter Grundbesitzer Großbritanniens, verwaltet in Schottland über 320000 Hektar schönster Landschaft. Er arbeitet zusammen mit der Countryside Commission for Scotland, dem Nature Conservancy Council und dem Historic Buildings Council for Scotland. Vorzügliches Verzeichnis der rund 80 Besitzungen des schottischen National Trust: The National Trust for Scotland Guide (London 1976). Für einen Jahresbeitrag von £ 5 kann man Mitglied werden und alle Häuser und Gärten des Trust kostenlos besichtigen (National Trust for Scotland, 5 Charlotte Square, Edinburgh EH2 4DU, Tel. 031-2265922

Reiten Für »holidays on horseback« bietet Schottland ideale Möglichkeiten: Reitunterricht auf dem Bauernhof, »Pony Trekking« im Hügelland der Borders oder in den Tälern der Highlands. Informationen: The British Horse Society, National Equestrian Centre, Kenilworth, Warwickshire CV8 2LR, England.

Sprache Die Mehrheit der Schotten spricht Englisch. Die schottische Mundart (Lowland Scots) ist stark mit angelsächsischen und skandinavischen Lehnwörtern durchsetzt, die Aussprache weitaus härter als im Oxford English. An der Westküste der Higlands, vor allem auf den Hebriden wird zunehmend wieder Gälisch gesprochen (siehe S. 341). Dort wird der Besucher

gelegentlich dieselbe Erfahrung machen wie Daniel Defoe um 1700 nördlich von Inverness: »We could understand nothing on this side of what the people said, any more than if we had been in Marocco.« *Gälische Sprachkurse* veranstaltet An Comunn Gaidhealach (Abertarff House, Inverness, Tel. 0463–31226) und das Gälisch-College von Skye, mit möglicher Unterbringung in Gälisch sprechenden Familien (Sabhal Mór Ostaig, Sleat, Isle of Skye).*Englische Sprachschulen:* Den besten, sicher auch teuersten Feriensprachkurs veranstaltet das berühmte Internat Gordonstoun von Mitte Juli bis Mitte August für 13- bis 17-jährige (Gordonstoun Summer School, Elgin, Moray). Andere Adressen: Learning English (BTA Frankfurt) oder Fachverband Deutscher Sprachreiseveranstalter, Fliedersteig 11–13, 8501 Nürnberg–Rückersdorf.

Unterkunft Am familiärsten, preiswertesten und praktisch beim Umherreisen: *Bed & Breakfast* (B&B); Durchschnittspreis £ 4.50. Neben den *Hotels* und *Guest Houses* (ohne Bar u. Restaurant) empfiehlt sich vor allem in den Highlands & Islands *Farmhouse Accomodation* (Unterkunft auf dem Bauernhof) und *Self-catering* (Ferienhaus mit Selbstversorgung). Landschaftlich besonders reizvolle Adressen vermittelt die Forestry Commission (231 Costorphine Rd, Edinburgh EH12 7AT, Tel. 031–334 0066) und der National Trust (Holidays Dept, s.o.). Außerdem gibt es über 300 *Camping- und Caravanplätze*. Adressen sämtlicher Möglichkeiten in den entsprechenden Broschüren ›Where to Stay in Scotland‹, zu beziehen über BTA Frankfurt. In der Hauptsaison, Mitte Juli bis Ende August, rechtzeitiges Buchen erforderlich.

Währung In Schottland gilt die englische Währung. Die Bank of Scotland gibt eigene Münzen und Noten heraus, die in England aber keine Gültigkeit haben (wohl umgekehrt englisches Geld in Schottland!). 1 Pfund (£) = 100 Pence (p) = 4,25 DM (Stand Mai 1980). Britisches Geld darf bei der Einreise in unbegrenzter Höhe, bei der Ausreise bis £ 25 mitgeführt werden.

Wandern »There is a charm in footing slow across a silent plain«, beginnt der englische Romantiker John Keats sein Gedicht ›Walking in Scotland‹. Handfesten Rat gibt wenig später, 1834, der erste Hochland-Reiseführer von George u. Peter Anderson: »Einen Wander-Regenschirm sollte man immer bei sich haben, um einen vor Sonne (!) wie Regen zu schützen, ebenso einen Kompaß, ein Fernglas und eine Landkarte, wasserdicht in Ölzeug verpackt … Gewöhnen Sie sich an zwei Mahlzeiten am Tag, was durchaus reicht.« Für eine Hebriden-Wanderung (im 19. Jh.) empfiehlt der Arzt W.C. Dendy vor allem: »Bannocks and Whisky essential for the pedestrian!« – Rund 240 leichtere Wanderwege in ›Walks and Trails in Scotland‹, über 60 schwierigere Wanderungen und Kletterpartien in ›Scotland for Hillwalking‹, beide Broschüren zu beziehen über BTA Frankfurt. Umfassend informiert Donald Bennetts Buch ›Scottish Mountain Climbs‹ (Batsford, London 1980). Hilfreich sind auch folgende Institutionen: Scottish Mountaineering Club, 4 Morven Rd, Bearsden, Glasgow, Tel. 041–9421387, sowie: Forestry Commission, s. o.

Wetter »Die Landschaft ist sehr schön, aber das Wetter war ganz schrecklich«, schrieb Queen Victoria am 21. August 1847 am Loch Laggan in ihr Hochland-Tagebuch. Dies ist das einzig Beständige, das sich über das schottische Wetter sagen läßt. »Sir, it is a very bonny place if you did but see it on a fine day«, tröstet am 1. September 1803 ein Bauer den Dichter Wordsworth im schönen nassen Argyll. Wir wollen uns nichts vormachen: Mehr noch als in England ist in Schottland »der Himmel durch häufigen Regen und Nebel verdunkelt« (Tacitus, Agricola‹, Kap. 127). Beste Reisezeit: Mai/Juni und September/Oktober. Vor allem an der Westküste und auf den Inseln empfiehlt es sich, den Rat zu befolgen, den Robert Irvine vom Summer Isles Hotel in Achiltibuie bei Ullapool seinen Gästen gibt: »Bring wellingtons (Gummistiefel) and sensible shoes and comfortable old clothes. We have the Gulf Stream at the foot of the crofts, but the weather can be anything from

Punch-Karikatur über schottisches Wetter

"SCOTCH MIST"
"The rain seems to be clearing off at last, Sandy."
"Ay, I doot it's *threatenin' to be dry!*"

Arctic to Aegean inside a week.« Um wieviel reizvoller dieses Wetter sein kann als das stereotype Ferienblau, schildert William Wordsworth, der 1831 als 61jähriger täglich 20–30 Kilometer durch Schottland wanderte: »The weather, though we had five or six days of heavy rain, was upon the whole very favourable; for we had most beautiful appearances of floating vapours, rainbows and fragments of rainbows, weather-gales and sunbeams innumerable, so that I never saw Scotland under a more poetic aspect.«

Whisky ist so schottisch wie das Wetter und mindestens ebenso abwechslungsreich: Es gibt über 2000 verschiedene Whiskymarken (›Blended‹: gemischter Korn- und Malzwhisky) und 116 reine ›Malts‹, die kräftigeren Malzwhiskys (etwa 30 Prozent teurer). Einige der besten Malt Whiskys kommen aus den entlegensten Gegenden Schottlands: ›Highland Park‹ (Orkney), ›Talisker‹ (Skye), ›Laphroaig‹ (Islay). Andere Malts lassen sich an ihrer Quelle auf dem ›Whisky Trail‹ in den Highlands probieren und studieren (siehe S. 295ff.). Größter europäischer Whisky-Importeur ist die Bundesrepublik mit rund 30 Millionen Flaschen Scotch pro Jahr. Eine der umfangreichsten Whisky-Sammlungen der Welt ist Edoardo Giaccones ›Whiskyteca Garten‹ am Gardasee in Oberitalien; von den etwa 2600 Flaschen kann man rund 1000 probieren. Der beste Whisky? Der, den man am liebsten mag. Beim Trinken gibt es nur zwei Regeln: »First never take whisky without water, and second, never take water without whisky!« Whisky, gälisch »Uisgebeatha«, das »Lebenswasser«, wird erstmals 1494 urkundlich in Schottland erwähnt. »Freedom and whisky gang thegither«, schrieb Robert Burns im 18. Jahrhundert, als sich die Engländer durch Whisky-Steuern bei den Schotten zusätzlich unbeliebt machten. Über die Geschichte der viktorianischen Whisky-Barone informiert Allen Andrews (The Whisky Barons, Jupiter Books 1977). Den Roman einer Familie schottischer Whiskyfabrikanten der Jahrhundertwende schrieb John Quigley (Rauch überm Hochland, Ehrenwirth 1979). Weitere Informationen: The Scotch Whisky Association, 17 Half Moon St, London W1Y 7RB, Tel. 01–6 29 43 84.

Whisky-Werbung ›Johnnie Walker‹, Originalentwurf von Tom Browne, 1908

Veranstaltungen und Bräuche

Januar:	25. 1.: Geburtstag von Robert Burns
	letzter Dienstag im Jan.: Up-Helly-Aa in Lerwick (Shetland), nordisches Sonnwendfest
März:	Edinburgh Folk Festival (schottische Volkskunst)
April:	Kate-Kennedy-Prozession in St. Andrews (siehe S. 229)
Mai:	10. 5.–Anfang Okt.: Theatersaison in Pitlochry
	Festivals in Perth und Stirling
	Anfang Mai bis Ende Juni: Scotland's Historic Houses' Festival, Konzerte etc. in Burgen und Schlössern
Juni:	Common Ridings (Allgemeines Reiten) in Hawick, Selkirk u. a. Orten der Borders: historische Reiterumzüge zur Erinnerung an die Grenzlandkämpfe
	14.–22.6.: Robert-Burns-Festival in Südwestschottland
Juli:	Uist Games: Dudelsack-Festival auf South Uist (Äußere Hebriden)
	Zweite Julihälfte: The Clyde Fortnight, Regatten auf dem Clyde
August:	am 2. Montag u. Dienstag: Lammas Market in St. Andrews, alter Straßenmarkt u. Volksfest
	Mitte Aug. – Anfang Sept.: Internationales Festival in Edinburgh (Theater, Musik, Kunst)
	Ende Aug.: Argyllshire Highland Gathering, Hochlandspiele in Oban
September:	Anfang Sept.: Royal Highland Gathering in Braemar
	›Mod‹, gälisches Musik- u. Literaturfestival an wechselnden Orten der Highlands
	Autumn Golf Meeting in St. Andrews, traditionelles Treffen des ›Royal & Ancient Golf Club‹
	Mitte Sept.: Carrbridge Festival of Ceilidhs (Dudelsackmusik, Volkstänze etc.)
Oktober:	31. 10.: Hallowe'en, die Zaubernacht, in der Hexen u. Geister ihr Wesen treiben. Traditionelle Bräuche: Junge Männer und Mädchen gehen Hand in Hand mit geschlossenen Augen aufs nächste Kornfeld und reißen den ersten Strunk aus, den sie zu fassen bekommen; dessen Form – groß oder klein, gerade oder krumm – gibt Auskunft über die Gestalt des zukünftigen Ehepartners. Aufschlußreich auch folgendes Spiel: Nüsse mit den Zeichen der Partner werden ins Feuer gelegt; je nachdem, ob sie ruhig zusammen verbrennen oder jäh voneinander wegspringen, wird der Verlauf der Liebschaft sein.

Ergänzende Ortshinweise und Öffnungszeiten

Das Tiefland

Abbotsford (5 km westl. Melrose, A 72): Haus des Schriftstellers Sir Walter Scott. Mitte März – Okt. 10–5, So 2–5

Alloway (südl. Ayr): Burns' Cottage and Museum, Geburtshaus des Dichters Robert Burns. 9–7, So 2–7

Auchinleck (östl. Ayr, A 76): Boswell-Museum neben dem Boswell-Mausoleum, in dem Dr. Johnsons Freund und Biograf begraben liegt. Sein benachbarter Landsitz, Auchinleck House (1759), ist in einem ruinösen Zustand.

Ayr (A 77/A 78): Tam O'Shanter Museum, High St: Robert-Burns-Museum. April–Sept. Mo–Sa 9.30–5.30, Okt.–März 2–4. – Auld Brig, 13. Jh.

Biggar (östl. Lanark, A 702): Gladstone Court, viktorian. Museum. Ostern–Okt., tgl. 10–12.30, 2–5

Bowhill (5 km westl. Selkirk, A 708): Landsitz des Duke of Buccleuch, bedeutende Gemälde-, Miniaturen-, Möbel- und Porzellan-Slgn. Ostern, Mai–Sept. tgl. 2–6

Brodick Castle (Isle of Arran, Fähre von Ardrossan, Ayrshire, A 78): ehem. Landsitz der Dukes of Hamilton, 14.–16. Jh. mit viktorian. Westflügel (1844). Bilder von Gainsborough, Rowlandson, Turner, Watteau u. a., Teile der berühmten Kunstsammlung von William Beckford, dessen Tochter die Frau des 10. Duke war. Mai–Sept. 1–5, So 2–5. Gärten ganzjährig tgl. 10–5, NT

Caerlaverock Castle (11 km südl. Dumfries): Ruine einer Wasserburg von ca. 1300. April–Sept. 9.30–7, So 2–7, Okt.–März 9.30 (bzw. 2) –4

Culzean Castle (südl. Ayr, A 719): Landschloß von Robert Adam, Country Park. April–Sept. tgl. 10–5.30, Okt. 10–4, NT

Drumlanrig Castle (bei Thornhill, A 76): Landschloß des Duke of Buccleuch in schönster Border-Landschaft. Bedeut. Gemälde- und Möbelslg. 8. April–26. Aug. tgl. (außer Fr) 2–6

Dundrennan Abbey (10 km südöstl. Kirkcudbright): Ruine der 1142 gegr. Zisterzienserabtei, in der Maria Stuart ihre letzte Nacht auf schottischem Boden vor ihrer Flucht nach England verbrachte. April–Sept. 9.30–7, So 2–7, Okt.–März 9.30 (bzw 2)–4

Ecclefechan (nördl. Carlisle, A 74): Carlyle's Birthplace, Geburtshaus des Sozialphilosophen Thomas Carlyle. Mitte April–Okt. tgl. (außer So) 10–6, NT

Floors Castle (bei Kelso): Landschloß des Duke of Roxburghe am Tweed. Tapisserien, Gemälde, Möbel. Mai–Sept. tgl. (außer Fr u. Sa) 1.30–4.45, Park 12.30–5.30

Galashiels (Selkirkshire, A 72): Waukrigg Mill: Ausstellung und Geschäft des international bekannten Mode- u. Textildesigners Bernat Klein. Tgl. 10–4

Jedburgh: Mary Queen of Scots' House: Historische u. legendäre Erinnerungsstücke Maria Stuarts. März–Okt. tgl. 10–12, 1–5.30

Kilmarnock (Ayrshire): Kohle- und Textilindustriestadt, Geburtsort von ›Johnnie Walker‹, dem meistgekauften Scotch Whisky der Welt. Der Bauernsohn John Walker gründete 1820

in K. ein Spirituosengeschäft, aus dem die berühmte Firma hervorging (und der Slogan ›Born 1820 – still going strong‹). Ein literarischer Begriff wurde die sog. Kilmarnock Edition, die Erstausgabe der Gedichte von Robert Burns (1786). Dick Institute Museum & Art Gallery, Elmbank Avenue: Heimatmuseum mit Gemäldeslg. (Glasgow School). Tgl. 10–5 (Mai–Sept. 10–8)

Kirkcudbright: The Stewartry Museum: Heimatmuseum von Galloway, Mo–Sa 10–5 Broughton House: ehem. Haus des Malers E. A. Hornell. April–Okt. tgl. 11–1, 2–5 (Nov.–März nur Di u. Do) Maclellan's Castle: Ruine eines befestigten Herrenhauses des 16. Jhs.

Kirkoswald (südl. Ayr, A 77): Souter Johnnie's Cottage: Burns-Museum, Mitte April–Sept. tgl. (außer Fr) 12–5, NT

Manderston (3 km östl. Duns, A 6105): Edwardianisches Landschloß mit Garten u. Park, 20. Mai–20. Sept., Do u. So 2–5.30

Mellerstain (10 km nordwestl. Kelso): Landschloß mit Innendekorationen von Robert Adam. Mai–Sept. tgl. (außer Sa) 1.30–5.30

Melrose: Abbey Museum: Geschichte und Architektur der Abtei, 9.30–7, So 2–7 (Okt.– März 9.30–4, So 2–4)

Neidpath Castle (2 km westl. Peebles, A 72): charakterist. Wohnturm der Borders, 15. Jh.

Roslin Chapel (10 km südl. Edinburgh): Kapelle von 1450 mit prächtiger spätgotischer Architekturplastik. Ostern–Okt. 10–1, 2–5

Ruthwell Cross (14 km südöstl. Dumfries): monumentales Steinkreuz des späten 7. Jhs. mit biblischen Reliefszenen u. Runen-Inschrift. Teil eines Gedichts im northumbrischen Dialekt, frühestes bekanntes Zeugnis der engl. Schriftsprache. April–Sept. 9.30–7, So 2–7, Okt.–März 9.30 (bzw. 2)–4

Stonypath (bei Dunsyre, südl. Edinburgh, A 702): Ian Hamilton Finlays Künstlergarten. Nur nach Voranmeldung, tel. Dunsyre 252

Sweetheart Abbey (10 km südl. Dumfries): Ruine eines 1273 gegr. Zisterzienserklosters am Solway Firth. April–Sept. 9.30–7, So 2–7, Okt.–März 9.30 (bzw. 2)–4

Tarbolton (nordöstl. Ayr, A 719/B 744): Bachelors Club: 17. Jh.-Haus, literar. Club u. Freimaurerloge von Robert Burns (1780). Mitte April–Sept. tgl. 10–6, NT

Traquair House (zw. Galashiels u. Peebles): »Das älteste bewohnte Herrenhaus Schottlands«, lebendige Wohnkultur einer Border-Familie seit dem 12. Jh. Mitte April–7. Okt. tgl. 1.30–5.30

Walkerburn (westl. Galashiels, A 72): The Scottish Museum of Wool Textiles. Ostern– –Sept. Mo–Fr 9–5, Sa 11–4, So 2–4

Whithorn (Wigtown, südl. Newton Stewart, A 714): Missionszentrum des Hl. Ninian, der hier 397 n. Chr. das Christentum in Schottland einführte. Bedeutende Wallfahrtsstätte im Mittelalter. Abteiruine mit Museum, Slg. frühchristl. Steinkreuze. April–Sept. 9.30–7, So 2–7, Okt.–März 9.30 (bzw. 2)–4 St. Ninian's Cave (5 km südwestl. W.): Felshöhle mit frühchristl. Ritzzeichnungen

Edinburgh

Art Centre, Regent Rd: Schottische Kunst des 19. u. 20. Jhs. 10–5, So 2–5

Canongate Tolbooth, Canongate: Ehem. Rathaus u. Gefängnis, Slg. von Hochland-Kleidung und Tartans. Mo–Sa 10–5

Castle: Mai–Okt 9.30–6, So 11–6, Nov.–April 9.30–5.15, So 12.30–4.30

Charlotte Square No. 7: Robert Adams Stadtarchitektur mit georgianischer Inneneinrichtung. 10–5, So 2–5, NT

Demarco Gallery, 8 Melville Crescent: Avantgardegalerie mit Wechselausstellungen

Fine Art Society, 12 Great King St: Wechselausstellungen schottischer u. internationaler Kunst. Tel. 031–5560305

Fruit Market Gallery, 29 Market St: Wechselausstellungen zeitgenöss. Künstler. Mo–Sa 10–5.30

Gladstone's Land, Lawnmarket: Bürgerhaus von 1620 mit bemalter Holzdecke. 10–5, So 2–5, NT

Holyroodhouse: Königspalast. Mai–Okt. 9.30–6, So 11–6, Nov.–April 9.30–5.15, So 12.30–4.30

Huntly House, 142 Canongate: Stadtgeschichtl. Museum mit Edinburgher Silber- und Glas-Slg. Mo–Sa 10–5

John Knox's House, High St: Restauriertes Haus von 1490, vermutlich Wohnung des Reformators. Mo–Sa 10–5

Lady Stair's House, Lawnmarket: Restauriertes Bürgerhaus von 1622, Literaturmuseum (Burns, Scott, Stevenson). Mo–Sa 10–5

Lamb's House, Leith: Kaufmannshaus des späten 16. Jhs. Mo u. Fr, nur nach Voranmeldung, tel. 031–554 3131, NT

Museum of Childhood, 38 High St: Geschichte der Kindheit in Kinderbüchern, Kindermode, Spielzeug etc. Mo–Sa 10–5

National Gallery of Scotland, The Mound: gegr. 1850. Schottische Kunst bis 1900, europäische Malerei, Plastik u. Grafik des 14.–19. Jhs. (Werke von Verrocchio, Raffael, Tizian, Velazquez, Rembrandt, Vermeer, Gainsborough, Reynolds, Raeburn, Turner, Constable, Wilkie u. a.), 10–5, So 2–5

National Library of Scotland, George IV Bridge: gegr. 1682, mit rund 3 Mill. Büchern eine der vier größten Bibliotheken Großbritanniens.

National Museum of Antiquities of Scotland, Queen St: Prähistor. u. röm. Funde, keltische Kunst, Münzen, Geschichte der Stuarts u. der Highlands. 10–5, So 2–5

Royal Scottish Academy, The Mound: Kunstakademie, gegr. 1826, Jahresausstellung schottischer Künstler Ende April bis Anfang August

Royal Scottish Museum, Chambers St: gegr. 1854. Schottisches u. internat. Kunstgewerbe, Archäologie, Völkerkunde, Naturgeschichte, Geologie, Technik. 10–5, So 2–5

Scottish Arts Council, 19 Charlotte Square: Wechselausstellungen zeitgenöss. Künstler u. Kunsthandwerker. 10–6, So 2–6, tel. 031–226 6051

Scottish Craft Centre, 140 Canongate, Acheson House (1633): Keramik, Glas, Holz-, Textil-, Gold- u. Silberschmiedearbeiten schottischer Kunsthandwerker. Mo–Sa 10–5
Scottish National Gallery of Modern Art, Royal Botanic Gardens, Inverleith House (18. Jh.): Britische u. internat. Kunst des 20. Jhs. (Schottische Künstler: Mark Boyle, I. H. Finlay, E. A. Hornel, Gerald Laing, Paolozzi, Scottie Wilson u. a. Englische Künstler: Epstein, Moore, Nash, Nicholson, Pasmore, Sickert, Sutherland u. a.). 10–6, So 2–6
Scottish National Portrait Gallery, Queen St: gegr. 1882. Porträts berühmter Schotten des 16.–20. Jhs. (u. a. von Reynolds, Van Dyck, Raeburn, Ramsay, Epstein, Kokoschka). Umfangreiche Kalotypienslg. der Fotopioniere Hill u. Adamson. 10–5, So 2–5
Stills, 58 High St: Fotogalerie, Ausstellungen schottischer u. internat. Fotografen
Traverse Theatre Club, 112 West Bow, Grassmarket: Avantgarde-Theater, eine der wichtigsten ›Off-Off-Bühnen‹ Großbritanniens

Die Umgebung von Edinburgh und Glasgow

Antonine Wall: Der römische Antoninuswall, errichtet um 140 n. Chr. unter Kaiser Antoninus Pius und Ende des 2. Jhs. aufgegeben, verlief zwischen den Mündungen von Forth und Clyde, eine vorgeschobene Grenzbefestigung ähnlich Hadrian's Wall zwischen Solway und Tyne. Anders als dieser war der rund 60 km lange Antoninuswall keine Steinmauer, sondern ein Erdwall mit Graben und Forts. Rough Castle bei Bonnybridge (westl. Falkirk) und Bearsden (nordwestl. Glasgow) gehören zu den besterhaltenen Teilen des Antonine Wall.
Ardoch Roman Camp (bei Braco, nördl. Stirling, A 822): Erdwälle des größten Römerlagers in Schottland, das rund 40000 Soldaten aufnehmen konnte (Anfang 2. Jh. n. Chr.).
Bannockburn Monument (3 km südl. Stirling, M 80): Schlachtfeld von 1314 mit Informationszentrum des NT. April–Mitte Okt. tgl. 10–6
Blair Drummond (nordwestl. Stirling, A 84): Schottlands Safari-Park. Mitte März–Okt. tgl. ab 10
Cameron House (Loch Lomond, A 82): Landsitz der Familie des Romanciers Tobias Smollett, Tier- u. Vergnügungspark. Ostern–Sept. tgl. 10.30–6
Craigmillar Castle (4 km südöstl. Edinburgh, A 68): Burgruine des 14.–17. Jhs. mit Maria-Stuart-Assoziationen. April–Sept. 9.30–7, So 2–7, Okt.–März 9.30 bzw. 2–4
Crichton Castle (10 km südöstl. Edinburgh): Burg des 14.–16. Jhs. mit Renaissancefassade, »Remains of rude magnificence« (Scott). April–Sept. 9.30–7, So 2–7, Okt.–März 9.30 bzw. 2–4
Cumbernauld (zw. Stirling u. Glasgow, A 80): 1956 beg., für 70000 Einwohner konzipierte Satellitenstadt, größtes (u. umstrittenstes) Projekt dieser Art in Schottland
Dalmeny (westl. Edinburgh, A 90): St. Cuthbert, besterhaltene normannische Pfarrkirche in Schottland, Mitte 12. Jh.

Dirleton Castle (östl. Edinburgh, A 198): Burgruine des 13.–16. Jhs. April–Sept. 9.30–7, So 2–7, Okt.–März 9.30 bzw. 2–4

Doune Castle (nordwestl. Stirling, A 84): Burg der Earls of Moray, 14. Jh. Der jetzige Graf führt ein Oldtimer-Museum

Dunblane (nördl. Stirling, A 9): Gotische Kathedrale des 13. Jhs. mit berühmtem Westfenster (»Ruskin Window«)

East Kilbride (südl. Glasgow, A 726): Satellitenstadt von 1947 mit 23 restaurierten Weber-Cottages. Nicht weit von hier landete Rudolf Hess 1941 bei seinem Fallschirmabsprung

Greenock: Industrie- u. Hafenstadt an der Clyde-Mündung. Geburtsort von James Watt. Watt Memorial Building (9 Union St) mit Museum, Mo–Sa 10–12.30, 2–5

Old West Kirk (1591), Esplanade: Kirchenfenster von Burne-Jones, Morris u. Rossetti

Haddington (östl. Edinburgh, A 1): Landstädtchen des 18. Jhs., spätgot. Pfarrkirche Mitte 15. Jh.

Hamilton (südöstl. Glasgow, M 74/A 724): H. Mausoleum, monumentale Grabkapelle für den 10. Duke of Hamilton (Mitte 19. Jh.) mit berühmtem Echo.

Blantyre: David Livingstone Centre, Geburtshaus des Afrikaforschers. 10–6, So 2–6

Hill House (Helensburgh, Kennedy Drive, 45 km westl. Glasgow, A 814): Von Mackintosh entworfenes u. ausgestattetes Landhaus (1902–04). Nur nach Voranmeldung, tel. Helensburgh 3900

Hopetoun House (15 km westl. Edinburgh, A 90): 18. Jh.-Landschloß des Marquess of Linlithgow, erbaut von William Adam, Innendekorationen von Robert Adam; Gemälde- u. Möbelslg., Park. Ostern u. Mai–Sept. tgl. 11–5.30

Keir House (nördl. Stirling, M 9): Landsitz, wo Chopin 1848 zu Gast war. Zu besichtigen nur der hervorragende viktorian. Garten, April–Okt. Di–Do 2–6

Kilbarchan (südwestl. Glasgow, A 737): Weaver's Cottage: typ. Weberhaus des frühen 18. Jhs. Di, Do, Sa, So 2–5, NT

Linlithgow Palace (westl. Edinburgh, M 9): Ruine des Königspalasts, in dem Maria Stuart geboren wurde. April–Sept. 9.30–7, So 2–7, Okt.–März 9.30 bzw. 2–4

Paisley (11 km südwestl. Glasgow): Industriestadt, bekannt für ihre handgewebten Shawls aus Seide u. Baumwolle mit Kaschmir-Muster: Paisley-Shawls, 1805 bis etwa 1880 hergestellt, Beispiele im Museum, High St: Mo–Sa 10–5

Abbey Church, Ruine der Cluniazenserabtei (12.–15. Jh.)

In P. wurde 1821 der Fotograf Alexander Gardner geboren, der nach New York auswanderte u. einige der berühmtesten Fotos des Amerikan. Bürgerkriegs machte.

Preston Mill (bei East Linton, westl. Dunbar, A 1): Pittoreske Mühle des 18. Jhs. April–Sept. 10–12.30, 2–7.30, So 2–7.30, Okt.–März nur bis 4.30, NT

Rossdhu House (Loch Lomond, A 82): Landsitz des 18. Jhs. Mitte Mai–Mitte Okt. tgl. 10.30–5

Seton (östl. Edinburgh, A 198): Kollegiatskirche des 15. Jhs. (Ruine). April–Sept. 9.30–7, So 2–7, Okt.–März 9.30 bzw. 2–4. Nebenan Seton House von Robert Adam (privat).

Stirling: Stirling Gallery, Broad St: schott. Kunsthandwerk u. Ausstellungen.

Castle, Königspalast: April, Mai u. Sept. tgl. 9.30–6, Juni–Aug. 9.30–8, So 11–7, Okt.–März 10–4, So 1–4. Wallace Monument: Aussichtsturm (1869) mit Walhalla berühmter Schotten. Tgl. 10–5 (im Sommer bis 8)

Tantallon Castle (östl. North Berwick, A 198): Burgruine des 14. Jhs. auf einem Felsvorsprung am Firth of Forth, Schauplatz von Scotts ›Marmion‹. April–Sept. 9.30–7, So 2–7, Okt.–März 9.30 bzw. 2–4

The Binns (5 km östl. Linlithgow, A 904): Landsitz des 17. Jhs. Mai–Sept. tgl. (außer Fr) 2–5.30, Park 10–7, NT

Winton House (bei Pencaitland, östl. Edinburgh, A 1 / B 6355): Renaissance-Landsitz, erbaut von William Wallace (1620–22), Scotts Vorbild für Ravenswood Castle in ›The Bride of Lammermoor‹. Gemälde- u. Möbelslg., Park. Nur nach Voranmeldung, tel. Pencaitland 340 222

Yester House (bei Gifford, östl. Edinburgh, B 6355): Landsitz des ital. Komponisten Menotti, erbaut von James Smith (1699–1728) mit Salon von Robert Adam (1789), privat.

Glasgow

Art Gallery and Museum, Kelvingrove: Städtische Kunstslgn. Schwerpunkte: Alte Meister (Rembrandt, Giorgione, Bellini u. a.), französische Malerei des 19. Jhs. (Corot, Monet, Renoir, Seurat u. a.), schottische Malerei des 16.–20. Jhs. (Nasmyth, Raeburn, Ramsay, McCulloch, McTaggart, Hornel, Henry). Europ. u. oriental. Kunsthandwerk, Waffen, Archäologie, Völkerkunde, Naturgeschichte. 10–5, So 2–5

Botanic Gardens, Great Western Rd: Kibble Palace, viktorian. Gewächshaus, Tgl. 10–4.45

Burrell Museum (im Bau, Pollok Park): Weltkunstslg. des Reeders Sir William Burrell

City Chambers, George Square: Viktorian. Rathaus, Führungen Mo–Fr 10.30 u. 2.30

College of Piping, 20 Otago St: Schule für Dudelsackmusik, 1945 gegr. (tel. 041–33 43 587)

Fine Art Society, 134 Blythswood St: Wechselausstellungen moderner Kunst

Glasgow Print Studio, 43 St. Vincent Crescent: Wechselausstellungen zeitgen. Künstler u. Kunsthandwerker

Goethe-Institut (Scottish-German Centre), 3 Park Circus, tel. 041–332 2555

Haggs Castle, 100 St. Andrew's Drive: Burg-Museum für Kinder. 10–5.15, So 2–5

Hunterian Museum, Glasgow University: Kunstslg. der Universität (vor allem Werke von Whistler u. Mackintosh), geolog., archäolog. u. völkerkundl. Slgn. Mo–Fr 9–5, Sa 9–12

Kathedrale, Castle St : So 1–6, Mo–Sa Okt–März 10–5.30, April–Sept. 10–7

Mackintosh-Gebäude in Glasgow: *Queen's Cross Church* (1897), Maryhill, 870 Garscube Rd: Informationszentrum der 1973 gegr. Charles Rennie Mackintosh Society, Di u. Do 12–5.30, So 2.30–5

School of Art (1896–1909), 167 Renfrew St: Führungen Mo–Fr 10–12, 2–4
Glasgow Herald Building (1895), 70 Mitchell St
Daily Record Building (1901), Renfield Lane
Scotland Street School (1904), Shields Rd
Willow Tearoom (1904), 199 Sauchiehall St
Mitchell Library, North St: Größte öffentliche Bücherei Schottlands, Spezialabt. Robert Burns, keltische u. schottische Literatur. Mo–Fr 9.30–9
Museum of Costume, Aikenhead House, King's Park: im Bau, tel. 041–637 4262
Museum of Transport, 25 Albert Drive: Verkehrsmuseum mit Schiffsmodellen, Oldtimern, Straßen- u. Eisenbahnen. 10–5, So 2–5
Necropolis, Cathedral Square: Viktorian. Friedhof von 1833. Tgl. 8–4.30
People's Palace, Glasgow Green: Stadtgeschichtl. Museum mit viktorian. Gewächshaus. 10–5, So 2–5
Pollok House, Pollokshields: Park mit Landhaus von William Adam (1752), Stirling-Maxwell-Gemäldeslg. (Goya, El Greco, Murillo, Hogarth, William Blake u. a.). Porzellan- u. Glas-Slg. 10–5, So 2–5
Provand's Lordship, 3 Castle St: Glasgows ältestes Haus, 1471. April–Sept. Mo–Sa 10–5, Okt.–März 11–4
Scottish Design Centre, 72 St. Vincent St: Schottisches Design u. Kunsthandwerk, Ausstellungen u. Verkauf. Mo–Sa 9.30–5
Third Eye Centre, 350 Sauchiehall St: Führende schottische Avantgardegalerie mit Kunst- u. Fotoausstellungen u. a. Veranstaltungen. Di–Sa 10–5.30, So 2–5.30
Victoria Park: Park mit Fossilienwald. Tgl. 8 bis Dämmerung

Die Halbinsel Fife

Anstruther (15 km südl. St. Andrews, A 917): Scottish Sea Fisheries Museum, Arbeit u. Leben der Fischer von Fife. April–Okt 10–6, So 2–5, Nov.–März 2.30–4.30 (außer Di)
Balbirnie (nördl. Glenrothes, A 92): Balbirnie Craft Centre, Kunsthandwerker-Ateliers. Mo–Fr 9–6, Sa u. So 2–6
Dundee: Museum & Art Galleries, Albert Square: u. a. Bilder des einheim. Jugendstilkünstlers George Dutch Davidson. Mo–Sa 10–5.30
Broughty Castle Museum, Broughty Ferry: Heimatmuseum, werktags (außer Fr) 11–1, 2–5, Juli–Okt. So 2–5
Spalding Golf Museum, Camperdown Park: Werktags (außer Fr) 10–1, 2–5, Juli–Sept. So 2–5
Dunfermline: Andrew Carnegie Birthplace, Moodie St: Geburtshaus des amerik. Millionärs u. Mäzens. 11–1, 2–6, So 2–6. – Abbey: normannische Abteikirche mit neugot. Chor. Tgl. 2–6
Falkland Palace (A 912): Jagdschloß der Stuarts. April–Mitte Okt. 10–6, So 2–6, NT

Hill of Tarvit (4 km westl. Cupar, A 916): Edwardianisches Landhaus, entworfen von Sir Robert Lorimer (1906). Flämische Tapisserien, französ. Möbel des 18. Jhs., Gemälde von Raeburn, Ramsay u. a. Mitte April–Sept. tgl. (außer Fr) 2–6, NT.

Scotstarvit Tower (1 km westl.): typ. Tower-house des frühen 17. Jhs.

Kellie Castle (4 km nördl. Pittenweem): Wohnturm des 16./17. Jhs., Deckengemälde von J. de Wet. Mitte April–Sept. Mi–So 2–6, NT

Kinross House (Loch Leven, M 90): Landsitz des Architekten Sir William Bruce (1693). Nur Gartenbesichtigung. Mai–Sept. 2–7

Kirkcaldy: Geburtsort von Adam Smith (220 High St). Museum & Art Gallery: Schottische u. engl. Malerei des 19./20. Jhs. 11–5, So 2–5

Industrial & Social History Museum, Forth House: u. a. Geschichte der Linoleumverarbeitung. Mai–Sept. Mo–Sa 2–5

Leuchars (nördl. St. Andrews, A 919): Reich ornamentierte Pfarrkirche von ca. 1244, Chor u. Apsis normannisch mit dopp. Arkadenstellg. u. klassizist. Turm, Hauptschiff 17. Jh.

Scone Palace (2 km nördl. Perth, A 93): Landschloß des Earl of Mansfield mit exquisiter Kunstslg. Mai–Sept. 10–6, So 2–6

St. Andrews: Cathedral Museum: Frühchristl. u. mittelalterl. Funde zur Geschichte der Kathedrale. April–Sept. 9.30–7, So 2–7, Okt–März 9.30–4, So 2–4

Castle (13.–16. Jh.): dieselben Öffnungszeiten

Das Hochland

Aberdeen: Art Gallery, Schoolhill: Gute Auswahl schottischer u. engl. Kunst des 18.–20. Jhs. (einheimischer Präraffaelit William Dyce). 10–5, So 2–5

Provost Skene's House, Guestrow: Bürgerhaus des 17. Jhs., eingerichtet im Stil der Zeit. Mo–Sa 10–5

King's College, Old Aberdeen: Universität, gegr. 1494. Kapelle Mo–Fr 9–5

Arts Centre, King St: Verkaufsausstellungen zeitgen. schottischer Künstler u. Kunsthandwerker. Sommer Mo–Sa 10–17

Arbroath (nordöstl. Dundee, A 92): Fischerhafen, bekannt für seine geräucherten Schellfische (Arbroath smokies) u. die schottische Unabhängigkeitserklärung von 1320 (Declaration of Arbroath), unterzeichnet in der 1178 von Wilhelm dem Löwen gegründeten Abtei (Ruine). Friedhof mit viktorian. Folly: Grabkapelle im Baronialstil einer Burg

Balmoral Castle (Dee-Tal, A 93): Viktorian. Sommerschloß der Queen. Nur Garten- u. Parkbesichtigung. Mai–Juli tgl. (außer So) 10–5

Blair Castle (12 km nordwestl. Pitlochry, A 9): Stammschloß der Herzöge von Atholl. April So u. Mo, Mai–Anfang Okt. 10–6, So 2–6

Braemar Castle (Dee-Tal, A 93): Hochlandburg des 17. Jhs., Mai–Sept. tgl. 10–6

Branklyn Garden (2 km östl. Perth, A 85): Garten auf dem Kinnoull Hill oberhalb des Tay. März–Okt. tgl. 10–Dämmerung, NT

Caledonian Canal: See- u. Kanal-Wasserstraße Inverness-Fort William, 90 km lang, 29 Schleusen, in Betrieb tgl. (außer So) 8–5. Informationen: Kanalverwaltung Inverness, Tel. 33140

Castle Fraser (25 km westl. Aberdeen, A 944): Wohnturm des späten 16. Jhs. in schöner Parklandschaft. Mai–Sept. 11–6, So 2–6, NT

Cawdor Castle (östl. Inverness, A 96/B 9090): Burg des 14.–17. Jhs. mit Macbeth-Assoziationen. Mai–Sept. tgl. 10–5.30

Clava Cairns (Culloden Moor, östl. Inverness, B 9006): Prähistor. Steinkreise mit Ganggräbern (1800–1500 v. Chr.), NT

Comrie (westl. Perth, A 85): Museum of Scottish Tartans, Drummond St, tgl. 9–6

Craigievar Castle (40 km westl. Aberdeen, A 980): Exemplarisches Tower-house von 1626. Mai u. Juni Di, Do u. Sa 11–6, So 2–6, Juli–Sept. tgl. 11–6, So 2–6, NT

Crathes Castle (22 km westl. Aberdeen, A 93): Wohnturm des 16. Jhs., Deckenbemalung. Mai–Sept. 11–6, So 2–6. Garten u. Park ganzjährig tgl. 9.30 bis Dämmerung

Cromarty (nördl. Inverness, A 832): Hugh Miller's Cottage, Geburtshaus des Geologen u. Schriftstellers. Mai–Sept. 10–12, 1–5, So 2–5, NT

Culloden (10 km östl. Inverness, A 96/B 9006): Schlachtfeld von 1746, NT-Informationszentrum: Mitte April–Okt. Mo–Fr 9.30–6.30 (Juni–Aug. bis 9.30), So 2–6.30

Drum Castle (15 km westl. Aberdeen, A 93): Burg des 13. Jhs. mit Anbau von 1619. Mai–Sept. 11–6, So 2–6, NT

Drummond Castle (bei Muthill, westl. Perth, A 822): Burg des 15. Jhs. mit Herrenhaus des 17./19. Jhs. Italien. Garten (ca. 1830) in Form eines Andreaskreuzes. Sonnenuhren-Obelisk von John Mylne, 17. Jh., Mi u. So 2–6

Duff House (Banff, A 98): Georgianisches Meisterwerk von William Adam. April–Sept. 9.30–7, So 2–7

Dunnottar Castle (bei Stonehaven, südl. Aberdeen, A 92): Spektakuläre Burgruine auf den Klippen der Ostküste, Bergfried um 1392, Torhaus um 1575. Mo–Sa 9–6, So 2–5

Dunrobin Castle (bei Golspie, A 9): Stammschloß der Herzöge von Sutherland. Mai–Sept. 10.30–5.30, So 1–5.30

Edzell Castle & Gardens (Angus, nördl. Brechin, A 94/B 996): Burg des 16. Jhs. mit Renaissancegarten. April–Sept. 9.30–7, So 2–7, Okt.–März 9.30–4, So 2–4

Eilean Donan Castle (Loch Duich, A 87): Romantisch gelegene, 1912–32 rekonstruierte Burg des 13. Jhs. April–Sept. tgl. 10–12.30, 2–6

Fort George (18 km nordöstl. Inverness, A 96/B 9006): Englisches Fort des 18. Jhs. April–Sept. 9.30–7, So 2–7. Okt.–März 9.30–4, So 2–4

Fort William (A 82): West Highland Museum, Cameron Square: Heimatmuseum mit histor. u. naturkundl. Slgn. Mo–Sa 9.30–1, 2–5 (Juli u. Aug. 2–9)

Glamis Castle (18 km nördl. Dundee, A 94/A 928): Schloß des 17. Jhs., spektakulärstes Beispiel des schottischen Baronialstils, Macbeth-Assoziationen. Landschaftsgarten von

Capability Brown. Mai–Sept. Mo–Do, ab 1. Juli auch Fr 1–5
Angus Folk Museum: Heimatmuseum, Mai–Sept. tgl. 1–6, NT
The Manse Stone (der Dorfkirche gegenüber): Piktischer Symbolstein, 9./10. Jh.
Glenalmond (15 km westl. Perth, B 8063): Trinity College, gegr. 1841 von W.E. Gladstone, renommierteste schottische Public School nächst Gordonstoun. Nur Jungen. Tel. Glenalmond 205
Haddo House (30 km nördl. Aberdeen, A 947): Georgianischer Landsitz von William Adam (1731). NT
Inverary Castle (90 km nordwestl. Glasgow, A 83): Stammschloß der Herzöge von Argyll. Prächtige Salons des 18. Jhs. April–Juni tgl. (außer Fr) 10–12.30, 2–6, So 2–6, Juli–7.Okt. tgl. 10–6, So 2–6
Inverewe (südwestl. Ullapool, A 832): Subtropischer Garten an der wilden Westküste. Ganzjährig tgl. 9 bis Dämmerung, NT
Inverness: Museum & Art Gallery, Castle Wynd: Natur- u. Sozialgeschichte der Highlands, Mo–Sa 9–5
Abertarff House, Church St: Bürgerhaus von ca. 1592, Informationszentrum gälischer Kultur. Mo–Fr 9–1, 2.15–5
Kellie Castle (bei Arbroath, östl. Dundee, A 92): Burg des 12./17. Jhs. mit Verkaufsgalerie schottischer Künstler u. Kunsthandwerker. Mai–Dez. tgl. (außer Di) 10.30–5.30
Kilmartin (Argyll, südl. Oban, A 816): Friedhof mit Slg. mittelalt. Grabsteine. – Zwischen Kilmartin u. Crinan Canal eine Fülle prähistor. Denkmäler der Stein- u. Bronzezeit
Kingussie (südl. Avieruore, A 9): The Highland Folk Museum: Sozialgesch. u. Brauchtum der Highlands. April–Okt. 10–6, So 2–6, Nov.–März Mo–Sa 10–3
Kirriemuir (nördl. Dundee, A 928) Barrie's Birthplace, Geburtshaus des Schriftstellers Sir James Barrie, Weberssohn, der durch sein Schauspiel ›Peter Pan‹ (1904) u. die Butler-Komödie ›The Admirable Crichton‹ weltberühmt wurde. Mai–Sept. 10–12.30, 2–6, So 2–6, NT
Leith Hall (50 km nordwestl. Aberdeen, A 96/B 9002): Landsitz des 17. Jhs. Mai–Sept. 11–6, So 2–6, Garten ganzjährig 9.30 bis Dämmerung, NT
Meigle (nördl. Dundee, A 927/A 94): Museum mit frühchristl. Grabsteinen (7.–10. Jh.), Mo–Sa 9.30–7, Okt.–März 9.30–4
Newtonmore (südl. Aviemore, A 9/A 86): Clan Macpherson House & Museum, ›Fingal‹-Erstausgabe. Ostern–Sept. Mo–Sa 10–12, 2–6
Pitmedden Garden (20 km nördl. Aberdeen, A 92/B 999): Barockgarten im Stil Le Nôtres, um 1675, vom National Trust 1952 rekonstruiert. Ganzjährig 9.30 bis Dämmerung
Wick (Caithness, A 9): Fabrik u. Ausstellungsraum des Caithness–Glas, Harrowhill, Tel. Wick 2286

Die Hebriden

Tägliche *Autofähren* (außer So!) zwischen dem Festland u. den Inseln: Ullapool – Stornoway (Lewis), Mallaig u. Kyle of Lochalsh – Skye, Uig (Skye) – Tarbert (Harris) – Lochmaddy (North Uist). Tel. Caledonian MacBrayne, Gourock 33755.
Tägliche *Flugverbindungen* (außer So!) zwischen Glasgow/Inverness u. Stornoway (Lewis) u. zwischen Glasgow u. Benbecula (Uist). Tel. British Airways, Glasgow 332 9668

Innere Hebriden

Jura: Zusammen mit Islay der Halbinsel Kintyre vorgelagert (Fähre von Tarbert, A 83). 1841 lebten hier 1320 Menschen, heute rund 250 (u. etwa 5000 Stück Rotwild). Beliebte Jagdinsel schon im 19. Jh. Es gibt einen Arzt, aber keinen Polizisten. George Orwell lebte 1946–48 in Barnhill, einem Haus im Norden der Insel, und schrieb ›1984‹.
Iona: Die »Heilige Insel«, Kloster von St. Columba. Fähre von Fionnphort/Mull oder Tagestour von Oban (Staffa Marine Ltd, 13 Stafford St., Tel. Oban 4747)
Mull: Hügelreiche Insel mit grandioser Klippenszenerie. ›Hauptstadt‹: der Seglerhafen *Tobermory.*
Torosay Castle (bei Craignure, A 849): Frühviktorian. Landsitz von David Bryce mit italien. Garten. 15. Mai–Anfang Okt. tgl. 11–5
Staffa: Fingalshöhle. Ausflugsboote von Oban oder Mull (Ulva Ferry Pier)
Skye: *Armadale Castle* (Sleat, A 851): Clan Donald Centre neben der Ruine des Herrenhauses von Gillespie Graham (1815). Geschichte des Clan Macdonald u. der »Lords of the Isles«. Park. April–Okt. Mo–Sa 10–5.30
Borreraig (Loch Dunvegan, B 884): The Piping Centre, kleines Museum der Dudelsackmusik, tgl. geöffnet
Dunvegan Castle (35 km westl. Portree, A 850): Stammburg der Chiefs des Clan MacLeod seit dem 13. Jh. Ostern–Ende Mai u. 1.–20. Okt. tgl. 2–5, Juni–Sept. tgl. 10.30–5
Sabhal Mór Ostaig (Sleat, A 851): Gälisch-College mit Sommersprachkursen. Tel. Ardvasar 280

Äußere Hebriden

Harris: *Rodel:* Kirche St. Clement's, um 1500, mit Grabskulpturen des frühen 16. Jhs.
Lewis: *Arnol* (Westküste, A 858): The Blackhouse, exemplarisches Bauernhaus der Hebriden aus dem 19. Jh. April–Sept. tgl. (außer So) 9.30–7, Okt.–März 9.30–4, NT
Shawbost (A 858, südl. Arnol): Heimatmuseum, von Schülern gestaltet: ›The World we have lost‹. Tgl. (außer So)
Shiant Isles (6 km vor der Südostküste von Lewis): Drei Felsinseln mit ähnlich spektakulären Basaltformationen wie auf Staffa; seit 1901 unbewohnt, eine Zeitlang im Besitz des Schriftstellers Sir Compton Mackenzie.

Barra: Insel südl. von South Uist, in einem Tagesmarsch zu umrunden. Hat schöne Strände u. Buchten, eine mittelalterliche Burg, die der 45. Clan-Chief der MacNeils, ein amerikan. Architekt, restaurierte (Kisimul Castle), und die einzige Landepiste der Welt, die täglich zweimal überflutet wird (Cockle Strand).

St. Kilda: Schottlands »Ultima Thule«, der einsamste Vorposten der Britischen Inseln, 75 km westlich von Harris u. 170 km vom Festland entfernt im Atlantik. Vier Inseln, Hauptinsel Hirta; Klippen bis zu 350 m hoch. 1930 wurden die letzten 36 Einwohner evakuiert. Sie lebten von Fischfang, Viehzucht, etwas Ackerbau. Zurück blieben ihre Steinhütten, eine eigene Spezies von St. Kilda-Zaunkönigen u. -Feldmäusen sowie Tausende von Seevögeln. Seit 1957 Naturschutzgebiet im Besitz des National Trust (und Raketenbasis). Der National Trust veranstaltet zweiwöchige »work parties« auf dem Archipel (Urlaub mit Restaurierungsarbeiten an der verlassenen Siedlung) sowie reine »Holiday Safaris on St. Kilda«. Nur wer auf dem Eiland übernachtet hat, kann Mitglied des St. Kilda Club werden, eines der exklusivsten Klubs Großbritanniens.

Orkney-Inseln

Brough of Birsay: Prähistorisch interessantes Eiland an der Nordwestspitze der Hauptinsel, bei Ebbe zu Fuß zu erreichen. Ruinen der Kirche Earl Thorfinns (um 1050) u. seines Palastes; Friedhof mit keltischen u. piktischen Gräbern; Fundamente einer Wikingersiedlung: Langhäuser norwegischer Bauern des 9. Jhs.

Kirkwall: Tankerness House, Broad St: Kaufmannshaus des 16. Jhs., Heimatmuseum mit prähistor. u. sozialgesch. Slg. Mo–Sa 10.30–1, 2–5.30

Maes Howe (14 km westl. Kirkwall, A 965): Prähistor. Kammergrab. April–Sept. 9.30–7, So 2–7, Okt.–März 9.30 bzw. 2–4

Skara Brae (Bay of Skaill, nördl. Stromness, B 9056): Ausgegrabene Steinzeitsiedlung. Öffnungszeiten wie Maes Howe

Stromness: Orkney Natural History Museum: Naturgesch. u. Seefahrt der Orkney-Inseln. Mo–Sa (außer Do) 11–12.30, 1.30–5

Piers Arts Centre: Kleines Museum britischer Kunst des 20. Jhs.

Shetland-Inseln

Jarlshof (bei Sumburgh): Ausgrabungsstätte von Siedlungen der Jungsteinzeit bis zum Mittelalter. April–Sept. 9.30–7, So 2–7, Okt.–März 9.30–4, So 2–4

Lerwick: Shetland County Museum, Lower Hillhead: Vor- u. Frühgeschichte der Inseln. Mo, Mi–Fr 10–1, 2.30–5, 6–8, Di u. Sa 10–1, 2.30–5

Mousa Broch: Piktischer Rundturm auf dem Eiland Mousa, gegenüber Sandwick (von dort Motorboot auf Anfrage)

Sandwick, Compass House, Thuleprint: Großbritanniens nördlichster Verlag (John Button, Tel. 095 05–2 04)
Shetland Craft Museum, South Voe (4 km nördl. Sumburgh): typ. Bauernhaus der Shetlands aus dem 19. Jh.

Essen und Trinken

H = Hotel   R = Restaurant   GF = Good Food-Restaurant (tel. Tischreservierung ratsam)

Das Tiefland

Beattock (Dumfries, 3 km südwestl. Moffat): Old Brig Inn, H + GF, Tel. Beattock 401
Borthwick Castle (Midlothian, 18 km südl. Edinburgh): Tower-house des 15. Jhs., H, Tel. Gorebridge 2 05 14
Cringletie House (Borders, nördl. Peebles, A 703): Landsitz, H + R, Tel. Eddleston 233
Dalhousie Castle (Midlothian, 12 km südl. Edinburgh): Kern 15. Jh., neugotisches Kuppelgewölbe von William Burn (1825), besucht von Queen Victoria u. a., H, Tel. Gorebridge 20153
Dryburgh Abbey Hotel (bei St. Boswells, Roxburghshire): viktorian. Landhaus am Tweed, H, Tel. St. Boswells 22 61
Gatehouse-of-Fleet (Dumfriesshire): georgian. Schloßhotel von 1763, H, Tel. Gatehouse 3 41
Gullane (Lothian, A 198): Greywalls, Landhaus am Golfplatz Muirfield, entworfen von Sir Edwin Lutyens, 1901, H, Tel. 84 21 44
Johnstounburn House (East Lothian, A 68/A 6137): GF, Tel. Humbie 632
Kelso (Roxburghshire): Woodside Hotel, Edenside Rd, GF, Tel. Kelso 21 52
Kirkcudbright (Dumfries): Coffee Pot, Castle St, GF, Tel. Kirkcudbright 3 05 69
Moffat (Dumfriesshire): Moffat House, High St: Villa, entworfen von Robert Adam 1751, H, Tel. Moffat 2 00 39
Moniave (Dumfriesshire, A 702): Woodlea Hotel, Landgasthaus, GF, Tel. Moniave 2 09
Tibbie Shiels Inn (Borders, A 708): histor. Wirtshaus am St. Mary's Loch, H + R, Tel. Cappercleugh 2 31
Turnberry Hotel (Ayrshire, A 77/A 719): Edwardianisches Grandhotel mit Golfplatz, H + R, Tel. Turnberry 2 02

Edinburgh

L'Auberge, 56 St Mary St: GF, Tel. 5 56 58 88
Café Royal, 17 West Register St (bei St. Andrews Square): R, Oyster Bar m. vikt. Dekor
Denzler's, 80 Queen St: GF, Tel. 2 26 54 67
Forrest Hill Bar (gen. ›Sandy Bell's‹), Forrest Rd: Pub mit Folkmusic, Tel. 2 25 11 56
George Hotel, George St: Viktorian. Hotel, H + R, Tel. 2 25 12 51

"Just think, lass, Robbie Burns died
in this very bed."

Punch-Karikatur über historische Hotels

Henderson's Salad Table, 94 Hanover St: hervorrag. Vegetarier-Selbstbed.-Restaurant
Prestonfield House, Priesfield Rd (südl. außerhalb Stadtzentrum): Herrenhaus von 1687, entworfen von William Bruce, besucht von Bonnie Prince Charlie, Benjamin Franklin, Dr. Johnson u. a., H+R, Tel. 6678000
Nicky Tam's Tavern, Victoria St: Pub mit Folkmusic
Roxburghe Hotel, Charlotte Square: H+R, Tel. 2253921
Town and Country, 72 Rose St/North Lane: GF, Tel. 2253106

Umgebung von Edinburgh und Glasgow

Aberfoyle (nördl. Glasgow, The Trossachs, A 81): Bailie Nicol Jarvie Hotel, H+R, Tel. Aberfoyle 202
Airth Castle Hotel (nördl. Falkirk, A 905): Burg des 15./16. Jhs., von David Hamilton 1807 wiederaufgebaut, H+R, Tel. Airth 411
Cramond (westl. Edinburgh am Firth of Forth): Cramond Inn, R, Tel. 3362035
Culcreuch Castle (bei Fintry, 30 km nördl. Glasgow, A 81/B 822): Burghotel (sonntags mit Dudelsackpfeifer), H+R, Tel. Fintry 228
Drymen (östl. Loch Lomond, A 809/A 811): Buchanan Arms, H+R, Tel. Drymen 588
Gleddoch House (bei Langbank, A 8/B 789): Landgasthaus oberhalb des Clyde, GF, Tel. Langbank 711
Melville Castle Hotel (südl. Edinburgh, bei Lasswade, A 7): Landschloß am River Esk, entworfen von James Playfair 1786–91, H, Tel. 6636633
Port of Menteith (westl. Stirling): The Lake Hotel, kleines Landgasthaus am Lake of Menteith, H+R
South Queensferry (nördl. Edinburgh am Firth of Forth): Hawes Inn, R.L. Stevenson-Assoziationen, H+R, Tel. 3311990

Trossachs Hotel (westl. Callander, A 821): Viktorian. Schloßhotel am Loch Achray, H+R, Tel. Trossachs 2 32
Uphall (20 km westl. Edinburgh, M 8): Houston House, GF, Tel. Broxburn 85 38 31

Glasgow

Central Hotel, Hauptbahnhof: viktorian. Bahnhofshotel mit GF-Restaurant: Malmaison, Tel. 2 21 96 80
Danish Food Centre, 56 St. Vincent St: Skandinav. Selbstbedienungs-Restaurant
Gulnar Tandoori, 67 Elmbank St: Indisches Restaurant
La Bonne Auberge, 7 a Park Terrace: GF, Tel. 3 32 94 38
Poachers, Ruthven Lane: GF, Tel. 3 39 09 32

Fife

Cleish (3 km südwestl. Kinross, B 9097): Nivingston House, H+GF, Tel. Cleish Hills 2 16
Fernie Castle Hotel (6 km westl. Cupar): umgebaute Burg des 16.Jhs., H, Tel. Letham 2 09
Perth: Timothy's, 24 St. John St, R
St. Andrews: Old Course Hotel, Golfertreff, H+R, Tel. 43 71
Pepita's, 11 Crails Lane: GF, Tel. 40 84
Rusack's Marine Hotel, H+R, Tel. 7 43 21

Das Hochland

Achiltibuie (nordwestl. Ullapool, A 835): GF, Tel. Achiltibuie 282
Alyth (Perthshire, A 926): Land of Loyal, viktorian. Landhotel, GF, Alyth 24 81
Ballater (Aberdeenshire, A 973): Tullich Lodge, viktorian. Hotel im Dee-Tal, GF, Tel. Ballater 4 06
Crinan (Argyll, 10 km nordwestl. Lochgilphead): Crinan Hotel, H+R, Tel. Crinan 2 35
Culloden House (3 km östl. Inverness, A 96): georgian. Landsitz neben dem Schlachtfeld von Culloden, Luxushotel, Tel. Culloden Moor 4 61
Dores (oberhalb Loch Ness): Dores Inn, Pub mit Curling-Trophäen
Dornoch (Sutherland, A 9): Burghfield House Hotel, viktorian. Landsitz am Golfplatz, H, Tel. Dornoch 2 12
Eriskay (Argyll, 18 km nördl. Oban): Isle of Eriska Hotel, viktorian. Landhotel, GF, Tel. Ledaig 2 05
Fochabers (Morayshire, A 96): Gordon Arms Hotel, GF, Tel. Fochabers 82 05 08
Glenborrodale Castle Hotel (nördl. Mull, A 861): vikt. Schloßh., Tel. Glenborrodale 200
Gleneagles Hotel (bei Auchterarder, Perthshire, A 9/A 823): Luxushotel mit eigenem Golfplatz, Tel. Auchterarder 22 31
Inverlochy Castle (nördl. Fort William, A 82): viktorian. Granitschloß, 1863, besucht von Queen Victoria (»I never saw a lovelier or more romantic spot«), Luxushotel, Tel. Fort William 21 77

Inverness: Station Hotel, viktorian. Bahnhofshotel, GF
Dunain Park (4 km außerhalb, A 82): familiäres Landhotel, GF, Tel. Inverness 3 0512
Kildrummy Castle Hotel (bei Alford, Aberdeenshire, A 97): Schloßhotel, H+R, Tel. Kildrummy 288
Kinclaven (nördl. Perth, A 9/B 9099): Ballathie House, viktorian. Schloßhotel am Tay, GF, Tel. Meikleour 268
Nairn (östl. Inverness, A 96, Moray Firth): Clifton Hotel, Viewfield St, GF, Tel. Nairn 53119
Old Meldrum (n.westl. Aberdeen, A 947): Meldrum House, H+GF, Tel. Old Meldrum 294
Overscaig Hotel (Sutherland, A 838): Landhotel am Loch Shin, H+R, Tel. Merkland 203
Pitlochry: Atholl Palace Hotel, H+R, Tel. Pitlochry 2400
Port Appin (Argyll A 828): Airds Hotel, Landhotel am Loch Linnhe, GF, Tel. Appin 236
Rothes-on-Spey (Moray, südl. Elgin, A 941): Rothes Glen Hotel, ehem. viktorian. Jagdhaus, H+R, Tel. Rothes 254
Seil (Argyll, südl. Oban, B 844): Dunmor House, H+R, Tel. Balvicar 203
Strathtummel (westl. Pitlochry, B 8019): Loch Tummel Hotel, Landgasthaus am Loch Tummel, H+GF, Tel. Tummelbridge 272
Ullapool: The Ceilidh Place, West Argyle St: H+GF, Tel. Ullapool 2103
Ferry Boat Inn, H+R, Tel. Ullapool 2366

Die Hebriden

Skye: Kinloch Lodge Hotel, Isle Ornsay, Sleat: H+GF, Tel. Isle Ornsay 214
Sligachan Hotel, am Fuß der Cuillins, H+R, Tel. Sligachan 204
Tigh-Osda Eilean Iarmain, Sleat: gälisches Landhotel (mit Torffeuer u. Wärmeflaschen!), Tel. Isle Ornsay 266
Gigha: Gigha Hotel, H+R, Tel. Gigha 254
Rhum: Kinloch Castle (1901): Burghotel des NT auf der Naturschutzinsel, Tel. Mallaig 2037
Harris: Tarbert: Harris Hotel, H+R, Tel. Harris 2154
Scarista Studio: Kleines Restaurant des Malerehepaars David und Janet Miles
Lewis: Stornoway: Acres Hotel, H+R, Tel. 2740
Uig Lodge Hotel (B 8011), H
North Uist: Lochmaddy Hotel, H+R, Tel. Lochmaddy 331
South Uist: Lochboisdale Hotel, H+R, Tel. Lochboisdale 332

Die Orkney- und Shetland-Inseln

Orkney: Kirkwall Hotel, H+R, Tel. Kirkwall 2232
Shetland: Voe Country House Hotel, H, Tel. Sullom Voe 241
Lerwick, Grand Hotel, Commercial St.
Fair Isle, Bird Observatory Hostel: Vogel-Observator. m. Gästehaus, H, Tel. Shetland 258

Abbildungsverzeichnis und Fotonachweis

Alle Fotos, soweit nicht anders vermerkt: Peter Sager

Farbtafeln

Schwarzweiß-Abbildungen

Textabbildungen

Register

Orts- und Sachverzeichis

435

Namenverzeichnis

Lebensdaten: nur von Personen, die in Schottland oder England geboren wurden oder dort starben.

DuMont Kunst-Reiseführer

»Kunst- und kulturgeschichtlich Interessierten sind die DuMont Kunst-Reiseführer unentbehrliche Reisebegleiter geworden. Denn sie vermitteln, Text und Bild meist trefflich kombiniert, fundierte Einführungen in Geschichte und Kultur der jeweiligen Länder oder Städte, und sie erweisen sich gleichzeitig als praktische Führer.«

Süddeutsche Zeitung

Alle Titel in dieser Reihe:

- Ägypten
- Äthiopien
- Algerien
  Arabien
- Reisen in Arabia
  Deserta
- Entdeckungsreisen
  in Südarabien
- Belgien
  Bundesrepublik
  Deutschland
- Das Bergische Land
- Franken
- Hessen
- Köln
- München
- Zwischen Neckar
  und Donau
- Der Niederrhein
- Oberbayern
- Oberpfalz, Bayeri-
  scher Wald,
  Niederbayern
- Die Pfalz
- Schleswig-Holstein
- Sylt, Helgoland,
  Amrum, Föhr
- DDR

- Dänemark
  Frankreich
- Die Bretagne
- Burgund
- Das Elsaß
- Frankreichs goti-
  sche Kathedralen
- Das Tal der Loire
- Paris und die
  Ile de France
- Die Provence
- Licht der Provence
- Südwest-
  Frankreich
  Griechenland
- Athen
- Die griechischen
  Inseln
- Alte Kirchen
  und Klöster Grie-
  chen-
  lands
- Tempel und Stätten
  der Götter
  Griechenlands
- Kreta
  Großbritannien
- Schottland

- Süd-England
- Guatemala
- Holland
- Indien
- Ladakh und
  Zanskar
- Indonesien
- Iran
- Irland
  Italien
- Apulien
- Elba
- Das etruskische
  Italien
- Florenz
- Ober-Italien
- Von Pavia
  nach Rom
- Rom
- Das antike Rom
- Sardinien
- Sizilien
- Toscana
- Venedig
- Japan
- Der Jemen
- Jugoslawien
- Malta und Gozo

- Marokko
  Mexiko
- In den Städten
  der Maya
- Nepal
  Österreich
- Kärnten und
  Steiermark
- Salzburg,
  Salzkammergut,
  Oberösterreich
- Wien und
  Umgebung
- Portugal
- Rumänien
- Rußland
- Die Schweiz
- Skandinavien
  Spanien
- Die Kanarischen
  Inseln
- Katalonien
- Zentral-Spanien
- Südamerika
- Tunesien
- Türkei
- USA –
  Der Südwesten

»Richtig reisen«

»Moderne, handliche und übersichtlich gestaltete Reiseführer. Frische, manchmal auch freche Sprache, gute Fotos und auch voller Geschichten, die dem flüchtigen Reisenden sonst kaum zugänglich werden.«

Die Welt

In dieser Reihe liegen vor:
- Amsterdam
- China
- Ferner Osten
- Griechenland
- Großbritannien

- Ibiza/Formentera
- Istanbul
- Kanada und Alaska
- Kopenhagen
- London
- Los Angeles

- Mexiko und
  Zentralamerika
- Moskau
- Nepal
- New York
- Nord-Indien

- Paris
- San Francisco
- Südamerika 1,
  2 und 3
- Tokio
- Wien